高等政法院校法学系列教材

税法学教程

（第二版）

主　编：戴　芳
撰稿人：（以撰写章节先后为序）
　　　　戴　芳　傅　瑜　席晓娟
　　　　张炳淳　彭立峰

中国政法大学出版社
2014·北京

图书在版编目（ＣＩＰ）数据

税法学教程 ／ 戴芳主编. —2版. —北京：中国政法大学出版社，2014.1
ISBN 978-7-5620-5175-6

Ⅰ. ①税… Ⅱ. ①戴… Ⅲ. ①税法-法的理论-中国-教材 Ⅳ. ①D922.220.1

中国版本图书馆CIP数据核字(2013)第305717号

出 版 者　　中国政法大学出版社

地　　址　　北京市海淀区西土城路 25 号

邮寄地址　　北京 100088 信箱 8034 分箱　邮编 100088

网　　址　　http://www.cuplpress.com（网络实名：中国政法大学出版社）

电　　话　　010-58908435(第一编辑部)　58908334(邮购部)

承　　印　　固安华明印业有限公司

开　　本　　720mm×960mm　1/16

印　　张　　21

字　　数　　388 千字

版　　次　　2014 年 1 月第 2 版

印　　次　　2018 年 8 月第 3 次印刷

定　　价　　36.00 元

第二版说明

　　本书在原《税法学教程》的基础上根据最新的法律、法规、规章对相关内容进行了修订。修订内容如下：

　　1. 在实体税法部分按照新修改的税种法内容对相关内容进行了更新，主要包括：①根据 2008 年 11 月修改的《增值税暂行条例》、《消费税暂行条例》、《营业税暂行条例》对相关内容进行了更新；②根据 2011 年 6 月修改的《个人所得税法》对相关内容进行了更新；③根据修改后的《车船税法》、《资源税暂行条例》、《船舶吨税暂行条例》对相关内容进行了更新；④根据最新法规规章对其他税种法的内容进行了更新。

　　2. 在税收程序法部分，一方面对内容进行了更为合理的调整，另一方面根据 2012 年和 2013 年修改后的《税收征收管理法》及其《实施细则》对相关内容进行了更新。

　　经过此次修订，《税法学教程》不仅在体例上更为合理，在内容上也做到了最新。

戴　芳

2013 年 11 月

前　言

　　税法是国泰民安的基石，是国富民强的安全阀，对于每个国家、每个家庭、每个公民都是至关重要的。但税法是什么？是怎样规定的？我国公民甚至我们法学院的学生对此大都非常陌生。我们希望通过《税法学教程》帮助法学院的学生学习、掌握税法的基本理论与现行规定，以利于他们将来的工作和生活。同时，本书体系完整、资料详实、内容丰富、通俗易懂，也可以作为广大财经、法律、政府界人士乃至普通公民学习税法的参考书。

　　"普通教育的目的之一是让人们更多地了解世界，以便使他们成为好公民"[1]，我们希望这本《税法学教程》能够为实现这一目的尽微薄之力。

　　全书共分为三编十章。第一编税法总论，论述了税收、税法的基本理论和我国税收法律制度的发展变化；第二编税收实体法，介绍了我国流转税法、所得税法、资源税法、财产税法和行为税法的沿革和内容；第三编税收程序法，介绍了我国税收征收管理法以及税收救济制度。

　　本书由戴芳任主编，各章撰稿人分别为：

戴　芳：前言、第一章、第二章、第三章、第四章第一、二、三、四节

傅　瑜：第四章第五、六节

席晓娟：第五章

张炳淳：第六章、第七章、第八章

彭立峰：第九章、第十章

　　值此本书出版之际，要感谢税法学界的前辈和老师，正是借鉴了他们对税法学的研究和探讨，我们才顺利完成了《税法学教程》；还要感谢西北政法大学经济法学院对本书出版的鼎力支持。

　　尽管我们倾尽全力，但由于水平有限，难免存在不足。特恳请读者斧正。

戴　芳
2008 年 4 月

---

[1] ［美］曼昆：《经济学原理》，梁小民译，生活·读书·新知三联书店、北京大学出版社 1999 年版，第6页。

|目　录|

第三编 税收程序法

第一编　税法总论

　　税法总论以税收学的基本原理和法学的基本理论为基础，是整个税法在总体上共通的基本理论，是进一步学习和研究税种法和税收征管法的基础，因而，其在税法学中占有重要的地位。

第一章

税收概述

【学习目的与要求】

　　税收是税法产生、存在和发展的基础，是决定税法性质和内容的主要因素。税收产生以来的历史表明，有税收必有税法。税收作为社会经济关系，是税法的实质内容；税法作为特殊的行为规范，是税收的法律形式。因此，研究税法理论和税法制度，必须了解税收的概念、职能和分类等问题。

【重点问题】

　　● 税收的概念和特征
　　● 税收的职能
　　● 税收的分类

第一节　税收原理

一、税收的产生和发展

　　税收既是一个分配范畴，又是一个历史范畴。税收并不是人类社会所固有的社会现象，而是社会发展到一定阶段的产物。与其他社会现象一样，税收也有它产生的条件、发展的过程。

　　（一）税收产生的条件

　　1. 剩余产品的普遍化。税收无论采取何种形式，都表现为一定的社会产品和国民收入。税收分配的客体，只能是社会剩余产品。没有剩余产品的普遍产生，就没有税收产生的源泉。只有在社会剩余产品普遍化的时候，国家才能以法律的形式规范分配关系，向社会公开征税；也只有随着社会剩余产品的普遍增多，税收的种类和数量才能增加。因此，从根本上讲，剩余产品的普遍化，是税收产生的经济基础。

2. 国家职能的专门化。国家为实现其各种职能的需要，必须消耗一定的物质财富。这些物质财富，只能依靠自己的政治权力来取得，从社会产品的分配和再分配的过程中占有一定的份额。正如恩格斯在《家庭、私有制和国家的起源》一书中指出的：“为了维护这种公共权力，就需要居民缴纳费用——捐税。捐税是以前的氏族社会完全没有的。但是现在我们十分熟悉它了。”[1] 可以说，国家职能的专门化，是税收产生的政治条件。

3. 税收机构的建立。税收是一种规范化的收入形式，既涉及许多专门的知识和技术措施，又涉及国家的整体利益和纳税人的局部利益，要公开、公平、合理地处理好税收分配关系，就需要设立专门的机构，配备专门的人员，搞好税收立法、执法和司法，保证税款的顺利征收。

税收产生的三个条件是相互联系、缺一不可的。只有具备了上述三个条件，税收才能产生。

（二）税收的发展

税收何时产生，经历了多长的时间，是一个难以考证的问题。但据史书记载，世界文明的发祥地——非洲的尼罗河流域和古希腊的爱琴海区域，都是最早出现税收的地方。公元前3000多年，古埃及的农奴就通过公社向法老（国王）纳税。我国的税收，最早出现十夏代，大约在公元前21世纪，与世界上其他文明古国税收产生的时间大体接近。据《尚书·禹贡》记载：“禹别九洲，随山浚川，任土作贡。”这些充分说明税收是随着国家的产生而出现的社会历史现象。

税收随着国家的产生而产生，同时也随着国家的发展而发展。迄今为止，它已经历了奴隶社会、封建社会、资本主义社会和社会主义社会等不同的社会形态。随着社会生产力和商品经济的发展，产生过许多与各自社会形态相适应的税收形式。税收逐渐由最初的实物税发展到货币税；由单一的直接税发展到名目繁多的间接税；由一次课征制发展到多种税、多次征收的复合税制。现在，世界各国都根据自己的政治、经济状况，设置了不同的税种，各税种相互联系，相互配合，形成了一个完整的现代化的税收体系。

二、税收的概念和特征

（一）税收的概念

税收，历史上称为“赋税”、“捐税”、“租税”，简称为税。关于税收的概

[1] 《马克思恩格斯选集》第4卷，人民出版社1972年版，第167页。

念，学者们历来有不同的表述，主要有"国家分配说"、"交换说"、"价格说"等学说。

"国家分配说"也即"国家分配论"。该学说认为，税收是国家为了满足其实现职能的需要，凭借自己的政治权力，按照法律预先规定的标准，强制地、无偿地取得财政收入的一种手段。[1]

"补偿说"认为，"税收是人们享受国家（政府）提供的公共产品或公共服务而支付的价格费用。国家（政府）提供公共产品或公共服务，由社会成员私人消费和享受，国家（政府）由此而支付的费用必须由社会成员通过纳税来补偿"[2]。税收是政府用于补偿公共产品的生产费用的成本。

"交换说"始于18世纪资本主义经济发展初期，由于国家契约主义发展而逐渐形成。该学说以自由主义的国家和个人主义为基础，认为国家和个人是各自独立平等的实体，人民因国家的活动而受益，人民就应当向国家提供金钱，税收就是这两者的交换。[3]

"国家分配说"曾经在中国理论界和实务界长期占据主导地位，成为一种通说。但近年来，随着纳税人权利意识的增强及纳税人权利的彰显，"国家分配说"受到质疑，越来越多的学者赞同"补偿说"或"交换说"。

（二）税收的特征

与税收的多种概念相联系，国内外学者对税收的特征也有多种不同的概括，[4]但国内传统的一般观点将其概括为强制性、无偿性和固定性，即所谓的"税收三性"。

1. 强制性。所谓税收的强制性，是指国家征税是以法律的形式来加以规定的，并依法征收，不以纳税人和税务机关的意志为转移。英国学者巴斯太布尔

---

[1] "国家分配说"是从"国家本位主义"角度出发来定义税收的。在该理论的指导下，国家成为只享有征税权力而无须承担任何代价或回报的权利主体，公民成为负担纳税义务而无权索取任何回报的义务主体。在该理论指导下，区别"税"与"非税"的标志的税收的"三性"——强制性、无偿性和固定性，被过分强调，成为了割裂政府与公民之间权利义务平等对应关系的利器。（参见刘剑文：《税法专题研究》，北京大学出版社2002年版，第171页。）

[2] 张馨：《公共财政论纲》，经济科学出版社1999年版，第232页。

[3] 刘剑文主编：《财政税收法》，法律出版社2000年版，第243～244页。

[4] 关于税收的特征，国内外学者有不同的总结。比如，日本学者金子宏认为，税收具有以下特征：税是以筹集公共服务所需的必要资金为目的的（税的公益性）；税具有国家单方面的、权力性的课征金性质（税的权力性）；税不具有对特别支付的补偿金性质（税的非对价性）；税具有按国民的能力进行普遍征收的特点；税是以金钱给付为原则的。（参见［日］金子宏：《日本税法》，战宪斌、郑林根等译，法律出版社2004年版，第8页。）北大张守文教授认为，税收具有以下特点：国家主体性；公共目的性；政权依托性；单方强制性；无偿征收性；标准确定性。（参见张守文：《财税法学》，中国人民大学出版社2007年版，第155页。）

认为，所谓赋税的强制性，指的是法律规定了缴纳的税额、方式、时间以及课税主体，而没有接受纳税人意见的余地。[1] 税收的强制性具体表现为税务机关必须依法行使征税权力，纳税人必须依法按时、足额地缴纳税款，履行自己的义务，否则将受到法律的制裁。

2. 无偿性。所谓税收的无偿性，是指国家向纳税人征收税款不以支付任何报酬为前提条件。正如列宁所说："所谓赋税，就是国家不付任何报酬而向居民取得东西。"[2] 税收的这一特征使其与国债收入、规费收入、租金收入等有着明显区别。

这里的无偿性是就征税这个阶段而言的，如果联系到这笔资金运动的全过程，无疑具有整体报偿性，每一笔税收收入最终要用于与纳税人相关的各项事业之中，正所谓"取之于民，用之于民"。但仅此一点不足以构成否定税收无偿性的理由，因为税收毕竟只是个"收"的过程。

3. 固定性。所谓税收的固定性，是指国家征税是按照税法预先规定的标准即税法规定的纳税人、征税对象、税率和税额等计算征收的。纳税人只要发生了税法规定的应税行为、取得了应纳税的收入或者具有了应纳税的财产，就要依照税法规定计算并缴纳税款。纳税人不得不缴或者少缴，税务机关也不得不征或者多征。税收的这一特征与无偿性有关。既然是无偿征收，就同纳税人切身利益密切相关，如果没有一个预定标准，任意征收，苛求不已，必然遭到纳税人的反对。固定性既限制了政府征税中可能出现的征收无度行为，也为纳税人提供了纳税的客观依据。

税收的这三个特征是相互联系、缺一不可的统一体，是税收区别于其他财政收入形式的基本标志，也使税收具有了与其他财政收入形式相区别的独特功能与作用，是税收适应面广、存在时间长的决定性因素。

三、税收的职能

税收的职能，是指税收本身所具有的内在功能。它可以随不同时期政治、经济条件的变化而变化。一般地讲，税收具有以下职能：

1. 财政职能。税收的财政职能，亦称"收入手段职能"，是指国家为了实现其职能的需要，利用税收参与社会产品和国民收入的分配和再分配的一种手段。从税收产生的原因看，其首先就是为了筹集国家所需要的财政资金。古今中外，所有国家都把税收作为筹集财政资金的重要手段。财政职能是各种社会

---

[1] 许建国：《税收与社会》，中国财政经济出版社1990年版，第9页。
[2] 《列宁全集》第41卷，人民出版社1986年版，第140页。

形态下税收所具有的最基本的职能。

2. 经济职能。税收的经济职能，亦称"调节手段职能"，是指税收所具有的调节经济活动的功能。国家为了实现其管理和干预经济的职能，除发布行政命令、制定经济政策外，还必须运用经济手段，进行宏观调节，如利用价格、工资、信贷、利息、利润、税收等手段处理和调节经济关系。税收能够实现其调节作用，主要是通过征税把纳税人所拥有的社会财富无偿转移给政府，这种转移必然会影响纳税人的经济利益，从而影响纳税人的心理，改变人们的决策行为。因此，税收成为了政府宏观调控的重要手段。

3. 调解社会矛盾职能。现阶段的国家是社会的代表，作为国家组织机构的政府必然担负着解决社会发展中诸多矛盾的任务。而税收的再分配功能使税收又具有调节社会分配水平、缓解收入分配不公的功能；税收的调控功能又使其具有了缓解其他社会矛盾的功效，比如，缓和经济发展与环境污染的矛盾等。

第二节 税收的分类

税收分类，是指按一定标准对各种税收进行的归类。研究税收分类，目的是找出税种之间的共同特征，为研究税制结构、税收负担和税收的功能等问题提供依据。各国的财税专家已经研究出多种税收分类方法，我国目前一般采用以下几种分类方法：

一、依据征税对象划分，分为流转税、所得税、财产税、资源税和行为税

1. 流转税。是指以纳税人的商品流转额或非商品流转额为征税对象所征收的一类税。该类税是根据商品交换和提供劳务的收入额进行征收的，我国现行的增值税、营业税、消费税、关税、城市维护建设税以及将会开征的证券交易税均属于流转税。其主要是在生产、流通和服务业中发挥作用。流转税计税依据的充分性及征税范围的宽广性，使国家通过流转税能够很好地发挥税收的调控作用，并保证国家及时、足额、稳定地取得财政收入。

2. 所得税。亦称收益税，是指以纳税人的所得额（收益额）作为征税对象所征收的一类税。所谓所得额，是指纳税人的纯收入或净所得。原来我国所得税类的税种比较多，经过税制改革后只剩下企业所得税和个人所得税。所得税对于调节社会分配水平，解决社会分配不公的问题，具有重要的作用。

3. 财产税。是指以纳税人所拥有或支配的财产数量或价值为征税对象所征收的一类税。我国对财产的征税比较少，目前只开征了房产税、契税两种，今后还将开征遗产赠与税。征收财产税的目的在于促使纳税人合理、有效地使用

财产，并为国家取得财政收入。

4. 资源税。是指以国有自然资源的开采和使用为征税对象所征收的一类税。我国现行的资源税有：资源税、土地增值税、城镇土地使用税、耕地占用税。开征资源税的目的在于加强对自然资源的保护，促使纳税人节约、合理地利用自然资源。

5. 行为税。是指以纳税人的某些特定行为为征税对象所征收的一类税。我国现行的行为税有：印花税、车辆购置税、车船税、船舶吨税、烟叶税。开征行为税的目的在于对某些财产和行为发挥调节作用。

二、依据计税依据划分，分为从价税、从量税和复合税

1. 从价税。是指以征税对象的价格为依据，按照一定比例计征的税种，也称为"从价计征"的税种，如增值税、营业税、所得税等。我国多数税种为从价税。从价税收入直接受价格变动的影响，随着价格上涨而增加，有利于体现国家的经济政策。

2. 从量税。是"从价税"的对称，是指以征税对象的数量、重量、容积或面积等为依据，按照规定的税额计征的税种，也称为"从量计征"的税种。我国现行的资源税、土地使用税、车船税等税种属于从量税。从量税不受价格变动的影响，计算简便，税负较为固定。

3. 复合税。是指既从价计征又从量计征的税种。复合税可以分为两种：一种是以从量税为主加征从价税；另一种是以从价税为主加征从量税。这种计税方式有利于为政府取得稳定可靠的财政收入，也有利于发挥税收的调节功能。

三、依据价格与税收的关系划分，分为价内税和价外税

1. 价内税。是指商品的计税价格中包含着应纳税金的一种税。反过来说，就是应纳税金是商品计税价格的组成部分之一，即以含税价格作为计税依据。我国现行的消费税、营业税，都是价内税。

2. 价外税。是"价内税"的对称，是指商品的计税价格中未包含有应纳税金的种税，或以不含税的计税价格作为计税依据的一种税。我国现行的增值税

为价外税。[1]

价内税的税款是作为征税对象的商品或劳务的价格的有机组成部分，该税款需随商品交换价值的实现方可收回，并且随着商品的流转会出现"税上加税"的重复征税问题。价外税比价内税更具有明显的转嫁特征，一般不存在重复征税问题。[2]

四、依据税收管辖权和税收收入归属划分，分为中央税、地方税和共享税

1. 中央税。是指税收管理权和所有权归中央一级政府的税种。目前属于中央税的有：关税、船舶吨税、消费税、车辆购置税、海关代征的进口环节消费税和增值税。中央税由国税局负责管理征收，既维护国家税收权，保证中央政府集中足够的财力，以满足国家机关执行职能的资金需要，同时又便于中央对国家经济进行宏观调控。

2. 地方税。是指税收管理权和所有权归地方一级政府的税种。地方税由地税局负责管理征收。其对于增加地方财政收入，解决地方政府执行职能的资金需要，提高地方政府管理财政的积极性等方面，都具有重要的意义。

3. 中央与地方共享税。是指税收收入在中央政府与地方政府之间，按照一定比例分享的税种。目前属于共享税的有：增值税、营业税、企业所得税、个人所得税、资源税、城市维护建设税、证券交易印花税。[3] 现在，该类税仍按照中央统一立法，由国家税务局负责征收，税款按一定比例返还给地方。

五、依据税负是否转嫁划分，分为直接税和间接税

1. 直接税。是指纳税人缴纳并直接负担税款的税种。直接税的税负从理论

---

[1] 目前，西方发达国家对商品和劳务的课征多数采用价外税形式，如美国的销售税，澳大利亚的制造商税。中国1994年税制改革后的增值税也是价外税，并施行在销售发票上分别注明价款和税款的制度。在理论界对价外税有不同的看法：一种观点认为，价外税常常与税负转嫁联系在一起，容易导致税收负担的不合理；另一种观点认为，无论价内税还是价外税都不与税负转嫁发生本质联系，并认为，税负能否转嫁，主要决定于价格能否自由变动。由于价内税与价外税的不同特点，从财政上考虑，相同的征税对象要取得同量的收入时，价内税税率可低一些，价外税税率应高一些。

[2] 陈少英编著：《税法学教程》，北京大学出版社2005年版，第11～12页。

[3] 增值税：中央政府与地方政府的分享比例为75%∶25%；营业税：铁道部、各银行总行、各保险总公司集中缴纳的部分归中央政府，其余部分归地方政府；企业所得税：铁道部、各银行总行及海洋石油企业缴纳的部分归中央政府，其余部分中央和地方政府按60%∶40%的比例分享；个人所得税：除储蓄存款利息所得的个人所得税外，其余部分的分享比例与企业所得税相同；资源税：海洋石油企业缴纳的部分归中央政府，其余部分归地方政府；城市维护建设税：铁道部、各银行总行、各保险公司集中缴纳的部分归中央政府，其余部分归地方政府；证券交易印花税：其收入的97%归中央政府，其余3%和其他印花税收入归地方政府。

上来说不发生转嫁，即纳税人与负税人是同一人，但现实中也可能出现转嫁成功的情况。一般来说，作为直接税的有所得税和财产税。

2. 间接税。是指可以将税负转嫁给他人的税种，即纳税人与负税人分别是不同人的税种。在间接税中，纳税人只是法律意义上的纳税人，负税人是经济意义上的纳税人。[1] 一般情况下，流转税属于间接税。

除上述分类以外，还有其他一些分类，如按照税收收入的形态可以分为实物税和货币税、按照课税依据是否具有依附性可分为独立税和附加税，等等。

思考题

1. 简述关于税收含义的几种理论。
2. 你认为税收有哪些职能？
3. 常见的税收分类有哪几种？

---

〔1〕　陈少英编著：《税法学教程》，北京大学出版社 2005 年版，第 11 页。

第二章

税法概述

第一节 税法的概念及其调整对象

一、税法的概念和特征

（一）税法的概念

关于税法的概念，学术界虽有多种表述，但目前已基本形成共识，即税法是调整税收关系的法律规范的总称。[1]

这里的"法律规范",从广义上来讲,包括 WTO 原则、国际税收协议或者协定、宪法中有关税收方面的条款、税收法律、税收行政法规、税收行政规章、地方性税收法规和规章、地方性税收自治条例和单行条例、税法解释以及存在于其他法律法规中的与税收有关的条款。本书所称税法,是税收法律、税收行政法规、税收行政规章、地方性税收法规和规章、地方性税收自治条例和单行条例、税法解释等的总称。

(二) 税法的特征

税法是国家法律的重要组成部分,其除了具有法律的强制性和普遍约束力等共同特征外,还有自己的特征。具体表现在以下几个方面:

1. 税法具有结构上的规范性。任何法律规范都有其外部表现的特征和内部结构上的特征,税法表现得尤为明显和突出。一方面,国家每开征一个税种就要制定相应的税法;另一方面,每一部税种法都要规定该种税的纳税人、征税对象、税目、税率、计税依据、减免税等要素。

2. 税法是实体法与程序法的统一。税法不仅有税种实体法,规定了纳税人、征税对象、税目、税率、计税依据等实体法内容,而且还有税收征收管理法,规定了纳税程序、纳税期限、纳税地点、税务争议处理等程序法的内容。因此,税法是实体法和程序法相结合的法律规范。

---

[1] 关于税法的定义,国内外有各种不同的文字表述。这些定义,从不同的角度对税法的内容作了一定的概括,虽然有一定的合理性,但也有不足之处。《牛津法律大辞典》中写到:税法"是有关确定哪些收入、支付和交易应当纳税,以及按什么税率纳税的法律规范的总称"。这一定义,只是写出了征税对象、税率等税法的构成要素,没有触及税法的本质内容。《不列颠百科全书》将税法解释为:"是政府当局凭以要求纳税人将其收入或财产的一部分转移给政府的条例。"该定义揭示了税收的一个形式特征,即财产权的单向转移性,但其缺陷也是显而易见的。首先,它没有对税法的调整对象"税收关系"作明确的表述。其次,将征税主体局限于政府,从严格意义上来说,只有"国家"才是唯一的征税主体;从一般意义上说,征税主体的范围又是相当广泛的,不仅仅只是政府。最后,税收条例仅仅是税法的一种形式而已,而非全部。(转引自刘剑文主编:《税法学》,人民出版社 2003 年版,第 28 ~ 29 页。)国内税法理论界关于税法概念有几种较具代表性的观点。第一种观点认为,税法是由国家最高权力机关或其授权的行政机关制定的有关调整国家在筹集财政资金方面所形成的税收关系的法律规范的总称。在这种观点中没有考虑到地方立法机关制定的有关税收法规、规章等是否属于税法范畴这个问题。第二种观点认为,税法是规定国家与纳税人之间在征收和缴纳税款方面的权利、义务关系的法律规范的总称,是国家向纳税人征税的法律依据。这一定义明确了税法的本质内容,但却将其他税收关系排除在税法调整对象范围之外。第三种观点认为,税法是国家制定的各种有关税收活动的法律规范的总称,包括税收法律、法令、条例、税则和制度等。这一定义未能明确税法的调整对象。第四种观点认为,税法是调整税收关系的法律规范的总称。我们赞成这种观点。

3. 税法具有经济性。经济性是税法的重要特征。[1] 税法的经济性表现在：

（1）税收的经济属性决定了税法的经济性。[2] 从税收存在的依据和基本职能来看，税收具有经济属性，而税收与税法关系密切，税收决定税法，因此，税法也就具有了经济属性。

（2）税种法的构成要素决定了税法的经济性。每一个税种法都包括纳税人、征税对象、税率、计税依据、减免税等要素，这些要素的经济性决定了税法的经济性。

（3）税法是对经济政策的法律化。[3] 国家通过税法的规定，保障税收经济杠杆作用的有效发挥，以引导一国经济在不同时期的顺利发展。

4. 税法具有技术性。税收活动涉及社会经济生活的各个方面，在复杂的经济生活中，税法的设计一方面要谋求与私法秩序的协调，另一方面又要保证税收征管的高效。因此，在复杂的税收制度设计中就表现出税法的技术性。具体讲，这种技术性表现在两个方面：一是税收实体法，即税种法构成要素的设计上；二是税收程序法，即税务管理、税款征收、税务检查等方面的规定都体现了税法的技术性。

二、税法的调整对象

税法的调整对象是税收关系。税收关系是指在税收活动中征税主体与纳税主体之间形成的一种社会关系。关于税收关系的范围仍处于争议之中。[4] 本书认为税收关系包括两个方面：①征税主体与纳税主体之间形成的税收实体关系；②征税主体与纳税主体之间形成的税收程序关系。

三、税收和税法的关系

税收和税法的关系十分密切，税收是税法产生的基础，税法是税收的法律依据。二者相辅相成，相得益彰。因此，税收和税法在本质、目的、作用等方面是一致的。但是，税收和税法毕竟是两个不同的概念，具有明显的区别：①所属范畴不同。税收是经济领域的活动，是一种分配关系，属于经济基础的范畴；而税法属于反映税收经济要求的上层建筑范畴。②针对的对象不同。税收的对象

〔1〕 ［日］金子宏：《日本税法原理》，刘多田等译，中国财政经济出版社1989年版，第25页。

〔2〕 刘剑文主编：《税法学》，人民出版社2003年版，第30页。

〔3〕 陈少英编著：《税法学教程》，北京大学出版社2005年版，第16页。

〔4〕 关于税法的调整对象，诸多教科书认为，税收关系包含的范围除了本书中所提到的税收实体关系和税收程序关系外，还包括税收权限关系。税收权限关系是指中央政府和地方政府之间在划分税收立法权限和税收征收管理权限过程中所形成的社会关系。

是一定时期的国民收入；而税法的调整对象是税收关系。

第二节　税法的渊源及效力

一、税法的渊源

税法的渊源，是指税法的表现形式，是指由什么国家机关制定或认可，因而具有不同法律效力或法律地位的各种法律类别，如宪法、法律、法规、规章、习惯、判例等。由于国家的历史类型不同，同一国家的不同历史时期，税法的表现形式也不尽相同。我国现行税法的渊源表现为：

（一）宪法

宪法是一个主权国家的根本大法，我国《宪法》第 56 条关于"中华人民共和国公民有依照法律纳税的义务"的规定是税收立法、执法、司法的根本依据。

（二）税收法律

税收法律是由我国的最高立法机关——全国人民代表大会及其常务委员会依照法定程序制定的，具有较强的法律效力的规范性文件。我国现行的税收法律主要有：《中华人民共和国企业所得税法》、《中华人民共和国个人所得税法》、《中华人民共和国车船税法》、《中华人民共和国税收征收管理法》。这些税收法律在我国的税法渊源中处于仅次于宪法的地位。根据税收法定原则的要求，税法渊源的主体应该是法律，而我国目前税法的主要渊源是行政法规，这种状况是需要进一步完善的。

（三）税收行政法规

税收行政法规是由我国最高行政机关——国务院，在全国人大授权范围内制定的关于税收方面的各种法规的总称。在我国，税收行政法规的数量远远多于法律，是法的重要渊源。如《中华人民共和国增值税暂行条例》、《中华人民共和国消费税暂行条例》、《中华人民共和国营业税暂行条例》等。

（四）税收部门规章

税收部门规章是由国家财政部、国家税务总局和海关总署，根据法律、行政法规、决定或命令，在本部门的权限范围内发布的关于税收方面的规范性决定或命令的总称。它的法律效力虽然较低，但对于税收工作同样具有普遍的约束力，全国都应当贯彻执行。如各种税收单行法律、行政法规的实施细则、征收办法等。

（五）地方性税收法规、规章及自治条例和单行条例

目前，我国的税收立法权集中于中央，但是在分税制的财政体制下，地方

也有一定的税收决定权，地方权力机关及行政机关在中央规定的职权范围内，在不违反国家宪法、法律、行政法规的前提条件下，结合本地情况，制定和发布一些地方性税收法规、规章及自治条例和单行条例。这些地方性税收法规、规章及自治条例和单行条例只适用于本地区，也构成我国税法的渊源。

（六）WTO 原则和国际税收条约

WTO 原则对各成员国都具有法律上的约束力，构成各成员国法的渊源。我国是 WTO 成员国，因此，WTO 原则中关于税法方面的规定就成为了我国税法的渊源。

国际税收条约也是税收法律的组成部分，是处理国际间的税收关系的重要依据。这里所谓的条约，依 1969 年《维也纳条约法公约》第 2 条的规定，是在比较宽泛的意义上使用，而不限于名称为"条约"者。[1] 我国同外国缔结或我国加入并生效的税收条约虽然不属于我国国内法的范畴，但根据条约必须遵守的国际惯例，条约对各缔约国的国家机关和公民都具有法律上的约束力，因此，其也属于我国税法的渊源。《税收征收管理法》第 91 条规定："中华人民共和国同外国缔结的有关税收的条约、协定同本法有不同规定的，依照条约、协定的规定办理。"

我国已先后与日本、美国、法国、英国、德国、加拿大、意大利等 80 多个国家缔结了避免双重征税的税收协定。[2] 随着经济的不断开放和发展，我国还将与更多的国家缔结税收协定。

（七）法律解释

法律解释，是指享有法律解释权的机关就法律规范在适用过程中，为进一步明确含义或进一步作出补充，以及如何具体运用所作出的解释，这种解释称为有权解释。根据全国人大常委会 1981 年通过的《关于加强法律解释工作的决议》，有权解释包括立法解释、司法解释、行政解释和地方解释。这些解释具有规范性，是法的补充渊源。税法解释是指全国人大常委会、国务院、财政部、国家税务总局、地方有权立法的机关和行政机关对税法作出的解释。

二、税法的效力

税法的效力，是指税法的适用范围，即税法的法律强制力所能达到的范围。具体而言，税法的效力包括税法的空间效力、税法的时间效力和税法的对人效力。

---

〔1〕　除了"条约"外，还有公约、协定、议定书、宪章、盟约、换文和联合宣言等名称。
〔2〕　参见国家税务总局网站"税收协定"（Tax Treaty）专栏。

（一）税法的空间效力

税法的空间效力，是指税法生效的地域范围。因税法效力层次的不同，税法的空间效力一般分为中央税法的空间效力和地方税法的空间效力。

1. 中央税法的空间效力。中央税法是指由全国人民代表大会及其常委会制定的税收法律和由国务院及其有关职能部门制定的普遍有效的税收行政法规和规章。中央税法在国家主权所及的领域，包括我国的领土、领海和领空内具有普遍的法律效力。其效力范围还应包括根据国际法、国际惯例应视为我国领域的一切领域，如在公海上航行的我国船舶和在非我国领空的我国飞行器等。

2. 地方税法的空间效力。地方税法是指由地方有权机关制定的地方性税收法规、规章及自治条例和单行条例。地方税法仅在各地行政管辖区域内有效。

由于我国实行"一国两制"，香港和澳门地区是我国的特别行政区，中央税法在这些地区并不适用。根据《香港特别行政区基本法》和《澳门特别行政区基本法》的规定，香港和澳门特别行政区实行独立的税收制度，自行立法；可以作为单独关税地区，与其他国家和地区签订税收协定，发展税务关系。

此外，根据国际法，虽在我国领域范围内但享有税收豁免权的区域，如外国使馆区、领事馆区，我国的中央税法和地方税法都不予适用。

（二）税法的时间效力

税法的时间效力，是指税法的有效期间，包括税法生效、终止和有无溯及力的问题。

1. 税法的生效。在我国，税法从何时开始生效有两种情况：①自税法颁布之日起生效。如《个人所得税法》第 15 条规定，本法自公布之日起施行。②税法颁布后经过一段时间开始生效。我国大部分税法的实施时间都属于这种情况，便于征税机关和纳税人了解、掌握税法，有助于新税法的有效实施。

2. 税法的终止。税法的终止可以分为四种情况：①客观终止。即税法规范适用的特定情况不复存在而当然终止。②有效期届满终止。税法规定了有效期间，当有效期间届满，立法机关未作出延长其效力决定时，该税法自动失效。③规定终止。新税法明文规定新税法生效之日即旧税法自行终止之时；或是立法机关专门发布文件宣布某一税法规范性文件终止。目前，这是我国税法采用最多的终止方式。④抵触终止。即已生效的新税法与旧税法在某些方面存在冲突时，虽然新税法或立法机关没有明确终止旧税法，但按照"新法优于旧法"的原则，旧税法与新税法冲突的部分自然废止。

目前，在我国税法的时间效力上还有一种暂停执行的制度。如 1999 年 12 月经国务院批准，财政部、国家税务总局、原国家发展计划委员会联合发布了《关于暂停征收固定资产投资方向调节税的通知》，从 2000 年 1 月 1 日起，在全国范围内暂停征收固定资产投资方向调节税。在这种情况下，《固定资产投资方向调节税》并没有被废止，而是暂停执行。

3. 税法的溯及力。是指新税法可否适用于其生效以前发生的事件或行为。如果可以适用，该税法就有溯及力，如果不能适用，则没有溯及力。

关于法的溯及力，现代国家一般遵循两个原则：①"法律不溯及既往"原则，即国家不能用现在制定的法律指导人们过去的行为，更不能因为人们过去从事了某种当时是合法而现在看来是违法的行为，而按照现在的法律追究其责任。②"有利追溯"原则，[1]该原则是"法律不溯及既往"原则的补充，诸多国家认为法律规范可以有条件地适用于既往行为。根据上述两个原则，我国税法也应遵循新税法不溯及既往和有利溯及原则。[2]

（三）税法的对人效力

税法的对人效力，是指一国税法适用的主体范围。税法的对人效力实际上是一个主权国家的税收管辖权问题。在税收管辖权方面，各国一般遵循下列三原则：属地原则、属人原则和折中原则。

1. 属地原则。是指一个国家以地域的概念作为行使征税权力所遵循的指导原则。在税法领域，属地原则也称为收入来源地管辖权原则。依照该原则，国家对其所属领土内的一切人、物和发生的事件，有权按照法律实行管辖。具体而言，即是否征税以征税对象是否发生在本国领土内作为课税的标准，而不论纳税人是本国人、外国人还是无国籍人。

2. 属人原则。是指一国以居民的概念作为行使征税权力所遵循的指导原则。该原则也称为居民税收管辖权原则。在各国税法上，居民纳税人这个概念，既包括自然人，也包括法人。依据该原则确定的税收管辖权，只考虑纳税人是否为本国居民，而不论其所得是否来源于本国领土之内。也就是说，按照该管辖权原则，对本国居民，不论其收入来源于何处，该国都有权对其行使税收管辖权；而对于非本国居民，该国只能仅就其来源于本国境内的收入行使税收管辖权。关于纳税人居民身份的确认，直接关系到国家的主权和经济利益，在这方面，迄今并没有形成某种统一的国际规定。各国政府基本上是从本国的情况出发，以国内立法的形式规定居民身份的确认标准。

3. 折中原则。是指将属地原则与属人原则相结合的原则。为了最大限度地行使本国的税收管辖权，保证本国财政收入的实现，多数国家采用该原则。我

---

〔1〕　有利追溯原则，在税法中表现为"从旧兼从轻"原则，即凡是新法对纳税人作出有利的变更则适用新法。

〔2〕　杨萍主编：《税法学原理》，中国政法大学出版社2004年版，第8～9页。

国采取的也是折中原则。如我国《个人所得税法》第 1 条规定："在中国境内有住所，或者无住所而在境内居住满 1 年的个人，从中国境内和境外取得的所得，依照本法规定缴纳个人所得税。在中国境内无住所又不居住或者无住所而在境内居住不满 1 年的个人，从中国境内取得的所得，依照本法规定缴纳个人所得税。"该条规定的前半部分体现了属人原则，而后半部分体现了属地原则。

此外，外国国家元首、外交代表、领事、特别使团成员及其他相关人员，在国际法上均享有税收方面的豁免权。因此，在采用属地原则或折中原则的情况下，一国对上述人员便不享有税收管辖权。

第三节　税法的地位和体系

一、税法的地位

税法的地位，是指税法在整个法律体系中所处的位置。对于这个问题我们通过分析税法与相关部门法的关系，来明确税法在整个法律体系中的地位。

（一）税法与宪法

宪法是国家的根本大法，是一切法律的制定依据和基础，税法也不例外。因此，税法的内容不得与宪法相抵触，税法的执行也不得违宪。我国现行《宪法》第 56 条规定了公民有依照法律纳税的义务。但我国税法的一些根本性问题还未在宪法中得以体现，如税收权限的划分、税法的基本原则等。这不仅不符合宪法的本质，也不符合国际惯例，世界上许多国家都将有关税收的规定列为宪法的重要内容。也正因为如此，有学者提出在我国实施"税收立宪"的重要建议。[1]

（二）税法与行政法

在传统法学体系中，税法被作为行政法学的一部分。在现代法学体系中，税法与行政法的关系仍然相当密切，这主要表现在税收征管、税收行政复议、税收行政诉讼、税收行政赔偿的基本原理和基本制度与一般行政法并无二致。但税法与行政法仍有较大区别，它们在调整对象、职能、立法本位等方面，都有很大的不同。

（三）税法与经济法

税法与经济法的关系大致有三种观点：第一种观点认为，税法作为经济法体系中的一个重要组成部分，其在宗旨、本质、调整方式等许多方面与经济法

---

[1]　刘剑文："关于我国税收立宪的建议"，载《法学杂志》2004 年第 1 期。

的整体都是一致的。同时，税法作为经济法体系中的一个子部门法，在调整对象、特征、体系等方面又有其特殊性。因此，经济法与税法是共性与个性、整体与部分、普遍性与特殊性的关系。[1] 第二种观点认为，税法并不必然构成经济法的组成部分，但由于近年来把税收作为经济政策手段的趋势日益增强，这样使得税法和经济法有重叠之处。[2] 第三种观点认为，税法和经济法并不是简单的包含与被包含关系，而是两个不同的部门法。[3] 本书赞成第一种观点。

（四）税法与民商法[4]

税法与民商法的区别是明显的，前者属于公法，后者属于私法。但两者又存在着密切的联系，主要表现在税法大量借用了民法的概念、规则、原则和制度：①借用了民法的概念。例如，税法中借用了自然人、法人、担保、赔偿等民法中的概念。②借用了民法的规则。例如，民法规定法人以其所有的财产或者国家授予其经营的财产承担民事责任，这个规定对于纳税责任同样适用。③借用了民法的原则。例如，借用了民法的诚实信用原则。④借用了民法的具体制度。例如，借用了民法债法制度。

另外，税法还与刑法、国际经济法、行政诉讼法、民事诉讼法等部门法存在密切关系。

二、我国现行税法体系

税法体系是指由一国全部现行税收法律规范组成的有机联系的整体。税法是由税收实体法和程序法组成的，因此，税法体系分为：

1. 税法总论。是整个税法在总体上共通的基本理论，其包括税法的概念与特征，税法的渊源、效力、地位和体系，税法构成要素，税收法律关系，税法基本原则等内容。

2. 税收实体法。是纳税人缴纳税款的依据，是税务机关税收执法，实施征收管理的准绳。税收实体法是以单行税收法律、法规形式表现的，一般划分为流转税法、所得税法、资源税法、财产税法和行为税法。

3. 税收程序法。是规定国家税务机关税收征管和纳税程序方面的法律规范的总称，其包括税务管理、税款征收、税务检查、法律责任、税收救济等内容。我国现行的税收程序法主要是指《中华人民共和国税收征收管理法》、《中华人

〔1〕 张守文：《财税法学》，中国人民大学出版社2007年版，第182页。
〔2〕 ［日］金子宏：《日本税法原理》，刘多田等译，中国财政经济出版社1989年版，第31页。
〔3〕 刘剑文主编：《财税法学研究述评》，高等教育出版社2004年版，第171页。
〔4〕 陈少英编著：《税法学教程》，北京大学出版社2005年版，第20页。

民共和国税收征收管理法实施细则》和《税务行政复议规则》等。

第四节 税法的构成要素

税法构成要素,[1] 或称税法构成要件,是国家征税必须具备的条件。即通过课税要件的满足产生了使纳税义务成立的这一法律效果的法律要件[2]。如果不满足构成要素,征税机关就不能征税。

按照立法技术的要求,任何部门法都有其外部表现和内部结构上的特点,税法表现的尤为明显,前已述及,税法具有结构上的规范性。可以说每一部税种法都是由以下要素构成的:

一、纳税人

纳税人,是指依法享有税法权利,负有纳税义务的单位和个人。[3] 纳税人在法学上称为纳税主体。税种不同,纳税人也就不同。例如,企业所得税与个人所得税的征税对象都是纳税人的“所得”,但两者的纳税主体不同,因而划分为两个税种。每种税的税法都明确规定该种税特定的纳税单位和个人。因此,纳税人是税法结构中的一个基本要素。

另外,税法还有与纳税人相关的扣缴义务人的规定。扣缴义务人分为代扣代缴义务人和代收代缴义务人两种:

1. 代扣代缴义务人。是指税法规定的有义务从其持有的纳税人收入中扣除其应纳税款并代为向税务机关缴纳的单位或个人。如我国《个人所得税法》第8条规定,个人所得税,以所得人为纳税义务人,以支付所得的单位或者个人为扣缴义务人。

2. 代收代缴义务人。是指税法规定的有义务借助于经济往来关系向纳税人收取其应纳税款并向税务机关代为缴纳的单位或个人。如我国《消费税暂行条例》第4条第2款规定,委托加工的应税消费品,除受托方为个人外,由受托

---

〔1〕 在这里我们是针对税收实体法而言的构成要素。

〔2〕 [日]金子宏:《日本税法》,战宪斌、郑林根等译,法律出版社 2004 年版,第 111 页。

〔3〕 有关纳税人的概念,税法教材几乎一致认为,是指税法规定的直接负有纳税义务的单位和个人。但这种广为流传的概念忽视了纳税人也是权利主体,这对纳税人不公平。当前有些学者已经意识到了这个问题。如将纳税人表述为“是指法律、法规规定的享有自然权利和税法权利,并负有纳税义务的单位和个人”。(参见杨萍主编:《税法学原理》,中国政法大学出版社 2004 年版,第 15 页。)或者表述为:“税法主体是指税法规定享有权利和承担义务的当事人,即税法权利义务关系的承担者。”(参见徐孟洲主编:《税法学》,中国人民大学出版社 2005 年版,第 26 页。)

方在向委托方交货时代收代缴税款。

二、征税对象

征税对象，亦称课税对象，是指征税的标的物，也即对什么东西征税，在法学上称为征税客体。每一税种法都规定了该种税的征税对象。征税对象是税法结构中最基本的要素，是区别不同税种的主要标志。征税对象不同，税种也就不同。例如，流转税的征税对象是商品的流转额；所得税的征税对象是纳税人的收益额或所得额。

征税对象的规定比较抽象，因而在税法上往往通过征税范围或税目的具体规定，使征税对象更加明确，便于征收管理。例如，我国企业所得税的征税对象是企业的生产、经营所得和其他所得。这个征税对象的规定比较笼统，实践中不易掌握，需要在征税范围上进一步具体化。因此，在《企业所得税法》第6条中就规定了计算企业所得税的9种收入。这就使征税对象更加明确、具体，为税收的征收管理提供了条件。所以，要紧密联系征税范围，才能明确征税对象。

三、税目

税目，是指税法中规定的征税对象的具体项目，是征税对象的具体化。确定税目的作用：一是明确征税对象的具体范围，凡列入税目的则征税，未列入税目的则不征税；二是针对不同的税目规定差别税率，以体现国家在不同时期的经济政策和立法意图。例如，我国《消费税暂行条例》第1条规定，在中华人民共和国境内生产、委托加工和进口本条例规定的消费品的单位和个人，为消费税的纳税人。但是，究竟哪些消费品要缴纳消费税，从这个法条里面看不出来，这就需要借助于税目税率表。在税目税率表中列举了烟、酒、化妆品、贵重首饰、鞭炮烟火、成品油、汽车轮胎、摩托车、小汽车、高尔夫球及球具、高档手表、游艇、木制一次性筷子、实木地板等14种消费品。

四、税率

税率是指应纳税额与计税依据之间的比例，是计算应纳税额的尺度，是税法结构的核心要素。每一种税的适用税率，都必须事先在税法中作出明确规定。税率的高低，关系到国家财政收入的多少和纳税人税收负担的轻重。因此，在制定税法时，税率的设计必须合理、公平、恰当。我国现行税制中，采用的税率形式有以下三种：

（一）比例税率

是不分征税对象数额的大小，只规定一个相同征收比例的税率。比例税率的特点包括：①就同一征税对象而言，不同的纳税人税收负担是相同的；②计算简便，易收利管，符合税收效率原则。比例税率还可以分为以下三种：

1. 统一比例税率。是指一个税种只规定一个税率。例如，我国的企业所得税，不分企业性质、不论规模大小，对其生产、经营所得和其他所得，均按25%的比例税率计算征收企业所得税。

2. 差别比例税率。是指一个税种分别采用若干个不同比例的税率。因征税对象的不同，还可以细分为产品差别比例税率、行业差别比例税率、地区差别比例税率等。

3. 幅度比例税率。是指在税法规定的幅度内，由地方政府根据本地区的经济发展情况，确定本地区适用的比例税率。例如，我国营业税法规定，对娱乐业采用5%～20%的幅度比例税率。

（二）累进税率

累进税率，也称"累进税制"，又称"等级税率"。是指对同一征税对象，随着征税对象数额的增大，征收比例也随之提高的税率。通俗地说，就是把征税对象按照数额的大小，划分为若干不同的等级，对每个等级分别规定不同的税率，征税对象数额越大，税率越高。累进税率能够调节纳税人的收入水平，有利于缓解社会分配不公的矛盾。累进税率又分为：

1. 全额累进税率。是把征税对象的全部数额，按照与之相适应的税率计算应纳税额的一种税率。其特点包括：①计算简便。对具体的纳税人来说，其征税对象的数额达到哪个等级即使用该等级的税率。②税收负担不尽合理。使用全额累进税率计算税额时有时会出现不公平的现象，尤其在征税对象的数额达到税率等级的临界点时，税额会呈跳跃式的增加，税收负担不尽合理。由于存在缺陷，因而我国只在建国初期，对私营工商业使用过全额累进税率。

2. 超额累进税率。是"全额累进税率"的对称，是将征税对象的数额划分为若干等级，每个等级只就超过前一等级数额的部分适用相对应的税率来计算应纳税额的税率形式。在具体操作上，是将征税对象的数额划分为若干等级，每个等级部分分别适用各等级的税率，然后将各等级的计算结果加总得出应纳税全额。其特点包括：①税负合理。纳税人所得多的多纳税，所得少的少纳税，有利于调节纳税人的收入水平。②计算比较复杂。纳税人的征税对象的数额达到几个等级，就要分别计算几次。为了克服这个缺陷，可以采用速算扣除法，即采用全额累进税率的计算办法计算出应纳税额，然后再减去速算扣除数。[1] 其计算公式为：

应纳税额＝应纳税所得额总额×对应级次的税率－对应级次的速算扣除数

我国现行个人所得税对工资薪金所得、个体工商户的生产经营所得和对企事业单位的承包经营、承租经营所得采用了超额累进税率。

3. 超率累进税率。是以征税对象数额的增长比例为依据适用不同等级的税率计算应纳税额的一种税率。采用超率累进税率时，先按各个相对率计算出应税的各部分征税对象数额，再按对应的各等级的税率分别计算税款，最后汇总得出全部应纳税额。我国现行的土地增值税实行的是四级超率累进税率。

4. 超倍累进税率。是以征税对象数额超过计税基数的倍数为依据，按照超额累进方法计算应纳税额的税率形式。采用超倍累进税率，首先要确定计税基数，然后把征税对象的数额按超过计税基数的倍数不同划分为不同等级，分别适用不同等级税率计算税额，最后汇总得出应纳税总额。我国原来的个人收入调节税实行的是超倍累进税率。

（三）定额税率

定额税率，也称"固定税额"，是按照征税对象的计量单位直接规定应纳税额的税率形式。定额税率的特点：①计算简便；②应纳税额不受生产成本高低或市场价格升降的影响，税负稳定。我国现行资源税等税种实行的是定额税率。定额税率又分为：

1. 地区差别定额税率。是指对同一征税对象，按照不同地区规定不同的征税数额。其具有调节不同地区之间级差收入的作用。如我国资源税中，对煤炭按照矿区规定不同的税额。

2. 等级差别定额税率。是指对同一征税对象，按照一定标准分等定级，对不同等级规定不同的税额。如资源税中，对黑色金属、有色金属的矿区，按照品位高低，分等规定税额。

3. 产品差别定额税率。是指对不同产品规定大小不同的差别税额。如消费税中规定：黄酒 240 元/吨，甲类啤酒 250 元/吨，乙类啤酒 220 元/吨。

4. 幅度定额税率。是指在统一的规定幅度内，根据纳税人拥有的征税对象或发生课税行为的具体情况，确定纳税人具体适用的税额。如资源税中，对盐实行幅度定额税率。固体盐 10～60 元/吨，液体盐 2～10 元/吨。

5. 混合定额税率。是指对同一征税对象按照地区差别或分类分级的前提下，实行有幅度的定额税率。如耕地占用税，采用地区差别的幅度定额税率。

---

[1]　速算扣除数，是指为简化计税程序而按全额累进方式计算超额累进税额时所使用的扣除数额。

另外，在税收实务中，还有名义税率与实际税率、边际税率与平均税率。[1]

五、计税依据

计税依据，是指计算税款的根据，是征税对象量的表现。计税依据与征税对象是两个不同的概念，解决的问题也不相同。征税对象解决的是对什么东西征税，而计税依据解决的则是如何计量的问题。在税率不变的情况下，计税依据的大小决定税额的多少、纳税人税负的轻重。因此，每个税种法都要规定计税依据。例如，增值税的征税对象是增值额，而计税依据则是销售额；企业所得税的征税对象是企业的所得，计税依据是应纳税所得额。

计税依据又分为从价计征和从量计征两种类型。从价计征的税种，是以征税对象的数量与单位价格的乘积作为计税依据；从量计征的税种，是以征税对象的实物数量作为计税依据。

六、纳税环节

纳税环节，是指税法规定的，应税商品从生产到消费整个过程中应当缴纳税款的阶段。合理规定纳税环节，便于控制税源，确保税款征收。税种不同，纳税环节也不尽相同。例如，我国增值税法规定，销售货物确定在销售环节纳税，委托加工货物确定在加工环节纳税，进口货物确定在进口环节纳税。我国消费税则分别确定在消费品的生产、加工和进口等环节纳税。

七、纳税期限

纳税期限，是指纳税人缴纳税款的具体时间。各税种法都明确规定了该种税的税款缴纳入库期限。纳税期限是纳税人履行纳税义务的法定时间界限，也是税务机关行使征税权力和进行违章处理的法定时间界限。纳税人必须在法定的时间内缴纳税款，超过纳税期限，即构成违法，税务机关有权予以处理。根据现行税法规定，纳税期限分为两种：一种是按期纳税，即以纳税人纳税义务发生的一定期间为纳税期限；另一种是按次纳税，即以纳税人从事生产、经营活动或者取得收入的次数为纳税期限。例如，《增值税暂行条例》第 23 条第 1款规定："增值税的纳税期限分别为 1 日、3 日、5 日、10 日、15 日、1 个月或

---

[1] 名义税率是指税法规定的税率，是一个与"实际税率"相对应的概念。实际税率是指实纳税额与征税对象数额之间的比例。当实纳税额与应纳税额相等时，实际税率与名义税率相同，反之，则不等。有些税种，由于税法规定了减免税，纳税人并不需要足额缴纳其应纳税额，因而，实际税率往往比名义税率低一些。平均税率是指全部应纳税额占全部征税对象额的比例。边际税率是指征税对象数额的增量在税额中所占的比例。

者 1 个季度。纳税人的具体纳税期限，由主管税务机关根据纳税人应纳税额的大小分别核定；不能按照固定期限纳税的，可以按次纳税。"

另外，还有与纳税期限有关的两个概念：

1. 纳税义务发生的时间。是指税法规定的负有缴纳税款义务的时间。例如，《增值税暂行条例实施细则》第 38 条第 1 项对纳税义务发生的时间规定："采取直接收款方式销售货物，不论货物是否发出，均为收到销售款或者取得索取销售款凭据的当天。"

纳税期限与纳税义务发生时间是两个不同的概念。纳税期限有一定的期限性，而纳税义务发生时间是指一个时间点。并且，只有在纳税义务发生后，才会存在纳税期限的问题。

2. 纳税申报期限。是指税收法律、行政法规规定的或征税机关依据法律、行政法规核定的纳税人、扣缴义务人履行纳税义务或解缴税款义务的时间界限。每一纳税期限届满，纳税人要对当期的应税收入、应纳税款进行计算，需要一定的时间。因此，税法就规定了纳税申报期限。例如，《增值税暂行条例》第 23 条第 2 款规定："纳税人以 1 个月或者 1 个季度为 1 个纳税期的，自期满之日起 15 日内申报纳税；以 1 日、3 日、5 日、10 日或者 15 日为 1 个纳税期的，自期满之日起 5 日内预缴税款，于次月 1 日起 15 日内申报纳税并结清上月应纳税款。"

八、纳税地点

纳税地点，是指税法规定的纳税人缴纳税款的地点。确定纳税地点，既要方便纳税人申报纳税，也要便于税务机关进行征收管理。

根据现行税法规定，纳税地点有以下三种：

1. 在业户所在地纳税。例如，《消费税暂行条例》及其实施细则规定，纳税人生产的应税消费品，不论在原地销售，还是到外地销售，或是委托他人代销，均要向机构所在地或者居住地主管税务机关申报纳税。

2. 在营业行为发生地缴纳税款。例如，《增值税暂行条例》第 22 条第 3 项规定，非固定业户销售货物或者应税劳务，应当向销售地或者劳务发生地的主管税务机关申报纳税。

3. 汇总集中纳税。总机构和分支机构不在同一县（市）的可以汇总集中纳税。例如，《增值税暂行条例》第 22 条第 1 项规定，总机构和分支机构不在同一县（市）的，应当分别向各自所在地的主管税务机关申报纳税；经国务院财政、税务主管部门或者其授权的财政、税务机关批准，可以由总机构汇总向总机构所在地的主管税务机关申报纳税。

九、税收优惠

税收优惠，是指国家根据一定时期政治、经济和社会发展的需要，在税种法中对某一类纳税人或者某些征税对象给予的减轻或免除税收负担的措施。具体包括减税、免税、起征点、免征额、税前扣除优惠、加速折旧、亏损弥补、税收抵免[1]等。

第五节　税法的基本原则[2]

税法的基本原则，是指对税收的立法、执法、司法以及税法法学研究具有指导和适用价值的根本准则。从法理学的角度分析，税法的基本原则包括税收法定原则、税法公平原则、税法效率原则。

一、税收法定原则

税收法定原则，又称税收法律主义、租税法律主义，是指税收的征纳活动必须依照法律的规定进行，包括征税主体依法征税和纳税主体依法纳税。在此，

---

〔1〕 起征点，是指税法规定的当征税对象达到一定的数额才开始征税的界限。征税对象的数额未达到起征点的不征税，达到或超过起征点的就全部征税对象征税。我国现行增值税、营业税均规定了起征点，其中销售货物的起征点为月销售额 5000～20 000 元。免征额，是指税法规定的在征税对象数额中免于征税的部分，是按照税法规定的标准从征税对象数额中预先扣除的部分。对免征额的部分不征税，只对其超过部分征税。免征额采用两种方法表示：①规定绝对数额。例如，个人所得税法中规定，对纳税人的月工资、薪金所得，扣除费用 3500 元；②规定相对比例。例如，个人所得税法中规定，对纳税人的劳务报酬所得、稿酬所得、特许权使用费所得、财产租赁所得，每次收入不足 4000 元的，减除费用 800 元；每次收入 4000 元以上的，减除 20% 的费用。税前扣除优惠、加速折旧、亏损弥补、税收抵免等优惠措施见后面章节。

〔2〕 目前国内税法学界对税法原则的认识并不深入，既缺乏经济学界对税收原则研究的博大精深，也缺乏国外税法学者对税法原则研究的系统全面。再者由于我国目前尚未制定一部税收基本法，因而，有关税法基本原则是哪些的问题仍然是学术争论的话题。刘隆亨教授于 1986 年最早提出"税法制度建立的六大基本原则"。1989 年，有学者对国外税法的四大基本原则即"税收法定主义"、"税收公平主义"、"实质征税原则"和"社会政策原则"进行了介绍。进入 20 世纪 90 年代以来，有学者开始借鉴和参考西方税法基本原则理论，研究如何确立我国税法的基本原则。目前税法学界已基本认同和接受西方税法基本原则的表述方式，如"税收法定原则"、"税收公平原则"、"税收效率原则"等。不同的是，学者们对每项原则的内容和要求有程度不一的理解差异，如有的认为税法的基本原则仅此三项，有的认为还包括"税收社会政策原则"、"实质课税原则"，还有的认为"无偿性财政收入原则"和"宏观调控原则"也是税法的基本原则，也还有学者提出"合理负担原则"、"普遍纳税原则"、"平等纳税原则"、"征税简便原则"、"维护国家主权原则"、"贯彻党的经济政策原则"、"贯彻执行国家政策原则"等。本书赞成大多学者对于税法基本原则的归纳，即"税收法定原则"、"税收公平原则"、"税收效率原则"。

应特别指出的是，这里所指的法律仅限于国家立法机关制定的法律，不包括行政法规。

税收法定原则最早产生于英国。1215 年英国议会取得对国王征税的否决权，经过 1629 年的《权利请愿书》到 1689 年的《权利法案》，被正式确立为近代意义上的税收法定原则。西方一些资本主义国家相继仿效英国的做法，以宪法或税收基本法的形式加以规定。如《法国宪法》第 34 条规定："征税必须以法律规定。"《日本宪法》第 84 条规定："征收新税或改变现行税收，必须以法律定之。"西方税收法定原则的确立，是资产阶级和其他阶层人民大众反对封建特权斗争的结果。在封建社会，国家税法虽然也有确定性，但当时法制不健全，君主意志即是法，他们可以随意地以命令形式向人民横征暴敛，无须经过严格的法定形式。资产阶级出现后，为了保护其财产权利，反对封建君主的任意侵犯，提出了税收法定原则。由此看来，税收法定原则是近代法治主义在税收上的体现。我国《宪法》第 56 条也明确规定："中华人民共和国公民有依照法律纳税的义务。"

各个国家和各位学者对税收法定原则的理解虽然不尽相同，但关于税收法定原则的内容，国内税法学者并无太大的分歧，一般来说，应当包括以下几点内容：

1. 税种法定。税种的设置或开征必须由法律规定。每开征一种税都必须制定相应的税法。没有法律依据，国家不得征税，人民也不得被要求纳税。

2. 税制要素法定。每一种税的税法都必须规定并明确该种税的纳税人、征税对象、税目、税率等课税要素。日本税法学家北野弘久认为："租税法律主义的第一个内容被称为租税要件法定主义原则。该原则当然还包含了明确规定租税要件等内容的租税要件法定主义原则。"[1]

3. 征纳税法定。纳税人有权依照法律的规定履行纳税义务。征税机关必须严格按照有关税收法律的规定而为行政行为，不能根据恣意的判断来解释和适用税法，纳税人如有税收违法行为，税务机关只能依照税法规定予以处理，不能随意地加重或减轻处罚。

4. 程序法定。税务机关要严格按照法定的程序征税，纳税人要按照法定程序纳税。如果发生税务争议，纳税人可以申请税务行政复议，对税务行政复议不服的，还可以向人民法院提起诉讼。国家保护纳税人行政救济或司法救济的权利，依法处理税务违法行为。

---

〔1〕　[日] 北野弘久：《税法学原论》，陈刚、杨建广等译，中国检察出版社 2001 年版，第 64~65 页。

二、税收公平原则

税收公平主义原则是近代平等性原则在税法中的具体体现。1789 年法国大革命后发布的《人权宣言》中规定："税收应在全体公民之间平等分摊。"现代各国宪法或税法都明确规定了税收公平主义原则。税收公平原则是近代平等性的政治和宪法原则在税收法律制度中的具体体现。

税收公平原则，是指纳税人的地位必须平等，税收负担必须在各个纳税人之间公平分配。其中，税收负担必须在各个纳税人之间公平分配，包括横向的公平和纵向的公平。横向的公平，是指经济情况相同、纳税能力相等的纳税人应当负担等量的税收；纵向的公平，是指经济情况不同、纳税能力不等的纳税人其税收负担亦应不同，高收入者应当比低收入者负担更多的税收。

怎样才能做到税收公平呢？西方学者一般主张"受益标准"和"能力标准"。所谓"受益标准"，即根据纳税人从政府提供的公共物品中受益的多少，判定其应纳税的多少和税负是否公平，受益多者即应多纳税，反之则相反。由于该标准侧重于把纳税多少、税负是否公平同享受利益的多少相结合，因而也有人称之为"利益说"。所谓"能力标准"，即根据纳税人的纳税能力来判定其应纳税额的多少和税负是否公平，纳税能力强者即应多纳税，反之则相反。由于该标准侧重于把纳税能力的强弱同纳税多少、税负是否公平相结合，因而也有人称之为"能力说"。

在税收公平与否的衡量方面，"受益标准"把纳税类同于一般的市场交换原则，它仅能在某些特定的情况下对税收的公平性予以说明，但实践中难以实现和操作。"能力标准"一般被认为是迄今公认的比较合理也易于实行的标准。但在如何测度纳税能力上亦存在不同观点。一种观点认为，应以纳税人所拥有的财富的多少作为测度其纳税能力的标准，即应运用财产、收入、支出这三种表示财富数量的尺度来衡量纳税能力之强弱，这种观点也称"客观说"。其中纳税人的收入通常被认为是测度纳税人纳税能力的最佳尺度。另一种观点认为，应以纳税人因纳税而感受到的牺牲程度的大小作为测度其纳税能力的标准，这种观点也称"主观说"。一般认为，"客观说"是更为可取的，它与人们通常对征税客体的认识也是一致的。

三、税收效率原则

美国经济学家斯蒂格利茨认为，判断一个良好税收体系的"第一标准是公平……第二个重要标准是效率".[1] 因此，税收效率原则可以说是税法的基本原则之一。在一般含义上，税收效率原则，是指应以最小的征收费用获取最大的税收收入，并利用税收的经济调控作用最大限度地促进经济发展，或者最大限度地减轻对经济发展的妨碍所应遵循的准则。它包括税收经济效率和税收行政效率两个方面。

（一）税收经济效率原则

税收的经济效率原则主要是考察税收对经济的影响。一般认为，税收既然是从私人经济部门向公共经济部门转移资源，就必然会对经济发生影响。若该影响仅限于征税本身所产生的负担，则属正常；若除此之外又产生了外部效应，则可能会存在额外负担和额外收益两种情况。

在资本主义经济兴起的初期和以自由竞争为基础的市场机制较好地运行的发展时期，人们所关注的税收效率完全被理解为"税收中性"的同义词，税收中性原则成为了人们判断税收是否高效和优良的重要标准。税收中性原则起源于亚当·斯密的"看不见的手"的理论，并在19世纪末首先由英国新古典学派的代表人物马歇尔倡导。税收中性原则的基本含义是，国家课税时，除了使人民因纳税而发生负担以外，最好不要再使人民遭受其他额外负担或经济损失。据此标准，一个比较理想的税收制度对个人的生产和消费决策皆无影响，不会扭曲社会资源的配置。

随着社会的发展，税收效率原则的内涵也在演变之中。从20世纪30年代末到70年代初，西方发达国家的税收政策受到凯恩斯国家干预理论的影响，即主张通过税收的宏观调控来配置资源，弥补市场调节的不足，以保障经济的稳定增长。此时，税收效率又被阐释为怎样利用税收最大限度地促进社会经济的发展。也就是说如果从全社会看，宏观上的所得大于所失，总的额外收益大于额外负担，即可认为税收对经济的影响是良性的、积极的，是符合税收的经济效率原则的。

总之，处在不同历史时期和不同经济体制背景下的学者对税收经济效率的内涵有着不同的结论。到了20世纪70年代中后期，在政府干预经济部分失灵或失效的情况下，凯恩斯的宏观经济理论不断受到货币主义、供给学派、新自由主义学派的冲击和挑战。这些学派力主减少国家干预，依靠市场经济自身的力量来保证经济的运转。税收中性思想又有所复归和再发展，并已成为以美国为代表的西方发达国家进行税制改革的基本理论依据。

---

〔1〕 〔美〕斯蒂格利茨：《经济学》，郭晓惠等译，中国人民大学出版社1997年版，第517页。

（二）税收的行政效率原则

税收的行政效率原则，是指国家征税应以最小的税收成本去获取最大的税收收入，以使税收的名义收入与实际收入的差额最小。该原则侧重于对税务行政管理方面效率的考察。

所谓税收成本，是指在税收征纳过程中所发生的各类费用支出。狭义的税收成本专指征税机关为征税而花费的行政管理费用，因而也称税收征收费用。广义的税收成本还包括纳税人因纳税所支出的各种费用，如税务代理费，申报纳税的费用，为逃税、避税而花费的时间、精力、交际费以及因逃税未遂而受到的惩罚及精神损害等。由于狭义的税收成本比广义的税收成本更容易确定和计算，因而一般是通过税收征收费用占全部税收收入的比例来考察税收的行政效率。一个国家在一定时期税收成本越小，税收行政效率就越高。

第六节　税收法律关系

一、税收法律关系的概念和特点

税收法律关系是由税法确认和调整的，在国家税收活动中各方当事人之间形成的，具有权利义务内容的社会关系。它是国家参与社会产品和国民收入分配和再分配的经济关系，即税收关系在法律上的表现，是由税法调整税收关系的结果而形成的社会关系。

任何一个法律部门，由于其调整的社会关系内容的不同，因而反映该种社会关系的法律关系的特征也不相同。税收法律关系的特征表现在以下几个方面：

1. 税收法律关系主体一方的特定性。任何一种法律关系，都必须有双方或多方当事人参加，税收法律关系也不例外。但是，在税收法律关系中，当事人的一方必须是国家。这是因为，税收是以国家为主体、以国家的政治权力为基础而形成的特殊的分配关系。由此可以看出，税收法律关系与民事法律关系、劳动法律关系、行政法律关系等都有所不同。

2. 税收法律关系具有财产所有权或支配权单向转移的特点。税收具有无偿性特征，因而国家征税的过程，就是把纳税人所拥有或支配的财产转变为国家所有的过程。纳税人履行纳税义务，就意味着把自己的部分货币或者实物的所有权或者支配权交给了国家。对国有企业来讲，由于财产所有权是属于国家的，企业只是依照法律规定或者国家的授权占有和使用这些财产，因此，国家征税并不发生所有权的转移，只是发生财产支配权的转移。而对于国有企业以外的其他所有制经济组织来讲，国家不是这些财产的所有权人，国家征税的过程是把纳税人的财产变成为国家财产的过程，所有权会发生转移。因此，税收法律关系具有财产所有权或者支配权单方面转移的特征。

3. 税收法律关系主体双方享有的权利性质不同、负有的义务不同。征纳双方各自具有一定的权利，也负有一定的义务，只是征税机关具有的权利不得放弃，所以这种权利也是一种职责。征纳双方负有的义务也不相同。

4. 税收法律关系的产生以各方当事人发生了税法规定的行为或事件为前提。纳税人只要发生了税法规定的行为或者事件，即发生了应纳税的行为、取得了应纳税的收入或者具有了应纳税的财产，税收法律关系就会产生，国家就要向纳税人征税，纳税人就要按照税法的规定，自觉履行纳税义务，否则就要承担法律责任。对征税主体而言，其在制定税收法规和进行税收监督过程中，彼此间也会产生税收法律关系。因此，税收法律关系的产生，以各方当事人发生了税法规定的行为或事件为前提，是不以双方当事人的意志为转移的。

二、税收法律关系的性质

"租税法律关系，简而言之，是如何看待课税厅和纳税者之间的法律关系性质的问题，它历来是税法学中最大的焦点课题。"[1] 税收法律关系的性质一直是国内外税法学界争论的重要课题之一。关于这一问题，国内外学术界主要有以下几种学说：

1. 德国行政法学的创始人奥托·梅耶的权力关系说。该学说把税收法律关系理解为国民对国家课税权的服从关系。在这一关系中，国家以优越的权力主体的身份出现。该学说认为，纳税人的行为满足税法规定的课税要件时，纳税义务并不立即产生，而是通过"查定处分"这一行政行为的行使才产生。

2. 德国税法学家阿尔伯特·亨泽尔的债务关系说。[2] 该种学说把税收法

---

〔1〕 ［日］北野弘久：《税法学原论》，陈刚、杨建广等译，中国检察出版社 2001 年版，第 158 页。

〔2〕 有关租税权力关系说和租税债务关系说理应包括的内容为何，虽因论者的理解不同而存差异，然就两者的如下主要区别，已经取得共识：①权力关系说认为租税法律关系属权力关系；租税债务关系说则将租税法律关系界定为公法关系，并解释它有着类似于私法上的债权债务关系的性质。②权力关系说强调国家或地方公共团体在租税法律关系中的地位优越于人民，行政权起着主导作用；而债务关系说对此则持否定态度，并极力强调国家或地方公共团体在该法律关系中处于对等地位。③债务关系说将租税法律关系区分为租税实体法关系和租税程序法关系，并将租税实体法关系当作最基本的关系；而权力关系说则否定这种划分，进而否定租税实体法关系的重要性。④权力关系说主张租税法律关系是单方面命令与服从关系，发布命令者无需向相对方承担回答责任，处于处分地位的相对方无权审查命令的正当性；由于债务关系说主张国家或地方公共团体与人民在租税法律关系中具有对等地位，故强调设立救济程序以保护纳税者的权益。（参见 ［日］北野弘久：《税法学原论》，陈刚、杨广建等译，中国检察出版社 2001 年版，第 4 页。）

律关系定性为国家对纳税人请求履行税收债务的关系，国家和纳税人之间是法律上的债权人和债务人的关系。因此，税收法律关系是一种公法上的债务关系。这种学说以1919年《德国租税通则》关于租税债务的规定为依据，否定了传统权利关系说中由征税机关创设纳税义务的观点，提出只要满足税法规定的课税要素，税收债务即纳税义务就随即产生。这一学说对后世税法学的发展产生了极大的影响。

3. 日本金子宏的二元关系说。金子宏教授认为，权力关系说和债务关系说的着眼点其实是完全不同的。权力关系说主要是就税收的征收程序来论述问题，而债务关系说则主要就纳税人对国家的税收债务来论述问题。他认为税收法律关系中包括各种类型的法律关系，有些属债务关系，有些属权力关系。因此，应对税收法律关系的性质从二元关系的角度予以把握。

本书赞成国内有些学者提出的"分层面关系说"。该说认为，将税收法律关系界定为单一的债务关系和分别界定为债务关系和权力关系都有其制度建设和学术研究价值。因此，可以从两个层面对税收法律关系的性质予以界定。在抽象的层面，将税收法律关系的性质整体界定为公法上的债务关系，在具体层面上，也就是法技术的层面上，将税收法律关系分别界定为债务关系和权力关系。[1]

三、税收法律关系的构成要素

税收法律关系同其他法律关系一样，也是由法律关系的主体、客体、内容三个要素构成，缺一不可。

（一）税收法律关系的主体

税收法律关系的主体，是指税收法律关系中依法享有权利（力）和承担义务的当事人。按照主体的权利和地位来划分，可以划分为两类：

1. 征税主体[2] 是指依法参加税收法律关系，对纳税主体征收税款、进行税收征收管理的国家机关。从严格意义上讲，征税主体只能是国家，但由于其是抽象实体，无法亲自行使征税权，只能通过立法将征税权授权给某些国家职能部门。因此，在我国，具体行使征税权的职能机关是：

（1）各级税务机关。税务机关是税收法律关系的重要主体之一。现在，我

---

〔1〕 刘剑文主编：《税法学》，人民出版社2003年版，第93～94页。
〔2〕 关于征税主体的范围，学术界存在分歧。除了普遍认为征税主体包括税务机关、财政机关、海关外，还有学者认为包括国家权力机关和各级行政机关。本书认为征税主体包括国家权力机关和行政机关的观点是将税收法律关系与诸多法律关系（如立法法律关系）混为一谈了。

国的税务机关分设为国家税务局和地方税务局，按照税种划分它们各自的管辖范围，进行税收的征收管理。

（2）各级财政机关。根据《契税暂行条例》第12条第1款的规定："契税征收机关为土地、房屋所在地的财政机关或者地方税务机关。具体征收机关由省、自治区、直辖市人民政府确定。"因此，地方财政部门是税收法律关系的主体之一。

（3）海关机关。根据国家的授权，海关负责征收关税、船舶吨税，负责代征进出口环节的增值税和消费税。

2. 纳税主体。简称为纳税人，是指依法享有税法权利、负有纳税义务的单位和个人。

（二）税收法律关系的客体

税收法律关系的客体，是指税收法律关系主体双方权利义务共同指向的对象。税收法律关系的客体有以下几种：

1. 物。物包括货币和实物。但随着商品经济的发展，我国的各种税收都是以人民币作为计税单位计算征收的。因此，货币就成为了税收法律关系的重要客体。实物税已经不存在了。

2. 行为。是指税收法律关系的主体为履行职责，承担义务而进行的活动。作为税收法律关系主体的行为，主要表现在两个方面：①征税机关在税收征管活动中作出的相关行为；②纳税人依照税法规定必须完成的行为。例如纳税人进行税务登记、纳税申报等。

（三）税收法律关系的内容

税收法律关系的内容，是指税收法律关系主体双方依照税法所享有的权利（力）和承担的义务。包括征税主体的权力义务和纳税主体的权利义务两大方面。根据我国《税收征收管理法》的规定，税收法律关系主体的权利（力）义务分别为：

1. 纳税主体的权利和义务。

（1）纳税主体的权利。

第一，依法享有申请减税、免税、退税的权利。《税收征收管理法》第8、33、51条规定了纳税人依法享有申请减税、免税和退税的权利。

第二，知情权。《税收征收管理法》第8条第1款规定："纳税人、扣缴义务人有权向税务机关了解国家税收法律、行政法规的规定以及与纳税程序有关的情况。"

第三，保密权。《税收征收管理法》第8条第2款规定："纳税人、扣缴义务人有权要求税务机关为纳税人、扣缴义务人的情况保密。税务机关应当依法为纳税人、扣缴义务人的情况保密。"

第四，控告检举权。《税收征收管理法》第8条第5款规定："纳税人、扣缴义务人有权控告和检举税务机关、税务人员的违法违纪行为。"

第五，陈述权与申辩权。《税收征收管理法》第8条第4款规定，纳税人、扣缴义务人对税务机关所作出的决定，享有陈述权、申辩权。

第六，税收救济权。《税收征收管理法》第8条第4款规定："纳税人、扣缴义务人……依法享有申请行政复议、提起行政诉讼、请求国家赔偿等权利。"《税收征收管理法》第88条对提起行政复议和行政诉讼作了具体规定。《税收征收管理法》第39、43条对请求国家赔偿的情形作了规定。

第七，受尊重权。《税收征收管理法》第9条第2款规定："税务机关、税务人员必须秉公执法，忠于职守，清正廉洁，礼貌待人，文明服务，尊重和保护纳税人、扣缴义务人的权利，依法接受监督。"

第八，要求回避权。《税收征收管理法》第12条规定："税务人员征收税款和查处税收违法案件，与纳税人、扣缴义务人或者税收违法案件有利害关系的，应当回避。"

第九，享受纳税便利权。《税收征收管理法》第26条规定："纳税人、扣缴义务人可以直接到税务机关办理纳税申报或者报送代扣代缴、代收代缴税款报告表，也可以按照规定采取邮寄、数据电文或者其他方式办理上述申报、报送事项。"

第十，延期申报权。《税收征收管理法》第27条第1款规定："纳税人、扣缴义务人不能按期办理纳税申报或者报送代扣代缴、代收代缴税款报告表的，经税务机关核准，可以延期申报。"

第十一，延期纳税权。《税收征收管理法》第31条第2款规定："纳税人因有特殊困难，不能按期缴纳税款的，经省、自治区、直辖市国家税务局、地方税务局批准，可以延期缴纳税款，但是最长不得超过3个月。"

第十二，获取凭证权。《税收征收管理法》第34条规定："税务机关征收税款时，必须给纳税人开具完税凭证。扣缴义务人代扣、代收税款时，纳税人要求扣缴义务人开具代扣、代收税款凭证的，扣缴义务人应当开具。"《税收征收管理法》第47条规定："税务机关扣押商品、货物或者其他财产时，必须开付收据；查封商品、货物或者其他财产时，必须开付清单。"

第十三，基本生活保障权。《税收征收管理法》第42条规定："税务机关采取税收保全措施和强制执行措施必须依照法定权限和法定程序，不得查封、扣押纳税人个人及其所扶养家属维持生活必需的住房和用品。"

第十四，拒绝非法检查权。《税收征收管理法》第59条规定："税务机关派出的人员进行税务检查时，应当出示税务检查证和税务检查通知书，并有责任为被检查人保守秘密；未出示税务检查证和税务检查通知书的，被检查人有权拒绝检查。"

第十五，委托税收代理权。《税收征收管理法》第89条规定："纳税人、扣缴义务人可以委托税务代理人代为办理税务事宜。"

（2）纳税主体的义务。

第一，依法办理税务登记。

第二，依法进行账簿、凭证管理。

第三，按期进行纳税申报。

第四，按时足额地缴纳税款。

第五，依法接受税务检查。

2. 征税主体[1]的权力和义务。

（1）征税主体的权力。

税务机关在税收活动中享有广泛的权力，这有助于保障国家税收债权的实现。税务机关依法享有的权力主要有：

第一，税收管理权。有权要求纳税人办理税务登记、有权审查纳税申报、有权管理税务发票。

第二，税收征收权。征收税款是税务机关的主要任务。《税收征收管理法》第5条第1款规定："国务院税务主管部门主管全国税收征收管理工作。各地国家税务局和地方税务局应当按照国务院规定的税收征收管理范围分别进行征收管理。"具体包括加收滞纳金的权力，核定税款权，纳税调整权，减免税批准权，采取税收保全措施、税收强制执行措施的权力，税款追征权，欠税清缴权等。

第三，税务检查权。根据《税收征收管理法》第54条的规定，税务机关有权检查纳税人、扣缴义务人的账簿、记账凭证、报表和有关资料；到纳税人的生产、经营场所和货物存放地检查纳税人应纳税的商品、货物或者其他财产；责成纳税人、扣缴义务人提供与纳税或者代扣代缴、代收代缴税款有关的文件、证明材料和有关资料；询问纳税人、扣缴义务人与纳税或者代扣代缴、代收代缴税款有关的问题和情况；到车站、码头、机场、邮政企业及其分支机构检查纳税人托运、邮寄应纳税商品、货物或者其他财产的有关单据、凭证和有关资料；查询纳税人、扣缴义务人在银行或者其他金融机构的存款账户。同时，税务机关在进行税务检查时，享有采取税收保全措施和税收强制执行措施的权力。

---

[1] 这里的征税主体主要指税务机关。

第四，税务违法行为处罚权。对纳税人、扣缴义务人发生的欠税、逃避追缴欠税、偷税、骗税、抗税等行为，税务机关有权按照税收法律、行政法规的规定，给予行政处罚；情节严重，已构成犯罪的，则应移交司法机关追究刑事责任。

（2）征税主体的义务。

第一，依法征税的义务。依法征税是税务机关对国家应尽的义务。《税收征收管理法》第28条第1款规定："税务机关依照法律、行政法规的规定征收税款，不得违反法律、行政法规的规定开征、停征、多征、少征、提前征收、延缓征收或者摊派税款。"

第二，依法解缴税款的义务。税务机关应当将征收的税款、罚款和滞纳金，依照预算级次，按时、足额地解缴入库，不得截留和挪用。

第三，提供服务的义务。《税收征收管理法》第7条规定："税务机关应当广泛宣传税收法律、行政法规，普及纳税知识，无偿地为纳税人提供纳税咨询服务。"

第四，对纳税人负有保密的义务。

第五，依法负有给付的义务。税务机关应当按照规定给付扣缴义务人代扣、代收税款的手续费，并且不得强行要求非扣缴义务人代扣、代缴税款。

第六，开具凭证的义务。

第七，回避的义务。

第八，严格依法实施税收保全和强制执行。税务机关应当严格按照法定程序实施税收保全和税收强制措施，如因税务机关的原因，致使纳税人的合法权益遭受损失，税务机关应当依法承担赔偿责任。

四、税收法律关系的产生、变更和终止

（一）税收法律事实的概念

税收法律关系同其他法律关系一样，都要通过一定的法律事实而产生、变更和终止。税收法律事实，是指能够引起税收法律关系产生、变更和终止的客观情况，包括事件和行为。

1. 事件。是指不以人们主观意志为转移的客观情况。这些情况的出现，却能引起税收法律关系的产生、变更和终止。如水、旱、风、沙等自然灾害，以及战争、政治动乱等情况的发生，都会给纳税人的生产、经营活动带来很大困难，会引起税收法律关系的变更和终止。

2. 行为。是指人们有意识的活动，是税收法律关系中最常见的法律事实。行为又可以分为合法行为与违法行为两种：

（1）合法行为。是指符合现行税收法律规范的行为。如税务机关依照税法的规定为纳税人办理税务登记、进行纳税辅导，纳税人依法进行纳税申报、税款缴纳等行为，都是合法行为。

（2）违法行为。是指违反税收法律规范的行为。如纳税人不按税法规定进行税务登记和纳税申报，以及欠税、偷税、甚至骗税等行为。发生这些违法行为，就要引起一定的法律责任，同样会导致税收法律关系的产生、变更和终止。

（二）税收法律关系的产生、变更和终止

1. 税收法律关系的产生。是指因一定法律事实的发生而在法律关系主体之间形成了一定的权利义务关系。如一个企业的成立、纳税人发生了应税行为等都将产生税收法律关系。

2. 税收法律关系的变更。是指税收法律关系主体、客体、内容的变化。如纳税人经营范围的变化、自然灾害的出现都将使已经形成的税收法律关系发生变化。

3. 税收法律关系的终止。是指已经形成的税收法律关系主体之间的权利义务关系的消灭。如纳税人的死亡、某税种法的废止都能够引起税收法律关系终止。

思考题

1. 你认为税法有哪些特征？
2. 税法是由哪些要素构成的？
3. 你认为什么是税法的基本原则？基本原则应有哪些？
4. 怎样界定税收法律关系的范围？
5. 如何理解税收法律关系的性质？

第三章
中国税制的建立及改革

【学习目的与要求】

税法的存在和发展是与国家一定历史时期的经济与政治发展状况相适应的。研究与考察中国社会主义税法制度的建立和发展，特别是对我国改革开放以来税法制度的改革与完善的介绍，有益于我们进一步理解我国税法制度，设想我国税法的发展目标。

【重点问题】

●1994 年税制改革

●新一轮税制改革的内容

第一节　中国社会主义税制的建立及其发展

一、中国社会主义税制的建立

我国是世界上税收起源最早的国家之一。同世界上其他国家一样，我国的税收也经历了几个不同的历史时期，从奴隶社会、封建社会到社会主义社会。随着经济的发展，税种也在不断地增多，到国民党统治时期，各类税收已达40余种。新中国成立以前，各革命根据地大都根据自己的情况，颁布了一些税收政策法规，开征了农业税、营业税、关税和盐税等。中华人民共和国的税收制度，是在废除国民党旧税制，发扬革命根据地税收制度的原则的基础上建立起来的。按照中华人民共和国政治协商会议制定的《共同纲领》第40条规定"国家的税收政策，应以保障革命战争的供给、照顾生产的恢复和发展及国家建设的需要为原则，简化税制，实行合理负担"的精神，1950年1月政务院审定颁布了《全国税政实施要则》。根据当时 5 种经济成分并存、私营工商业大量存在的情况，决定实行复税制，除农业税外，全国征收 14 种税，即货物税、工商业税、盐税、关税、薪给报酬所得税、存款利息所得税、印花税、遗产税、交易税、屠宰税、房产税、地产税、特种消费行为税、使用牌照税和契税。通过这些法规的颁布和实施，迅速建立起了全国统一的新税法，适应了当时政治、经济发展的需要。

二、我国税收制度的修正

我国税收制度自建立至改革开放 20 多年间，经历了 1953 年、1958 年、1973 年三次改革。

（一）1953 年的税制修正

新中国成立后，经过 3 年的经济恢复，我国进入了经济建设和社会主义改造时期。为了配合工商业的社会主义改造和第一个五年计划的实现，1952 年 12 月 31 日政务院财经委员会发布了《关于税制若干修正及实行日期的通告》，按照"保证税收、简化税制"的原则，对原来的税制作了若干修正，并从 1953 年 1 月 1 日起实行。修正的主要内容是：

1. 施行商品流通税。对 22 种国家能够控制生产或收购的产品，把原来征收的货物税、营业税、印花税等合并征收商品流通税，并实行从产到销售一次征收制。

2. 简化货物税。凡缴纳货物税的工厂，将生产、批发两道营业税、印花税并入货物税征收。

3. 修订工商业税。将工商业应纳的营业税、印花税及营业税附加，并入营业税征收。

4. 取消特种消费行为税。

5. 将交易税改为牲畜交易税。

1953 年的税法修正是我国税法史上的第一次大规模改革。此次修正的根本变化在于合并税种、简化手续。同时，在政策上对公私经济成分实行区别对待，分别适用不同的税法。

（二）1958 年的税制简化

1958 年，我国基本上完成了生产资料所有制的社会主义改造，社会经济结构发生了较大的变化，由原来的多种经济成分发展为单一的社会主义公有制经济。同时，我国又进入了第二个五年计划建设时期。因此，税收关系需要做些调整。经 1958 年 9 月 11 日第一届全国人大常务委员会第一百零一次会议通过，1958 年 9 月 13 日国务院发布了《中华人民共和国工商统一税条例（草案）》。

这次税制改革的主要内容是：

1. 合并税种。将原来缴纳的货物税、商品流通税、营业税和印花税合并为一个工商统一税。实行工商统一税后，工厂只纳一次税。此外，在商业零售环节再纳一次税。

2. 把工商业税中的所得税改为一个独立的税种，称为"工商所得税"。该税只对非全民所有制企业和个人征收。

3. 调整了部分税率。对少数利润过大或者过小的，适当调整了税率，并对协作生产、新兴企业给予减免税的照顾。

4. 统一农业税。经 1958 年 6 月 3 日第一届全国人大常务委员会第九十六次会议通过，国务院发布了《中华人民共和国农业税条例》。该条例制定的原则是：①促进农业生产的发展和农业集体经济的巩固；②兼顾国家、集体、社员个人三方面的利益；③统一领导与因地制宜相结合；④尽量简化征税制度。

经过改革，我国的工商税制大为简化，由原来的 11 种税简并为 7 种税。同时，在税制结构上更加突出了以流转税为主体税种的格局。

（三）1973 年的税制简化

在十年"文革"期间，由于极左思想的影响，"非税论"、"税收虚无主义"盛行，税收被认为是统治阶级剥削劳动人民的工具。已经简化了的税制，还要当作"繁琐哲学"加以批判；已经相当松的税收征管工作，还要当作"管、卡、压"来批判。这迫使税收制度进一步简化。财政部在综合了各地的试点经验的基础上，草拟了《中华人民共和国工商税条例（草案）》，1972 年 3 月 31 日由国务院批准并予以发布，自 1973 年起在全国范围内实行。这次改革的主要内容是：

1. 合并税种。把工商统一税及其附加和企业缴纳的城市房地产税、车船使用牌照税、盐税、屠宰税合并为一个税种即工商税。

2. 简化税目、税率。将原工商统一税税目由过去的 108 个减为 44 个，税率由过去的 141 个减为 82 个。

3. 改变一些征税办法，下放一些管理权限。主要是取消"中间产品"的征税，原则上按企业销售收入征税。对于新兴工业、"五小"企业、社队企业、综合利用、协作生产等，各省、市、自治区可以根据具体情况确定减税、免税。对企业适用的税率，也由各省、市、自治区确定。

4. 调整了少数行业的税率。大多数行业保持了原来的负担水平，只对少数行业的税率作了调整。主要是降低了农机、农药、化肥、水泥的税率，对印染、缝纫机和部分化工原料的税率适当提高。

经过这次税收制度的简并，我国的税收在很长的一段时期内只有 11 种税，即工商税、工商所得税、农（牧）业税、屠宰税、城市房地产税、车船使用牌照税、牲畜交易税、集市交易税、契税、盐税、关税。而且，保留下来的工商统一税、城市房地产税、车船使用牌照税等只对外商和侨民征收。实际上对国营企业只征收工商税一种税，对集体企业只征收工商税和工商所得税两种税。这次改革使税收的作用越来越小，不仅大大地削弱了税收调节经济的职能作用，而且在组织财政收入方面也受到束缚。

第二节　新时期税收制度的改革和完善

1978 年党的十一届三中全会确定，把党和国家的工作重点转移到以经济建设为中心的社会主义现代化建设上来，从此我国进入了一个新的历史时期。为了适应经济发展的需要和经济体制改革的要求，我国陆续进行了税收制度的改革。

一、1978~1982 年我国税法制度的恢复和建立

1978 年 12 月，党的十一届三中全会提出"把全党工作的着重点和全国人民的注意力转移到社会主义现代化建设上来"，并决定"根据新的历史条件和实践经验，采取一系列新的重大的经济措施，对经济管理体制和经济管理方法着手认真的改革"。为贯彻这一精神，根据新形势的要求，财政部税务总局于 1978 年底提出《关于改革工商税制若干问题汇报提纲》，要对税收制度进行较大的改革。1981 年 9 月，国务院批转了《关于工商税制改革的设想》报告。根据该报告的精神和指导思想，我国调整了若干税法制度，并建立了一些新的税法制度。税制改革的主要内容是：

1. 初步建立了涉外税收制度。为了适应对外开放的需要，按照平等互利、维护国家主权、有利于改革开放和尊重国际惯例的原则，我国于 1980 年、1981 年第五届全国人民代表大会第三次、第四次会议通过并颁布了《中华人民共和国中外合资经营企业所得税法》、《中华人民共和国个人所得税法》和《中华人民共和国外国企业所得税法》。

2. 征收烧油特别税。为了合理、节约地利用自然资源，促进企业改烧油为烧煤的进程，1982 年 4 月 22 日国务院发布了《关于征收烧油特别税的试行规定》，对用于锅炉以及工业窑炉燃烧用的原油、重油征收烧油特别税。

3. 试行增值税。为了克服重复征税、税负不公的弊端，以利于工业改组和联合，开始试行增值税。

4. 开征牲畜交易税。改革开放后，农村经济得以迅速发展，牲畜交易量大

增，为了保护牲畜交易秩序及调节个人收入，1982 年 12 月 13 日国务院发布了
《牲畜交易税暂行条例》，并于 1983 年 1 月 1 日起实施。

二、1983～1992 年"利改税"[1] 与工商税制的全面改革

这一阶段主要进行了国营企业利改税的两步改革和工商税制的全面改革。

我国经济体制改革前，国家和国营企业的分配关系主要体现为企业向国家
上缴利润。随着经济体制改革的进行，有必要将国家与国营企业的分配关系由
上缴利润改为按国家规定的税种、税目、税率缴纳税收。其目的在于通过建立
适应中国国情的多层次、多税种和多环节调节的税制新体系，把国家与国有企
业之间的分配关系通过税收形式，以法律为依据稳定下来，使国有企业逐步走
上自主经营、自负盈亏的道路。

第一步利改税是按照国务院 1983 年 4 月 24 日批准颁发的《关于国营企业利
改税试行办法》进行的。按照《关于国营企业利改税试行办法》，开征国营企业
所得税，对不同规模、行业的盈利企业采取不完全相同的办法：①对有盈利的
国营大中型企业，按 55% 的比例税率征收所得税，所得税后剩下的利润，一部
分上缴国家，一部分按照国家核定的留利水平留给企业。②对有盈利的小型企
业，实行彻底的利改税，按照八级超额累进所得税税率征收所得税后，剩余利
润归企业自行支配，由企业自负盈亏。但对税后利润较多的企业，国家可以收
取一定数量的承包费或按固定数额上缴一部分利润。国家与国营企业的分配关
系，实行税利并存的格局。第一步利改税实施一年多后，人们仍觉得它不是一
种理想的分配制度，因为价格不合理形成利润水平悬殊所带来的企业之间苦乐
不均问题未能解决；几种利润上缴形式的上缴比例和数额很难定得科学合理；
税后利润分配办法仍较纷繁，国家与企业的分配关系不能用法律形式固定下来，
等等。因此，1984 年 10 月 1 日在全国全面实施第二步利改税。

《关于国营企业第二步利改税试行办法》的主要内容是：将现行的工商税按
照纳税对象划分为产品税、增值税、盐税和营业税；将利改税第一步改革设置
的国营企业所得税和调节税加以改进，发布了《国营企业所得税条例（草案）》
和《国有企业调节税征收办法》；增加资源税、城市维护建设税、房产税、土地
使用税和车船使用税。同日，国务院发布《中华人民共和国产品税条例（草
案）》、《中华人民共和国增值税条例（草案）》等，这些税收法规均自 1984 年
10 月 1 日起试行。经过改革，新增加的税种加上原来征收的一些税种，初步建

---

〔1〕 国营企业的利改税是指把原来国营企业向国家上缴的利润改为以国家规定的税种、税率缴纳税金。
　　 这是国家运用法律形式，处理国家与企业之间的分配关系的一项重要决策。

立了新的税制调节体系。第二步利改税，将国营企业应当上缴国家财政的收入，主要通过税收的形式上缴国家，也就是由"税利并存"逐步过渡到完全的"以税代利"，税后利润归企业自行安排使用，使企业逐步做到"独立经营，自负盈亏"。

利改税把国家与企业的分配关系用税的形式固定下来，较好地解决了企业吃国家"大锅饭"的问题，为落实企业自主权提供了必要条件，使企业逐步做到"独立经营，自负盈亏"，调动了企业和职工的积极性。对于理顺经济，搞活经济，推动城市经济体制改革，提高社会经济效益，起到了重要作用。但这其中也存在一些严重问题，如没有区分国家的双重身份；国有企业所得税税率偏高，且调节税一户一率，似税非税；税前还贷口子越开越大等。这些都不利于实现国有企业生产资料所有权与经营权的分离，也不利于国家职能的体现。

为了全面适应经济体制改革和对外开放，我国从1985年至1992年间陆续地对其他税法进行了建立和完善。具体内容包括：①在所得税方面，1985年4月11日国务院发布了《中华人民共和国集体企业所得税条例》；1986年1月7日国务院发布了《中华人民共和国城乡个体工商户所得税暂行条例》；1988年6月25日国务院发布了《中华人民共和国私营企业所得税暂行条例》；为了更好地调节中国公民的个人收入，对原来的《个人所得税法》进行了修订，并专门于1986年9月25日发布了《中华人民共和国个人收入调节税暂行条例》；另外，为了克服涉外企业之间税负不公的问题，于1991年4月9日通过了《中华人民共和国外商投资企业和外国企业所得税法》。②为了适应对外贸易往来的需要，体现国家对外开放政策，1985年对关税制度进行了全面改革。国务院重新发布了《进出口关税条例》和《海关进出口税则》。1987年第六届全国人大常委会第十九次会议通过了《海关法》，以此为依据，国务院对《进出口关税条例》进行了修订。③建立和恢复了其他税种。为了合理利用土地，保护进出口土地资源，加强土地管理，国务院于1987年4月1日发布了《中华人民共和国耕地占用税暂行条例》，开征了耕地占用税。此外，还陆续开征了建筑税、固定资产投资方向调节税、国营企业、集体企业和事业单位三个奖金税以及印花税、筵席税等税种。④在程序法方面，1986年4月21日国务院发布了《中华人民共和国税收征收管理暂行条例》，并于同年7月1日起实施。这个法规的出台可谓是我国税收征收管理史上的一个里程碑。但该法规实施几年后，在一些方面显出其不足。为此，第七届全国人民代表大会常务委员会第二十七次会议于1992年9月4日通过了《中华人民共和国税收征收管理法》，并于1993年1月1日起实施。

这次改革的主要成果包括：①成功地进行了国营企业的利改税；②建立了

以流转税、所得税为主体税种，以资源税、财产税、行为税、特定目的税为辅助税种的完整的社会主义税制体系；③建立了税收程序法。这种多种税、多次征收的复合税制，对于充分发挥税收财政职能和经济职能具有重要意义。

三、1993～2003 年新税制的建立

1992 年 10 月，党的十四届三中全会通过的《中共中央关于建立社会主义市场经济体制若干问题的决定》，标志着我国的经济改革进入了一个新的发展阶段——社会主义市场经济。但原税制仍然没有突破计划经济体制的框架：国有企业利改税混淆了税收和利润这两种依据不同、性质不同的分配方式；所得税方面，内资企业按照性质不同分别立法，内外资实行两套税制，税负不公，不利于公平竞争；流转税方面，不适当地混淆了增值税和产品税在积累和调节方面的功能；此外，征管制度不严导致税款流失严重。而上述情况均是涉及税收体制的重大问题，因此，为适应市场经济发展需要，充分发挥税收的作用，促进国民经济迅速发展，税制改革势在必行。

这次税制改革，是按照中共中央《关于建立社会主义市场经济体制若干问题的决定》指明的方向，国家税务总局经过长期试点、反复测算后，制定了税制改革实施方案，报经国务院批准后进行的。这次税制改革的指导思想是：统一税法、公平税负、简化税制、合理分权、理顺分配关系、保证财政收入，建立符合社会主义市场经济体制要求的税收体制。

为了保障上述指导思想的贯彻执行，促进税制改革的顺利进行，这次改革遵循的基本原则是：①有利于加强中央的宏观调控能力。国家通过调整税制结构，合理划分税种和确定税率，调整国家与纳税人之间的分配关系；实行分税制，理顺中央与地方之间的分配关系；通过税制改革，提高中央财政收入占整个财政收入的比重。②充分发挥税收的调节作用。改革开放以来，由于地理位置等原因，地区之间经济发展不平衡，东部地区发展较快，西部地区发展较慢。进行税制改革，调节个人收入相差悬殊和地区之间经济差距过大的矛盾，促进协调发展，实现共同富裕。③体现公平税负，促进平等竞争。进行税制改革，实行统一的企业所得税，完善流转税，调整内外资企业所得税税率，使各类企业的税负大体平衡，为企业在市场中进行公平竞争创造条件。④体现国家的产业政策，促进经济结构的有效调整。通过税种设置、税率设计和优惠待遇等体现国家的产业政策，促进经济结构的有效调整，促进国民经济整体效益的提高。⑤简化和规范税制。取消与市场经济发展不相适应的税种，合并重复设置的税种，同时，根据社会经济发展的需要，开征一些新的税种，实现税制的简化和高效。在运用税收处理分配关系的问题上，要参照国际惯例，尽量采用较为规

范的方式，保证税制的完善，以利于维护税法的统一性和严肃性。[1]

按照上述原则，我国对原税法进行了大面积、深层次的改革，基本内容是：

（一）流转税法的改革

改革后的流转税，由增值税、消费税和营业税组成，统一适用于内资企业和外资企业。同时，取消对外商投资企业征收的工商统一税。国务院于 1993 年 12 月 13 日发布了《中华人民共和国增值税暂行条例》、《中华人民共和国消费税暂行条例》、《中华人民共和国营业税暂行条例》，并于 1994 年 1 月 1 日起施行。

流转税的改革，重点在于增值税的改革，其改革的要点为：①扩大了征税范围。增值税对商品的生产、批发、零售和进口以及提供加工、修理修配劳务，全面征收。从征税范围上来讲，不仅完全代替了过去的增值税、产品税，而且还包括原来征收营业税的商业批发、商品零售和修理修配劳务等三个税目。②实行价外计税。增值税以不包含税额的商品价格作为税基计算征税。作为计税依据的销售额，是由纳税人从购货方取得的全部价款和价外费用构成，不包括向购买方收取的增值税额。③实行 17% 的基本税率加一档 13% 的低税率。税率的档次比原来征收的增值税和产品税低得多，便于计算征收。④实行间接计算办法。新增值税对一般纳税人实行抵扣法计算应纳税额，即销项税额减去进项税额为应纳税额。对小规模纳税人实行简易计算办法，即销售额乘以征收率为应纳税额。采用这种计算办法，不需要先计算增值额，比原来的增值税计算办法简单得多。⑤实行增值税专用发票。增值税一般纳税人凭增值税专用发票抵扣进项税额。

消费税则是新设置的一个税种，主要以需要进行特殊调节的部分消费品为课税对象，共 11 类 21 种消费品。

营业税以第三产业为征税范围，包括提供服务性劳务、转让无形资产和销售不动产。其征税范围比较小，税率也比原来的营业税低。

这次税收立法参照了国际上的做法，确定了合理的流转税结构，统一了内外资企业流转税的适用。

（二）所得税法的改革

企业所得税的改革，是把原来征收的国营企业所得税、集体企业所得税和私营企业所得税等三个税种合并，设立统一的企业所得税。国务院于 1993 年 12 月 13 日发布了《中华人民共和国企业所得税暂行条例》，并于 1994 年 1 月 1 日起施行。新的企业所得税的主要变化有：①统一所得税率，对各类企业均实行

---

〔1〕　何盛明主编：《中国财政改革 20 年》，中州古籍出版社 1998 年版，第 243～244 页。

33%的税率，与外商投资企业和外国企业的所得税率相一致；②用税法规范企业的所得税前列支项目和标准；③严格控制减免税，除确有必要继续执行的减免所得税的政策外，其他减免税的政策一律取消；④进行企业所得税改革的同时，取消"国营企业调节税"、"交通能源重点建设基金"和"预算调节基金"。

个人所得税的改革，是把原来征收的个人所得税、个人收入调节税和城乡个体工商户所得税等三个税种合并成一个税种。1993年10月31日，第八届全国人民代表大会常务委员会第四次会议通过了《关于修改〈中华人民共和国个人所得税法〉的决定》，并决定从1994年1月1日起施行。修改后的个人所得税法的主要变化有：①个人所得的征税，采用对基本生活费用不征税的国际惯例，费用扣除标准为每月800元。②根据我国目前经济发展状况及人均国民收入水平，参照发展中国家和周边国家的情况，确定个人所得税税率。其中，工资、薪金所得实行5%～45%的九级超额累进税率，其他所得的税率为20%；个体工商户的生产、经营所得的税率为5%～35%的五级超额累进税率。③积极推行个人申报纳税制度，提高公民的纳税意识；同时加强源泉控制，严格代扣代缴。

这次改革，在企业所得税方面，理顺了国家和企业的分配关系，公平了税负，为企业创造了平等竞争的环境；在个人所得税法方面，统一了税法适用，某种程度上调节了收入差距。

（三）农业税法的改革

为了更好地适应我国农林牧副渔业生产发展的实际情况和体现分税制财政体制改革的要求，增强税制改革的协同效应，1994年1月，国务院发布了《关于对农业特产收入征收农业税的规定》，将原农林特产农业税、原产品税和原工商统一税中的农林牧水产品税合并，改为农业特产农业税，简称农业特产税。

（四）其他税种法的改革

由于原税制的税种组合不能适应新的经济形式，因而94税制改革新增加了一些税种、调整了一些税种：①为了对房地产交易中的过高利润进行适当的调节，开征了土地增值税，国务院于1993年12月13日发布了《中华人民共和国土地增值税暂行条例》，并于1994年1月1日起施行；②盐税并入资源税税种，作为一个税目，扩大了资源税的征收范围；③将屠宰税和筵席税的征收和停征权下放给地方；④撤销过时的税种，如牲畜交易税、集市交易税、烧油特别税、工资调节税、特别消费税和三个奖金税。

1994年税制改革后，基本上形成了适应市场经济的税收法律制度基本框架，但随着中国经济形势的进一步发展以及中国加入WTO、融入世界经济一体化的需要，对税制又作出了进一步的调整：①《海关法》和《进出口关税税则》的修改。在 1987 年《中华人民共和国海关法》的基础上，根据世界贸易组织的规则和协议以及海关管理制度改革的成果，2000 年 7 月 8 日第九届全国人民代表大会常务委员会第十六次会议通过了《关于修改〈中华人民共和国海关法〉的决定》，又通过了《中华人民共和国海关法》。国务院关税税则委员会和海关总署又根据新《海关法》修订了《进出口关税税则》，进一步降低了关税税率。②《反补贴条例》和《反倾销条例》的制定。2001 年 11 月 26 日，国务院第四十六次常务会议通过了《反补贴条例》和《反倾销条例》，同时废止了国务院发布的《反倾销和反补贴条例》中关于反补贴和反倾销的规定。这两个条例的出台，在降低关税、削弱关税保护作用的条件下，为利用反倾销和反补贴措施保护我国民族工业提供了法律依据。[1]

（五）修订税收征管法

1995 年 2 月修改的《税收征收管理法》，相对于市场经济和税收征管方面面临的新情况、新问题，已经显得滞后许多，因此，2001 年 4 月 28 日第九届全国人民代表大会常务委员会第二十一次会议又一次修订了《税收征收管理法》。

四、2004 年至今新一轮的税制改革

我国现行税制的基本框架大体上形成于 1994 年的税制改革。1994 年税制改革的背景是经济过热，通货膨胀严重，因此，1994 年税制在设计时的总体取向和具体制度安排上，难免带有较强的抑制投资与防止通货膨胀的色彩。但近些年我国经济进入了一个新的时期，社会经济环境有了巨大的变化，如贫富差距过大、资源紧张等。而我国实行的税制依然带有较强的"紧缩"烙印，这必然会和我国调控经济的手段发生摩擦，使宏观调控的政策力度不能得到很好的落实。因而，适时进行税制改革已成为必然。

相对于 1994 年的税制改革，目前正在推进的税制改革被称为"新一轮税制改革"。2003 年 10 月，中共中央十六届三中全会《关于完善社会主义市场经济若干问题的决定》明确了"分步实施税收制度改革"的部署，新一轮的税制改革自 2004 年起陆续启动。

新税改的基本原则是："简税制、宽税基、低税率、严征管。"与 1994 年税制改革的原则相比，新一轮税制改革并非是一次重起炉灶式的改革。它是在1994 年所确立的税制体系框架的基础上，着眼于现行税制的进一步修补和完善。

新一轮税制改革已完成的项目有：①2006 年实现了城乡税制统一改革的重要一步——全面取消农业税，从而大大减少了农民的税费负担，与此相配合出

---

〔1〕 刘剑文主编：《税法学》，人民出版社 2003 年版，第 75 页。

台了烟叶税。②在出口退税改革方面，从 2002 年起，我国对生产企业自营或委托出口货物全面推行免抵退税管理办法，2005 年进一步完善了出口退税负担机制。③2009 年实现了增值税由生产型转为消费型的转型，并完善了增值税相关制度。④2009 年调整了消费税税目、税率，并完善了消费税其他规定。⑤2009 年完善了营业税制度。⑥2007 年完成了内外资企业所得税的合并，统一了企业所得税法；⑦ 2011 年 9 月 1 日起将个人所得税工资、薪金所得费用扣除标准提高至每月 3500 元，并调整了工资、薪金所得和个体工商户的生产、经营所得以及对企事业单位的承包经营、承租经营所得的税率。⑧调整了资源税中石油、天然气税目的税率形式，提高了煤炭、有色金属矿原矿资源税税额标准。⑨修订了城镇土地使用税、耕地占用税、车船税、船舶吨税等税收制度。

　　此次改革还未完成，其后还将启动的改革项目有：进一步扩大增值税的征收范围，并最终取代营业税；实行综合和分类相结合的个人所得税制度；改革房产税；实施城镇建设税费改革，相应取消有关收费；在统一税政前提下，赋予地方适当的税政管理权等。

思考题

1. 什么是"利改税"？"利改税"的进步与失误在哪里？
2. 中国 94 税制改革和新一轮税制改革的区别有哪些？
3. 你认为我国现行税法存在的主要不足之处有哪些？应如何改革？

第二编 实体税法

税收实体法是纳税人缴纳税款的依据，是税务机关税收执法、实施证收管理的准绳。我国税收实体法是以单行税收法律、法规形式表现的，一般划分为流转税法、所得税法、资源税法、财产税法和行为税法。

第四章

流转税法律制度

【学习目的与要求】

流转税是以流转额为征税对象的一类税。流转税法是指国家制定的，调整流转税税收关系的法律规范的总称。流转税作为在生产、流通、第三产业征收的一类税，已成为我国税制结构中最为重要的税类，是中央政府和地方政府财政收入中最主要的来源。本章将较为详细地介绍增值税法、消费税法和营业税法的主要内容。

【重点问题】

- 增值税的含义
- 增值税纳税人、征收范围、税率的规定
- 增值税的计算
- 增值税与消费税的关系
- 消费税的纳税人、税目、税率
- 增值税与营业税的关系
- 营业税的征收范围、计税依据的规定
- 关税的概念和种类
- 关税完税价格

第一节 流转税法概述

流转税是我国税收体系中的主体税种，因此，流转税法在我国税法体系中占有非常重要的地位。流转税法是指调整因流转税的征收和管理而发生的税收关系的法律规范的总称。流转税法由增值税法、消费税法、营业税法、城市维护建设税法和关税法组成。

一、流转税的概念和特征

（一）流转税的概念

流转税是以商品流转额和非商品流转额为征税对象所征收的一类税。因其与商品生产和商品流通密切相关，故国外大多数国家称其为商品税或商品流通税。这里所说的商品流转额，是指商品交换过程中因销售商品或购进商品而发生的收入额或支付金额；所说的非商品流转额，也称为劳务流转额，是指由于提供劳务或者服务而收取的收入额，现实生活中通常称为营业额。因此，流转税是与商品生产、流通、劳务以及与此相关的交易价格都有密切关系的税。流转税历来是我国税收体系中的主体税种，在我国税制建设和财政收入中占有重要的地位。

（二）流转税的特征

流转税主体税种的地位，是由它的特征和作用所决定的，主要表现为：

1. 征税范围广范。流转税的征税范围十分广泛，只要存在商品或劳务的交易，就会发生流转额，就要征收流转税。可以说流转税既涉及生产领域的企业与个人，又涉及第三产业的各行各业，这一特性使流转税对于宏观调控作用的发挥十分重要。

2. 税源充裕。流转税的计税依据是纳税人的收入额，其不受纳税人成本、费用和利润水平的影响，只要纳税人取得收入，征税机关就要按流转额征税。因此，流转税是国家财政收入的可靠保障。

3. 流转税是间接税。流转税的纳税人不是负税人，流转税的税款往往包含在商品或劳务的价格或收费标准之中，随着商品或劳务的销售，税金会发生转嫁，最终由消费者负担。

二、流转税的演变及其立法概况

流转税历史悠久，它是商品交换、提供劳务的产物。早在西周时期就有"山泽之赋"、"关市之赋"的记载。随着工矿业和商业的日益发展，征税范围也日益扩大。但是，在自然经济占主导地位的奴隶社会和封建社会，由于商品经济欠发达，国家一直以土地税、人口税等古老的直接税为主，商品流转税始终处于次要的地位。资本主义社会，商品经济高度发展，为广泛推广流转税提供了客观经济条件，流转税一度成为资本主义国家税收制度的主体税种。尽管目前一些发达的资本主义国家多以所得税为主体税种，但流转税在其税收体系中仍然占主要地位。

建国以来，我国税制虽然发生过多次变革，但流转税始终是我国的主体税种。它既是国家取得财政收入的重要形式，也是国家调节经济、发展经济的重要经济杠杆。1950 年 1 月，政务院颁布《全国税政实施要则》，统一全国税政，规定开征的流转税主要有货物税、工商营业税和关税。1953 年我国开始试行商品流通税，简化货物税，修订工商营业税，取消特种消费行为税，改征文化娱乐税。此时的流转税体系主要包括货物税、工商营业税、商品流通税和关税。1958 年改革工商税制时，将货物税、商品流通税、营业税和印花税合并简化为工商统一税。1973 年进一步变革工商税制，将国有企业、集体企业原来缴纳的工商统一税、城市房地产税、车船使用牌照税、屠宰税再次合并为工商税，盐税也作为一个税目列入工商税收范围。1984 年工商税制全面改革，将产品税、增值税和营业税从原工商税中分离出来，成为独立的税种，并恢复了城市维护建设税、修订了关税。为适应市场经济发展需要，充分发挥税收的作用，促进国民经济迅速发展，我国又进行了"94 税制改革"。1993 年 12 月 13 日，国务院颁布了《中华人民共和国增值税暂行条例》、《中华人民共和国消费税暂行条例》、《中华人民共和国营业税暂行条例》，对我国流转税进行了较大的改革，为征收流转税提供了法律依据。

为了进一步完善税制，积极应对国际金融危机对中国经济的影响，国务院决定自 2009 年 1 月 1 日起全面实施增值税转型改革，转为消费型增值税。为确保增值税转型改革顺利实施，做好增值税、消费税和营业税之间的衔接，修订了《中华人民共和国增值税暂行条例》、《中华人民共和国消费税暂行条例》和《中华人民共和国营业税暂行条例》。上述三个税收暂行条例于 2008 年 11 月 5 日经国务院第 34 次常务会议审议通过，于 2009 年 1 月 1 日起施行。

第二节 增值税法

增值税法，是指调整在增值税的征收与管理过程中所产生的税收关系的法律规范的总称。现行增值税法的基本法律规范是 2008 年 11 月 5 日国务院第 34 次常务会议修订通过的《中华人民共和国增值税暂行条例》（以下简称《增值税暂行条例》）和财政部、国家税务总局 2008 年 12 月 18 日颁布并于 2011 年 10 月 28 日修订的《中华人民共和国增值税暂行条例实施细则》（以下简称《增值税暂行条例实施细则》）。

一、增值税法概述

（一）增值税的含义

从世界范围来看，增值税无疑是个年轻的税种。开征增值税的设想，最初由德国人于 20 世纪 20 年代提出（一说为美国人）。在这一设想提出 30 年后，1954 年，首先由法国开征增值税。此后，增值税在法国迅速发展，近年增值税提供的税收收入占全部税收收入的 50% 以上，超过所得税，成为第一大税种。这也是法国税收的一大特点。继法国之后，其他各国相继效仿，到近几年全世界已有 100 多个国家征收增值税，增值税已成为一个世界性的税种，并具有广阔的发展前景。

中国从 1979 年在少数行业试行增值税，1984 年利改税时正式开征增值税。1993 年我国进行大规模的税制改革，将增值税改革列为重点，建立了一个比较完整、规范的增值税课税机制。

增值税是以产品在生产和流通过程中产生的增值额为征税对象的一种税。这里所说的增值额，是指企业在生产经营中新创造的那一部分价值，即销售收入额减去物化劳动以后剩余的那一部分价值。需要指出的是，增值税同其他税种一样，也是由国家特定的经济政策和财政政策决定的。由于各国的税收政策、经济政策不同，所要达到的目的不同，因此，各国所规定的能够从收入总额中扣除的项目也不同。所以，所谓的增值额也就不是理论上的增值额，实质上是指一种法定增值额。

世界各国实行的增值税，根据其扣除项目的不同，可分为"生产型"增值税、"收入型"增值税和"消费型"增值税三种类型：

1. "生产型"增值税。即在计算增值额时，只允许从销售收入中扣除外购的原材料等劳动对象的消耗部分，不允许扣除任何固定资产的价值。其课税对象相当于国民生产总值，所以称为"生产型"增值税。其特点为：

（1）购入固定资产所负担的增值税额不能抵扣，使得"生产型"增值税具有抵扣少、税基宽的特点。在税率相同的条件下，"生产型"增值税较之"收入型"和"消费型"增值税更有利于国家取得财政收入。

（2）购入固定资产已纳增值税额不能抵扣，使得购入固定资产价值越大，税负越重，在一定程度上抑制了固定资产投资，特别是对资本有机构成高的行业和企业更为不利。

（3）购入固定资产已纳税额不能抵扣，从而使这部分税款转化为固定资产价值的一部分，并转移到货物价值中去，货物流转次数越多，对已征税款的重复征税越严重，从而不利于现代化、专业化协作生产方式的发展。

"生产型"增值税往往适用于这样几种经济状态：①财政收入较少，国家财政较为困难。采用"生产型"增值税，因其税基较大，有利于国家增加财政收入。②投资过热。采用"生产型"增值税，可以抑制投资过热和通货膨胀。③经济欠发达，人口众多。由于"生产型"增值税有利于劳动密集型行业的发展，所以在人口较多、经济欠发达的国家，会采用"生产型"增值税。目前，只有少数国家，如塞内加尔和印度尼西亚采用了"生产型"增值税。

2. "收入型"增值税。即在计算增值额时，允许从销售收入中扣除外购原材料等劳动对象的消耗部分和固定资产的折旧价值，其课税对象相当于国民收入，所以称为"收入型"增值税。其特点为：

(1) "收入型"增值税能充分体现就增值额征税的特点，税基适中。

(2) 由于购入固定资产已纳税额只能按折旧抵扣税款，从而使未抵扣部分的税款转化为固定资产价值的一部分，并转移到货物价值中去，故仍然存在重复征税现象。

(3) 由于"收入型"增值税只允许抵扣外购固定资产中相当于当期所提折旧部分所含税款，而这部分是无法根据发票来抵扣的，人为地将增值税抵扣链条中断。另外，由于抵扣并不完全按发票来进行，固定资产按折旧额扣除税款，必须借助其他会计核算资料（折旧额的确定有许多估计因素），这必然给增值税的征收管理带来非常大的困难。

"收入型"增值税适用的经济条件介于"生产型"增值税和"消费型"增值税之间。而且操作起来有一定的麻烦，故采用的国家不多。目前，主要是拉丁美洲国家采用。

3. "消费型"增值税。即在计算增值额时，允许从销售收入中扣除外购的原材料等劳动对象的消耗部分和纳税期内购入的全部固定资产价值。从整个社会而言，其课税对象实际上仅相当于消费资料的价值，所以称为"消费型"增值税。其特点为：

(1) 由于购入固定资产已纳的税金全部可以抵扣，使得"消费型"增值税具有抵扣大、税基窄的特点。

(2) 由于对购入固定资产已纳税金可以一次性抵扣，就投资主体而言，实际上享受了提前抵扣税款的权利，相当于享受了国家提供的一笔无息贷款。因此，客观上有利于刺激投资，加速资本的形成，刺激经济的增长，特别是对资本有机构成高、固定资产占用多的行业或企业的发展更为有利。

(3) 可以彻底解决重复征税问题，有利于现代化、专业化协作生产方式的发展。

"消费型"增值税往往适用于这样几种经济状态：①国家财政较为宽裕。

②经济疲软、投资不足。在这种经济状况下采用"消费型"增值税，可以刺激投资、促进经济发展。③鼓励高新技术行业发展。

由于"消费型"增值税有许多优点，而且易操作，因此，是目前一种先进而规范的增值税类型，多为欧美发达国家所采用，是增值税发展的主流。

我国在1994年税制改革时，将增值税确定为"生产型"增值税，这是由20世纪90年代中期我国的经济条件和政策需要所决定的。首先，自改革开放以来我国财政收入占GDP的比率不断下降，从1978年的31%下降到1993年的13%，年均下降比率为1.2%；中央财政收入占全国财政收入的比重也不断下降，从1984年的40.5%下降到1993年的22%，中央财政相当紧张，致使中央宏观调控能力非常有限。由于"生产型"增值税具有抵扣少、税基宽的特点，所以为了保证财政收入，增强中央宏观调控能力，优先考虑"生产型"增值税。其次，90年代中期，我国新一轮的经济过热兴起，抑制投资、抑制通货膨胀成为经济生活的重点，而"生产型"增值税可以抑制投资膨胀，从而抑制通货膨胀。最后，由于"生产型"增值税有利于劳动密集型行业的发展，这在一定程度上解决了我国当时的就业问题。所以，1994年税制改革选择了"生产型"增值税。

为扩大国内需求，降低企业设备投资的税收负担，促进企业技术进步、产业结构调整和经济增长方式的转变，国务院决定，自2009年1月1日起，在全国所有地区、所有行业推行增值税转型改革，由生产型转为消费型增值税。此项改革意味着企业缴纳增值税时，可以将购买机器设备所含增值税进项税金从其增值税销项税金中一次性地扣除，将消除我国当前"生产型"增值税产生的重复征税因素，增强企业扩大投资、进行技术更新改造的动力，有利于促进企业技术进步，增强企业竞争能力。在维持现行税率不变的前提下，是一项重大的减税政策。

此次改革的主要内容是：允许企业抵扣新购入设备所含的增值税，同时，取消进口设备免征增值税和外商投资企业采购国产设备增值税退税政策，将小规模纳税人的增值税征收率统一调低至3%，将矿产品增值税税率恢复到17%。

（二）增值税的特征

1. 消除了重复征税。增值税法虽规定在商品生产流通和劳务各个环节均征收增值税，但由于增值税的计税依据是增值额，因此，可以避免以流转额全额为征税对象造成的对上一环节已征税的转移价值的重复征税，有利于专业化的生产与协作。

2. 保持税收中性。增值税法规定对流转额中的非增值因素在计税时予以扣除，对同一商品而言，无论流转环节多少，只要增值额相同，则税负相等，不影响商品的生产结构、组织结构和产品结构，对纳税人的生产经营决策影响较小。[1]

3. 多环节课税。增值税实行多环节征收，即商品从生产到消费的每个环节中，只要存在增值额就要征收一次增值税。

二、增值税的征税范围

根据《增值税暂行条例》的规定，增值税的征税范围是"在中华人民共和国境内销售货物或者提供加工、修理修配劳务以及进口货物"。此处的"在中华人民共和国境内"是指销售货物的起运地或者所在地在境内以及提供的应税劳务发生在境内。具体讲，征税范围包括以下几个方面：

（一）销售货物

销售货物，是指有偿转让货物所有权的行为。销售货物构成增值税的征税范围，应当同时具备三项条件：①所转让的货物是有形的动产，包括电力、热力、气体在内；②必须是有偿转让，即一方通过转让货物从购买方取得货币、货物或其他经济利益；③所销售的货物的起运地或所在地必须在中国境内。

《增值税暂行条例》及《增值税暂行条例实施细则》还对征税范围作了一些特别规定：

1. 视同销售货物的行为。视同销售货物，是相对销售货物而言的，是指那些提供货物的行为本身不符合增值税税法中销售货物的定义，即"有偿转让货物的所有权"，但在征税时要视同销售货物，并且征税。在实际生活中，由于经济活动多样，名目各异，对一些特殊情况如何处理，《增值税暂行条例实施细则》规定了8种视同销售的行为，即纳税人没有直接对外销售，但也取得了相关利益的行为。

（1）将货物交付他人代销。

（2）销售代销货物。

（3）设有两个以上机构并实行统一核算的纳税人，将货物从一个机构移送其他机构用于销售，但相关机构设在同一县（市）的除外。

（4）将自产或者委托加工的货物用于非增值税应税项目。

（5）将自产、委托加工或购买的货物作为投资，提供给其他单位或个体经营者。

（6）将自产、委托加工或购买的货物分配给股东或投资者。

（7）将自产、委托加工的货物用于集体福利或个人消费。

〔1〕 陈少英编著：《税法学教程》，北京大学出版社2005年版，第148页。

（8）将自产、委托加工或购买的货物无偿赠送他人。

对于上述销售形式我们做以下说明：[1]

（1）委托销售。是指拥有货物所有权的单位和个人，委托商业或其他单位和个人代销货物。对委托销售，无论是委托方还是受托方，均按其收入征收增值税。

（2）两个以上机构之间移送的货物。这两个以上机构如果是独立核算的经济实体，应视为货主的直接对外销售。如果是实行统一核算的纳税人，它们之间的移送货物有两种情况：一种是两个以上机构不在同一县（市），将货物从一个机构移送到另一个机构时，按照国际上通用的属地主义管理原则，县（市）为了保护地方财政收入，视同对外销售，要征收增值税；另一种是两个以上机构在同一县（市），将货物从一个机构移送另一机构时，不征税也不会发生漏税，待实现对外销售时征税也为时不晚。

（3）自产自用和委托加工的货物。有两种情况：一是生产企业自制产品或委托加工的产品用于继续生产的，不征税。因为企业生产的产品最终还是要对外销售的，到时征税为时不晚；另一种是生产企业将自制的产品或委托加工的产品用于非增值税应税项目和集体福利以及个人消费和无偿赠送他人，或作为投资提供给其他单位和个体经营者，或分配给股东和投资者的，均应视为对外销售，在移送时征税。因为，上述行为虽然没有取得销售收入，但属于实物分配或将实物作为投资，生产企业取得了减少股金分配或取得投资分配等其他经济利益，故应视为对外销售进行征税，否则，就会出现逃税漏洞。

（4）购买的货物。将购买的货物用于生产经营和个人消费的不视为对外销售，但是，将购买的货物无偿赠送他人或分配给股东和投资者，或作为投资提供给其他单位和个体经营者的，应视为对外销售征税，因为这也属于实物分配或将实物作为投资的变相销售行为。

上述 8 种行为确定为视同销售行为，均要征收增值税。一是为了保证增值税税款抵扣制度的实施，不致因发生上述行为而造成税款抵扣环节的中断；二是避免因发生上述行为而造成货物销售税收负担不平衡的矛盾，防止以上述行为逃避纳税的现象。

2. 征税范围的特殊项目。为了准确理解货物的征税范围，国家税务总局对不易分清的增值税征税范围作了明确规定。具体规定为：

（1）货物期货（包括商品期货和贵金属期货），应当征收增值税。纳税环节为期货的实物交割环节，交割时由期货交易所开具发票的，以期货交易所为纳税人；由供货的会员单位直接将发票开给购货会员单位的，以供货会员单位为

---

[1]　曹鸿轩主编：《中国税法教程》，中国政法大学出版社 2003 年版，第 63 页。

纳税人。

（2）银行销售金银的业务，应当征收增值税。

（3）对于经对外贸易经济合作部（现为商务部）和中国人民银行批准的经营融资租赁业务的单位从事的融资租赁业务，无论租赁的货物的所有权是否转让给承租方，均按有关规定征收营业税，不征收增值税。其他单位从事融资租赁业务，租赁的货物的所有权转让给承租方，征收增值税；租赁的货物的所有权未转让给承租方，征收营业税。

（4）典当业的死当物品销售业务和寄售业代委托人销售寄售物品的业务，均应征收增值税。

（5）集邮商品的生产以及邮政部门以外的其他单位与个人销售的，征收增值税。

3. 混合销售行为。是指一项销售行为既涉及货物又涉及非增值税应税劳务的行为。所谓非应税劳务，指不征增值税，而应征营业税的交通运输业、建筑业、金融保险业、邮电通信业、文化体育业、娱乐业、服务业等行业提供的劳务。例如，某商场销售热水器一台，同时代客户安装，由于该货物的销售与安装业务（安装业务属于营业税征税范围）同时发生，该行为就是混合销售行为。

对混合销售行为究竟征收增值税还是营业税，《增值税暂行条例》及《增值税暂行条例实施细则》规定，从事货物的生产、批发或零售的企业、企业性单位及个体工商户（包括以从事货物的生产、批发或零售为主，并兼营非应税劳务的企业、企业性单位及个体工商户在内）的混合销售行为，视为销售货物，应当征收增值税。其他单位和个人的混合销售行为，视为销售非应税劳务，不征收增值税。

但纳税人的下列混合销售行为，应当分别核算货物的销售额和非增值税应税劳务的营业额，并根据其销售货物的销售额计算缴纳增值税，非增值税应税劳务的营业额不缴纳增值税；未分别核算的，由主管税务机关核定其货物的销售额：①销售自产货物并同时提供建筑业劳务的行为；②财政部、国家税务总局规定的其他情形。之所以有此特殊规定，是因为建筑业混合销售行为较为常见，与其他行业的混合销售行为相比，具有一定的特殊性，需要特殊处理。现行政策规定，销售自产货物同时提供应税劳务的纳税人如果具有建筑业资质，并将合同价款分别列明，就可以分别征收增值税和营业税。为解决建筑业重复征收两税问题，将建筑业混合销售行为划分界限，分别征收。

4. 兼营非应税劳务的行为。是指增值税纳税人在销售货物或提供应税劳务（即征收增值税的加工、修理、修配劳务）的同时，还从事非应税劳务，且两者之间没有直接的联系和从属关系。例如，某商厦既从事商品的批发、零售业务，又经营餐饮业务，即发生了兼营非应税劳务的行为。对于兼营行为，根据《增值税暂行条例实施细则》的规定，纳税人兼营非增值税应税项目的，应分别核算货物或者应税劳务和非增值税应税项目的营业额；未分别核算的，由主管税务机关核定货物或者应税劳务的销售额。

（二）提供加工、修理修配劳务

加工，是指受托加工货物，即委托方提供原料及主要材料，受托方按照委托方的要求制造货物并收取加工费的业务；修理修配，是指受托方对损伤和丧失功能的货物进行修复，使其恢复原状和功能的业务。但单位或个体经营者聘用的员工为本单位或雇主提供加工、修理修配劳务的，不包括在内。

（三）进口货物

进口货物，是指货物从国外进入中华人民共和国关境内。进口货物无论是否转移货物的所有权，也无论是否有偿，均应当征收增值税。如果对进口货物不征收增值税，就会造成国内和国外同类商品增值税税负的不平衡，不利于我国相关行业的发展。

三、增值税的纳税人

（一）增值税纳税人的一般规定

《增值税暂行条例》第1条规定，在中华人民共和国境内销售货物或者提供加工、修理修配劳务以及进口货物的单位和个人，为增值税的纳税人。这里所称单位，是指企业、行政单位、事业单位、军事单位、社会团体及其他单位；所称个人，是指个体工商户及其他个人。

企业租赁或承包给他人经营的，以承租人或承包人为纳税人。

如果境外的单位或个人在境内销售应税劳务而在境内未设有经营机构的，其应纳税款以其代理人为扣缴义务人；没有代理人的，以购买者为扣缴义务人。

（二）纳税人的分类

由于增值税实行凭增值税专用发票抵扣税款的制度，即用纳税人收取的销项税额抵扣其支付的进项税额。这样，对增值税纳税人会计制度是否健全、能否准确核算销项税额、进项税额及应纳税额就有了较高的要求。因此，《增值税暂行条例》参照国际惯例，将增值税纳税人按其经营规模和会计核算健全与否，划分为一般纳税人和小规模纳税人。

1. 小规模纳税人。是指年销售额在规定标准以下，并且会计核算不健全，不能按规定报送有关税务资料的增值税纳税人。根据《增值税暂行条例实施细则》的规定，小规模纳税人的认定标准是：

（1）从事货物生产或者提供应税劳务的纳税人，以及以从事货物生产或者提供应税劳务为主，并兼营货物批发或者零售的纳税人，年应征增值税销售额（以下简称应税销售额）在 50 万元以下（含本数，下同）的；

（2）上述规定以外的纳税人，年应税销售额在 80 万元以下的；以从事货物生产或者提供应税劳务为主，是指纳税人的年货物生产或者提供应税劳务的销售额占年应税销售额的比重在 50% 以上。

（3）年应税销售额超过小规模纳税人标准的其他个人按小规模纳税人纳税；

（4）非企业性单位、不经常发生应税行为的企业可选择按小规模纳税人纳税。

小规模纳税人会计核算健全，能够提供准确税务资料的，可以向主管税务机关申请资格认定，不作为小规模纳税人。除国家税务总局另有规定外，小规模纳税人一经被认定为增值税一般纳税人后，不得再转为小规模纳税人。

2. 一般纳税人。是指年应税销售额在规定标准以上，并能按会计制度和税务机关的要求进行会计核算的企业和企业性单位。

增值税一般纳税人的认定及管理规定如下：

（1）增值税纳税人，年应税销售额超过财政部、国家税务总局规定的小规模纳税人标准的，应当向主管税务机关申请一般纳税人资格认定。年应税销售额未超过财政部、国家税务总局规定的小规模纳税人标准以及新开业的纳税人的，可以向主管税务机关申请一般纳税人资格认定。

所称年应税销售额，是指纳税人在连续不超过 12 个月的经营期内累计应征增值税销售额，包括免税销售额。

（2）增值税一般纳税人须向其企业所在地主管税务机关申请办理一般纳税人认定手续，以取得法定资格。一般纳税人资格认定的权限，在县（市、区）国家税务局或者同级别的税务分局。

（3）对提出申请并且同时符合下列条件的纳税人，主管税务机关应当为其办理一般纳税人资格认定：①有固定的生产经营场所；②能够按照国家统一的会计制度规定设置账簿，根据合法、有效的凭证核算，能够提供准确的税务资料。

（4）下列纳税人不办理一般纳税人资格认定：①个体工商户以外的其他个人；②选择按照小规模纳税人纳税的非企业性单位；③选择按照小规模纳税人纳税的不经常发生应税行为的企业。

（5）年应税销售额超过财政部、国家税务总局规定的小规模纳税人标准的纳税人，按照下列程序办理一般纳税人资格认定：①纳税人应当在申报期结束后 40 日（工作日，下同）内向主管税务机关报送《增值税一般纳税人申请认定表》，申请一般纳税人资格认定。②认定机关应当在主管税务机关受理申请之日起 20 日内完成一般纳税人资格认定，并由主管税务机关制作、送达《税务事项通知书》，告知纳税人。③纳税人未在规定期限内申请一般纳税人资格认定的，主管税务机关应当在规定期限结束后 20 日内制作并送达《税务事项通知书》，告知纳税人。《税务事项通知书》中需明确告知：其年应税销售额已超过小规模纳税人标准，应在收到《税务事项通知书》后 10 日内向主管税务机关报送《增值税一般纳税人申请认定表》或《不认定增值税一般纳税人申请表》；逾期未报送的，按《增值税暂行条例实施细则》第 34 条规定，按销售额依照增值税税率计算应纳税额，不得抵扣进项税额，也不得使用增值税专用发票。

个体工商户以外的其他个人、选择按照小规模纳税人纳税的非企业性单位和不经常发生应税行为的企业，应当在收到《税务事项通知书》后 10 日内向主管税务机关报送《不认定增值税一般纳税人申请表》，经认定机关批准后不办理一般纳税人资格认定。认定机关应当在主管税务机关受理申请之日起 20 日内批准完毕，并由主管税务机关制作、送达《税务事项通知书》，告知纳税人。

（6）年应税销售额未超过财政部、国家税务总局规定的小规模纳税人标准以及新开业的纳税人，按照下列程序办理一般纳税人资格认定：①纳税人应当向主管税务机关填报申请表，并提供下列资料：《税务登记证》副本；财务负责人和办税人员的身份证明及其复印件；会计人员的从业资格证明或者与中介机构签订的代理记账协议及其复印件；经营场所产权证明或者租赁协议，或者其他可使用场地证明及其复印件；国家税务总局规定的其他有关资料。②主管税务机关应当当场核对纳税人的申请资料，经核对一致且申请资料齐全、符合填列要求的，当场受理，制作《文书受理回执单》，并将有关资料的原件退还给纳税人。对申请资料不齐全或者不符合填列要求的，应当当场告知纳税人需要补正的全部内容。③主管税务机关受理纳税人申请以后，根据需要进行实地查验，并制作查验报告。查验报告由纳税人法定代表人（负责人或者业主）、税务查验人员共同签字（签章）确认。实地查验时，应当有两名或者两名以上税务机关工作人员同时到场。实地查验的范围和方法由各省税务机关确定并报国家税务总局备案。④认定机关应当自主管税务机关受理申请之日起 20 日内完成一般纳税人资格认定，并由主管税务机关制作、送达《税务事项通知书》，告知纳税人。

（7）主管税务机关应当在一般纳税人《税务登记证》副本"资格认定"栏内加盖"增值税一般纳税人"戳记。

（8）纳税人自认定机关认定为一般纳税人的次月起（新开业纳税人自主管税务机关受理申请的当月起），按照《中华人民共和国增值税暂行条例》第 4 条的规定计算应纳税额，并按照规定领购、使用增值税专用发票。

（9）除国家税务总局另有规定外，纳税人一经认定为一般纳税人后，不得转为小规模纳税人。

（10）主管税务机关可以在一定期限内对下列一般纳税人实行纳税辅导期管理：①按照规定新认定为一般纳税人的小型商贸批发企业；②国家税务总局规定的其他一般纳税人。

四、增值税的税率

（一）增值税税率

按照增值税规范化的原则，我国增值税采取了基本税率再加一档低税率的模式。由于对某些货物还要通过开征消费税来承担税收负担的特殊调节功能，因此无须设置高税率。[1]

1. 基本税率。增值税一般纳税人销售或者进口货物，提供加工、修理修配劳务，除低税率适用范围和销售个别旧货适用征收率外，税率一律为17%。

2. 低税率。增值税一般纳税人销售或者进口下列货物，按低税率计征增值税，低税率为13%：①粮食、食用植物油、鲜奶；②暖气、冷气、热水、煤气、石油液化气、天然气、沼气、居民用煤炭制品；③图书、报纸、杂志；④饲料、化肥、农药、农机、农膜；⑤国务院规定的其他货物。税率由17%调整为13%的货物有：①有些农业产品；②二甲醚；③音像制品；④电子出版物。

3. 零税率。纳税人出口货物，税率为零，但是国务院另有规定的除外。零税率包含两层含义：①出口货物是应税货物，但税率为零；②出口货物不仅不征税，还要将出口货物在以前生产、流通各环节缴纳的税款退还给出口报关者，这就是通常所说的"出口退税"。但是，在实际出口退税工作中，由于存在着退税规模增长过快、退税增长幅度远远超过征税和出口额的增长幅度，以及骗税现象严重等问题，国务院自1995年7月1日起，先后几次调整出口退税率，调整后的出口退税率在一般情况下都要小于出口货物适用的增值税税率。这样，出口报关者实际上还是负担了出口货物适用的增值税税率和退税率之差的这部分增值税款。从这个角度讲，严格意义上的零税率已经不存在了。

纳税人兼营不同税率的货物或者应税劳务，应当分别核算不同税率货物或

---

〔1〕 增值税的税率为比例税率，有的国家规定单一比例税率，有的国家实行多档税率，但税率级次较少。实行多档税率的国家一般将增值税的税率分三档：基本税率、特别税率和零税率。基本税率适用于一般商品和劳务；特别税率包括重税率和轻税率，从税收上体现对商品生产和劳务的鼓励和限制政策；零税率适用于商品和劳务的出口。我国立法和国际通常做法相似，规定增值税的基本税率为17%，同时，设置13%优惠税率和零税率。（参见刘剑文主编：《财政税收法》，法律出版社2004年版，第219页。）

者应税劳务的销售额；未分别核算销售额的，从高适用税率。

（二）征收率

1. 一般规定。考虑到小规模纳税人经营规模小，且会计核算制度又不健全，难以按 17% 或 13% 税率计税和适用增值税专用发票抵扣进项税款。因此，对于小规模纳税人实行按销售额与征收率计算应纳税额的简易办法。

小规模纳税人的征收率是：2009 年之前商业企业属于小规模纳税人的，征收率为 4%；商业企业以外的其他企业属于小规模纳税人的，征收率为 6%。2009 年 1 月 1 日起，征收率统一调低为 3%。

2. 特殊规定。

（1）一般纳税人销售下列货物可按简易办法依照 6% 征收率计算缴纳增值税，并可自行开具专用发票：①县以下小型水力发电单位生产的电力；②建筑用和生产建筑材料所用的砂、土、石料；③以自己采掘的砂、土、石料或其他矿物连续生产的砖、瓦、石灰；④销售商品混凝土，但不得开具增值税专用发票；⑤用微生物、微生物代谢产物、动物毒素、人或动物的血液或组织制成的生物制品；⑥自来水；⑦单采血浆站销售非临床用人体血液，但不得开具增值税专用发票，也可以按照销项税额抵扣进项税额的办法计算税额。

（2）一般纳税人销售自己使用过的属于《增值税暂行条例》第 10 条规定不得抵扣且未抵扣进项税额的固定资产，按简易办法依 4% 征收率减半征收增值税；销售自己使用过的除固定资产以外的物品，应当按照适用税率征收增值税。

（3）一般纳税人销售货物属于下列情形之一的，暂按简易办法依照 4% 计算应纳税额：①寄售商店代销寄售物品；②典当业销售死当物品；③经有权机关批准的免税商店零售免税货物。

（4）一般纳税人销售旧货，按照简易办法依照 4% 征收率减半征税。

（5）小规模纳税人（除其他个人）销售自己使用过的固定资产，减按 2% 征收率征收增值税；小规模纳税人销售自己使用过的除固定资产以外的物品，应按 3% 征收率征收增值税。

（6）对属于一般纳税人的自来水公司销售自来水按简易办法依照 6% 征收率征收增值税，不得抵扣其购进自来水取得增值税扣税凭证上注明的增值税税款。

五、增值税应纳税额的计算

（一）一般纳税人应纳税额的计算

一般纳税人应纳税额等于当期销项税额减当期进项税额。即增值税一般纳税人当期应纳税额的多少，取决于当期销项税额和当期进项税额这两个因素。一般纳税人销售货物或应税劳务，其应纳税额的计算公式为：

当期应纳税额 = 当期销项税额 - 当期进项税额

1. 销项税额的计算。销项税额，是指一般纳税人销售货物或者提供应税劳务向购买方收取的增值税额。销项税额计算公式为：

销项税额 = 销售额 × 税率

增值税是价外税，因此计税的销售额是不含税的销售额。如果纳税人的销售额是含税销售额，首先应换算成不含税的销售额，然后再使用上述公式计算销项税额。换算的公式为：

销售额 = 含税销售额 ÷（1 + 增值税税率）

（1）一般情况下销售额的确定。销售额，是指纳税人销售货物或者应税劳务向购买方收取的全部价款和价外费用，但是不包括收取的销项税额。对于销售额，应当从三方面理解：

第一，销售额包括全部价款。全部价款指纳税人以具体货物成交的合同价格或发票上记载的"实际价格"，或者是在公开市场上成交的已付或应付的价格乘以销售数量所得的全部价款，即：销售价款 = 单位价格 × 数量。

第二，销售额包括价外费用。价外费用指价外向购买方收取的手续费、补贴、基金、集资费返还利润、奖励费、违约金（延期付款利息）、包装费、包装物租金、储备费、优质费、运输装卸费、代收款项、代垫款项及其他各种性质的价外收费。但下列项目不包括在内：①向购买方收取的销项税额；②委托加工应征消费税的消费品所代收代缴的消费税；③同时符合以下条件的代垫运费：承运部门的运费发票开具给购货方的，纳税人将该项发票转交给购货方；④纳税人代有关行政管理部门收取的费用；⑤纳税人销售货物的同时代办保险而向购买方收取的保险费，以及从事汽车销售的纳税人向购买方收取的代购买方纳税的车辆购置税、牌照费。

凡价外费用，无论会计制度如何核算，均应并入销售额计算应纳增值税额。税法规定各种性质的价外收费都要并入销售额计算征税，目的是防止纳税人用各种名目的收费减少销售额借以逃避纳税。

第三，销售额不包括销项税额。销售额之所以不包括向购买方收取的销项税额，是因为现行增值税是价外税，即以不含应纳税金的价格为计税价格，它由成本、费用和利润组成。由于实行不含税价格制度，《增值税暂行条例》规定，纳税人销售货物或者应税劳务，应当向购买方开具增值税专用发票，并在增值税专用发票上分别注明销售额和销售税款。但是，现实中存在一般纳税人向消费者销售货物或应税劳务采用销售额和销项税额合并定价的方法，这样就出现了取得的销售额是含税销售额的情形。在计算应纳税额时，如果不注意将含税销售额换算成不含税销售额，计算的应纳税额中就会出现"税中有税"的重复征税问题。

（2）特殊情况下销售额的确定。对于有些特殊情况，国家税务总局在一系列的规范性文件中，对其销售额进行了特殊规定：

第一，采取折扣方式销售。销货方在销售货物或应税劳务时，因购货方购货数量较大等原因而给予购货方价格优惠。由于折扣是在实现销售时同时发生的，因此税法规定，如果销售额和折扣额在同一张发票上分别注明的，可按折扣后的销售额征收增值税；如果将折扣额另开发票，不论其在财务上如何处理，均不得从销售额中减除折扣额。

第二，采取以旧换新方式销售。纳税人在销售自己的货物时，有偿收回旧货物的行为。根据税法规定，采取以旧换新方式销售货物时，应按新货物的同期销售价格确定销售额，不得扣减旧货物的收购价格。考虑到金银首饰以旧换新业务的特殊情况，对金银首饰以旧换新业务，可以按销售方实际收取的不含增值税的全部价款征收增值税。

第三，采取还本销售方式销售。纳税人在销售货物后，到一定期限由销售方一次或分次退还给购货方全部或部分价款。这种方式实际上是一种筹资，是以货物换取资金的使用价值，到期还本不付息的方法。税法规定，采取还本销售方式销售货物，其销售额就是货物的销售价格，不得从销售额中减除还本支出。

第四，采取以物易物方式销售。购销双方不是以货币结算，而是以同等价款的货物相互结算，实现货物购销。以物易物双方都应作购销处理，以各自发出的货物核算销售额并计算销项税额，以各自收到的货物按规定核算购货额并计算进项税额。应注意，在以物易物活动中，应分别开具合法的票据，如收到的货物不能取得相应的增值税专用发票或其他合法票据的，不能抵扣进项税额。

第五，包装物押金计税问题。纳税人为销售货物而出租出借包装物收取的押金，单独记账核算的，时间在1年以内，又未过期的，不并入销售额征税；但对因逾期未收回包装物不再退还的押金，应按所包装货物的适用税率征收增值税。

从1995年6月1日起，对销售除啤酒、黄酒外的其他酒类产品而收取的包装物押金，无论是否返还及会计上如何核算，均应列入当期销售额征税。这样规定，可以有效避免纳税人分解销售额、逃避税收的行为发生。

第六，纳税人销售货物或应税劳务的价格明显偏低又无正当理由的，或者发生视同销售货物行为而无销售额的处理。纳税人销售货物或应税劳务的价格明显偏低又无正当理由的，或者发生视同销售货物行为而无销售额的，由主管税务机关核定其销售额。税务机关可根据《增值税法暂行条例实施细则》的规定，按下列顺序确定销售额：①按纳税人当月同类货物的平均销售价格确定；②按纳税人最近时期同类货物的平均销售价格确定；③按组成计税价格确定。组成计税价格的公式为：

组成计税价格 = 成本 × (1 + 成本利润率)

公式中的成本在销售自产货物时指实际生产成本，销售外购货物时指实际采购成本。公式中的成本利润率由国家税务总局确定。为此，国家税务总局在《增值税若干具体问题的规定》中明确：纳税人因销售价格明显偏低或无销售价格等原因，按规定需组成计税价格确定销售额的，其组成价格公式中的成本利润率为10%。

第七，混合销售行为应税销售额的确定。纳税人发生的混合销售行为被确定为应征收增值税的，其销售额为货物销售额与非应税劳务营业额的合计。计税时，应将非应税劳务的营业额换算为不含增值税的收入，然后并入货物销售额。

第八，销售自己使用过的2009年1月1日以后购进或者自制的固定资产，按照适用税率征收增值税；2008年12月31日以前未纳入扩大增值税抵扣范围试点的纳税人，销售自己使用过的2008年12月31日以前购进或者自制的固定资产，按照4%征收率减半征收增值税；2008年12月31日以前已纳入扩大增值税抵扣范围试点的纳税人，销售自己使用过的在本地区扩大增值税抵扣范围试点以前购进或者自制的固定资产，按照4%征收率减半征收增值税；销售自己使用过的在本地区扩大增值税抵扣范围试点以后购进或者自制的固定资产，按照适用税率征收增值税。

2. 进项税额的确定。进项税额，是指一般纳税人购进货物或者接受应税劳务所支付的增值税额。在开具增值税专用发票的情况下，它们之间的对应关系是，销售方收取的销项税额就是购买方支付的进项税额。增值税的核心就是用纳税人收取的销项税额抵扣其支付的进项税额，其余额为纳税人实际应缴纳的增值税税额。

(1) 进项税额的确定办法。

第一，从销售方取得的增值税专用发票上注明的增值税额。

第二，从海关取得的海关进口增值税专用缴款书上注明的增值税额。

第三，购进农产品，除取得增值税专用发票或者海关进口增值税专用缴款书外，按照农产品收购发票或者销售发票上注明的农产品买价和13%的扣除率计算的进项税额。进项税额计算公式：

进项税额 = 买价 × 扣除率

这里所称的买价，包括纳税人购进免税农业产品支付给农业生产者的价款和按规定代收代缴的农业特产税。但这种价款,是指经主管税务机关批准使用的收购凭证上注明的价款。

购进免税农产品之所以存在进项税额的抵扣问题,原因在于:虽然对农产品免税,但对农业生产资料是征税的,从而使农产品价格中包含着增值税。如果对购进免税农业产品价格中所含的增值税不予抵扣,农产品在流通领域和以农产品为原料的生产企业中,就必然存在着较为严重的重复征税现象。为了避免重复征税,国际上大多数国家规定对购进的免税农产品的价格中所含的税金准予抵扣。

第四,购进或者销售货物以及在生产经营过程中支付运输费用的,按照运输费用结算单据上注明的运输费用金额和7%的扣除率计算进项税额。进项税额计算公式:

进项税额 = 运输费用金额 × 扣除率

准予抵扣的项目和扣除率的调整,由国务院决定。

国家之所以对这种进项税额的抵扣作特殊规定,是因为这种业务在企业的营业支出中占较大份额,如果对这些业务支出不能计算进项税额进行抵扣,将加重企业的税收负担,故对此进行了特殊照顾处理。

当纳税人购进的货物或接受的应税劳务不是用于增值税应税项目,而是用于非增值税应税项目、免税项目或用于集体福利、个人消费等情况时,其支付的进项税额就不能从销项税额中抵扣。

(2)不准予从销项税额中抵扣的进项税额。《增值税暂行条例》规定,下列项目的进项税额不得从销项税额中抵扣,而应将其计入购进项目的成本:①用于非增值税应税项目、免征增值税项目、集体福利或者个人消费的购进货物或者应税劳务;②非正常损失[1]的购进货物及相关的应税劳务;③非正常损失的在产品、产成品所耗用的购进货物或者应税劳务;④国务院财政、税务主管部门规定的纳税人自用消费品;⑤本条第①~④项规定的货物的运输费用和销售免税货物的运输费用;⑥纳税人购进货物或者应税劳务,取得的增值税扣税凭证不符合法律、行政法规或者国务院税务主管部门有关规定的,其进项税额不得从销项税额中抵扣。

已抵扣进项税额的购进货物或者应税劳务,发生条例规定的不得抵扣的情形的(免税项目、非增值税应税劳务除外),应当将该项购进货物或者应税劳务的进项税额从当期的进项税额中扣减;无法确定该项进项税额的,按当期实际

---

[1]　非正常损失,是指生产经营过程中正常损耗外的损失,包括自然灾害损失,因管理不善造成货物被盗、发生霉烂变质等损失及其他非正常损失。

成本计算应扣减的进项税额。

在计算应纳税额时，如果当期销项税额小于进项税额，则不足抵扣部分结转下期继续抵扣。

3. 计算应纳税额时应注意的问题。

（1）销货退回和折让。纳税人在货物购销活动中，因货物质量、规格等原因常会发生销货退回或销售折让的情况。由于销货退回或折让不仅涉及销货价款或折让价款的退回，还涉及增值税的退回，这样，销货方和进货方应相应对当期的销项税额或进项税额进行调整。为此，税法规定，一般纳税人因销货退回或折让而退还给购买方的增值税额，应从发生销货退回或折让当期的销项税额中扣减；因进货退出或折让而收回的增值税额，应从发生进货退出或折让当期的进项税额中扣减。对于没有扣减，造成进项税额虚增，减少纳税的，应按偷税论处。

（2）无法准确划分不得抵扣的进项税额。一般纳税人兼营免税项目或者非增值税应税劳务而无法划分不得抵扣的进项税额的，按下列公式计算不得抵扣的进项税额：

不得抵扣的进项税额 = 当月无法划分的全部进项税额 × 当月免税项目销售额、非增值税应税劳务营业额合计 ÷ 当月全部销售额、营业额合计

当月可以抵扣的进项税额 = 当月进项税额 − 不得抵扣的进项税额

当月应纳税额 = 当月销项税额 − 当月可以抵扣的进项税额

（3）进项税额申报抵扣的时间。根据国家税务总局《关于调整增值税扣税凭证抵扣期限有关问题的通知》的规定，增值税一般纳税人取得 2010 年 1 月 1 日以后开具的增值税专用发票、公路内河货物运输业统一发票和机动车销售统一发票，应在开具之日起 180 日内到税务机关办理认证，并在认证通过的次月申报期内，向主管税务机关申报抵扣进项税额。实行海关进口增值税专用缴款书（以下简称海关缴款书）"先比对后抵扣"管理办法的增值税一般纳税人取得 2010 年 1 月 1 日以后开具的海关缴款书，应在开具之日起 180 日内向主管税务机关报送《海关完税凭证抵扣清单》（包括纸质资料和电子数据）申请稽核比对；未实行海关缴款书"先比对后抵扣"管理办法的增值税一般纳税人取得 2010 年 1 月 1 日以后开具的海关缴款书，应在开具之日起 180 日后的第一个纳税申报期结束以前，向主管税务机关申报抵扣进项税额。增值税一般纳税人取得 2010 年 1 月 1 日以后开具的增值税专用发票、公路内河货物运输业统一发票、机动车销售统一发票以及海关缴款书，未在规定期限内到税务机关办理认证、申报抵扣或者申请稽核比对的，不得作为合法的增值税扣税凭证，不得计算进项税额抵扣。

（二）小规模纳税人应纳税额的计算

《增值税暂行条例》规定，小规模纳税人销售货物或者应税劳务，按照销售额和规定的征收率计算应纳税额，不得抵扣进项税额，即实行简易办法计算应纳税额。应纳税额计算公式为：

应纳税额 = 销售额 × 征收率

小规模纳税人取得的销售额与一般纳税人取得的销售额所包含的内容是一致的，都是销售货物或提供应税劳务向购买方收取的全部价款和价外费用，但是不包括增值税税额。若小规模纳税人收取的销售额是含税的，在计税时应将含税销售额换算为不含税销售额，其换算公式为：

销售额 = 含税销售额 ÷（1 + 增值税征收率）

（三）进口货物应纳税额的计算

《增值税暂行条例》规定，纳税人进口货物，按照组成计税价格和《增值税暂行条例》规定的税率计算应纳税额，不得抵扣任何税额。组成计税价格和应纳税额计算公式为：

组成计税价格 = 关税完税价格 + 关税 + 消费税

应纳税额 = 组成计税价格 × 税率

进口货物增值税的组成计税价格中包括已纳关税税额，如果进口货物属于消费税应税消费品，其组成计税价格中还要包括进口环节已纳消费税税额。前述"不得抵扣任何税额"，是指在计算进口环节的应纳增值税税额时，不得抵扣发生在我国境外的各种税金。

这里需要注意以下问题：

1. 进口货物的范围。凡申报进入中华人民共和国海关境内的货物，均应征收增值税。

2. 进口货物的纳税人。进口货物的收货人或办理报关手续的单位和个人，为进口货物增值税的纳税义务人。

对于企业、单位和个人委托代理进口应征增值税的货物的，鉴于代理进口货物的海关完税凭证，有的开具给委托方，有的开具给受托方的特殊性，所以对代理进口货物以海关开具的完税凭证上的纳税人为增值税纳税人。在实际工作中一般由进口代理者代缴进口环节增值税。纳税后，由代理者将已纳税款和进口货物价款费用等与委托方结算，由委托者承担已纳税款。

3. 进口货物的增值税税率。13% 和 17%，与内销货物相同。

4. 进口货物的税收管理。进口货物的增值税纳税义务发生时间为报关进口的当天，由进口人或其代理人向报关地海关申报纳税，其纳税期限应当自海关填发税款缴款书之日起 15 日内缴纳税款，进口货物的增值税由海关代征。

六、出口货物退（免）税管理

我国的出口货物退（免）税，是指在国际贸易业务中，对我国报关出口的货物退还或免征其在国内各生产和流转环节按税法规定缴纳的增值税和消费税，即对增值税出口货物实行零税率，对消费税出口货物免税。

1994 年，国家税务总局依据《增值税暂行条例》和《消费税暂行条例》的规定，制定实施了一系列的出口货物退（免）税政策。2012 年财政部、国家税务总局发布了《关于出口货物劳务增值税和消费税政策的通知》（以下简称《通知》），对近年来陆续制定的一系列出口货物、对外提供加工修理修配劳务（以下统称出口货物劳务，包括视同出口货物）的增值税和消费税政策进行了整理。

（一）出口货物退（免）税基本政策

世界各国为了鼓励本国货物出口，在遵循 WTO 基本规则的前提下，一般都采取优惠的税收政策。我国根据本国实际，对出口货物在遵循"征多少、退多少"、"未征不退和彻底退税"基本原则的基础上，实行免税和退税相结合的政策，具体分为以下三种形式：

1. 出口免税并退税。出口免税是指对货物在出口销售环节不征增值税、消费税，这是把货物出口环节与出口前的销售环节都同样视为一个征税环节；出口退税是指对货物在出口前实际承担的税收负担，按规定的退税率计算后予以退还。

2. 出口免税不退税。出口不退税，是指适用这个政策的出口货物因在前一道生产、销售环节或进口环节是免税的，因此，出口时该货物的价格中本身就不含税，也无须退税。

3. 出口不免税也不退税。出口不免税，是指对国家限制或禁止出口的某些货物的出口环节视同内销环节，照常征税；出口不退税是指对这些货物出口不退还出口前其所负担的税款。适用这个政策的主要是税法列举限制或禁止出口的货物，如天然牛黄、麝香等。

（二）适用增值税退（免）税政策的出口货物劳务

对下列出口货物劳务，除适用"增值税免税政策的出口货物劳务"和适用"增值税征税政策的出口货物劳务"的外，实行增值税退（免）税政策：

1. 出口企业出口货物。所称出口企业，是指依法办理工商登记、税务登记、对外贸易经营者备案登记，自营或委托出口货物的单位或个体工商户，以及依法办理工商登记、税务登记但未办理对外贸易经营者备案登记，委托出口货物的生产企业。所称出口货物，是指向海关报关后实际离境并销售给境外单位或个人的货物，分为自营出口货物和委托出口货物两类。所称生产企业，是指具有生产能力（包括加工修理修配能力）的单位或个体工商户。

2. 出口企业或其他单位视同出口货物。具体是指：

（1）出口企业对外援助、对外承包、境外投资的出口货物。

（2）出口企业经海关报关进入国家批准的出口加工区、保税物流园区、保税港区、综合保税区、珠澳跨境工业区（珠海园区）、中哈霍尔果斯国际边境合作中心（中方配套区域）、保税物流中心（B型）（以下统称特殊区域）并销售给特殊区域内单位或境外单位、个人的货物。

（3）免税品经营企业销售的货物。具体是指：①中国免税品（集团）有限责任公司向海关报关运入海关监管仓库，专供其经国家批准设立的统一经营、统一组织进货、统一制定零售价格、统一管理的免税店销售的货物；②国家批准的除中国免税品（集团）有限责任公司外的免税品经营企业，向海关报关运入海关监管仓库，专供其所属的首都机场口岸海关隔离区内的免税店销售的货物；③国家批准的除中国免税品（集团）有限责任公司外的免税品经营企业所属的上海虹桥、浦东机场海关隔离区内的免税店销售的货物。

（4）出口企业或其他单位销售给用于国际金融组织或外国政府贷款国际招标建设项目的中标机电产品（以下称中标机电产品）。

（5）生产企业向海上石油天然气开采企业销售的自产的海洋工程结构物。

（6）出口企业或其他单位销售给国际运输企业用于国际运输工具上的货物。上述规定暂仅适用于外轮供应公司、远洋运输供应公司销售给外轮、远洋国轮的货物，国内航空供应公司生产销售给国内和国外航空公司国际航班的航空食品。

（7）出口企业或其他单位销售给特殊区域内生产企业生产耗用且不向海关报关而输入特殊区域的水（包括蒸汽）、电力、燃气（以下称输入特殊区域的水电气）。

除本通知及财政部和国家税务总局另有规定外，视同出口货物适用出口货物的各项规定。

3. 出口企业对外提供加工修理修配劳务。对外提供加工修理修配劳务，是指对进境复出口货物或从事国际运输的运输工具进行的加工修理修配。

（三）增值税退（免）税办法

适用增值税退（免）税政策的出口货物劳务，按照下列规定实行增值税免抵退税或免退税办法。

1. 免抵退税办法。生产企业出口自产货物和视同自产货物及对外提供加工修理修配劳务，以及列名生产企业出口非自产货物，免征增值税，相应的进项税额抵减应纳增值税额（不包括适用增值税即征即退、先征后退政策的应纳增值税额），未抵减完的部分予以退还。

2. 免退税办法。不具有生产能力的出口企业（以下称外贸企业）或其他单位出口货物劳务，免征增值税，相应的进项税额予以退还。

（四）出口货物的退税率

1. 除财政部和国家税务总局根据国务院决定而明确的增值税出口退税率（以下称退税率）外，出口货物的退税率为其适用税率。

2. 退税率的特殊规定。

（1）外贸企业购进按简易办法征税的出口货物、从小规模纳税人购进的出口货物，其退税率分别为简易办法实际执行的征收率、小规模纳税人征收率。上述出口货物取得增值税专用发票的，退税率按照增值税专用发票上的税率和出口货物退税率孰低的原则确定。

（2）出口企业委托加工修理修配货物，其加工修理修配费用的退税率，为出口货物的退税率。

（3）中标机电产品、出口企业向海关报关进入特殊区域销售给特殊区域内生产企业生产耗用的列名原材料（以下称列名原材料）、输入特殊区域的水电气，其退税率为适用税率。如果国家调整列名原材料的退税率，列名原材料应当自调整之日起按调整后的退税率执行。

（4）海洋工程结构物退税率另有规定。

3. 适用不同退税率的货物劳务，应分开报关、核算并申报退（免）税；未分开报关、核算或划分不清的，从低适用退税率。

（五）适用增值税免税政策的出口货物劳务

对符合下列条件的出口货物劳务，按规定实行免征增值税政策：

1. 出口企业或其他单位出口规定的货物，具体是指：增值税小规模纳税人出口的货物；避孕药品和用具，古旧图书；软件产品；含黄金、铂金成分的货物，钻石及其饰品；国家计划内出口的卷烟；已使用过的设备；非出口企业委托出口的货物；非列名生产企业出口的非视同自产货物；农业生产者自产农产品；油画、花生果仁、黑大豆等财政部和国家税务总局规定的出口免税的货物；外贸企业取得普通发票、废旧物资收购凭证、农产品收购发票、政府非税收入票据的货物；来料加工复出口的货物；特殊区域内的企业出口的特殊区域内的货物；以人民币现金作为结算方式的边境地区出口企业从所在省（自治区）的边境口岸出口到接壤国家的一般贸易和边境小额贸易出口货物；以旅游购物贸易方式报关出口的货物。

2. 出口企业或其他单位视同出口的下列货物劳务：国家批准设立的免税店销售的免税货物；特殊区域内的企业为境外的单位或个人提供加工修理修配劳

务；同一特殊区域、不同特殊区域内的企业之间销售特殊区域内的货物。

3. 出口企业或其他单位未按规定申报或未补齐增值税退（免）税凭证的出口货物劳务。

具体是指：未在国家税务总局规定的期限内申报增值税退（免）税的出口货物劳务；未在规定期限内申报开具《代理出口货物证明》的出口货物劳务；已申报增值税退（免）税，却未在国家税务总局规定的期限内向税务机关补齐增值税退（免）税凭证的出口货物劳务。

对于适用增值税免税政策的出口货物劳务，出口企业或其他单位可以依照现行增值税有关规定放弃免税，并依照规定缴纳增值税。

（六）适用增值税征税政策的出口货物劳务

下列出口货物劳务，不适用增值税退（免）税和免税政策，应按规定征收增值税：

1. 出口企业出口或视同出口财政部和国家税务总局根据国务院决定明确的取消出口退（免）税的货物。

2. 出口企业或其他单位销售给特殊区域内的生活消费用品和交通运输工具。

3. 出口企业或其他单位因骗取出口退税被税务机关停止办理增值税退（免）税期间出口的货物。

4. 出口企业或其他单位提供虚假备案单证的货物。

5. 出口企业或其他单位增值税退（免）税凭证有伪造或内容不实的货物。

6. 出口企业或其他单位未在国家税务总局规定期限内申报免税核销以及经主管税务机关审核不予免税核销的出口卷烟。

7. 出口企业或其他单位具有以下情形之一的出口货物劳务：

（1）将空白的出口货物报关单、出口收汇核销单等退（免）税凭证交由除签有委托合同的货代公司、报关行，或由境外进口方指定的货代公司（提供合同约定或者其他相关证明）以外的其他单位或个人使用的；

（2）以自营名义出口，其出口业务实质上是由本企业及其投资的企业以外的单位或个人借该出口企业名义操作完成的；

（3）以自营名义出口，其出口的同一批货物既签订购货合同，又签订代理出口合同（或协议）的；

（4）出口货物在海关验放后，自己或委托货代承运人对该笔货物的海运提单或其他运输单据等上的品名、规格等进行修改，造成出口货物报关单与海运提单或其他运输单据有关内容不符的；

（5）以自营名义出口，但不承担出口货物的质量、收款或退税风险之一的，即出口货物发生质量问题不承担购买方的索赔责任（合同中有约定质量责任承担者除外），不承担未按期收款导致不能核销的责任（合同中有约定收款责任承担者除外），不承担因申报出口退（免）税的资料、单证等出现问题造成不退税责任的；

（6）未实质参与出口经营活动、接受并从事由中间人介绍的其他出口业务，但仍以自营名义出口的。

七、税收优惠

（一）增值税的起征点

为了照顾个人和加强税务管理，《增值税暂行条例实施细则》规定了起征点政策。起征点，是指开始征税的起点。当纳税人销售额未达到起征点时，免征增值税；当纳税人销售额达到起征点时，则全额征税。

增值税起征点只适用于个人。

目前我国执行的增值税起征点为[1]：

1. 销售货物的起征点为：月销售额 5000~20 000 元。
2. 销售应税劳务的起征点为：月销售额 500~20 000 元。
3. 按次纳税的起征点为：每次（日）销售额 300~500 元。

具体标准由省级税务机关在规定的幅度内，根据实际情况确定并报国家税务总局备案。

（二）法定免税项目

《增值税暂行条例》对增值税的减免税作了严格的控制，将减免税权全部集中于国务院，任何地区、部门均不得规定免税、减税项目。增值税的法定免税项目有：

1. 农业生产者销售的自产农产品；
2. 避孕药品和用具；
3. 古旧图书；
4. 直接用于科学研究、科学试验和教学的进口仪器、设备；
5. 外国政府、国际组织无偿援助的进口物资和设备；
6. 由残疾人的组织直接进口供残疾人专用的物品；
7. 销售的自己使用过的物品。

除上述规定外，增值税的免税、减税项目由国务院规定。任何地区、部门

---

[1] 为了贯彻落实国务院关于支持小型和微型企业发展的要求，财政部、国家税务总局决定对《中华人民共和国增值税暂行条例实施细则》的部分条款予以修改（2011 年财政部令第 65 号），其中对增值税起征点的幅度进行了修改，并自 2011 年 11 月 1 日起施行。

均不得规定免税、减税项目。

纳税人兼营免税、减税项目的，应当分别核算免税、减税项目的销售额；未分别核算销售额的，不得免税、减税。

（三）特殊减免税项目

财政部、国家税务总局还针对资源综合利用、再生资源、农业、文化企业、飞机维修、动漫产业、软件产品等规定了一些税收优惠政策。

此外，为进一步扶持小微企业发展，经国务院批准，自2013年8月1日起，对增值税小规模纳税人中月销售额不超过2万元的企业或非企业性单位，暂免征收增值税；对营业税纳税人中月营业额不超过2万元的企业或非企业性单位，暂免征收营业税。

八、增值税的征收管理

（一）增值税纳税义务发生时间

销售货物或者应税劳务，为收讫销售款项或者取得索取销售款项凭据的当天；先开具发票的，为开具发票的当天。进口货物，为报关进口的当天。增值税扣缴义务发生时间为纳税人增值税纳税义务发生的当天。按销售结算方式的不同，具体确定如下：

1. 采取直接收款方式销售货物，不论货物是否发出，均为收到销售款或者取得索取销售款凭据的当天；

2. 采取托收承付和委托银行收款方式销售货物，为发出货物并办妥托收手续的当天；

3. 采取赊销和分期收款方式销售货物，为书面合同约定的收款日期的当天，无书面合同的或者书面合同没有约定收款日期的，为货物发出的当天；

4. 采取预收货款方式销售货物，为货物发出的当天，但生产销售生产工期超过12个月的大型机械设备、船舶、飞机等货物，为收到预收款或者书面合同约定的收款日期的当天；

5. 委托其他纳税人代销货物，为收到代销单位的代销清单或者收到全部或者部分货款的当天。未收到代销清单及货款的，为发出代销货物满180天的当天；

6. 销售应税劳务，为提供劳务同时收讫销售款或者取得索取销售款的凭据的当天；

7. 纳税人发生《增值税暂行条例实施细则》第4条第3～8项所列视同销售货物行为，为货物移送的当天。

（二）增值税的纳税期限

增值税的纳税期限分别为 1 日、3 日、5 日、10 日、15 日、1 个月或者 1 个季度。纳税人的具体纳税期限，由主管税务机关根据纳税人应纳税额的大小分别核定；不能按照固定期限纳税的，可以按次纳税。

纳税人以 1 个月或者 1 个季度为 1 个纳税期的，自期满之日起 15 日内申报纳税；以 1 日、3 日、5 日、10 日或者 15 日为 1 个纳税期的，自期满之日起 5 日内预缴税款，于次月 1 日起 15 日内申报纳税并结清上月应纳税款。

扣缴义务人解缴税款的期限，依照上述规定执行。

纳税人进口货物，应当自海关填发海关进口增值税专用缴款书之日起 15 日内缴纳税款。

纳税人出口货物适用退（免）税规定的，应当向海关办理出口手续，凭出口报关单等有关凭证，在规定的出口退（免）税申报期内按月向主管税务机关申报办理该项出口货物的退（免）税。具体办法由国务院财政、税务主管部门制定。

出口货物办理退税后发生退货或者退关的，纳税人应当依法补缴已退的税款。

（三）增值税的征收机关与纳税地点

1. 征收机关。增值税由国家税务机关负责征收管理，进口货物的增值税由海关代征，个人携带或邮寄进境的自用物品的增值税，连同关税一并计征。

2. 纳税地点。增值税的纳税地点，是指税法规定的纳税人缴纳增值税的地点。具体规定如下：

（1）固定业户应当向其机构所在地的主管税务机关申报纳税。总机构和分支机构不在同一县（市）的，应当分别向各自所在地的主管税务机关申报纳税；经国务院财政、税务主管部门或者其授权的财政、税务机关批准，可以由总机构汇总向总机构所在地的主管税务机关申报纳税。

（2）固定业户到外县（市）销售货物或者应税劳务，应当向其机构所在地的主管税务机关申请开具外出经营活动税收管理证明，并向其机构所在地的主管税务机关申报纳税；未开具证明的，应当向销售地或者劳务发生地的主管税务机关申报纳税；未向销售地或者劳务发生地的主管税务机关申报纳税的，由其机构所在地的主管税务机关补征税款。

（3）非固定业户销售货物或者应税劳务，应当向销售地或者劳务发生地的主管税务机关申报纳税；未向销售地或者劳务发生地的主管税务机关申报纳税的，由其机构所在地或者居住地的主管税务机关补征税款。

（4）进口货物，应当向报关地海关申报纳税。

扣缴义务人应当向其机构所在地或者居住地的主管税务机关申报缴纳其扣缴的税款。

九、增值税专用发票的使用和管理

增值税专用发票，是指增值税一般纳税人销售货物或者提供应税劳务开具的发票，是购买方按照增值税有关规定据以抵扣增值税进项税额的凭证。专用发票不仅是纳税人经济活动中的重要商业凭证，而且还是兼记销货方销项税额和购货方进项税额税款抵扣的凭证，对增值税的计算和管理起着决定性的作用。因此正确使用增值税专用发票是十分重要的。

为加强增值税征收管理，规范增值税专用发票（以下简称专用发票）的使用行为，根据《增值税暂行条例》及其实施细则和《税收征收管理法》及其实施细则，国家税务总局重新修订了《增值税专用发票使用规定》（以下简称《规定》），并自 2007 年 1 月 1 日试行。

（一）增值税专用发票的基本规定

1. 防伪税控系统。一般纳税人应通过增值税防伪税控系统使用专用发票（包括新申请一般纳税人、辅导期一般纳税人、税务机关代开专用发票）。防伪税控系统，是指经国务院同意推行的，使用专用设备（金税卡、IC 卡、读卡器和其他设备）和通用设备（计算机、打印机、扫描器具和其他设备）、运用数字密码和电子存储技术管理专用发票的计算机管理系统。

2. 专用发票联次。为了降低专用发票成本，《增值税专用发票使用规定》进一步明确了专用发票由基本联次或者基本联次附加其他联次构成。基本联次为三联：发票联、抵扣联和记账联。

3. 最高开票限额管理。专用发票实行最高开票限额管理，开具单份专用发票的销售额合计数不得达到的上限额度。最高开票限额由一般纳税人申请，税务机关依法审批，并根据不同限额实行分级审批。

4. 初始发行。一般纳税人领购专用设备后，凭《最高开票限额申请表》、《发票领购簿》到主管税务机关办理初始发行。

初始发行，是指主管税务机关将一般纳税人的下列信息载入空白金税卡和 IC 卡的行为：企业名称、税务登记代码、开票限额、购票限量、购票人员姓名、密码、开票机数量和国家税务总局规定的其他信息。一般纳税人的税务登记代码发生变化时，应向主管税务机关申请注销发行；其他各项信息发生变化时，应向主管税务机关申请变更发行。

（二）增值税专用发票的领购与开具

1. 增值税专用发票的主要内容有：购货单位的名称、地址、电话、纳税登记号、开户银行及账号；销售单位的名称、地址、电话、纳税登记号、开户银行及账号；商品或劳务名称、计量单位、数量、单价、金额、税率、税额；开票日期、收款人签名及开票单位盖章等。

2. 增值税专用发票的领购。增值税专用发票由国家税务总局集中统一管理，增值税的一般纳税人凭《发票领购簿》、IC卡和经办人身份证明领购专用发票。

一般纳税人有下列情形之一的，不得领购开具专用发票：

（1）会计核算不健全，不能向税务机关准确提供增值税销项税额、进项税额、应纳税额数据及其他有关增值税税务资料的；

（2）有《税收征收管理法》规定的税收违法行为，拒不接受税务机关处理的；

（3）有下列行为之一，经税务机关责令限期改正而仍未改正的：①虚开增值税专用发票；②私自印制专用发票；③向税务机关以外的单位和个人买取专用发票；④借用他人专用发票；⑤未按《增值税专用发票使用规定》第11条开具专用发票；⑥未按规定保管专用发票和专用设备；⑦未按规定申请办理防伪税控系统变更发行；⑧未按规定接受税务机关检查。

有上列情形的，如已领购专用发票，主管税务机关应暂扣其结存的专用发票和IC卡。

3. 增值税专用发票的开具。

（1）专用发票的开具要求：①项目齐全，与实际交易相符；②字迹清楚，不得压线、错格；③发票联和抵扣联加盖财务专用章或者发票专用章；④按照增值税纳税义务的发生时间开具。

对不符合上列要求的专用发票，购买方有权拒收。

一般纳税人销售货物或者提供应税劳务可汇总开具专用发票。汇总开具专用发票的，同时使用防伪税控系统开具《销售货物或者提供应税劳务清单》，并加盖财务专用章或者发票专用章。

（2）专用发票的开具范围。一般纳税人销售货物或者应税劳务，应当向索取增值税专用发票的购买方开具增值税专用发票，并在增值税专用发票上分别注明销售额和销项税额。

但属于下列情形之一的，不得开具增值税专用发票：①向消费者个人销售货物或者应税劳务的；②销售货物或者应税劳务适用免税规定的；③小规模纳税人销售货物或者应税劳务的，但小规模纳税人需要开具专用发票的，可向主管税务机关申请代开。

（3）开具专用发票后发生退货或开票有误的处理。

增值税一般纳税人开具专用发票后，发生销货退回、销售折让以及开票有误等情况需要开具红字专用发票的，视不同情况分别按以下办法处理：

第一，因专用发票抵扣联、发票联均无法认证的，由购买方填报《开具红字增值税专用发票申请单》，并在申请单上填写具体原因以及相对应蓝字专用发票的信息，主管税务机关审核后出具《开具红字增值税专用发票通知单》。购买方不作进项税额转出处理。

第二，购买方所购货物不属于增值税扣税项目范围，取得的专用发票未经认证的，由购买方填报申请单，并在申请单上填写具体原因以及相对应蓝字专用发票的信息，主管税务机关审核后出具通知单。购买方不作进项税额转出处理。

第三，因开票有误购买方拒收专用发票的，销售方须在专用发票认证期限内向务机关填报申请单，并在申请单上填写具体原因以及相对应蓝字专用发票，同时提供由购买方出具的写明拒收理由、错误具体项目以及正确内容的书面材料，主管税务机关审核确认后出具通知单。销售方凭通知单开具红字专用发票。

第四，因开票有误等原因尚未将专用发票交付购买方的，销售方须在开具该专用发票的次月内向主管税务机关填报申请单，并在申请单上填写具体原因以及相应蓝字专用发票的信息，同时提供由销售方出具的写明具体理由、错误具体项目及正确内容的书面材料，主管税务机关审核确认后出具通知单。销售方凭通知库开具红字专用发票。

第五，发生销货退回或销售折让的，除按照《通知》的规定进行处理外，销售还应在开具红字专用发票后将该笔业务的相应记账凭证复印件报送主管税务机关备案。

此外，税务机关为小规模纳税人代开专用发票需要开具红字专用发票的，比照一般纳税人开具红字专用发票的处理办法，通知单第二联交代开税务机关。

（三）增值税专用发票报税与缴销

1. 报税。是指纳税人持 IC 卡或者 IC 卡和软盘向税务机关报送开票数据电文。因 IC 卡、软盘质量等问题无法报税的，应更换 IC 卡、软盘；因硬盘损坏、更换金税卡等原因不能正常报税的，应提供已开具未向税务机关报税的专用发票记账联原件或者复印件，由主管税务机关补采开票数据。

2. 专用发票的缴销。是指主管税务机关在纸质专用发票监制章处按"V"字剪角作废，同时作废相应的专用发票数据电文。

一般纳税人注销税务登记或者转为小规模纳税人，应将专用设备和结存未用的纸质专用发票送交主管税务机关。主管税务机关应缴销其专用发票，并按有关安全管理的要求处理专用设备。被缴销的纸质专用发票应退还纳税人。

（四）认证与税额抵扣

1. 专用发票的认证。用于抵扣增值税进项税额的专用发票，应经税务机关认证相符（国家税务总局另有规定的除外）。认证相符的专用发票应作为购买方的记账凭证，不得退还销售方。

认证，是税务机关通过防伪税控系统对专用发票所列数据的识别、确认。认证相符，是指纳税人识别号无误，专用发票所列密文解译后与明文一致。

2. 不得作为抵扣凭证的情形。

（1）经认证，有下列情形之一的，不得作为增值税进项税额的抵扣凭证，税务机关退还原件，购买方可要求销售方重新开具专用发票：①无法认证，是指专用发票所列密文或者明文不能辨认，无法产生认证结果；②纳税人识别号认证不符，是指专用发票所列购买方纳税人识别号有误；③专用发票代码、号码认证不符，是指专用发票所列密文解译后与明文的代码或者号码不一致。

（2）经认证，有下列情形之一的，暂不得作为增值税进项税额的抵扣凭证，税务机关扣留原件，查明原因，分情况进行处理：①重复认证，是指已经认证相符的同一张专用发票再次认证；②密文有误，是指专用发票所列密文无法解译；③认证不符，是指纳税人识别号有误，或者专用发票所列密文解译后与明文不一致；④列为失控专用发票，是指认证时的专用发票已被登记为失控专用发票。

（五）对被盗、丢失、虚开增值税专用发票的处理

1. 被盗、丢失增值税专用发票的处理。纳税人必须严格按《增值税专用发票使用规定》保管使用专用发票，对违反规定发生被盗、丢失专用发票的纳税人，按《税收征收管理法》和《发票管理办法》的规定，处以1万元以下的罚款，并可视具体情况，对丢失专用发票的纳税人，在一定期限内（最长不超过半年）停止领购专用发票。对纳税人申报遗失的专用发票，如发现非法代开、虚开问题的，该纳税人应承担偷税、骗税的连带责任。

纳税人丢失专用发票后，必须按规定程序向当地主管税务机关、公安机关报失。各地税务机关对丢失专用发票的纳税人按规定进行处罚的同时，代收"挂失登报费"，并将丢失专用发票的纳税人名称、发票份数、字轨号码、盖章与否等情况，统一传（寄）中国税务报社刊登"遗失声明"。传（寄）中国税务报社的"遗失声明"，必须经县（市）国家税务机关审核盖章、签署意见。

2. 虚开增值税专用发票的处理。虚开增值税专用发票是指在没有任何购销事实或只有部分购销事实的前提下，为他人、为自己或让他人为自己，或介绍他人开具发票的行为。

对虚开专用发票的，一律按票面所列货物的适用税率全额征补税款，并按

《税收征收管理法》的规定按偷税给予处罚。对纳税人取得虚开的增值税专用发票，不得作为增值税合法抵扣凭证抵扣进项税额。受票方利用他人虚开的专用发票，向税务机关申报抵扣税款或者申请出口退税的，应当按偷税、骗取出口退税处理，处以偷税或骗税数额 5 倍以下的罚款。纳税人取得专用发票未申报抵扣税款，或者未申请出口退税的，应当依照《发票管理办法》及有关规定，按所取得专用发票的份数，分别处以 1 万元以下的罚款；但知道或者应当知道取得的是虚开的专用发票，或者让他人为自己提供虚开的专用发票的，应当从重处罚。虚开专用发票构成犯罪的，处以刑罚。

（六）纳税人善意取得虚开的增值税专用发票的处理

根据《国家税务总局关于纳税人善意取得虚开的增值税专用发票处理问题的通知》（国税发［2000］187 号），纳税人善意取得虚开的增值税专用发票，是指购货方与销售方存在真实的交易，销售方使用的是其所在省（自治区、直辖市和计划单列市）的专用发票，专用发票注明的销售方名称、印章、货物数量、金额及税额等全部内容与实际相符，且没有证据表明购货方知道销售方提供的专用发票是以非法手段获得的。

对善意取得的专用发票的购货方不以偷税或者骗取出口退税论处。但应按有关规定不予抵扣进项税款或者不予出口退税；购货方已经抵扣的进项税款或者取得的出口退税，应依法予以追缴。

如果购货方能够重新从销售方取得防伪税控系统开出的合法、有效的专用发票的，或者取得手工开出的合法、有效的专用发票且取得了销售方所在地税务机关已经或者正在依法对销售方虚开专用发票行为进行查处证明的，购货方所在地税务机关应依法准予抵扣进项税款或者出口退税。

第三节　消费税法

消费税法，是指调整在消费税的征收与管理过程中所产生的税收关系的法律规范的总称。现行消费税法的基本法律规范是 2008 年 11 月 5 日国务院第 34 次常务会议修订通过的《中华人民共和国消费税暂行条例》（以下简称《消费税暂行条例》）和财政部、国家税务总局 2008 年 12 月 18 颁布的《中华人民共和国消费税暂行条例实施细则》（以下简称《消费税暂行条例实施细则》）。

一、消费税法概述

（一）消费税的概念

消费税是以特定的消费品和消费行为为征税对象所征收的一种税。目前，世界上已经有一百多个国家开征了这一税种或类似税种。消费税是一种古老的税种，其雏形最早产生于古罗马时期。当时，由于农业、手工业的发展，城市的兴起与商业的繁荣，于是相继开征了诸如盐税、酒税、矿产品税、皮毛税等产品税，这就是消费税的原形。工业革命后，由于市场经济的确立、国家财政需要的扩大，特别是战争对军费需求的激增，各主要发达国家相继确立了消费税的重要地位。特别是近年来，在为了可持续发展进行的税收法律制度改革的浪潮中，各国纷纷开征或调整消费税，以便建立一个既有利于环境和生态保护又有利于经济发展的绿色税收法律制度。例如，美国、法国等 OECD 国家征收的二氧化碳税就是一种消费税，它的设计目的就是这些国家的政府已经意识到必须对二氧化碳破坏臭氧层加以控制，以利于本国经济的持续发展，体现了其对环境、生态、资源保护的经济调节。[1]

消费税在我国历史悠久，早在公元前 81 年，汉昭帝为了避免酒的专卖"与商人争市利"，改酒专卖为征税，允许各地的地主、商人自行酿酒、卖酒，每升酒缴税四文，纳税环节在酒销售之后，而不是在出坊时，这可以说是我国最早的消费税。

新中国成立后，1951 年 1 月政务院颁布了《特种消费行为税暂行条例（草案）》，对电影、戏剧、舞厅、筵席、冷食、旅馆等五种行为征收特种消费税。1953 年税制改革时，将电影、戏剧改为文化娱乐税，将舞厅、筵席、冷食、旅馆部分转为营业税。在随后的三十多年里，再未征过消费税。1989 年，为了加强对彩电和小汽车的专营管理，控制消费基金的过快增长，国家税务总局于1989 年 4 月 1 日颁布了《关于对彩色电视机征收特别消费税有关问题的通知》和《关于对小汽车征收特别消费税有关问题的通知》，对彩色电视机和小汽车两种商品开征了特别消费税。后来由于彩电市场供求状况有了改善，1992 年 4 月24 日取消了对彩电征收的特别消费税。

我国现行的消费税是 1994 年税制改革时在流转税制中新设置的一个税种。按照 2008 年修订的《消费税暂行条例》的规定，我国在对货物普遍征收增值税的基础上，选择少数消费品征收了消费税，确定了烟、酒、成品油、高尔夫球及球具等 14 个税目征收消费税，从而形成流转税的双层调节。增值税发挥普遍调节的作用，以保证财政收入的稳定增长为主要功能；消费税则作为特殊调节税种，旨在调节产业结构、引导消费方向、增加财政收入、缓解分配不公。

---

〔1〕孙钰明："中美消费税法比较与 WTO 体制下中国消费税改革"，载《吉林师范大学学报（人文社会科学版）》2005 年第 3 期。

（二）消费税的分类

消费税可以从不同角度进行分类，常见的分类有：

1. 以计税依据为标准，可以将消费税分为直接消费税和间接消费税。

（1）直接消费税。直接消费税是以消费支出额为计税依据的一种税。其按纳税人的消费支出额征税，以购买支付环节为征税环节，直接向消费者征收，消费者既是纳税人，又是负税人。因此，也被称为消费支出税。直接消费税由马歇尔和费雪等著名经济学家在第二次世界大战以前提出，但由于其税源和计税依据均不易掌握，征管难度较大，很少有国家采用。

（2）间接消费税。间接消费税是以消费品或消费行为的价格或数量为计税依据的税种。其一般在生产环节征收，以应税消费品的生产者为纳税人，税额包含在消费品的价格中，最终由消费者承担。目前，世界各国开征的消费税一般都属于间接消费税。

2. 以征收范围为标准，可以将消费税分为有限型消费税、中间型消费税和延伸型消费税。

（1）有限型消费税。有限型消费税的征税范围主要限于传统的货物。如烟草制品、酒精饮料、石油制品以及各种形式的娱乐活动，有些国家还包括糖、盐、软饮料等食物制品以及钟表等产品。就征税数目而言，有限型消费税的课税品目一般不超过 15 种，大体在 10～15 种之间。目前，采用有限型消费税的国家有美国、英国、巴西、斯里兰卡、泰国、智利、澳大利亚、新西兰、比利时、荷兰、瑞士等 50 余个国家和地区，主要集中在北非、西非和南美。我国也采用有限型消费税。

（2）中间型消费税。中间型消费税的课税品目约在 15～30 种类型之间。除涉及有限型消费税的品目外，更多地包括食物制品，如牛奶和谷物制品，以及某些奢侈品，如化妆品等。某些国家将有些生产资料，如水泥、建筑材料、颜料、油漆也列为中间型消费税的征税范围。目前，采用中间型消费税的国家有法国、德国、意大利、芬兰、西班牙、瑞士、阿富汗、土耳其、马来西亚、伊朗等 30 余个国家。

（3）延伸型消费税。延伸型消费税除包括中间型消费税的课税品目外，还包括更多的一般消费品和生产资料，课税品目一般超过 30 种货物，如对电器设备、收音机、电视机、音响摄像器材征收高额货物税，对钢材、铝制品、塑料、橡胶制品及机器设备等生产资料广泛征收消费税。目前，采用延伸型消费税的国家有希腊、巴基斯坦、孟加拉国、埃及、尼日利亚、韩国等 20 余个国家。

（三）我国消费税的特征

1. 征收范围具有选择性。消费税的立法精神主要体现国家的产业政策和消费政策，选择某些特定的消费品和消费行为纳入其征收范围，通过对应税消费品消费的特殊调节来约束人们的消费行为，引导消费方向，抑制过量消费，稳定财政收入，缓解分配不公。我国现行消费税仅对需要特殊调节的部分消费品征税，主要是对奢侈品、高档消费品、非生活必需品、需要限制消费的能源及资源类消费品征收消费税。按照《消费税暂行条例》的规定，我国消费税只有烟、酒、成品油、高尔夫球及球具等 14 个税目。

2. 征税环节具有单一性。消费税一般只选择在一个环节征税，与多环节征收的税种相比，其征税费用低，征收效率高。我国消费税的纳税环节主要确定在生产、进口环节。在其中的某一环节征收消费税后，其他环节不再征收，有效地避免了重复征税。

3. 征收方法具有灵活性。消费税实行从价定率、从量定额、复合计税三种征收方法。根据我国应税消费品的价格和计量状况，为平衡税负，保证收入，消费税选择不同的征收方法：对一些供求矛盾突出、价格差异较大、计量单位不规范的消费品实行从价定率征收，这样使消费税可以随计税价格的变化调整税负，有利于统一和简化征税方法；对一些供求基本平衡、价格差异不大、计量单位规范的消费品实行从量定额征收，有利于保持税负相对稳定，简化征纳手续。而为了避免企业采用转移定价的方法规避纳税，公平税负，我国将烟、酒消费税的计税方式调整为复合计税。

4. 征收采用价内税形式。从国际上来看，消费税的征税方法有价内征收和价外征收两种，即消费税的计税依据分为含税价格和不含税价格。国外的消费税一般是价外税，税金在售货发票上注明，我国则采用了价内税的形式，主要考虑到增值税已经实行价外税，而交叉征收的消费税又是增值税税基的一部分，为了避免应税消费品征收过程中划分税基的繁琐和误解，我国的消费税采取了价内税形式。

5. 税率具有差别性。消费税根据不同消费品的种类、档次、结构、功能以及供求、价格等情况，制定高低不同的税率和税额。对在征税范围内的大部分应税消费品实行产品差别比例税率，对小部分实行差别定额税率，而对卷烟和白酒则实行比例税率和定额税率相结合的复合税率。

6. 税收负担具有转嫁性。消费税是一种价内税，税金是商品价格的组成部分，从形式上看是对消费品制造方或销售方征税，而实际上通过销售，把税负转嫁给购货方，消费税的最终负担者是消费者。因此，消费税对调节消费结构、抑制超前消费具有一定的作用。

二、消费税的纳税人

根据《消费税暂行条例》的规定，消费税的纳税人是指在我国境内从事生产、委托加工和进口《消费税暂行条例》中列举的应税消费品（不包括金银首饰）的单位和个人。

所称"在我国境内"，是指生产、委托加工和进口属于应当缴纳消费税的消费品的起运地或者所在地在境内。

单位，是指国有企业、集体企业、私有企业、股份制企业、外商投资企业、外国企业、其他企业和行政单位、事业单位、军事单位、社会团体及其他单位；个人，是指个体经营者及其他个人；在中华人民共和国境内，是指生产、委托加工和进口属于应当征收消费税的消费品的起运地或所在地在我国境内。

具体讲，消费税的纳税人为：

1. 生产销售（包括自用）应税消费品，以生产销售的单位和个人为纳税人，由生产者直接纳税。

2. 委托加工的应税消费品，除受托方为个人外，由受托方在向委托方交货时代收代缴税款。委托个人加工的应税消费品，由委托方收回后缴纳消费税。

3. 进口的应税消费品，以进口的单位和个人为纳税人，由海关代征税款。

三、消费税的税目

我国消费税法目前只对少数消费品征收消费税，对消费行为不征消费税。我国消费税的征税范围，是根据我国消费水平、消费政策及财政需要，并借鉴国外的经验和做法制定的。

按照《消费税暂行条例》的规定，我国确定了14类消费品征收消费税，我们将其分为六大类：

1. 过度消费会对人类健康、社会秩序、生态环境等产生危害的消费品，如烟、酒、鞭炮、焰火等，对此类消费品征税体现的是"寓禁于征"的精神。

2. 奢侈品和非生活必需品，如贵重首饰及珠宝玉石、化妆品、高尔夫球及球具、高档手表等，对此类消费品征税体现的是"向富人课征"的精神。

3. 高能耗及高档消费品，如小汽车、摩托车、游艇等，对此类消费品征税体现的是"节约能源"和"向富人课税"的精神。

4. 不可再生和替代的资源类消费品，如成品油等，对此类消费品征税，既是为了保护资源、防止浪费，又为国家取得了财政收入。

5. 具有一定财政意义的消费品，如汽车轮胎，这类消费品在历史上就有征税的习惯，而且税率还较高，对此征税，可以保障国家的财政收入。

6. 促进节约资源和环境保护的消费品，如木制一次性筷子、实木地板。

具体讲，我国征收消费税的有 14 个税目：

（一）烟

凡是以烟叶为原料加工生产的产品，不论使用何种辅料，均属于本税目的征收范围，包括卷烟（进口卷烟、白包卷烟、手工卷烟和未经国务院批准纳入计划的企业及个人生产的卷烟）、雪茄烟和烟丝。

从 2001 年 12 月 20 日起，对既有自产卷烟，同时又委托联营企业加工与自产卷烟牌号、规格相同卷烟的工业企业（以下简称"卷烟回购企业"），从联营企业购进后再直接销售的卷烟，对外销售时不论是否加价，凡是符合下述条件的，不再征收消费税；不符合下述条件的，则征收消费税：

1. 回购企业在委托联营企业加工卷烟时，除提供给联营企业所需加工卷烟牌号外，还需同时提供税务机关已公示的消费税计税价格。联营企业必须按照已公示的调拨价格申报缴纳消费税。

2. 回购企业对于联营企业加工卷烟回购后再销售的卷烟，应将其销售收入与自产卷烟的销售收入分开核算，以备税务机关检查；如不分开核算，则一并计入自产卷烟销售收入，征收消费税。

甲类卷烟是指每标准条（200 支）调拨价格在 70 元（不含增值税）及以上的卷烟；乙类卷烟是指每标准条（200 支）调拨价格在 70 元（不含增值税）以下的卷烟。

自 2009 年 5 月 1 日起，在卷烟批发环节加征一道从价税。在中华人民共和国境内从事卷烟批发业务的单位和个人，批发销售的所有牌号规格的卷烟，按其销售额（不含增值税）征收 5% 的消费税。纳税人应将卷烟销售额与其他商品销售额分开核算，未分开核算的，一并征收消费税。纳税人销售给纳税人以外的单位和个人的卷烟于销售时纳税。纳税人之间销售的卷烟不缴纳消费税。卷烟批发企业的机构所在地，总机构与分支机构不在同一地区的，由总机构申报纳税。卷烟消费税在生产和批发两个环节征收后，批发企业在计算纳税时不得扣除已含的生产环节的消费税税款。[1]

（二）酒及酒精

"酒"是指酒精度在 1 度以上的各种酒类饮料。酒精又名乙醇，是指用蒸馏或合成方法生产的酒精度在 95 度以上的无色透明液体。酒类包括粮食白酒、薯类白酒、黄酒、啤酒、果啤和其他酒。酒精包括各种工业酒精、医用酒精和食

---

〔1〕 财政部、国家税务总局：《关于调整烟产品消费税政策的通知》（财税〔2009〕84 号），2009 年 5 月 26 日。

用酒精。对于以外购酒精为原料、经蒸馏脱水处理后生产的无水乙醇，属于本税目征收范围。[1]

（三）化妆品

本税目征收范围包括各类美容、修饰类化妆品、高档护肤类化妆品和成套化妆品。美容、修饰类化妆品是指香水、香水精、香粉、口红、指甲油、胭脂、眉笔、唇笔、蓝眼油、眼睫毛及成套化妆品。舞台、戏剧、影视演员化妆用的上妆油、卸妆油、油彩，不属于本税目的征收范围。高档护肤类化妆品征收范围另行制定。

（四）贵重首饰及珠宝玉石

贵重首饰及珠宝玉石包括：以金、银、白金、宝石、珍珠、钻石、翡翠、珊瑚、玛瑙等高贵稀有物质以及其他金属、人造宝石等制作的各种纯金银首饰及镶嵌首饰和经采掘、打磨、加工的各种珠宝玉石。对出国人员免税商店销售的金银首饰征收消费税。

（五）鞭炮、焰火

包括各种鞭炮、焰火。体育上用的发令纸、鞭炮药引线，不按本税目征收。

（六）成品油

本税目包括汽油、柴油、石脑油、溶剂油、润滑油、燃料油、航空煤油 7 个子税目。

1. 汽油。汽油是轻质石油产品的一大类，是指由天然或人造原油经蒸馏所得的直馏汽油组分，二次加工汽油组分及其他高辛烷值组分按比例调和而成的或用其他原料、工艺生产的辛烷值不小于 66 的各种汽油和以汽油组分为主，辛烷值大于 50 的经调和可用作汽油发动机燃料的非标油。

2. 柴油。柴油是指用原油或其他原料加工生产的倾点或凝点在 -50 号至 30 号的可用作柴油发动机燃料的各种轻质油和以柴油组分为主、经调和精制可用作柴油发动机燃料的非标油。以柴油、柴油组分调和生产的生物柴油也属于本税目征收范围。

3. 石脑油。石脑油又叫轻汽油、化工轻油。是以石油加工生产的或二次加工汽油经加氢精制而得的用于化工原料的轻质油。石脑油的征收范围包括除汽油、柴油、煤油、溶剂油以外的各种轻质油。重整生成油、拔头油、戊烷原料油、轻裂解料（减压柴油 VGO 和常压柴油 AGO）、重裂解料、加氢裂化尾油、芳烃抽余油均属轻质油，属于本税目征收范围。

---

〔1〕　国家税务总局：《关于购进乙醇生产销售无水乙醇征收消费税问题的批复》（国税函〔2006〕768号），2006 年 10 月 9 日。

4. 溶剂油。溶剂油是以石油加工生产的，用于涂料和油漆生产、食用油加工、印刷油墨、皮革、农药、橡胶、化妆品生产的轻质油。溶剂油的征收范围包括各种溶剂油。橡胶填充油、溶剂油原料属于本税目征收范围。

5. 航空煤油。航空煤油也叫喷气燃料，是以石油加工生产的用于喷气发动机和喷气推进系统中作为能源的石油燃料。航空煤油的征收范围包括各种航空煤油。

6. 润滑油。润滑油是用于内燃机、机械加工过程的润滑产品。润滑油分为矿物性润滑油、植物性润滑油、动物性润滑油和化工原料合成润滑油。润滑油的征收范围包括以石油为原料加工的矿物性润滑油、矿物性润滑油基础油。植物性润滑油、动物性润滑油和化工原料合成润滑油不属于润滑油的征收范围。以植物性、动物性和矿物性基础油（或矿物性润滑油）混合掺配而成的"混合性"润滑油，不论矿物性基础油（或矿物性润滑油）所占比例高低，均属润滑油的征税范围。

7. 燃料油。燃料油也称重油、渣油。燃料油征收范围包括用于电厂发电、船舶锅炉燃料、加热炉燃料、冶金和其他工业炉燃料的各类燃料油。蜡油、船用重油、常压重油、减压重油、180CTS 燃料油、7 号燃料油、糠醛油、工业燃料、4~6 号燃料油等油品的主要用途是作为燃料燃烧，属于燃料油的征税范围。

（七）汽车轮胎

这里的汽车轮胎，是指用于各种汽车、挂车、专用车和其他机动车上的内、外轮胎。不包括农用拖拉机、收割机、手扶拖拉机的专用轮胎。自 2001 年 1 月 1 日起，对子午线轮胎免征消费税，对翻新轮胎停止征收消费税。

自 2010 年 12 月 1 日起，农用拖拉机、收割机和手扶拖拉机专用轮胎不属于《消费税暂行条例》规定的应征消费税的"汽车轮胎"范围，不征收消费税。

（八）小汽车

汽车，是指由动力驱动，具有 4 个或 4 个以上车轮的非轨道承载的车辆。

本税目征收范围包括含驾驶员座位在内最多不超过 9 个座位（含）的，在设计和技术特性上用于载运乘客和货物的各类乘用车和含驾驶员座位在内的座位数在 10~23 座（含 23 座）的，在设计和技术特性上用于载运乘客和货物的各类中轻型商用客车。车身长度大于 7 米（含），并且座位在 10~23 座（含）以下的商用客车，不属于中轻型商用客车征税范围，不征收消费税。

用排气量小于 1.5 升（含）的乘用车底盘（车架）改装、改制的车辆属于乘用车征收范围。用排气量大于 1.5 升的乘用车底盘（车架）或用中轻型商用客车底盘（车架）改装、改制的车辆属于中轻型商用客车征收范围。改装、改制车辆是指经省级发展改革委审核批准，并报国家发展改革委备案、列入国家发展改革委《车辆生产企业及产品公告》的公告车辆类别代码（产品型号或车辆型号代码数字字段的第一位数）为5的专用汽车（特种汽车）。

含驾驶员人数（额定载客）为区间值的（如8～10人、17～26人）小汽车，按其区间值下限人数确定征收范围。

电动汽车不属于本税目征收范围。沙滩车、雪地车、卡丁车、高尔夫车不属于消费税征收范围，不征收消费税。[1]

（九）摩托车

包括轻便摩托车和摩托车两种。对最大设计车速不超过50Km/h，发动机气缸总工作容量不超过50ml的三轮摩托车不征收消费税。

（十）高尔夫球及球具

高尔夫球及球具，是指从事高尔夫球运动所需的各种专用装备，包括高尔夫球、高尔夫球杆及高尔夫球包（袋）等。

高尔夫球，是指重量不超过45.93克、直径不超过42.67毫米的高尔夫球运动比赛、练习用球；高尔夫球杆是指被设计用来打高尔夫球的工具，由杆头、杆身和握把三部分组成；高尔夫球包（袋）是指专用于盛装高尔夫球及球杆的包（袋）。

本税目征收范围包括高尔夫球、高尔夫球杆、高尔夫球包（袋）。高尔夫球杆的杆头、杆身和握把属于本税目的征收范围。

（十一）高档手表

高档手表，是指销售价格（不含增值税）每只在10 000元（含）以上的各类手表。

（十二）游艇

游艇，是指长度大于8米小于90米，船体由玻璃钢、钢、铝合金、塑料等多种材料制作，可以在水上移动的水上浮载体。按照动力划分，游艇分为无动力艇、帆艇和机动艇。

本税目征收范围包括艇身长度大于8米（含）小于90米（含），内置发动机，可以在水上移动，一般为私人或团体购置，主要用于水上运动和休闲娱乐等非谋利活动的各类机动艇。

（十三）木制一次性筷子

木制一次性筷子，又称卫生筷子，是指以木料为原料经过锯段、浸泡、旋

---

[1] 《国家税务总局关于沙滩车等车辆征收消费税问题的批复》（国税函〔2007〕1071号），2007年11月2日。

切、刨切、烘干、筛选、打磨、倒角、包装等环节加工而成的各类一次性使用的筷子。

本税目征收范围包括各种规格的木制一次性筷子。未经打磨、倒角的木制一次性筷子属于本税目征税范围。

（十四）实木地板

实木地板，是指以木料为原料，经锯割、干燥、刨光、截断、开榫、涂漆等工序加工而成的块状或条状的地面装饰材料。实木地板按生产工艺不同，可分为独板（块）实木地板、实木指接地板、实木复合地板三类；按表面处理状态不同，可分为未涂饰地板（白坯板、素板）和漆饰地板两类。

本税目征收范围包括各类规格的实木地板、实木指接地板、实木复合地板及用于装饰墙壁、天棚的侧端面为榫、槽的实木装饰板。未经涂饰的素板也属于本税目征税范围。

四、消费税的税率

现行消费税按从价征税和从量征税分别实行比例税率和定额税率（又称固定税额）两种。其中，除黄酒、啤酒、成品油三种消费品实行定额税率，白酒、卷烟实行比例税率和定额税率的复合征收外，其他应税消费品实行比例税率。黄酒、啤酒、成品油之所以采用定额税率，是因为这类消费品价格差异较小，计量单位比较规范，适宜实行定额征收；其他应税消费品供求矛盾突出，价格差异较大，计量单位也不规范，比较适宜采用比例税率。具体规定见"消费税税目、税率（税额）表"。

消费税税目、税率表

税 目	税 率
一、烟	
1. 卷烟	
（1）甲类卷烟	56% 加 0.003 元/支
（2）乙类卷烟	36% 加 0.003 元/支
（3）批发环节	5%
2. 雪茄烟	36%
3. 烟丝	30%

续表

税 目	税 率
二、酒及酒精	
1. 白酒	20% 加 0.5 元/500 克（或者 500 毫升）
2. 黄酒	240 元/吨
3. 啤酒	
（1）甲类啤酒	250 元/吨
（2）乙类啤酒	220 元/吨
4. 其他酒	10%
5. 酒精	5%
三、化妆品	30%
四、贵重首饰及珠宝玉石	
1. 金银首饰、铂金首饰和钻石及钻石饰品	5%
2. 其他贵重首饰和珠宝玉石	10%
五、鞭炮、烟火	15%
六、成品油	
1. 汽油	
（1）含铅汽油	1.40 元/升
（2）无铅汽油	1.00 元/升
2. 柴油	0.8 元/升
3. 航空煤油	0.8 元/升
4. 石脑油	1.00 元/升
5. 溶剂油	1.00 元/升
6. 润滑油	1.00 元/升
7. 燃料油	0.80 元/升
七、汽车轮胎	3%
八、摩托车	
1. 汽缸容量（排气量，下同）在 250 毫升（含 250 毫升）以下的	3%
2. 汽缸容量在 250 毫升以上的	10%

税　目	税　率
九、小汽车	
1. 乘用车	
（1）汽缸容量（排气量，下同）在1.0升（含1.0升）以下的	1%
（2）汽缸容量在1.0升以上~1.5升（含1.5升）的	3%
（3）汽缸容量在1.5升以上~2.0升（含2.0升）的	5%
（4）汽缸容量在2.0升以上~2.5升（含2.5升）的	9%
（5）汽缸容量在2.5升以上~3.0升（含3.0升）的	12%
（6）汽缸容量在3.0升以上~4.0升（含4.0升）的	25%
（7）汽缸容量在4.0升以上的	40%
2. 中轻型商用客车	5%
十、高尔夫球及球具	10%
十一、高档手表	20%
十二、游艇	10%
十三、木制一次性筷子	5%
十四、实木地板	5%

五、消费税应纳税额的计算

按照现行消费税法的规定，在所有消费税应税项目中，大部分实行比例税率，也有一些实行定额税率，还有一些既采用比例税率也采用定额税率。所以，消费税确定计税依据和计算应纳税额的办法可以分为从价定率计算、从量定额计算和从价定率从量定额混合计算三类。

（一）实行从价定率的办法计算

在从价定率计算方法下，应纳税额的计算取决于应税消费品的销售额和适用税率两个因素。其基本计算公式为：

应纳税额 = 应税消费品的销售额 × 适用税率

销售额为纳税人销售应税消费品向购买方收取的全部价款和价外费用，但不包括收取的销项税额。价外费用，是指价外收取的基金、集资费、返还利润、补贴、违约金（延期付款利息）和手续费、包装费、储备费、优质费、运输装卸费、代收款项、代垫款项以及其他各种性质的价外收费，无论是否属于纳税人的收入，均应并入销售额计算征税。但下列款项不包括在内：①承运部门的运费发票开具给购货方的；②纳税人将该发票转交给购货方的。

销售额不包括向购货方收取的增值税税额。因为应税消费品在缴纳消费税的同时，也要缴纳增值税，如果在应税消费品的销售额中包含有向购货方收取的增值税税款，此销售额就是含增值税税款的销售额。那么，以此作为消费税的计税依据计算消费税时，就会出现所征收的消费税中包含了增值税。如果纳税人应税消费品的销售额中未扣除增值税税款或者因不得开具增值税专用发票而发生价款和增值税税款合并收取的，在计算消费税时，应将含增值税税款的销售额换算成不含增值税税款的销售额。其换算公式为：

应税消费品的销售额 ＝ 含增值税的销售额 ÷ （1 ＋ 增值税税率或征收率）

在使用换算公式时，应根据纳税人的具体情况分别使用增值税率或征收率。

实行从价定率办法计算应纳税额的应税消费品连同包装物销售的，无论包装物是否单独计价，也不论在会计上如何核算，均应并入应税消费品的销售额中征收消费税。如果包装物不作价随同产品销售，而是收取押金（收取酒类产品的包装物押金除外），且单独核算又未过期的，此项押金则不应并入应税消费品的销售额中征。但对因逾期未收回的包装物不再退还的和已收取的一年以上的押金，应并入应税消费品的销售额，按照应税消费品的适用税率征收消费税。

对酒类产品生产企业销售酒类产品（黄酒、啤酒除外）而收取的包装物押金，无论押金是否返还，也无论会计上如何核算，均应并入酒类产品销售额中，依酒类产品的适用税率征税。

对既作价随同应税消费品销售，又另外收取押金的包装物的押金，凡纳税人在规定的期限内不予退还的，均应并入应税消费品的销售额，按照应税消费品的适用税率征收消费税。

（二）实行从量定额的办法计算

在从量定额计算方法下，应纳税额的计算取决于应税消费品的销售数量和单位税额两个因素。其基本计算公式为：

应纳税额 ＝ 应税消费品的销售数量 × 单位税额

1. 销售数量的确定。销售数量是指纳税人生产、加工和进口应税消费品的数量。具体规定为：

（1）销售应税消费品的，为应税消费品的销售数量。

（2）自产自用应税消费品的，为应税消费品的移送使用数量。

（3）委托加工应税消费品的，为纳税人收回的应税消费品数量。

（4）进口应税消费品的，为海关核定的应税消费品进口征税数量。

2. 计量单位的换算标准。根据《消费税暂行条例》的规定，黄酒、啤酒是以吨为税额单位，而汽油、柴油是以升为税额单位的，为了规范不同产品的计量单位，以准确计算应纳税额，吨与升两个计量单位的换算标准如下：

啤酒	1 吨 = 988 升	溶剂油	1 吨 = 1282 升
黄酒	1 吨 = 962 升	润滑油	1 吨 = 1126 升
柴油	1 吨 = 1176 升	燃料油	1 吨 = 1015 升
石脑油	1 吨 = 1385 升	航空煤油	1 吨 = 1246 升

（三）实行从价定率和从量定额复合的办法计算

现行消费税的征税范围中，只有卷烟、粮食白酒、薯类白酒实行从价定率和从量定额相结合的计算办法。其应纳税额计算办法为：

应纳税额 = 应税销售数量 × 定额税额 + 应税销售额 × 比例税率

凡在中国境内生产、委托加工、进口卷烟、粮食白酒与薯类白酒的单位和个人，均应按照上述复合计税办法计算缴纳从量定额消费税和从价定率消费税。

六、消费税计算中的特殊规定

（一）外购已缴纳消费税的应税消费品，用于连续生产应税消费品的应纳税额的计算

由于某些应税消费品是用外购已缴纳消费税的应税消费品连续生产出来的，在对这些连续生产出来的应税消费品计算征税时，为了避免重复征税的问题，国家税务总局规定，自1995年6月1日起，下列连续生产的应税消费品，在计税时按当期生产数量计算，准予扣除外购的应税消费品已纳的消费税税款：

1. 外购已税烟丝生产的卷烟。
2. 外购已税化妆品生产的化妆品。
3. 外购已税珠宝玉石生产的贵重首饰及珠宝玉石。
4. 外购已税鞭炮焰火生产的鞭炮焰火。
5. 外购已税汽车轮胎（内胎和外胎）生产的汽车轮胎。
6. 外购已税摩托车生产的摩托车（如用外购两轮摩托车改装三轮摩托车）。
7. 外购已税杆头、杆身和握把为原料生产的高尔夫球杆。
8. 外购已税木制一次性筷子为原料生产的木制一次性筷子。
9. 外购已税实木地板为原料生产的实木地板。
10. 外购已税石脑油为原料生产的应税消费品。

11. 外购已税润滑油为原料生产的润滑油。

上述当期准予扣除外购应税消费品已纳消费税税款的计算公式是：

当期准予扣除的外购应税消费品已纳税款 = 当期准予扣除的外购应税消费品的买价 × 外购应税消费品适用税率

当期准予扣除的外购应税消费品买价 = 期初库存的外购应税消费品的买价 + （当期购进的应税消费品的买价 – 期末库存的外购应税消费品的买价）

外购已税消费品的买价，是指购货发票上注明的销售额（不包括增值税税款）。

需要说明的是，纳税人外购的已税珠宝玉石生产的改在零售环节征收消费税的金银首饰（镶嵌首饰），在计税时一律不得扣除外购珠宝玉石的已纳税款。

对自己不生产应税消费品，而只是购进后再销售应税消费品的工业企业，其销售的化妆品、鞭炮焰火和珠宝玉石，凡不能构成最终消费品直接进入消费品市场，而需要进一步生产加工的，应当征收消费税，同时允许扣除上述外购应税消费品的已纳税款。

允许扣除已纳税款的应税消费品只限于从工业企业购进的应税消费品和进口环节已缴纳消费税的应税消费品，对从境内商业企业购进应税消费品的已纳税款一律不得扣除。

（二）自产自用应税消费品应纳税额的计算

所谓自产自用，就是纳税人生产应税消费品后，不是用于直接对外销售，而是用于自己连续生产应税消费品或用于其他方面。这种自产自用应税消费品的形式，是经济生活中的常见现象，也是在是否纳税或如何纳税上较容易出现问题的一环。例如，有的企业特制用于内部招待的酒，认为没有对外销售，不必计入销售额，无须纳税，这样就出现了漏税现象。因此，税法明确规定了自产自用中应纳税和不纳税的问题。

《消费税暂行条例》规定，纳税人自产自用的应税消费品，用于连续生产应税消费品的，不纳税；"用于其他方面的"，按照纳税人生产的同类消费品的销售价格计算纳税；没有同类消费品销售价格的，按照组成计税价格计算纳税。

1. 用于连续生产应税消费品的含义。"纳税人自产自用的应税消费品，用于连续生产应税消费品的"，是指作为生产最终应税消费品的材料并构成最终产品成本的应税消费品，如烟丝与卷烟。卷烟厂生产出烟丝，烟丝已是应税消费品，卷烟厂再用烟丝连续生产卷烟，用于连续生产卷烟的烟丝就不缴纳消费税，只对生产的卷烟征收消费税。

2. 用于其他方面的规定。纳税人自产自用的应税消费品，除用于连续生产应税消费品外，凡用于其他方面的，于移送使用时纳税。"用于其他方面的"，是指纳税人用于生产非应税消费品和在建工程，管理部门、非生产机构提供劳务，以及用于馈赠、赞助、集资、广告、样品、职工福利、奖励等方面的应税消费品。

（1）用于生产非应税消费品：是指把自产的应税消费品用于生产消费税税目税率表所列 14 种产品以外的产品。如原油加工厂生产出的应税消费品汽油调和成溶剂汽油，该溶剂汽油就属于非应税消费品。

（2）用于在建工程：是指把自产的应税消费品用于本单位的各项建设工程。如石化工厂把自己生产的柴油用于本单位基建工程的车辆、设备使用。

（3）用于管理部门、非生产机构：是指把自产的应税消费品用于与本单位有隶属关系的管理部门或非生产机构。如汽车制造厂把生产出的小汽车提供给上级主管部门和本单位行政机关。

（4）用于馈赠、赞助、集资、广告、样品、职工福利、奖励等是指把自产的应税消费品用于无偿赠送给他人或以资金的形式投资于外单位或作为广告商品、经销样品或以福利、奖励的形式发给职工。

以上几类，企业自产的应税消费品虽然没有用于销售取得销售收入，但属于税法规定的视为销售的范围，应依法缴纳消费税。

3. 自产自用应纳税额的计算。纳税人自产自用的应税消费品，凡用于其他方面，应纳税的，按照纳税人生产的同类消费品的销售价格计算纳税。"同类消费品的销售价格"，是指纳税人当月销售的同类消费品的销售价格。如果当月同类消费品各期销售价格高低不同，应按销售数量加权平均计算。但销售的应税消费品有下列情况之一的，不得列入加权平均计算：

（1）销售价格明显偏低又无正当理由的。

（2）无销售价格的。如果当月无销售价格或者当月未完结，应按照同类消费品上月或最近月份的销售价格计算纳税。

没有同类消费品销售价格的，按照组成计税价格计税纳税。组成计税价格的计算公式是：

组成计税价格 =（成本 + 利润）÷（1 - 消费税税率）

应纳税额 = 组成计税价格 × 适用税率

上述公式中所说的"成本"，是指应税消费品的产品生产成本。所说的"利润"，是指根据应税消费品的全国平均成本利润率计算的利润。应税消费品全国平均成本利润率由国家税务总局确定。

根据 1993 年 12 月 28 日和 2006 年 3 月国家税务总局颁发的《消费税若干具体问题的规定》，确定应税消费品全国平均成本利润率如下：

货物名称	利润率（%）	货物名称	利润率（%）
1. 甲类卷烟	10	11. 贵重首饰及珠宝玉石	6
2. 乙类卷烟	5	12. 汽车轮胎	5
3. 雪茄烟	5	13. 摩托车	6
4. 烟丝	5	14. 高尔夫球及球具	10
5. 粮食白酒	10	15. 高档手表	20
6. 薯类白酒	5	16. 游艇	10
7. 其他酒	5	17. 木制一次性筷子	5
8. 酒精	5	18. 实木地板	5
9. 化妆品	5	19. 乘用车	8
10. 鞭炮、焰火	5	20. 中轻型商用客车	5

（三）委托加工应税消费品应纳税额的计算

在经济生活中，企业、单位或个人由于设备、技术、人力等方面的局限，常常要委托其他单位代为加工应税消费品，收回后直接用于销售或自己使用。这是生产应税消费品的另一种形式，也需要纳入征收消费税的范围。

委托加工的应税消费品，除受托方为个人外，由受托方向委托方交货时代收代缴税款。因而，什么是委托加工应税消费品、如何确定委托方和受托方就至为关键。委托加工的应税消费品是指由委托方将原料和主要材料提供给受托方，受托方只收取加工费和代垫部分辅助材料而加工的应税消费品。对于由受托方先用原材料生产的应税消费品，或者由受托方提供原材料并将其卖给委托方，然后再接受加工的应税消费品，以及以受托方名义购进原材料生产的应税消费品，不论纳税人在财务上是否作销售处理，都不得作为委托加工应税消费品，而应当按照销售自制应税消费品缴纳消费税。

委托加工的应税消费品，按照受托方的同类消费品的销售价格计算纳税；没有同类消费品销售价格的，按照组成计税价格计算纳税。

实行从价定率办法计算纳税的组成计税价格计算公式：

组成计税价格 =（材料成本 + 加工费）÷（1 - 比例税率）

实行复合计税办法计算纳税的组成计税价格计算公式：

组成计税价格 =（材料成本 + 加工费 + 委托加工数量 × 定额税率）÷（1 - 比例税率）

其中，"材料成本"是指委托方所提供加工材料的实际成本。如果加工合同上未如实注明材料成本的，受托方所在地主管税务机关有权核定其材料成本。"加工费"是指受托方加工应税消费品向委托方所收取的全部费用（包括代垫辅助材料的实际成本),但不包括随加工费收取的销项税额,这样组成的价格才是不含增值税但含消费税的价格。

如果委托加工的应税消费品提货时受托方(不包括个人)没有代收代缴消费税时,委托方要补交税款(对受托方要按《税收征收管理法》的规定,处以应代收代缴税款50%以上3倍以下的罚款)。委托方补交税款的依据是:已经直接销售的,按销售额(或销售量)计税;收回的应税消费品尚未销售或用于连续生产的,按下列组成计税价格计税补交:

组成计税价格=(材料成本+加工费)÷(1-消费税税率)

组成计税价格=(材料成本+加工费+委托加工数量×定额税率)÷(1-比例税率)

委托方提供的材料成本不包括可以抵扣的增值税,但是包含采购材料的运输费(也不含可以抵扣的增值税)、采购过程中的其他杂费和入库前整理挑选费用等。

委托加工的应税消费品在提取货物时已由受托方代收代缴了消费税,委托方收回后直接销售时不再缴纳消费税;但如果连续加工成另一种应税消费品的,销售时还应按新的消费品纳税。为了避免重复征税,税法规定,按当期生产领用量,将委托加工收回的应税消费品的已纳税款准予扣除。

(四)进口应税消费品应纳税额的计算

1. 进口的应税消费品,实行从价定率办法计算应纳税额的,按照组成计税价格计算纳税。由于进口的应税消费品到岸价格既不包含关税也不包含消费税,而关税和消费税都是价内税,因此,应首先计算组成计税价格,将关税和消费税计入计税价格之中,再按公式计算进口应税消费品的应纳税额。其计算公式为:

组成计税价格=(关税完税价格+关税)÷(1-消费税税率)

应纳税额=组成计税价格×消费税税率

公式中所说的"关税完税价格",是指海关核定的关税计税价格。

2. 进口的应税消费品,实行从量定额办法计算应纳税额的,其应纳税额的计算公式为:

应纳税额=应税消费品数量×消费税定额税率

3. 进口的应税消费品,实行复合计税办法计算应纳税额的,其应纳税额的计算公式为:

组成计税价格=(关税完税价格+关税+进口数量×消费税定额税率)÷(1-消费税比例税率)

应纳税额=组成计税价格×消费税税率+应税消费品进口数量×消费税定

额税率

七、消费税的出口退税和免税

《消费税暂行条例》规定，对纳税人出口应税消费品，免征消费税；国务院另有规定的除外。出口应税消费品的免税办法，由国家税务总局规定。前面所说的"国务院另有规定的"，是指国家限制出口的应税消费品。

我国对出口应税消费品退（免）消费税在政策上可分为三种情况：

1. 出口免税并退税。即有出口经营权的外贸企业购进应税消费品直接出口，以及外贸企业受其他外贸企业委托代理出口应税消费品的，免征其出口时应纳的消费税，并且退还其购进应税消费品时负担的消费税。需要注意的是，外贸企业只有受其他外贸企业委托，代理出口应税消费品才可办理退税，如受其他企业（主要是非生产性商贸企业）委托，代理出口应税消费品是不予退（免）税的。

2. 出口免税但不退税。即有出口经营权的生产性企业自营出口或生产企业委托外贸企业代理出口自产的应税消费品，依其实际出口数量免征消费税，不予办理退还消费税。这里的免征消费税，是指对生产性企业按其实际出口数量免征生产环节的消费税。不予办理退还消费税，是指因已免征生产环节的消费税，该应税消费品出口时，已不含有消费税，所以就无须再办理退还消费税了。

3. 出口不免税也不退税。即除生产企业、外贸企业外的其他企业，具体是指一般商贸企业，这类企业委托外贸企业代理出口应税消费品，一律不予退（免）税。

另外，出口的应税消费品办理退税后，发生退关或者国外退货，进口时予以免税的，报送出口者必须及时向其所在地主管税务机关申报补缴已退的消费税税款。纳税人直接出口的应税消费品办理免税后发生退关或国外退货，进口时已予以免税的，经其所在地主管税务机关批准，可暂不办理补税，待其转为国内销售时，再向其主管税务机关申报补缴消费税。

八、消费税的征收管理

（一）消费税的纳税义务发生时间

1. 纳税人生产的应税消费品，除金银首饰、钻石及钻石饰品另有规定外，于销售时纳税。按销售方式和结算方式的不同，其纳税义务发生时间具体规定为：

（1）纳税人采取赊销和分期收款结算方式的，其纳税义务的发生时间为销售合同规定的收款日期的当天。

（2）纳税人采取预收货款结算方式的，其纳税义务的发生时间为发出应税销售品的当天。

（3）纳税人采取托收承付和委托银行收款方式销售的应税销售品，其纳税义务的发生时间为发出应税销售品并办妥托收手续的当天。

（4）纳税人采取其他结算方式的，其纳税义务的发生时间为收讫销售款或者取得索取销售款凭证的当天。

2. 纳税人自产自用的应税消费品，用于连续生产应税消费品的，不纳税；用于其他方面的，其纳税义务的发生时间为移送使用的当天。

3. 委托加工的应税消费品，由受托方在向委托方交货时，代收代缴消费税税款。其纳税义务的发生时间为委托人提货的当天。委托加工的应税消费品直接销售的，委托方不再缴纳消费税。

4. 进口的应税消费品，由报关进口者在报关进口时纳税。其纳税义务的发生时间为报关进口的当天。

金银首饰、钻石及钻石饰品消费税在零售环节征收，生产、批发和进口环节不征收消费税。纳税人销售金银首饰、钻石及钻石饰品，其纳税义务的发生时间为收讫销售款或者取得索取销售款凭证的当天。

（二）消费税的纳税期限

《消费税暂行条例》规定，消费税的纳税期限分别为1日、3日、5日、10日、15日、1个月或者1个季度。纳税人的具体纳税期限，由主管税务机关根据纳税人应纳税额的大小分别核定；不能按照固定期限纳税的，可以按次纳税。

纳税人以1个月或者1个季度为1个纳税期的，自期满之日起15日内申报纳税；以1日、3日、5日、10日或者15日为1个纳税期的，自期满之日起5日内预缴税款，于次月1日起15日内申报纳税并结清上月应纳税款。

纳税人进口应税消费品，应当自海关填发海关进口消费税专用缴款书之日起15日内缴纳税款。

（三）消费税的纳税地点

消费税一般由主管税务机关征收，进口应税消费品的消费税则由海关代征。消费税的纳税地点具体有：

1. 纳税人销售的应税消费品，以及自产自用的应税消费品，除国务院财政、税务主管部门另有规定外，应当向纳税人机构所在地或者居住地的主管税务机关申报纳税。

2. 委托加工的应税消费品，除受托方为个人外，由受托方向机构所在地或者居住地的主管税务机关解缴消费税税款。

委托个人加工的应税消费品，由委托方向其机构所在地或者居住地主管税务机关申报纳税。

3. 进口的应税消费品，由进口人或者其代理人向报关地海关申报纳税。

4. 纳税人到外县（市）销售或者委托外县（市）代销自产应税消费品的，于应税消费品销售后，向机构所在地或者居住地主管税务机关申报纳税。

5. 纳税人的总机构与分支机构不在同一县（市）的，应当分别向各自机构所在地的主管税务机关申报纳税；经财政部、国家税务总局或者其授权的财政、税务机关批准，可以由总机构汇总向总机构所在地的主管税务机关申报纳税。

6. 纳税人销售的应税消费品，如因质量等原因由购买者退回时，经所在地主管税务机关审核批准后，可退还已征收的消费税税款，但不能自行直接抵减应纳税款。

第四节　营业税法

营业税法，是指由国家制定的，调整在营业税的征收与管理过程中所产生的各种社会关系的法律规范的总称。目前，现行营业税法的基本法律规范是2008年11月5日国务院第34次常务会议修订通过的《中华人民共和国营业税暂行条例》（以下简称《营业税暂行条例》）和财政部、国家税务总局于2008年12月18日颁布并于2011年10月28日修订的《中华人民共和国营业税暂行条例实施细则》（以下简称《营业税暂行条例实施细则》）。

一、营业税法概述

（一）营业税的概念

营业税，是以纳税人从事经营活动取得的营业额为课税对象所征收的一种税。按照我国现行营业税法的规定，营业税是对在我国境内提供应税劳务、转让无形资产或销售不动产的单位和个人就其营业额征收的一种流转税。

营业税自1791年始于法国。中世纪的欧洲规定，营业商户每年要缴纳一定数额的定金才准许营业，称为许可金。这可以说是营业税的雏形。"许可金"不论营业商户规模大小均为一个征收标准，很不公平。于是，1791年法国政府将其改为营业税，按商户营业额的大小征收。后西方国家纷纷效仿，使营业税成为西方国家的主要税种，在其税收制度中占重要地位。

营业税在我国有着悠久的历史。早在2000多年前的周代，就有对"商贾虞衡"的课税。这种对商人的课税就是营业税的雏形。我国宋、元两代开征的商税，是以商品流转额为征税对象的；明代开征的市肆门摊税，清代开征的牙税、当税、牲畜交易税和屠宰税，都是以营业额为计税依据的，具有营业税的性质。

但营业税这一名词的正式出现较晚，最早见于 1928 年国民党政府颁布的《营业税办法大纲》，[1] 此后又于 1931 年制定了营业税法。新中国成立以前，各革命根据地大都根据自己的情况，颁布了一些税收政策法规，开征了包括营业税在内的一些税种。新中国成立后，于 1950 年公布了《工商业税暂行条例》，将工商业应纳的营业税和所得税合称为工商业税。1958 年简化税制时，将工商业税中的营业税部分、货物税、商品流通税、印花税合并为工商统一税。1972 年又将国营和集体企业缴纳的工商统一税及其附加、城市房产税、车船使用牌照税、屠宰税以及盐税、临时商业税合并为工商税。党的十一届三中全会以后，我国进行了经济体制改革，1984 年工商税制改革时，将营业税从工商税中分离出来，重新成为一个独立的税种。这次开征的营业税征税范围仅限于商品流通领域发生的营业收入和服务性业务收入。1994 年税制改革时，国务院于 1993 年 12 月 13 日颁布了《中华人民共和国营业税暂行条例》，从 1994 年 1 月 1 日起施行。这次税制改革建立的营业税制度在许多方面都进行了改革，包括征税范围、税目、税率、减免税政策等。2008 年 11 月 5 日又通过了修订后的《中华人民共和国营业税暂行条例》。

营业税是世界各国普遍征收的一种税，也是我国现行税制中的一个重要税种，它与增值税、消费税一起共同构成了我国的流转税制体系。营业税作为中央和地方共享税，其收入大部分划归地方，是我国地方政府财政收入最主要的来源。

（二）营业税的特征

1. 税收收入稳定。营业税是以营业额为征税对象的一种税，应纳税额不受纳税人的成本和费用的影响，收入比较稳定，这有利于国家及时、稳定地取得财政收入。它的征收范围主要是商品销售以外的第三产业，大多是非商品销售的服务业，税源普遍，征收面广，所以营业税税收收入比较稳定。

2. 按行业设计税目和税率。营业税与其他税种不同的一点是按行业设计税目、税率。其既不像增值税税率单一，也不像消费税按商品设计税目、税率，而是对同一行业实行同一比例税率，不同行业税率又不相同。这样不仅简化了税收征管，而且有利于各个行业之间的税负保持大体平衡，此外还具有鼓励先进、鞭策后进的作用。

3. 计算简便，征收成本较低。营业税一般以营业额为计税依据，只要发生了应税行为、取得了营业收入，就要纳税。而且营业税采用的是比例税率，这样既有利于纳税人计算应纳税额，又便于征税机关征收税款，降低征税成本。

---

〔1〕 汤贡亮、杨志清：《中国税制新论》，航空工业出版社 1994 年版，第 90 页。

二、营业税的纳税人和扣缴义务人

（一）营业税的纳税义务人

根据《营业税暂行条例》的规定，营业税的纳税人是在我国境内提供应税劳务、转让无形资产或者销售不动产的单位和个人。

"在我国境内"是指：①提供或者接受条例规定劳务的单位或者个人在境内；②所转让的无形资产（不含土地使用权）的接受单位或者个人在境内；③所转让或者出租土地使用权的土地在境内；④所销售或者出租的不动产在境内。

单位，是指国有企业、集体企业、私有企业、股份制企业、外商投资企业、外国企业、其他企业、行政单位、事业单位、军事单位和社会团体等。

个人，是指个体工商户以及其他有经营行为的中国公民和外国公民。

单位以承包、承租、挂靠方式经营的，承包人、承租人、挂靠人（以下统称承包人）发生应税行为，承包人以发包人、出租人、被挂靠人（以下统称发包人）名义对外经营并由发包人承担相关法律责任的，以发包人为纳税人；否则以承包人为纳税人。

中央铁路运营业务的纳税人为铁道部，合资铁路运营业务的纳税人为合资铁路公司，地方铁路运营业务的纳税人为地方铁路管理机构，基建临管线运营业务的纳税人为基建临管线管理机构。

从事水路运输、航空运输、管道运输或其他陆路运输业务并负有营业税纳税义务的单位，为从事运输业务并计算盈亏的单位。

建筑安装业务实行分包或转包的，分包或转包者为纳税人。

金融保险业纳税人包括银行、信用合作社、证券公司、金融租赁公司、证券基金管理公司、财务公司、信托投资公司、证券投资基金、保险公司以及其他经中国人民银行、中国证监会、中国保监会批准成立且经营金融保险业务的机构等。

（二）营业税扣缴义务人

在现实生活中，为了加强税源控制，减少税收流失，税法规定了扣缴义务人。根据《营业税暂行条例》及其《实施细则》的规定，营业税的扣缴义务人包括：

1. 境外的单位或者个人在境内提供应税劳务、转让无形资产或者销售不动产，在境内未设有经营机构的，以其境内代理人为扣缴义务人；在境内没有代理人的，以受让方或者购买方为扣缴义务人。

2. 国务院财政、税务主管部门规定的其他扣缴义务人。

三、营业税征税范围和税目

根据《营业税暂行条例》的规定，营业税的征税范围包括在我国境内提供应税劳务、转让无形资产或者销售不动产。

（一）提供应税劳务

《营业税暂行条例》按照行业类别的不同，对应当征收营业税的劳务设置了7个税目，分别是：

1. 交通运输业，包括陆路运输、水路运输、航空运输、管道运输和装卸搬运。

2. 建筑业，是指建筑安装工程作业。包括建筑、安装、修缮、装饰和其他工程作业。

3. 金融保险业，包括贷款、融资租赁、金融商品转让、金融经纪业、其他金融业务和保险。

4. 邮电通信业，是指专门办理信息传递的业务，包括邮政和电信。

5. 文化体育业，包括文化业和体育业。

6. 娱乐业，包括歌厅、舞厅、卡拉 OK 歌舞厅、音乐茶座、台球、高尔夫球、保龄球场、游艺场等娱乐场所，以及娱乐场所为顾客进行娱乐活动提供服务的业务。娱乐场所为顾客进行娱乐活动提供的饮食服务及其他各种服务均按照娱乐业税目征税。

7. 服务业，是指利用设备、工具、场所、信息或技能为社会提供服务的业务，包括代理业、旅店业、饮食业、旅游业、仓储业、租赁业、广告业和其他服务业。

（二）转让无形资产

转让无形资产，是指转让无形资产的所有权和使用权的行为。征收范围包括转让土地使用权、转让商标权、转让专利权、转让非专利技术、出租电影拷贝、转让著作权、转让商誉等。

以无形资产投资入股，参与接受投资方的利润分配、共同承担投资风险的行为，不征收营业税。在投资后转让其股权的也不征收营业税。

（三）销售不动产

销售不动产，是指有偿转让不动产的所有权的行为，包括销售建筑物或构筑物和销售其他地上附着物。在销售不动产时连同不动产所占土地的使用权一并转让的行为，比照销售不动产征收营业税。

以不动产投资入股，参与接受投资方利润分配、共同承担投资风险的行为，不征营业税；在投资后转让该项股权的，也不征收营业税。

纳税人自建自用的房屋不纳税，如纳税人（包括个人自建自用住房销售）将自建的房屋对外销售，其自建行为应按建筑业缴纳营业税，再按销售不动产缴纳营业税。

纳税人有下列情形之一的，视同发生应税行为：①单位或者个人将不动产或者土地使用权无偿赠送给其他单位或者个人的行为；②单位或者个人自己新建（以下简称自建）建筑物后销售，其所发生的自建行为；③财政部、国家税务总局规定的其他情形。

四、营业税的税率

营业税按照行业的不同设置了三档税率：

1. 交通运输业、建筑业、邮电通信业、文化体育业，税率为3%。

2. 金融保险业、服务业、转让无形资产、销售不动产，税率为5%。

3. 娱乐业执行5%～20%的幅度税率，具体适用的税率由各省、自治区、直辖市人民政府根据当地的实际情况在税法规定的幅度内决定。

五、营业税的计税依据

（一）营业税计税依据的一般规定

营业税是以纳税人提供应税劳务、转让无形资产或销售不动产取得的营业额、转让额、销售额为计税依据的。营业额为纳税人向对方收取的全部价款和价外费用。

价外费用，包括收取的手续费、补贴、基金、集资费、返还利润、奖励费、违约金、滞纳金、延期付款利息、赔偿金、代收款项、代垫款项、罚息及其他各种性质的价外收费，但不包括同时符合以下条件代为收取的政府性基金或者行政事业性收费：

1. 由国务院或者财政部批准设立的政府性基金，由国务院或者省级人民政府及其财政、价格主管部门批准设立的行政事业性收费；

2. 收取时开具省级以上财政部门印制的财政票据；

3. 所收款项全额上缴财政。

（二）营业税计税依据的特殊规定

考虑到一些行业的特殊性，《营业税暂行条例》及其《实施细则》对营业额作了一些特殊的具体规定：

1. 纳税人将承揽的运输业务分给其他单位或者个人的，以其取得的全部价款和价外费用扣除其支付给其他单位或者个人的运输费用后的余额为营业额。

2. 纳税人从事旅游业务的，以其取得的全部价款和价外费用扣除替旅游者支付给其他单位或者个人的住宿费、餐费、交通费、旅游景点门票和支付给其他接团旅游企业的旅游费后的余额为营业额。

3. 纳税人将建筑工程分包给其他单位的，以其取得的全部价款和价外费用扣除其支付给其他单位的分包款后的余额为营业额。

纳税人提供建筑业劳务（不含装饰劳务）的，其营业额应当包括工程所用原材料、设备及其他物资和动力价款在内，但不包括建设方提供的设备的价款。

4. 外汇、有价证券、期货等金融商品买卖业务，以卖出价减去买入价后的余额为营业额。货物期货不缴纳营业税。

5. 娱乐业的营业额为经营娱乐业收取的全部价款和价外费用，包括门票收费、台位费、点歌费、烟酒、饮料、茶水、鲜花、小吃等收费及经营娱乐业的其他各项收费。

6. 单位和个人销售不动产或土地使用权，以全部收入减去不动产或土地使用权的购置或受让原价后的余额为营业额。[1]

7. 广告代理业的营业额为代理者向委托方收取的全部价款和价外费用减去付给广告发布者的广告发布费后的余额。

8. 纳税人提供应税劳务、转让无形资产或销售不动产价格明显偏低而无正当理由的，主管税务机关有权按下列顺序核定其营业额：

（1）按纳税人最近时期发生同类应税行为的平均价格核定；

（2）按其他纳税人最近时期发生同类应税行为的平均价格核定；

（3）按下列公式核定：

营业额 = 营业成本或者工程成本 × (1 + 成本利润率) ÷ (1 − 营业税税率)

公式中的成本利润率，由省、自治区、直辖市税务局确定。

9. 纳税人的营业额计算缴纳营业税后因发生退款减除营业额的，应当退还已缴纳营业税税款或者从纳税人以后的应缴纳营业税税额中减除。

10. 纳税人发生应税行为，如果将价款与折扣额在同一张发票上注明的，以折扣后的价款为营业额；如果将折扣额另开发票的，不论其在财务上如何处理，

---

[1] 根据财政部、国家税务总局《关于调整个人住房转让营业税政策的通知》财税〔2011〕12 号的规定：个人将购买不足 5 年的住房对外销售的，全额征收营业税；个人将购买超过 5 年（含 5 年）的非普通住房对外销售的，按照其销售收入减去购买房屋的价款后的差额征收营业税；个人将购买超过 5 年（含 5 年）的普通住房对外销售的，免征营业税。

上述普通住房和非普通住房的标准、办理免税的具体程序、购买房屋的时间、开具发票、差额征税扣除凭证、非购买形式取得住房行为及其他相关税收管理规定，按照《国务院办公厅转发建设部等部门关于做好稳定住房价格工作意见的通知》（国办发〔2005〕26 号）、《国家税务总局、财政部、建设部关于加强房地产税收管理的通知》（国税发〔2005〕89 号）和《国家税务总局关于房地产税收政策执行中几个具体问题的通知》（国税发〔2005〕172 号）的有关规定执行。

均不得从营业额中扣除。

六、营业税应纳税额的计算

《营业税暂行条例》规定，纳税人提供应税劳务、转让无形资产或者销售不动产，按照营业额和规定的适用税率计算应纳税额，应纳税额计算公式为：

应纳税额 = 营业额 × 税率

应纳税额以人民币为计算单位。纳税人以人民币以外的货币结算营业额的，其营业额的人民币折合率可以选择营业额发生的当天或者当月 1 日的人民币汇率中间价。纳税人应当在事先确定采用何种折合率，确定后 1 年内不得变更。

金融保险业以外汇结算营业额的，金融业按其收到外汇的当天或当季季末中国人民银行公布的基准汇价折合营业额，保险业按其收到外汇的当天或当月月末中国人民银行公布的基准汇价折合营业额，并计算营业税。纳税人确定选择何种折合率后，1 年内不得变更。

七、营业税几种特殊经营行为的纳税规定

（一）兼营不同税目的应税行为

纳税人兼有不同税目的应税劳务、转让无形资产或者销售不动产，应当分别核算不同税目的营业额、转让额、销售额（以下统称营业额）；未分别核算营业额的，从高适用税率。

（二）混合销售行为

一项销售行为如果既涉及应税劳务又涉及货物，为混合销售行为。除另有规定者外，从事货物的生产、批发或者零售的企业、企业性单位和个体工商户的混合销售行为，视为销售货物，不缴纳营业税；其他单位和个人的混合销售行为，视为提供应税劳务，缴纳营业税。

纳税人的下列混合销售行为，应当分别核算应税劳务的营业额和货物的销售额，其应税劳务的营业额缴纳营业税，货物销售额不缴纳营业税；未分别核算的，由主管税务机关核定其应税劳务的营业额：①提供建筑业劳务的同时销售自产货物的行为；②财政部、国家税务总局规定的其他情形。

（三）纳税人兼营应税劳务与货物或非应税劳务

纳税人兼营应税行为和货物或者非应税劳务的，应当分别核算应税行为的营业额和货物或者非应税劳务的销售额，其应税行为营业额缴纳营业税，货物或者非应税劳务销售额不缴纳营业税；未分别核算的，由主管税务机关核定其应税行为营业额。

八、营业税的税收优惠

（一）营业税起征点的规定

根据《营业税暂行条例》的规定，纳税人营业额未达到国务院财政、税务主管部门规定的营业税起征点的，免征营业税；达到起征点的，依照规定全额计算缴纳营业税。

营业税起征点的适用范围限于个人。

营业税起征点的幅度规定如下[1]：

1. 按期纳税的，为月营业额5000～20 000元；

2. 按次纳税的，为每次（日）营业额300～500元。

省、自治区、直辖市财政厅（局）、税务局应当在规定的幅度内，根据实际情况确定本地区适用的起征点，并报财政部、国家税务总局备案。

（二）根据《营业税暂行条例》规定，下列项目免征营业税

1. 托儿所、幼儿园、养老院、残疾人福利机构提供的育养服务，婚姻介绍，殡葬服务；

2. 残疾人员个人提供的劳务；

3. 医院、诊所和其他医疗机构提供的医疗服务；

4. 学校和其他教育机构提供的教育劳务，学生勤工俭学提供的劳务；

5. 农业机耕、排灌、病虫害防治、植物保护、农牧保险以及相关技术培训业务，家禽、牲畜、水生动物的配种和疾病防治；

6. 纪念馆、博物馆、文化馆、文物保护单位管理机构、美术馆、展览馆、书画院、图书馆举办文化活动的门票收入，宗教场所举办文化、宗教活动的门票收入；

7. 境内保险机构为出口货物提供的保险产品。

除上述规定外，营业税的免税、减税项目由国务院规定。任何地区、部门均不得规定免税、减税项目。

除《营业税暂行条例》规定的减免项目外，国家还规定了一些其他减免税项目。

纳税人兼营免税、减税项目的，应当分别核算免税、减税项目的营业额；未分别核算营业额的，不得免税、减税。

---

[1] 为了贯彻落实国务院关于支持小型和微型企业发展的要求，财政部、国家税务总局决定对《中华人民共和国营业税暂行条例实施细则》的部分条款予以修改（2011年财政部令第65号），其中对营业税起征点的幅度进行了修改，并自2011年11月1日起施行。

九、营业税的征收管理

（一）营业税的纳税义务发生时间

营业税纳税义务发生时间为纳税人提供应税劳务、转让无形资产或者销售不动产并收讫营业收入款项或者取得索取营业收入款项凭据的当天。收讫营业收入款项，是指纳税人应税行为发生过程中或者完成后收取的款项。所称取得索取营业收入款项凭据的当天，为书面合同确定的付款日期的当天；未签订书面合同或者书面合同未确定付款日期的，为应税行为完成的当天。

营业税扣缴义务发生时间为纳税人营业税纳税义务发生的当天。

对某些具体项目进一步规定如下：

1. 纳税人转让土地使用权或者销售不动产，采用预收款方式的，其纳税义务发生时间为收到预收款的当天。

2. 纳税人提供建筑业或者租赁业劳务，采取预收款方式的，其纳税义务发生时间为收到预收款的当天。

3. 将不动产或者土地使用权无偿赠送其他单位或者个人的，其纳税义务发生时间为不动产所有权、土地使用权转移的当天。

4. 自建行为，其纳税义务发生时间为销售自建建筑物的纳税义务发生时间。

5. 会员费、席位费和资格保证金纳税义务发生时间为会员组织收讫会员费、席位费、资格保证金和其他类似费用款项或者取得索取这些款项凭据的当天。

6. 融资租赁业务，纳税义务发生时间为取得租金收入或取得索取租金收入价款凭据的当天。

7. 金融商品转让业务，纳税义务发生时间为金融商品所有权转移之日。

8. 金融经纪业务和其他金融业务，纳税义务发生时间为取得营业收入或取得索取营业收入价款凭据的当天。

9. 保险业务，纳税义务发生时间为取得保费收入或取得索取保费收入价款凭据的当天。

10. 金融企业承办委托贷款业务营业税的扣缴义务发生时间，为受托发放贷款的金融机构代委托人收讫贷款利息的当天。

11. 电信部门销售有价电话卡，其纳税义务发生时间为售出电话卡并取得售卡收入或取得索取售卡收入凭据的当天。

（二）营业税的纳税期限

营业税的纳税期限，分别为 5 日、10 日、15 日、1 个月或者 1 个季度。纳税人的具体纳税期限，由主管税务机关根据纳税人应纳税额的大小分别核定；不能按照固定期限纳税的，可以按次纳税。

纳税人以 1 个月或者 1 个季度为一个纳税期的，自期满之日起 15 日内申报纳税；以 5 日、10 日或者 15 日为一个纳税期的，自期满之日起 5 日内预缴税款，于次月 1 日起 15 日内申报纳税并结清上月应纳税款。

扣缴义务人的解缴税款期限，比照上述规定执行。

银行、财务公司、信托投资公司、信用社、外国企业常驻代表机构的纳税期限为 1 个季度。自纳税期满之日起 15 日内申报纳税。

保险业的纳税期限为 1 个月。

（三）营业税的纳税地点

根据《营业税暂行条例》及其《实施细则》规定，营业税的纳税地点具体为：

1. 纳税人提供应税劳务应当向其机构所在地或者居住地的主管税务机关申报纳税。但是，纳税人提供的建筑业劳务以及国务院财政、税务主管部门规定的其他应税劳务，应当向应税劳务发生地的主管税务机关申报纳税。

2. 纳税人转让无形资产应当向其机构所在地或者居住地的主管税务机关申报纳税。但是，纳税人转让、出租土地使用权，应当向土地所在地的主管税务机关申报纳税。

3. 纳税人销售、出租不动产应当向不动产所在地的主管税务机关申报纳税。

4. 扣缴义务人应当向其机构所在地或者居住地的主管税务机关申报缴纳其扣缴的税款。

十、营业税的改革趋势

2011 年 11 月 16 日，财政部和国家税务总局发布经国务院同意的《营业税改征增值税试点方案》，明确从 2012 年 1 月 1 日起，在上海市交通运输业和部分现代服务业开展营业税改征增值税试点。

营业税改征增值税涉及面较广，选择上海市交通运输业和部分现代服务业先行试点，是因为上海市服务业门类齐全，辐射作用明显，有利于为全面实施改革积累经验。

从上海的试点情况看，改革后试点行业税负总体减轻，有力地促进了服务业发展。根据试点企业普遍反映，改征增值税后，由于进一步消除了重复征税，促进了社会化分工，提高了企业专业化水平，增强了竞争力，也使税制更加公平合理。

上海试点的平稳运行，说明试点方案设计合理，配套政策安排得当，征管措施扎实有效，改革试点达到了预期效果。随着试点工作的推进，社会各界对营业税改征增值税的认识逐步深化，加快改革已成为社会共识。

因此，财政部、国家税务总局发布了《关于在全国开展交通运输业和部分现代服务业营业税改征增值税试点税收政策的通知》（财税〔2013〕37号），决定自2013年8月1日起，在全国范围内实施营业税改征增值税，即从事交通运输（包括陆路交通运输、水路交通运输、航空交通运输和管道运输）和部分现代服务业（包括研发和技术服务、信息技术服务、文化创意服务、物流辅助服务、有形动产租赁服务和鉴证咨询服务，广播影视作品的制作、播映、发行等）的纳税人，实行由征收营业税改为征收增值税。

选择交通运输业试点主要考虑：一是交通运输业与生产流通联系紧密，在生产性服务业中占有重要地位；二是运输费用属于现行增值税进项税额抵扣范围，运费发票已纳入增值税管理体系，改革的基础较好。选择部分现代服务业试点主要考虑：一是现代服务业是衡量一个国家经济社会发达程度的重要标志，通过改革支持其发展有利于提升国家综合实力；二是选择与制造业关系密切的部分现代服务业进行试点，可以减少产业分工细化存在的重复征税因素，既有利于现代服务业的发展，也有利于制造业产业升级和技术进步。

此次营业税改征增值税后的税率是：①提供有形动产租赁服务，税率为17%。②提供交通运输业服务，税率为11%。③提供现代服务业服务（有形动产租赁服务除外），税率为6%。④财政部和国家税务总局规定的应税服务，税率为零。⑤增值税征收率为3%。

营业税改征增值税后的计税方法，包括一般计税方法和简易计税方法。

一般计税方法的应纳税额，是指当期销项税额抵扣当期进项税额后的余额。应纳税额计算公式：

应纳税额 = 当期销项税额 − 当期进项税额

简易计税方法的应纳税额，是指按照销售额和增值税征收率计算的增值税额，不得抵扣进项税额。应纳税额计算公式：应纳税额 = 销售额 × 征收率。

有关其他内容详见《关于在全国开展交通运输业和部分现代服务业营业税改征增值税试点税收政策的通知》（财税〔2013〕37号）。

这次改革是继2009年全面实施增值税转型之后，货物劳务税收制度的又一次重大改革，也是一项重要的结构性减税措施。按照建立健全有利于科学发展的财税制度要求，将营业税改征增值税，有利于完善税制，消除重复征税，通过优化税制结构减轻税收负担；有利于社会专业化分工，促进第三次产业融合；有利于降低企业税收成本，加快现代服务业发展；有利于促进经济发展方式转变和经济结构调整。

第五节 城市维护建设税法

城市维护建设税法是指由国家制定的，调整在城市维护建设税的征收与管理过程中所产生的各种社会关系的法律规范的总称。现行城市维护建设税的基本规范是 1985 年 2 月 8 日国务院颁布并于 2011 年 1 月 8 日修订的《中华人民共和国城市维护建设税暂行条例》。

一、城市维护建设税法概述

城市维护建设税是指国家为加强城市的维护和建设，扩大和稳定城市维护和建设的资金来源，向缴纳增值税、消费税、营业税（简称"三税"）的单位和个人就其实际缴纳的"三税"税额为计税依据而征收的一种税。

建国以来，我国的城市维护建设取得了很大的成就，但仍不能适应经济建设事业和其他事业发展的需要。为了解决城市维护建设资金，自 1979 年起，国家除了每年在基本建设投资中做必要的安排外，曾经在一些大城市试行从工商利润中提取 5% 作为城市维护和建设资金的办法，但征集面比较窄，提取的资金也不平衡。为了进一步搞好城市维护和建设，充分发挥城市在国家现代化建设中的积极作用，国务院于 1985 年 2 月 8 日发布了《城市维护建设税暂行条例》，并于 2011 年 1 月 8 日对该法进行了修订。

二、城市维护建设税的法律规定

（一）城市维护建设税的纳税人

城市维护建设税是一种附加税，其纳税人是按照增值税、消费税、营业税的纳税人界定的，即凡缴纳增值税、消费税、营业税的单位和个人，均为城市维护建设税的纳税人。

根据财政部、国家税务总局《关于对外资企业征收城市维护建设税和教育费附加有关问题的通知》（财税〔2010〕103 号），自 2010 年 12 月 1 日起，对外商投资企业、外国企业及外籍个人（以下简称外资企业）征收城市维护建设税和教育费附加。对外资企业 2010 年 12 月 1 日之前发生纳税义务的"三税"，不征收城市维护建设税和教育费附加。

（二）城市维护建设税的税率

城市维护建设税的税率根据纳税人所在地域的不同，分别设置了 3 档差别比例税率。具体规定为：①纳税人所在地在市区的，税率为 7%；②纳税人所在地在县城、镇的，税率为 5%；③纳税人所在地不在市区、县城或镇的，税率为 1%。

城市维护建设税的适用税率，应当按纳税人所在地的规定税率执行。但对下列两种情况，可按缴纳"三税"所在地的规定税率就地缴纳城建税：

1. 由受托方代扣代缴、代收代缴"三税"的单位和个人，其代扣代缴、代收代缴的城市维护建设税按受托方所在地适用税率执行。

2. 流动经营等无固定纳税地点的单位和个人，在经营地缴纳"三税"的，其城市维护建设税的缴纳按经营地适用税率执行。

（三）城市维护建设税的计税依据

城市维护建设税以纳税人实际缴纳的增值税、消费税、营业税的税额为计税依据。纳税人违反增值税、消费税、营业税有关税法被税务机关加收的滞纳金和罚金，不能作为城市维护建设税的计税依据。但纳税人在被查补缴增值税、消费税、营业税和被处以罚款时，应同时对其偷漏的城市维护建设税进行补税、征收滞纳金和罚款。

城市维护建设税以"三税"为计税依据并同时征收，如果要免征或者减征"三税"，也就要同时免征或者减征城市维护建设税。

但对出口产品退还增值税、消费税的，不退还已缴纳的城市维护建设税。

自 2005 年 1 月 1 日起，经国家税务总局正式审核批准的当期免抵的增值税税额应纳入城市维护建设税和教育费附加的计征范围，分别按规定的税（费）率征收城市维护建设税和教育费附加。2005 年 1 月 1 日前，已按免抵的增值税税额征收的城市维护建设税和教育费附加不再退还，未征的不再补征。

（四）城市维护建设税的应纳税额计算

城市维护建设税纳税人的应纳税额大小是由纳税人实际缴纳的"三税"税额决定的，其计算公式为：

应纳税额＝纳税人实际缴纳的"三税"税额之和×适用税率

（五）城市维护建设税的税收优惠

城市维护建设税原则上不单独减免，但因城市维护建设税又具附加税性质，当主税发生减免时，城市维护建设税相应发生税收减免。具体有以下几种情况：

1. 城市维护建设税按减免后实际缴纳的"三税"税额计征，即随"三税"的减免而免。

2. 对于因减免税而需进行"三税"退库的，城市维护建设税也可同时退库。

3. 海关对进口产品代征的增值税、消费税，不征收城市维护建设税。

4. 对"三税"实行先征后返、先征后退、即征即退办法的，除另有规定外，对随"三税"附征的城市建设维护税和教育费附加，一律不予退（返）还。

5. 对国家重大水利工程建设基金免征城市维护建设税。

（六）城市维护建设税的征收管理

城市维护建设税作为"三税"的附加税，其征收、管理、纳税环节、奖罚等事项，比照"三税"的有关规定办理。在此，仅针对一些比较复杂且具特殊性的纳税地点作一介绍：

1. 代扣代缴、代收代缴"三税"的单位和个人，同时也是城市维护建设税的代扣代缴、代收代缴义务人，其城市维护建设税的纳税地点在代扣代收地。

2. 对流动经营等无固定纳税地点的单位和个人，应随同"三税"在经营地按适用税率缴纳。

3. 对各银行缴纳的营业税及城市维护建设税，由取得业务收入的核算单位在当地缴纳，即县以上各级银行直接经营业务取得的收入，由各级银行分别在所在地纳税；县和设区的市，由县支行或区办事处在其所在地纳税，而不能分别按所属营业所的所在地计算纳税。

4. 对管道局输油部分的收入，由取得收入的各管道局于所在地缴纳营业税。因此，其应纳的城建税也应由取得收入的各管道局于所在地缴纳营业税时一并缴纳。

5. 跨省开采的油田，下属生产单位与核算单位不在同一省的，其生产的原油在油井所在地缴纳增值税，其应纳税款由核算单位按照各油井的产量和规定税率计算汇拨各油井缴纳。所以，各油井应纳的城建税应由核算单位计算，随同增值税一并汇拨油井所在地，并根据情况制定实施办法。

随着我国改革开放的深化和社会主义市场经济的不断发展，城市维护建设税本身存在的诸如附加征收、缺乏独立性、收入规模小、难于满足城乡维护建设的需要以及税率设计不合理等问题日益暴露出来，与我国发展状况已不相适应，亟需改革。[1]

三、教育费附加

教育费附加是为了加快地方教育事业，扩大地方教育经费的资金而征收的一项专项基金。1985年，中共中央作出了《关于教育体制改革的决定》，指出必须在国家增拨教育基本建设投资和教育经费的同时，充分调动企、事业单位

---

[1] 城市维护建设税的改革方向：①税名。由于城市维护建设税不仅用于城市的维护建设，也用于乡镇的维护建设，因而应将城市维护建设税更名为"城乡维护建设税"。②计税依据。计税依据将由原来规定的以纳税人实际缴纳增值税、消费税、营业税的税额改为按销售收入、营业收入、其他收入为计税依据，这样有利于完善地方税务体系和地方政府征收管理，增加城市维护建设税的独立性。③税率。由原地区差别比例税率改为幅度比例税率，从而减少征收渠道，规范征收行为，有利于地方政府的征收管理。

和其他各种社会力量办学的积极性，开辟多种渠道筹措经费。为此，1986 年 4 月 28 日国务院颁布了《征收教育费附加的暂行规定》。决定从 1986 年 7 月 1 日起在全国范围内征收教育费附加。2010 年财政部下发了《关于统一地方教育附加政策有关问题的通知》，对各省、市、自治区的地方教育附加进行了统一。

教育费附加和地方教育附加是对缴纳增值税、消费税、营业税的单位和个人，就其实际缴纳的税额为计算依据而征收的一种附加费。现行教育费附加的征收比率为 3%，地方教育附加征收率统一为 2%。

教育费附加和地方教育附加与增值税、消费税、营业税、城市维护建设税同时征收。对由于减免增值税、消费税、营业税而发生退税的，同时退还教育费附加。但对出口产品退还增值税、消费税的，由于退税地无这笔资金来源，不退还征收的教育费附加。对海关进口的产品征收的增值税、消费税，不征收教育费附加。对国家重大水利工程建设基金免征教育费附加。

第六节　关税法

关税法是指由国家制定的，调整在关税的征收与管理过程中所产生的各种社会关系的法律规范的总称。我国现行关税的基本法律规范是 2013 年 6 月 29 日第十二届全国人民代表大会常务委员会第三次会议修正的《中华人民共和国海关法》（以下简称《海关法》）和 2003 年 11 月 23 日国务院颁布的修订的《中华人民共和国进出口关税条例》（以下简称《进出口关税条例》）。

一、关税法概述

（一）关税的概念

关税，是指由海关对进出国境或关境的货物和物品征收的一种税。该税的征税对象是进出国境或关境的货物和物品的流转额，故属于流转税的范畴。长期以来，我国的关税在保护民族工业的发展和筹集财政资金方面起到了十分重要的作用。

国境是一个主权国家的领土范围的边境，关境是指海关征收关税的领域边境。通常，国境和关境是一致的。但是，当国家在国境内设有自由贸易港、自由贸易区或出口加工区时，关境则小于国境；当几个国家组成关税同盟，成员国之间互相取消关税，对外实行共同的关税税则时，就成员国而言，其关境大于国境，如欧洲共同体。所以关境和国境是不同的两个概念。

公元前 5 世纪，雅典为适应贸易频繁的发展趋势，规定使用雅典的港口必须征收一定的报酬，这项以港口使用费为名的征收项目就是关税的最早雏形。

在资本主义发展的初期，关税仅仅被视为国家从跨国贸易中获得收益的一种途径，关税的主要功能在于满足国家财政的需要。因此，可以将这一时期的关税称为"财政关税"。在18世纪的产业革命兴起、资本主义生产方式得以确立之后，关税的职能有了根本性的改变，从单纯的财政收入职能扩展到促进贸易自由及保护本国产业的功能。因此，可以将这一时期的关税称为"保护关税"和"财政关税"并存时期。第二次世界大战以来，关税从保护性的功能更多地转向了自由化关税的发展。各国从两次世界大战的经济根源以及世界性经济危机中深刻认识到促进国际贸易投资自由化发展的重要性。从关贸总协定（GATT）到世贸组织（WTO）体制的建立，围绕关税为核心的促进贸易自由的法律体系不断发展和完善，为关税法的发展提供了一个全新的领域。

在我国，早在2000多年前的西周就有了"关市之赋"，这是我国最早的关税。鸦片战争使我国沦为半殖民地国家，丧失了关税自主权和海关管理权。新中国成立后，我国建立了海关制度。1950年1月27日，政务院通过并颁布了《关于关税政策和海关工作的决定》；1951年5月1日，政务院制定颁布了《暂行海关法》；同年5月16日政务院又颁布了《海关进出口税则》和《海关进出口税则暂行实施条例》。党的十一届三中全会以后，为适应改革开放、发展国民经济的需要，关税制度进行了多次重大的改革。1987年1月22日全国人民代表大会常务委员会颁布了《中华人民共和国海关法》，于同年7月1日起实施；2000年7月8日对该法重新修订，修订后的《海关法》于2001年1月1日起实施。1985年3月7日国务院颁布《中华人民共和国进出口关税条例》（以下简称《进出口关税条例》），经过了1987年9月12日、1992年3月18日、2003年11月23日三次修订，并于2004年1月1日起实施。

（二）关税的种类

关税按照不同的标准可以作多种分类：

1. 按照货物的流向划分，可以分为进口关税、出口关税和过境关税。

（1）进口关税。是指进口国对输入国境或关境的货物和物品征收的关税。进口关税实际上存在通常状态下的进口关税和非正常状态下加征的进口关税，前者称为进口正税，后者称为进口附加税。进口附加税通常是为适应国际贸易的需要而得以适用的，是针对一项具体的贸易活动而临时适用的，主要包括：

第一，反补贴关税。即进口国针对出口国为增强商品竞争能力实施的种种补贴措施而征收的附加税。反补贴税的目的在于抵消国外竞争者因得到奖励和补助产生的影响，从而保护进口国的制造商。

第二，反倾销税。倾销是指一国产品以低于正常价值的方式进入另一国市场，从而对该国相关产业造成重大损失或重大威胁的行为。反倾销税是针对这种倾销产品征收的附加税。当进口国因外国倾销某种产品而使国内产业受到损害时，征收相当于出口国国内市场价格与倾销价格之间差额的进口税，目的在于抵制倾销，保护国内产业。

第三，保障性关税。即当某类商品进口量剧增，对进口国相关产业带来巨大威胁或损害时，可以采取保障措施，而提高征收额的一种附加税。

第四，报复关税。是指一国在认为本国商品受到不公正的歧视性待遇时，对实施该歧视性待遇的国家向本国进口的商品实施的歧视性关税。

（2）出口关税。是指出口国海关对输往国外的商品和物品征收的关税。征收出口关税的主要目的是保护本国的稀缺自然资源，或限制、控制某些商品的出口，以稳定其国际市场价格，或为财政目的，或为政治、军事方面的需要。

（3）过境关税。亦称"通过税"，是指一国针对经过本国口岸停留后再转运到其他国家的商品征收的关税。由于过境货物不进入本国市场，对本国生产没有影响，所以税率很低，加征该税将影响转口贸易。所以，现在绝大多数国家都不征收过境税。

2. 按照征税的目的划分，可以分为财政关税与保护关税。

（1）财政关税。是指一国以增加国家财政收入为目的而征收的一种关税。在资本主义发展初期的关税就是一种财政关税。现代各国也还会出于财政的原因征收关税。该种税的征税对象一般为进口数量大、消费量大、负担能力强的非生活必需品和非生产性消费品，或本国不能生产且不具备生产条件又无替代品的消费品。其税率不能太高，以免影响进口数量。

（2）保护关税。是指一国为保护本国的工农业生产和本国经济发展而对进口商品征收的关税。其征税对象一般为本国需要发展和国际竞争性很强的商品。保护关税的税率很高，有时高达百分之几百，实际上等于禁止进口，从而达到保护的目的。目前，虽然可以采用进口许可证、进口配额等办法直接限制进口，或者采用倾销、资本输出等办法冲破关税的限制，使保护关税的作用相对减弱，但它仍是保护贸易政策的重要措施之一。现代国家大都采用保护关税，发达国家用保护关税来保护国内市场，维持自己产品的垄断地位；发展中国家和经济落后国家用保护关税保护本国的幼稚工业和民族工业。

3. 按照计税依据划分，可以分为从量关税、从价关税、复合关税、选择关税和滑准关税。

（1）从量关税。是指以进口货物的计量单位，即数量、重量、容积、面积、体积或长度等，作为计税标准而征收的关税。

（2）从价关税。是指以进出口商品的价格为计税标准而征收的关税。如我国进口货物以到岸价格、出口货物以离岸价格为完税价格计算征税，都属于从价关税。

（3）复合关税。是对同一种进口货物同时采取从价和从量两种标准计征的一种关税。

（4）选择关税。是对同一种进口货物同时规定从价和从量两种税率，征税时选择其中一种进行课税的关税。

（5）滑准关税。是随进口商品价格由高到低而将适用税率由低至高设置进行课税的一种关税。进口商品价格越高，进口税率越低，反之则相反。这种方法是为了保护国内生产不受国外物价波动的影响，保持国内市场的商品价格稳定。

二、关税的征税对象和纳税人

（一）关税的征税对象

凡准许进出口的货物，除国家另有规定的以外，海关依照《海关法》和《海关进出口税则》征收进口关税或者出口关税。

关税的征税对象是进出我国国境的货物和物品。

进口关税的征税对象包括两类：①货物，即贸易性商品，既包括从境外采购进口的外国货物，也包括从境外采购进口的原产于中国境内的货物。对原产于我国境内的货物征收进口关税的目的，是为了避免造成国家财力、物力的浪费，尽量减少我国出口货物的进口。②物品，即非贸易性的商品。一般是指入境旅客随身携带的行李和物品、进口的个人邮递物品、各种运输工具上的服务人员入境时随身携带的自用物品、馈赠物品以及其他方式入境的个人物品。非贸易性入境的物品，在限量限值内免征进口关税，仅对超过部分征收进口税。

出口关税的征税对象是我国出口的货物和物品。但是，我国对大部分出口商品不征收出口关税，仅对国内需要保护的资源或与国外差价大的产品征税。对非贸易性出口物品实行限量、限值带出的贸易管制制度。

（二）关税的纳税人

贸易性的商品的关税纳税人为进口货物的收货人、出口货物的发货人，接受委托办理有关手续的代理人也是关税的纳税人。具体包括外贸进出口公司、工贸和农贸结合的进出口公司和其他经批准经营进出口业务的单位。

非贸易性的商品进口关税的纳税人包括：入境旅客和运输工具上的服务人员；随身携带物品的携带人；进口邮件的收件人；馈赠物品的受赠人；以其他方式入境的个人物品的所有人。

三、关税税则和税率[1]

（一）关税税则

关税税则，是指根据关税政策，通过一定的立法程序，制定的有关关税征收范围和税率的统称。海关凭关税税则征收关税。进出口税则有两项主要内容：商品分类目录和税率。商品分类目录是把成千上万种不同商品加以综合，按照其不同特征分门别类、顺序排列而形成的商品名目。目前，我国进出口税则的商品分类采用了海关合作理事会制定的大多数国家海关通用的《商品名称及编码协调制度》。在此基础上，根据国家的关税政策依不同商品名目分别制定不同的税率。海关对进出口货物必须按所列税率计征税款。因此，进出口税则是我国征收关税的一项主要法律依据。

关税税则分为单一税则和复式税则两种，大多数国家实行复式税则。单一税则，是指一个税目只规定有一个税率，适用于来自任何国家同类商品的进口。复式税则，是指一个税目规定有两个以上的税率，对来自不同国家的进口商品，使用不同的税率。各国复式税则不同，有二、三、四、五档不等，一般设有普通税率、最惠国税率、协定税率、特惠税率等。

（二）关税税率

中国正式成为世贸组织成员后，参考国际通行的做法，对于进口货物采用的是复式税则。我国设立了最惠国税率、协定税率、特惠税率和普通税率四档税率。其中：

1. 最惠国税率。适用原产于与我国共同适用最惠国待遇条款的世贸组织成员国或地区的进口货物；或原产于与我国签订有相互给予最惠国待遇条款的双边贸易协定的国家或地区的进口货物。

2. 协定税率。适用原产于我国参加的含有关税优惠条款的区域性贸易协定的有关缔约方的进口货物。

3. 特惠税率。适用原产于与我国签订有特殊优惠关税协定的国家或地区的进口货物。

4. 普通税率。适用原产于上述国家或地区以外的国家和地区的进口货物。

对于出口货物我们采用的是单一税则，实行商品差别比例税率。

（三）原产地规定

进口货物适用哪种税率，其原产地的确定很重要。也就是说确定了进口货物原产地，才能正确适用进口货物的税率。我国原产地标准基本上采用了"全

---

[1] 本书将"物品"的征收规定略去。

部产地生产标准"、"实质性加工标准"两种国际上通用的原产地标准。

1. 全部产地生产标准。是指进口货物"完全在一个国家内生产或制造",生产或制造国即为该货物的原产国。完全在一个国家内生产或制造的进口货物包括：开采的矿产品、收获或采集的植物产品、在某国出生或饲养的活动物、在某国领土上狩猎或捕捞的产品等。

2. 实质性加工标准。是适用于确定有两个或两个以上国家参与生产的货物的原产国的标准，其基本含义是：经过几个国家加工、制造的进口货物，以最后一个对货物进行经济上可以视为实质性加工的国家作为有关货物的原产地国。所谓"实质性加工"，是指产品加工后，在进出口税则中4位数税号一级的税则归类已经有了改变；或者加工增值部分所占新产品总值的比例已超过30%及以上的。

四、关税完税价格的确定

完税价格是指关税的计税依据。为了适应加入世界贸易组织的需要，海关总署根据《海关法》和《进出口关税条例》及其他有关法律、行政法规的规定，于2006年3月28日通过了新的《海关审定进出口货物完税价格办法》，规定自2006年5月1日起施行。

（一）进口货物的完税价格

进口货物的完税价格，由海关以该货物的成交价格为基础审查确定，并应当包括货物运抵中华人民共和国境内输入地点起卸前的运输及其相关费用、保险费。

进口货物的成交价格，是指卖方向我国境内销售该货物时买方为进口该货物向卖方实付、应付的，并按照本条例规定调整后的价款总额，包括直接支付的价款和间接支付的价款。

进口货物的成交价格不符合规定的或者成交价格不能确定的，海关经了解有关情况，并与纳税义务人进行价格磋商后，依次以下列方法审查确定该货物的完税价格：

1. 与该货物同时或者大约同时向中华人民共和国境内销售的相同货物的成交价格。

2. 与该货物同时或者大约同时向中华人民共和国境内销售的类似货物的成交价格。

3. 与该货物进口的同时或者大约同时，将该进口货物、相同或者类似进口货物在第一级销售环节销售给无特殊关系买方最大销售总量的单位价格，但应当扣除一些项目。[1]

4. 按照下列各项总和计算的价格：生产该货物所使用的料件成本和加工费用，向中华人民共和国境内销售同等级或者同种类货物通常的利润和一般费用，该货物运抵境内输入地点起卸前的运输及其相关费用、保险费。

5. 以合理方法估定的价格。纳税义务人向海关提供有关资料后，可以提出申请，颠倒前述第3项和第4项的适用次序。

（二）出口货物的完税价格

出口货物的完税价格由海关以该货物的成交价格为基础审查确定，并应当包括货物运至中华人民共和国境内输出地点装载前的运输及其相关费用、保险费。

出口货物的成交价格，是指该货物出口销售时，卖方为出口该货物应当向买方直接收取和间接收取的价款总额。出口关税不计入完税价格。

出口货物的成交价格不能确定的，海关经了解有关情况，并与纳税义务人进行价格磋商后，依次以下列价格审查确定该货物的完税价格：

1. 同时或者大约同时向同一国家或者地区出口的相同货物的成交价格。

2. 同时或者大约同时向同一国家或者地区出口的类似货物的成交价格。

3. 根据境内生产相同或者类似货物的成本、利润和一般费用（包括直接费用和间接费用）、境内发生的运输及其相关费用、保险费计算所得的价格。

4. 按照合理方法估定的价格。

五、关税的应纳税额计算

进出口货物的关税应纳税额，根据我国《进出口关税条例》规定，以从价计征、从量计征或者国家规定的其他方式征收。

从价计征的计算公式为：

应纳税额 = 完税价格 × 关税税率

从量计征的计算公式为：

应纳税额 = 货物数量 × 单位税额

实行复合关税的进出口货物，其应纳税额的计算方法是从价计征与从量计征应纳税额计算方法的结合，其具体计算公式为：

应纳税额 = 货物数量 × 单位税额 + 完税价格 × 关税税率

---

[1] 应当扣除的项目是指：①同等级或者同种类货物在中华人民共和国境内第一级销售环节销售时通常的利润和一般费用以及通常支付的佣金；②进口货物运抵境内输入地点起卸后的运输及其相关费用、保险费；③进口关税及国内税收。

六、关税的税收优惠

关税的减免税，是指对纳税人应该缴纳的关税少征一部分或者全部免征。我国《海关法》规定，减免进出口关税的权限属于中央政府，在未经中央政府许可的情况下，各地海关不得擅自决定减免。关税减免可分为法定减免、特定减免和临时减免。

（一）法定减免

法定减免，是指根据税收法规适用于不同地区、不同性质的企业及不同产业和不同进出口目的的关税减免优惠，其中主要是进口关税的优惠。具体包括：

1. 下列货物、经海关审查无讹，可以免税：①关税税额在人民币50元以下的一票货物；②无商业价值的广告品和货样；③外国政府、国际组织无偿赠送的物资；④进出境运输工具装载的途中必需的燃料、物料和饮食用品。

2. 有下列情形之一的进口货物，海关可以酌情减免关税：①在境外运输途中或者在起卸时，遭受损坏或者损失的；②起卸后海关放行前，因不可抗力遭受损坏或者损失的；③海关查验时已经破漏、损坏或者腐烂，经证明不是保管不慎造成的。

3. 中华人民共和国缔结或者参加的国际条约规定减征、免征关税的货物、物品，海关应当按照规定予以减免关税。

4. 经海关核准，暂时进境或者暂时出境并在6个月内复运出境或者复运进境的货样、展览品、施工机械、工程车辆供安装设备时使用的仪器和工具、电视或者电影摄制器械、盛装货物的容器以及剧团服装道具，在货物收发货人向海关缴纳相当于税款的保证金或者提供担保后，准予暂时免纳关税。上述规定的6个月期限，海关可以根据情况酌予延长。暂时进口的施工机械、工程车辆、工程船舶等经海关核准酌予延长期限的，在延长期内由海关按照货物的使用时间征收进口关税，具体办法由海关总署另行规定。

5. 为境外厂商加工、装配成品和为制造外销产品而进口的原材料、辅料、零件、部件、配套件和包装物料，海关按照实际加工出口的成品数量免征进口关税；或者对进口料、件先征进口关税，再按照实际加工出口的成品数量予以退税。

6. 无代价抵偿货物，即进口货物在征税放行后，发现货物残损、短少或品质不良，而由国外承运人、发货人或保险公司免费补偿或更换的同类货物，可以免税。但有残损或质量问题的原进口货物如未退运国外，其进口的无代价抵偿货物应照章征税。

7. 因故退还的中国出口货物，经海关审查属实可予免征进口关税，但已征收的出口关税不予退还。

8. 因故退还的境外进口货物，经海关审查属实可予免征出口关税，但已征收的进口关税不予退还。

（二）特定减免

特定减免，也称政策性减免税，是指在法定减免税以外，国家按照国际通行规则和我国实际情况，特别批准对特定地区、特定产业和特定企业适用的进出口关税优惠政策。

1. 根据国际公约有关规定，参照国际通行规则，对进口科教用品和残疾人专用物品减免关税。

2. 保税区、保税仓库和保税工厂减免关税。

3. 国家鼓励、支持发展的外商投资项目和国内投资项目在投资总额之内进口的自用设备（国家明确规定不予免税的进口商品除外），免征关税。

4. 利用外国政府贷款、国际金融组织贷款项目进口的设备，免征关税。

5. 外国驻华使领馆和有关国际机构及其人员所需物品，外国政府、国际组织无偿赠送的物品减免关税。

6. 对我国常驻国外的外交机构人员、留学生、访问学者、赴外劳务人员、援外人员和远洋船员进口个人物品免征关税。

7. 边境地区居民互市贸易和小额贸易减免关税。

8. 境外扶贫、慈善性捐赠物资，免征关税。

（三）临时减免

临时减免，是指除法定减免和特定减免之外，纳税人因特殊需要被予以照顾而给予的减免。即由国务院根据《海关法》对某个单位、某类商品、某个项目或某批进出口货物的特殊情况，给予特别照顾，一案一批，专文下达的减免税。

七、关税的缴纳和补退

（一）关税的缴纳

关税纳税人或其代理人应在规定的报关期限内向货物进（出）口地海关申报，经海关对实际货物进行查验后，根据货物的税则归类和完税价格计算应纳关税和进口环节代征税费，填发税款缴纳证。纳税人或其代理人应在海关填发税款缴纳证的次日起 15 日内，向指定银行缴纳税款。

（二）关税的强制执行

《海关法》规定，进出口货物的收发货人或者他们的代理人，应当在海关填发税款缴款书之日起 15 日内（星期日和法定节假日除外），向指定银行缴纳税款。逾期未缴纳的，除依法追缴外，由海关自滞纳税款之日起，按日加收滞纳税款5‰的滞纳金。其计算公式为：

滞纳金＝滞纳的关税税额×滞纳天数×滞纳金征收比率

纳税义务人、担保人超过3个月仍未缴纳的，经直属海关关长或者其授权的隶属海关关长批准，海关可以采取下列强制措施：

1. 书面通知其开户银行或者其他金融机构从其存款中扣缴税款。

2. 将应税货物依法变卖，以变卖所得抵缴税款。

3. 扣留并依法变卖其价值相当于应纳税款的货物或者其他财产，以变卖所得抵缴税款。

（三）关税退还

关税退还是关税纳税义务人按海关核定的税额缴纳关税后，因某种原因的出现，海关将实际征收多于应当征收的税款退还给原纳税人的一种行政行为。

《海关法》规定，有下列情形之一的，进出口货物的收发货人或者他们的代理人，可以自缴纳税款之日起1年内，书面声明理由，连同原纳税收据向海关申请退税并加算银行同期活期存款利息，逾期不予受理：

1. 因海关误征，多纳税款的。

2. 海关核准免验进口的货物，在完税后，发现有短卸情况，经海关审查认可的。

3. 已征出口关税的货物，因故未装运出口，申报退关，经海关查验属实的。

海关应当自受理退税之日起30日内作出书面答复并通知退税申请人。

（四）关税补征和追征

《海关法》根据短征关税的原因，将海关征收原短征关税的行为分为补征和追征。补征是指因海关一方的原因造成关税少征或者漏征而需要补缴的。追征是指因纳税人违反海关规定造成关税少征或者漏征而需要补缴的。区分关税补征和追征的目的是为了区别不同情况适用不同的征收时效，超过时效规定的期限，海关就丧失了追补关税的权力。

《海关法》规定，进出口货物、进出境物品放行后，海关发现少征或者漏征税款，应当自缴纳税款或者货物、物品放行之日起1年内，向纳税义务人补征。因纳税义务人违反规定而造成的少征或者漏征，海关在3年以内可以追征，并从缴纳税款之日起按日加收少征或者漏征税款万分之五的滞纳金。

八、关税的纳税争议

关税纳税争议是指进出口货物的收发货人或者他们的代理人，对海关确定的进出口货物的征税、减免、补税或者退税等问题与海关产生的异议。为保护纳税人的合法权益，《海关法》和《进出口关税条例》均规定了纳税人可向有关部门申请复议、提起诉讼。

根据《海关法》和《进出口关税条例》规定，纳税义务人对海关确定的进出口货物的征税、减税、补税或者退税等有异议时，应当先按照海关核定的税额缴纳税款，然后自海关填发税款缴纳证之日起30日内，向原征税海关的上一级海关书面申请复议。逾期申请复议的，海关不予受理。海关应当自收到申请复议申请之日起60日内作出复议决定，并以复议决定书的形式正式答复纳税义务人。纳税义务人对海关复议决定不服的，可以自收到复议决定书之日起15日内，向人民法院提起诉讼。

思考题

1. 简答增值税的含义和类型。
2. 简答增值税纳税人的分类及分类标准。
3. 简答增值税的征税范围。
4. 如何计算增值税一般纳税人的应纳税额。
5. 如何计算增值税小规模纳税人的应纳税额。
6. 简答消费税与增值税的关系及税目。
7. 简答营业税的征税范围。
8. 谈谈你对营业税改征增值税的设想。
9. 简答城市维护建设税的含义。
10. 简答关税的种类。
11. 简答关税完税价格的确定。

第五章
所得税法律制度

【学习目的与要求】

　　在经济飞速发展的时代，所得税逐渐成为世界各国主要的税收收入。在我国，所得税与流转税共同构成主体税种，是中央政府和地方政府财政收入的主要来源之一。经过税制改革，我国所得税由个人所得税与企业所得税组成。本章将较为详细地介绍我国个人所得税法与企业所得税法。

【重点问题】

- 所得税的概念和特点
- 所得税管辖权的种类
- 企业所得税纳税人
- 企业所得税的征税对象
- 企业所得税应纳税所得额的确定
- 税收抵免的规定
- 关联企业的纳税调整
- 个人所得的征收模式
- 个人所得税纳税人
- 个人所得税应税所得项目、税率
- 个人所得税应纳税所得额的确定
- 个人所得税应纳税额的计算

第一节　所得税法概述

一、所得税的概念和特征

（一）所得税的概念

所得税制度创始于英国。1798 年英法战争，英国军费大增，财政入不敷出，于是英国首相皮特创设了所得税。20 世纪以来，所得税的发展较为迅速。由于所得税与其他税种相比具有许多新的特点，能够适应社会经济发展和政府经济政策的要求，因此世界各国普遍开征了各种所得税。在西方发达国家，所得税一般为税制结构中的主体税种，提供的税收收入居第一位。

所得税，亦称收益税，是指以纳税人在一定时期内的纯所得（净收入）为征税对象的一类税的总称。所得税基本上是所有国家和地区都开征的税种，但不同国家或地区对于所得税的法定名称及分类方式并不完全相同，如日本将所得税分为法人所得税、资本、利息所得税和个人所得税；瑞典将所得税分为国家所得税、公众表演所得税、公众所得税和利润分享税等；加拿大、巴西、新加坡则只有所得税一个名称[1]。

不同国家和地区所得税税种的多寡程度，并不代表该国家和地区所得税课征范围的人小，更不表示税负的轻重。所得税往往是不同的国家和地区，从本国的政治、经济、文化诸因素的实际情况和特点出发，通过立法形式予以规定。所以，不同国家和地区所得税法律制度的优劣并不能以所得税税种的数量作为评判标准。世界各国和各地区所得税税种划分虽然不尽相同，但通行的划分方法是以纳税人为标准，将所得税划分为个人所得税和公司（法人）所得税。世界经济合作发展组织和国际货币基金组织将对所得、利润和资本利得课征的税收划归为所得税，并分为三个子目：①个人所得税：包括对个人的综合收入、专业收入、权利金收入以及非居民取得上述收入课征的税收；②公司所得税：包括对企业经营所得、资本利得以及非居民公司取得上述收入课征的税收；③其他所得税：主要针对那些划分不清的所得税收入。目前，我国所得税由个人所得税和企业所得税构成。

（二）所得税的特征

作为一类税，所得税自有与其他税类不同的特点。综合各种所得税的共性，所得税具有以下几个特点：

---

[1]　刘剑文主编：《财税法学》，高等教育出版社 2004 年版，第 483 页。

1. 所得税为直接税。直接税是指税负不能由纳税人转嫁出去而由自己负担的各种税；间接税是指税负可以由纳税人转嫁出去而由他人负担的各种税，如增值税、消费税。所得税原则上不会发生税负转嫁，只能由纳税人自己负担税款。

2. 所得税为对人税。对人税是相对于对物税和对事税而言的。对人税以所得的取得者即自然人和法人为实际纳税人。因此，可以综合纳税人全部经济收入，从而确定其真实的经济负担能力，并根据纳税人的收入水平及负担状况，实行量能课税。

3. 所得税通常采用累进税率。对所得额课税，税率可以采取累计税率与比例税率两种形式。前者较后者能够更好地使纳税人的税收负担与其纳税能力相适应，体现税收公平原则，从而较好地起到调节收入、调节利润的作用。我国对个人所得税采用比例税率制和累进税率制，对企业所得税采用比例税率制。

4. 所得税一般实行源泉征收。所谓源泉征收，是指对某些所得由支付者代为扣缴所得税的一种征收方式。这一制度由英国率先于 1803 年开始施行。其优点是能较好地控制税源，保证税款按时足额入库。当然，在所得税的征收中有时也采用申报法，即由纳税人自己根据税法的规定向税务机关申报所得额并依法缴纳税款。

二、所得税法的概念

所得税法，亦称收益税法，是指由国家制定的，调整在所得税的征收与管理过程中所产生的各种社会关系的法律规范的总称。[1] 所得税法有广义与狭义之分，广义的所得税法是指由国家制定或认可的，调整在所得税征收与管理过程中所产生的各种社会关系的全部法律规范，而不只是其中的某一部分或某一方面的所得税法律规定；狭义的所得税法是指调整所得税征收与管理的基本法，即所得税法典。

就目前世界各国所得税的立法现状而言，其立法例可以概括为三种：①制订既对个人所得又对企业（公司）所得课税的统一所得税法，即统一所得税法或所得税法典式，如新加坡、瑞典、加拿大等国；②个人所得税法与公司所得税法（或称为法人税法）并行，即二分法式，大部分国家采用这种形式，如伊朗、菲律宾、法国、德国、意大利、荷兰等；③个人所得税法、内资企业所得税法、涉外企业所得税法和其他所得税法多法鼎立，即多分法式。[2] 我国以前

---

〔1〕 刘剑文主编：《财税法学》，高等教育出版社 2004 年版，第 483 页。
〔2〕 刘剑文：《所得税法》，北京大学出版社 1999 年版，第 2~3 页。

采取多分法式，随着《个人所得税法》的修改和统一《企业所得税法》的出台，现在采取二分法式。

三、应税所得的界定

所得税是以所得为征税对象的税种，在各国税法上，一般都有应税所得和非应税所得之分。非应税所得虽然也构成纳税人所得的一部分，但由于并不征税，故不包括在应税所得范围之内，如国债利息。因此，所得税的征税对象实际上是应税所得，它是一个特定的概念。

如何理解应税所得，在各国的理论与实践中均有所不同。具有代表性的观点主要有两种：①"纯资产增加说"：美国西蒙斯教授是主要代表人物之一。这种观点认为，所得是一定时间资产增加额减去同一期间资产减少额之后的余额，纳税人在此期间由任何原因造成的资产增加额都应列入应税所得的范围，不仅包括经常性、连续性所得，也包括临时、偶然的一次性所得。②"所得源泉说"：英国学者塞利格曼是其代表人物。这种观点认为，所得发生的形态应该具备循环性和反复性的特点。应税所得应该是有连续来源的收入，不应包括销售资产所得、继承所得等一次性所得。第二种观点是学界通说。我们认为，应税所得是指扣除个人或法人在一定期间内从事劳动、经营、投资、财产租赁等行为取得的，具有合法来源的连续性收入所需费用后的余额。[1]

（一）应税所得的特征

1. 应税所得应当是有合法来源的所得。自然人或法人从事生产或经营等取得的所得，须是国家经济政策和法律允许并予以保障的所得。只有合法所得才属于应税所得的范围。对于如贩毒、走私、贪污等非法所得，只能没收而不能作为应税所得。

2. 应税所得应当是纯所得。应税所得通常分为经营所得、财产所得、劳动所得、投资所得和其他所得五种。对于纳税人的应税收入只有在依法进行合理扣除后，才能作为应纳税所得额，据以课征所得税。

3. 应税所得应当是法定的、真实的所得。对于应税所得扣除的项目和数额，都应以法律规定为标准且应当是纳税人的真实所得。类似推算所得，不能作为应税所得，据以计算征收所得税。

4. 应税所得应当是货币所得。税法上的所得，仅限于经济上的所得，并以货币形式表示其价值，才能计算征收所得税。所得不包括精神上的所得，如荣誉、心理满足等都不属于应税所得。对于纳税人取得的应税所得，如有实物或

---

[1] 曹鸿轩主编：《中国税法教程》，中国政法大学出版社 2003 年版，第 157～159 页。

有价证券，则应按照当时取得的市场价格或其他方式的折合金额计算纳税。

（二）应税所得的分类

各国基于本国国情，对应税所得分类的规定并非完全一致，但一般将应税所得分为五种类型：

1. 经营所得。经营所得是指自然人和法人在某个特定场所从事经营活动取得的所得，如纳税人从事工业、农业、商业、服务业等一切生产性或非生产性的经营活动所取得的所得。经营所得的判断依据在于纳税人取得该项所得的经济活动是否是其主要活动。

2. 财产所得。财产所得又称为资本所得，是指纳税人凭借其拥有的财产或通过销售财产所获取的收益。分为两类：一类是不动产所得和动产所得，即纳税人从其拥有的不动产和动产所取得的定期收益；另一类是由财产（包括各种动产和不动产）转让所产生的溢价收益。

3. 劳动所得。劳动所得亦称劳务所得，是指个人从事劳务活动所获取的报酬，通常是个人所得税的征税对象。劳务所得分为独立劳务所得和非独立劳务所得。前者是指自由职业者或从事专业性劳务取得的所得，如律师、会计师、建筑师从事独立劳动取得的所得；后者是指雇员或职员因雇佣关系而取得的工资、薪金、奖金等工资性报酬。

4. 投资所得。投资所得是指纳税人通过直接或间接投资而取得的所得，如股息、红利、利息、特许权使用费等所得。投资所得是纳税人凭借其占有的资产而产生的利润追索权所取得的收益。

5. 其他所得。其他所得是指除上述四类所得以外的其他所得，如保险赔偿金、终身劳保津贴、财产赠予所得、博彩收入等。

四、对应纳税所得额的课征方法

（一）测定法

测定法亦称估计法、退定法，即由税务当局根据纳税人所得来源的各种外表情况和公开的活动资料，测定其所得额，再按税率课征。分为预先估计和正式估计两种。这种方法多用于无法审核纳税人所得的情况，尤其对逃漏税严重者，是一种惩罚措施。其缺点是只从外观上测定，难免会臆断失误。

（二）课源法

课源法亦称源泉课征法，指对纳税人取得的所得并不直接向纳税人征收，而是在所得额发生的地点，即向所得的支付者征收。这种方法可以有效控制税源，防止逃税、拖欠税款和税款流失。因其手续简便，能够确保税款及时均衡地入库。但其不便适用累计税率，不能体现合理负担原则。

（三）申报法

申报法亦称直接课征法，即由纳税人根据税法规定，自行向税务机关申报所得额，然后由税务机关调查审核，依据审核数额，按规定税率课征，由纳税人一次或分次缴纳。这种方法适用于累进税率。

五、所得税制度的基本模式

由于各国社会制度、经济条件、法律意识不同，所得税形态各异，征收模式也不同。从世界范围来看，所得税制度大致可分为三种模式。

（一）分类所得税制

分类所得税制又称分类税制或个别所得税制，是指对纳税人不同类型的所得规定不同税种，或虽归为同一税种但实行不同的征收方法和按不同税率予以征收的一种所得税征收制度。它并不是将纳税人一定时期的各类所得加以汇总计征所得税，而是对各类所得实行不同的税率，并就所得的源泉进行征收。

实行分类所得税的立法依据是，对不同性质的所得项目应采取不同税率，分别承担轻重不同的税负：勤劳所得如工资、薪金所得，要付出辛勤劳动才能获得，应课以较轻的税；投资所得如营业利润、股息、利息、租金等，是凭拥有的资产而获得，所含的辛勤劳动量较少，应课以较重的所得税。分类所得税制一般采用比例税率。

分类所得税制的优点主要体现在：①按不同性质的所得，分别采用不同的税率，在税负上实行差别待遇，较好地体现了横向公平；②可以广泛采用源泉课征法，从而减少征收费用，也可减少汇算清缴的工作。

分类所得税制的缺陷：①不能区别家庭负担状况实行量能课税；②对某些所得项目不采用累进税率，很难体现纵向公平的纳税原则。分类所得税制起源于英国，由于上述缺陷，现在采用纯粹分类所得税制的国家已经很少了。

（二）综合所得税制

综合所得税制也称为一般所得税制，是指综合纳税人全年各种不同来源的所得，从其所得总额中减去各种免税额、宽减额及扣除额，就其余额征税的法律制度。综合所得税制最早形成于19世纪中叶的德国，此后发展迅速，逐渐为越来越多的国家所接受。综合所得税制是对纳税人的总所得征收，一般实行累进税率。

综合所得税制的立法依据是，所得税是一种对人税，计税依据应该是人的总体负担能力，其应税所得就应是纳税人一定时期内获得的各种所得减除各项法定减免额和扣除额之后的净所得额，然后适用累进税率课征。所以综合所得税制能体现纳税人的实际负担水平，符合量能课税的原则。

综合所得税制的优点体现在：税基宽广，除特定免税项目外，凡属所得均须课税；能考虑到纳税人个人经济情况和家庭负担等，给予减免税，并采用累进税率，符合量能课税原则。由于综合所得税制一般实行申报法，而计算核实纳税人的总所得较为困难，手续也较复杂，征收费用较高，容易出现偷漏税现象。

（三）分类综合所得税制

分类综合所得税制又称为混合所得税制。它是将分类和综合两种所得税制度的优点兼收并蓄，实行分项课征和综合计税相结合的一种所得征税制度。这种类型的所得税，是先就纳税人有连续来源的各类所得，按标准税率实行源泉课征，再综合全年各种来源的所得，对总额达到某一确定数额以上者采用累进税率，实行综合课征。分类所得税制是当今世界上广泛实行的一种所得税制度。它反映了综合所得税与分类所得税的趋同态势。

分类综合所得税制的优点主要有：坚持按支付能力征税原则，对纳税人不同的收入来源实行综合计征；对不同性质的收入区别对待原则，对所列举的特定项目按特定办法和税率征税。其缺点是计算征收较为麻烦。目前，世界上几乎没有一个国家实行纯粹的综合制，也没有一个国家实行纯粹的分类制。一般均为综合与分类的混合制，所区别的只是有的以综合制为主，有的以分类制为主，二者所占的分量有所差别。

六、所得税管辖权的种类

所得税税收管辖权是一国政府在征收所得税方面行使的管理权力，是国家主权在税收方面的体现。所得税管辖权分为居民管辖权和地域管辖权两种。

（一）居民所得税管辖权

居民管辖权是指国家坚持征税的"属人原则"，对本国居民（或者公民）的所得，无论源于何处，均可予以征税的权力。相应地，将纳税人分为居民纳税人与非居民纳税人。

1. 自然人确定居民纳税人身份的标准。

（1）住所或居所标准。自然人的住所是自然人生活和进行民事活动的主要基地和中心场所。[1] 由于住所具有固定性和永久性，故具有易于确定纳税人居民身份的优点，因而，这种住所标准为法国、瑞士、德国等欧洲国家所采用。在各个国际税收协定中，也都明确规定住所为确定居民身份的标准之一。由于个人脱离住所而长期在外居住的现象很多，因此，单纯按照住所标准确定居民

---

〔1〕　马俊驹、余延满：《民法原论》，法律出版社 2005 年版，第 98 页。

身份显然有缺点，由此引入了居所的概念。

居所是指一个人经常居住的场所，并不具有永久居住的性质。与住所标准相比，居所作为确定个人居民身份的标准，较大程度上反映了个人与其主要经济活动地之间的联系。这是它比住所标准更为合理的地方。但是，采用这一标准的缺陷在于单纯依据有无居所难以确定自然人的居民身份。因而世界各国一般都将居所和居住期限结合运用，以确定居民身份。采用居所标准的国家有英国、加拿大、澳大利亚等英美法系国家。国际税收协定也明确规定居所为确定居民身份的标准之一。

（2）时间标准。一些国家以自然人在本国居住或停留时间的长短作为其判断本国居民的标准，并不考虑个人在该国境内是否拥有财产或房屋等。如果一个人在本国居住或停留时间超过了税法规定的时间，即为本国居民纳税人。

（3）混合标准。不但考虑纳税人在本国是否有住所（居所），而且考虑其停留时间。目前国际上广泛采用住所（居所）标准和时间标准相结合的混合标准综合确定自然人的居民身份。我国个人所得税法即是如此。

（4）国籍标准。即纯粹以公民与国籍国之间的法律关系作为税收管辖权的依据，并不考虑纳税人与征税国之间是否存在着实际的经济利益联系。采用这种标准的国家有美国、墨西哥、菲律宾等国。这种做法将使国际税收关系更加复杂，难免要与其他国家的税收管辖权发生冲突。

（5）意愿标准。除上述标准外，一些国家还结合使用意愿标准，即对在本国有长期居住的主观意图或被认为有长期居住意图的自然人规定为本国居民纳税人。

2. 法人确定居民纳税人身份的标准。

（1）注册成立地标准。亦称法律标准或组建地标准，即对凡是按本国法律组建并登记注册的公司规定为本国居民公司，否则，为非居民纳税人。美国、瑞典、芬兰、墨西哥等国均采用该标准。其优点是纳税人法律地位明确，易于识别。但也存在着较难反映法人的真实活动地的缺陷。

（2）实际管理和控制中心所在地标准。该标准以公司经营活动的实际控制和管理中心所在地为依据，凡是实际控制和管理中心所在地被认定在本国境内的公司即为本国居民公司。公司董事会所在地是判断实际管理机构所在地的重要标志。采用这一标准的国家有英国、新西兰、印度和新加坡等。

（3）总机构所在地标准。该标准是以一个公司的总管理机构是否在本国境内作为判断依据，如果在本国境内，即为本国居民公司。法国、日本均实行这一标准。

（4）主要经营活动地标准。该标准以公司经营业务的数量为依据，如果一个公司占最大比例的获利贸易额是在本国境内实现的，该公司即为本国居民公司。

（5）控制权标准。该标准以一个公司拥有控制表决权股份的股东的居民身份为依据，即如果一个公司持有能够控制表决权的股份的股东是本国居民，则该公司也是本国居民公司。

上述标准各有利弊，因此，多数国家在实践中往往综合使用几个标准来确定居民纳税人的身份。

（二）所得来源地管辖权

所得来源地管辖权亦称地域管辖权，是征税国以纳税人的收入来源地或以其经济活动地为标准确定行使税收管辖权。该管辖权是征税国用来针对非居民征税的管辖权，仅限于源自征税国境内的所得。即凡跨国纳税人，不问其国籍或居住地，只要其收入来源于本国国内，或在本国国内从事经济活动的，均应依法纳税，而对于其来源于国外的收入，则不予纳税。各国在征收所得税时，有些适用居民所得税管辖权，有些则适用地域管辖权，但多数国家从本国利益出发，采取两者并用的方法。

我国亦采用居民所得税管辖权和地域管辖权并用的征税办法。我国《个人所得税法》第1条规定：“在中国境内有住所，或者无住所而在境内居住满1年的个人，从中国境内和境外取得的所得，依照本法规定缴纳个人所得税。在中国境内无住所又不居住或者无住所而在境内居住不满1年的个人，从中国境内取得的所得，依照本法规定缴纳个人所得税。”《企业所得税法》第2条明确规定：“企业分为居民企业和非居民企业。本法所称居民企业，是指依法在中国境内成立，或者依照外国（地区）法律成立但实际管理机构在中国境内的企业。本法所称非居民企业，是指依照外国（地区）法律成立且实际管理机构不在中国境内，但在中国境内设立机构、场所的，或者在中国境内未设立机构、场所，但有来源于中国境内所得的企业。”

第二节　企业所得税法

一、企业所得税法概述

（一）企业所得税和企业所得税法的概念

企业所得税是指对一国境内的所有企业在一定时期内的生产经营所得和其他所得等收入，进行法定的生产成本、费用和损失等扣除后的余额所征收的一种税。[1]

企业所得税法是指由国家制定的，调整在企业所得税的征收与管理过程中所产生的各种社会关系的法律规范的总称。世界上绝大多数国家和地区都普遍开征企业所得税，只是称谓有所不同，有些称"公司所得税"、也有些称"法人税"等。

我国现行企业所得税法的基本规范是 2007 年 3 月 16 日第十届全国人民代表大会第五次会议通过的《中华人民共和国企业所得税法》（以下简称《企业所得税法》）和 2007 年 11 月 28 日国务院第一百九十七次常务会议通过并公布的《中华人民共和国企业所得税法实施条例》（以下简称《企业所得税法实施条例》）。

（二）我国企业所得税立法概况

我国在 1936 年 7 月国民党政府时期，曾经颁布《所得税条例》，先后开征了薪给报酬所得税、证券存款所得税和盈利事业所得税等。新中国成立后，我国保留了所得税，并且从 1980 年起颁布了许多所得税法律、法规。1980 年 9 月 10 日，第五届全国人民代表大会第三次会议通过了《中华人民共和国中外合资经营企业所得税法》，由此开始了内外有别的企业所得税立法。此时，我国对内资企业尚未开征企业所得税，内资企业向国家仍然采取上交利润的方式。1984 年 9 月 18 日，国务院发布了《中华人民共和国国营企业所得税条例》（以下简称《国营企业所得税条例》），该条例的发布正式开启了内外有别的企业所得税制度的历史。由于《国营企业所得税条例》仅规定了国营企业的所得税纳税义务，集体企业和私营企业的所得税纳税义务尚无法律依据，为此，1985 年 4 月 11 日，国务院发布了《中华人民共和国集体企业所得税暂行条例》（以下简称《集体企业所得税暂行条例》），1988 年 6 月 25 日，国务院发布了《中华人民共和国私营企业所得税暂行条例》（以下简称《私营企业所得税暂行条例》）。上述三个条例正式建立了我国的内资企业所得税制度。可见，当时不仅内外企业所得税制度有别，内资企业所得税制度也是国营、集体和私营"三分天下"，不同性质的企业实行不同的所得税制度。当然，外资企业所得税实际上也是中外合资经营企业和外国企业"二分天下"。

随着我国逐渐确立市场经济的发展方向，这种内、外资企业按照身份采取不同所得税制度的状况严重阻碍了统一市场经济的发展。为此，我国分别在内资企业领域和外资企业领域开展了统一企业所得税制度的税制改革。1991 年 4 月 9 日，第七届全国人民代表大会第四次会议通过了《中华人民共和国外商投

---

[1]　陈少英编著：《税法学教程》，北京大学出版社 2005 年版，第 244 页。

资企业和外国企业所得税法》（以下简称《外商投资企业和外国企业所得税法》），该法将其适用对象扩展为所有的涉外企业，包括中外合资经营企业、中外合作经营企业、外商独资企业和外国企业。1993 年 12 月 13 日，国务院发布了《中华人民共和国企业所得税暂行条例》（以下简称《企业所得税条例》），同时废止了《国营企业所得税条例》、《集体企业所得税暂行条例》和《私营企业所得税暂行条例》三个条例，实现了内资企业所得税的统一，并由此形成了内外有别的企业所得税制度。[1]

由于并行的两套企业所得税制度造成内、外资企业的差异性税收负担，加之以资金来源为基础的税收优惠措施丧失其制度基础，而以行政法规、规章为主的规范性文件也难以适应当前经济社会的发展，因此，2007 年 3 月 16 日第十届全国人民代表大会第五次会议通过了《中华人民共和国企业所得税法》（以下简称《企业所得税法》），2007 年 11 月 28 日国务院第一百九十七次常务会议通过并公布了《中华人民共和国企业所得税法实施条例》（以下简称《企业所得税法实施条例》）。由此，结束了两套企业所得税制的局面，实现了内外两套企业所得税制的统一。现行企业所得税法实现了以下八项制度创新：①确立以法人为标准的纳税主体制度，引入居民、非居民的概念；②确立具有国际竞争力的税率制度；③确立了科学规范的征税客体制度；④实行国际化的税收抵免制度；⑤建立以产业为导向的普适性税收优惠制度；⑥建立体系化和规范化的反避税制度；⑦统一企业所得税的税收征管制度；⑧建立本土化的企业的信赖利益保护制度。[2]

（三）企业所得税法律制度的模式

公司依法缴纳公司所得税后，对分配的股利，股东还需缴纳个人所得税。这样，对于这部分股利就存在重复征税的问题。根据各国公司所得税法和个人所得税法对股利分配的不同处理方式，可以将公司所得税法律制度分为三种模式：

1. 古典制。古典制是不考虑重复征税的一种公司所得税制模式，即公司就其所得缴纳公司所得税，股东就其所得股利缴纳个人所得税。由于该税制具有重复征税的缺陷，现已被大多数国家放弃。

2. 归属制。归属制是指将公司所支付的税款部分或全部归属于股东所取得的股利所得的一种公司税制。归属制可分为部分归属制和全部归属制。部分归属制是指把公司缴纳税款的一部分归属到股东身上，就是将公司所得税的一部

〔1〕　翟继光主编：《〈中华人民共和国企业所得税法〉释义》，立信会计出版社 2007 年版，第 7 页。
〔2〕　刘剑文：“新《企业所得税法》：八大制度创新”，载《涉外税务》2007 年第 8 期。

分看做是股东个人所得税的源泉预扣。在部分归属制下，可以减轻重复征税的程度；全部归属制是指将公司缴纳的税款全部归属到股东身上，就是将全部公司所得税看做是股东个人所得税的源泉预扣。在全部归属制下，可以避免重复征税。

3. 分率制。分率制是指对公司已经分配的利润和保留利润按不同的税率课征的一种公司税制。分率制分为双率古典制和双率归属制。双率古典制是指不存在归属性税收抵免而分率课征的税制；双率归属制是指存在归属性税收抵免而分率课征的税制。双率归属制有助于减轻或避免重复征税。

二、企业所得税纳税人

我国《企业所得税法》第 1 条规定："在中华人民共和国境内，企业和其他取得收入的组织（以下统称企业）为企业所得税的纳税人，依照本法的规定缴纳企业所得税。个人独资企业、合伙企业不适用本法。""我国境内企业"既包括内资企业，也包括外商投资企业和外国企业。"企业"是指公司或者具有法人资格的企业，对于不具有法人资格的企业，如个人独资企业和合伙企业，不缴纳企业所得税，但其投资者要缴纳个人所得税。"其他组织"是指除企业以外的经国家有关部门批准，依法注册登记，并取得应税收入的事业单位、社会团体等组织。《企业所得税法》第 2 条规定："企业分为居民企业和非居民企业。本法所称居民企业，是指依法在中国境内成立，或者依照外国（地区）法律成立但实际管理机构在中国境内的企业。本法所称非居民企业，是指依照外国（地区）法律成立且实际管理机构不在中国境内，但在中国境内设立机构、场所的，或者在中国境内未设立机构、场所，但有来源于中国境内所得的企业。"由此可见，我国将企业所得税纳税人分为居民企业和非居民企业。

（一）居民企业

根据现行《企业所得税法》的规定，居民企业分为：

1. 依照中国法律在中国境内成立的企业。《企业所得税法实施条例》第 3 条第 1 款规定："企业所得税法第 2 条所称依法在中国境内成立的企业，包括依照中国法律、行政法规在中国境内成立的企业、事业单位、社会团体以及其他取得收入的组织。"

2. 依照外国（地区）法律成立的实际管理机构在中国境内的企业。《企业所得税法实施条例》第 3 条第 2 款规定："企业所得税法第 2 条所称依照外国（地区）法律成立的企业，包括依照外国（地区）法律成立的企业和其他取得收入的组织。"《企业所得税法实施条例》第 4 条规定："企业所得税法第 2 条所称实际管理机构是指对企业的生产经营、人员、账务、财产等实施实质性全面管理和控制的机构。"一般是董事会所在地。

（二）非居民企业

根据现行《企业所得税法》的规定，非居民企业分为：

1. 依照外国（地区）法律成立且实际管理机构不在中国境内，但在中国境内设立机构、场所，有来源于中国境内所得的企业。

2. 在中国境内没有设立机构、场所，但其有来源于中国境内所得的企业。

"来源于中国境内的所得"包括两类。第一类：外国企业在中国境内设立机构、场所，从事生产、经营的所得，以及发生在中国境内、境外与外国企业在中国境内设立的机构、场所有实际联系的利润（股息）、利息、租金、特许权使用费和其他所得。第二类：外国企业在中国境内未设立机构、场所但取得的下列所得：①从中国境内企业取得的利润（股息）；②从中国境内取得的存款或者贷款利息、债券利息、垫付款或者延期付款利息等；③将财产租给中国境内租用者而取得的租金；④提供在中国境内使用的专利权、专有技术、商标权、著作权等而取得的使用费；⑤转让在中国境内的房屋、建筑物及其附属设施、土地使用权等财产而取得的收益。

《企业所得税法实施条例》第5条规定："企业所得税法第2条第3款所称机构、场所，是指在中国境内从事生产经营活动的机构、场所，包括：①管理机构、营业机构、办事机构；②工厂、农场、开采自然资源的场所；③提供劳务的场所；④从事建筑、安装、装配、修理、勘探等工程作业的场所；⑤其他从事生产经营活动的机构、场所。非居民企业委托营业代理人在中国境内从事生产经营活动的，包括委托单位或者个人经常代其签订合同，或者储存、交付货物等，该营业代理人视为非居民企业在中国境内设立的机构、场所。"

三、企业所得税的征税对象

企业所得税的征税对象，是指企业以货币形式和非货币形式取得的生产、经营所得和其他所得。

（一）按照国家行使税收管辖权划分

1. 居民企业来源于中国境内、境外的所得。

2. 非居民企业在中国境内设立机构、场所的，就其所设机构、场所取得的来源于中国境内的所得，以及发生在中国境外但与其所设机构、场所有实际联系的所得。非居民企业在中国境内未设立机构、场所，或者虽设立机构、场所但取得的所得与其所设机构、场所没有实际联系的，其来源于中国境内的所得。

"实际联系"是指非居民企业在中国境内设立的机构、场所拥有据以取得所得的股权、债权，以及拥有、管理、控制据以取得所得的财产等。

（二）按照所得的类别进行划分

1. 生产、经营所得。生产、经营所得是指纳税人从事制造业、采掘业、交通运输业、建筑安装业、农业、林业、畜牧业、渔业、水利业、商业、金融业、保险业、邮电通讯业、服务业，以及其他行业的生产、经营所得。主要包括销售货物所得和提供劳务所得，是纳税人的主营业务所得。

2. 其他所得。其他所得是指纳税人取得的股息红利等权益性投资所得、利息所得、租金所得、转让财产所得、特许权使用费所得、接受捐赠所得和其他所得，是纳税人主营业务以外的所得。

四、企业所得税的税率

《企业所得税法》第 4 条规定："企业所得税的税率为 25%。非居民企业取得本法第 3 条第 3 款规定的所得，适用税率为 20%。"

由此可见，企业所得税的基本税率为 25%。原来法律规定内资企业与外资企业的企业所得税率都是 33%，但由于外资企业享受的税收优惠较多，且其在税前扣除方面较内资企业享有较多优惠，因此外资企业实际税负要比内资企业低很多。此次统一内外资企业所得税法，综合考虑我国的财政负担能力以及企业的税收负担能力，最后将企业所得税税率确定为 25%。这样，既降低了内资企业的实际税负，又没有过分提高外资企业的实际税负。

此外，针对非居民企业在中国境内未设立机构、场所，或者虽设立机构、场所但取得的所得与其所设机构、场所没有实际联系的，就其来源于中国境内的所得缴纳企业所得税，规定其预提所得税税率为 20%。之所以这样规定，是因为非居民企业取得该类所得时不进行费用的扣除，直接将其收入作为应纳税所得额（毛所得），乘以税率就等于应纳税额，因此其税率相应较低。

五、企业所得税计税依据

企业所得税的计税依据是企业的应纳税所得额，是据以计算企业所应缴纳的企业所得税税款的基数。根据《企业所得税法》第 5 条的规定："企业每一纳税年度的收入总额，减除不征税收入、免税收入、各项扣除以及允许弥补的以前年度亏损后的余额，为应纳税所得额。"其计算公式是：

企业应纳税所得额 = 收入总额 − 不征税收入 − 免税收入 − 各项扣除 − 允许弥补的以前年度亏损

（一）收入总额

《企业所得税法》第 6 条规定，企业以货币形式和非货币形式从各种来源取得的收入，为收入总额。其中货币形式包括现金、存款、应收账款、应收票据、准备持有至到期的债券投资以及债务的豁免等；非货币形式包括固定资产、生物资产、无形资产、股权投资、存货、不准备持有至到期的债券投资、劳务以及有关权益等，应当按照公允价值，即市场价格确定的价值确定收入额。具体包括：

1. 销售货物收入。销售货物收入是指企业销售商品、产品、原材料、包装物、低值易耗品以及其他存货取得的收入。

2. 提供劳务收入。提供劳务收入是指企业从事建筑安装、修理修配、交通运输、仓储租赁、金融保险、邮电通信、咨询经纪、文化体育、科学研究、技术服务、教育培训、餐饮住宿、中介代理、卫生保健、社区服务、旅游、娱乐、加工以及其他劳务服务活动取得的收入。

3. 转让财产收入。转让财产收入是指企业转让固定资产、生物资产、无形资产、股权、债权等财产取得的收入。

4. 股息、红利等权益性投资收益。股息、红利等权益性投资收益是指企业因权益性投资从被投资方取得的收入。除国务院财政、税务主管部门另有规定外，按照被投资方作利润分配决定的日期确认收入的实现。

5. 利息收入。利息收入是指企业将资金提供他人使用但不构成权益性投资，或者因他人占用本企业资金取得的收入，包括存款利息、贷款利息、债券利息、欠款利息等收入。按照合同约定的债务人应付利息的日期确认收入的实现。

6. 租金收入。租金收入是指企业提供固定资产、包装物或者其他有形资产的使用权取得的收入。按照合同约定的承租人应付租金的日期确认收入的实现。

7. 特许权使用费收入。特许权使用费收入是指企业提供专利权、非专利技术、商标权、著作权以及其他特许权的使用权取得的收入。按照合同约定的特许权使用人应付特许权使用费的日期确认收入的实现。

8. 接受捐赠收入。接受捐赠收入是指企业接受的来自其他企业、组织或者个人无偿给予的货币性资产、非货币性资产。按照实际收到捐赠资产的日期确认收入的实现。

9. 其他收入。其他收入是指除上述各项收入之外的一切收入，包括企业资产溢余收入、逾期未退包装物押金收入、确实无法偿付的应付款项、已作坏账损失处理后又收回的应收款项、债务重组收入、补贴收入、违约金收入、汇兑收益等。

（二）不征税收入

不征税收入本身属于企业的收入总额，只是在计算企业应纳税所得额时，将其排除在外，因此，也称为非应税收入。

《企业所得税法》第7条规定，收入总额中的下列收入为不征税收入：

1. 财政拨款。财政拨款是指各级人民政府对纳入预算管理的事业单位、社会团体等组织拨付的财政资金，但国务院和国务院财政、税务主管部门另有规定的除外。

2. 依法收取并纳入财政管理的行政事业性收费、政府性基金。行政事业性收费是指依照法律法规等有关规定，按照国务院规定程序批准，在实施社会公共管理，以及在向公民、法人或者其他组织提供特定公共服务的过程中，向特定对象收取并纳入财政管理的费用。政府性基金是指企业依照法律、行政法规等有关规定，代政府收取的具有专项用途的财政资金。

3. 国务院规定的其他不征税收入。其他不征税收入是指企业取得的，由国务院财政、税务主管部门规定专项用途并经国务院批准的财政性资金。

（三）免税收入

免税收入本身属于企业应税收入，具有可税性，但出于经济社会政策的考虑，国家免于征收。《企业所得税法》第26～27条规定了可以免征、减征企业所得税的收入。

（四）准予扣除项目

纳税人在计算应纳税所得额时，准予从收入总额中减去法定扣除项目金额。准予扣除项目是指纳税人每一纳税年度发生的与取得应纳税收入有关的所有必要和正常的支出。根据《企业所得税法》第8条规定："企业实际发生的与取得收入有关的、合理的支出，包括成本、费用、税金、损失和其他支出，准予在计算应纳税所得额时扣除。""有关的支出"是指与取得收入直接相关的支出。"合理的支出"是指符合生产经营活动常规，应当计入当期损益或者有关资产成本的必要和正常的支出。

1. 成本。成本是指企业在生产经营活动中发生的销售成本、销货成本、业务支出以及其他耗费。

2. 费用。费用是指企业在生产经营活动中发生的销售费用、管理费用和财务费用，已经计入成本的有关费用除外。

3. 税金。税金是指企业发生的除企业所得税和允许抵扣的增值税以外的各项税金及其附加。

4. 损失。损失是指企业在生产经营活动中发生的固定资产和存货的盘亏、毁损、报废损失、转让财产损失、呆账损失、坏账损失、自然灾害等不可抗力因素造成的损失以及其他损失。企业发生的损失，减除责任人赔偿和保险赔款后的余额，依照国务院财政、税务主管部门的规定扣除。企业已经作为损失处理的资产，在以后纳税年度又全部收回或者部分收回时，应当计入当期收入。

5. 其他支出。其他支出是指除成本、费用、税金、损失外，企业在生产经营活动中发生的与生产经营活动有关的、合理的支出。

企业发生的支出应当区分为收益性支出和资本性支出。收益性支出在发生当期直接扣除；资本性支出应当分期扣除或者计入有关资产成本，不得在发生当期直接扣除。企业的不征税收入用于支出所形成的费用或者财产，不得扣除或者计算对应的折旧、摊销扣除。

除《企业所得税法》和《企业所得税法实施条例》另有规定外，企业实际发生的成本、费用、税金、损失和其他支出，不得重复扣除。

在确认扣除项目时，除税法规另有规定者外，一般应遵循以下原则：

1. 权责发生制原则。《企业所得税法实施条例》第9条规定："企业应纳税所得额的计算，以权责发生制为原则，属于当期的收入和费用，不论款项是否收付，均作为当期的收入和费用；不属于当期的收入和费用，即使款项已经在当期收付，均不作为当期的收入和费用……"

2. 配比原则。即纳税人发生的费用应在费用应配比或应分配的当期申报扣除。纳税人某一纳税年度应申报的可扣除费用不得提前或滞后申报扣除。

3. 相关性原则。即纳税人可扣除的费用从性质和根源上必须与取得应税收入相关。

4. 确定性原则。即纳税人可扣除的费用不论何时支付，其金额必须是确定的。

5. 合理性原则。即纳税人可扣除费用的计算和分配方法应符合一般的经营常规和会计惯例。

我国企业所得税法对于部分准扣除项目的范围和标准作了具体规定：

1. 工资薪金。《企业所得税法实施条例》第34条规定："企业发生的合理的工资薪金支出，准予扣除。前款所称工资薪金是指企业每一纳税年度支付给在本企业任职或者受雇的员工的所有现金形式或者非现金形式的劳动报酬，包括基本工资、奖金、津贴、补贴、年终加薪、加班工资，以及与员工任职或者受雇有关的其他支出。"

"合理的工资薪金"，是指企业按照股东大会、董事会、薪酬委员会或相关管理机构制定的工资薪金制度规定实际发放给员工的工资薪金。税务机关在对工资薪金进行合理性确认时，可按以下原则掌握：①企业制定了较为规范的员工工资薪金制度；②企业所制定的工资薪金制度符合行业及地区水平；③企业在一定时期所发放的工资薪金是相对固定的，工资薪金的调整是有序进行的；④业对实际发放的工资薪金，已依法履行了代扣代缴个人所得税义务；⑤有关工资薪金的安排，不以减少或逃避税款为目的。

2. 纳税人的职工工会经费、职工福利费、职工教育经费。根据《企业所得税法实施条例》第 40~42 条的规定，纳税人的职工工会经费、职工福利费、职工教育经费，分别按照工资薪金总额的 2%、14% 和 2.5% 计算扣除，其中职工教育经费超过工资薪金总额 2.5% 的部分，准予在以后纳税年度结转扣除。这里所称"工资薪金总额"，是指企业按照上述第 1 条规定实际发放的工资薪金总和，不包括企业的职工福利费、职工教育经费、工会经费以及养老保险费、医疗保险费、失业保险费、工伤保险费、生育保险费等社会保险费和住房公积金。属于国有性质的企业，其工资薪金，不得超过政府有关部门给予的限定数额；超过部分，不得计入企业工资薪金总额，也不得在计算企业应纳税所得额时扣除。

3. 各类保险基金和统筹基金。根据《企业所得税法实施条例》第 35~36 条的规定，企业依照国务院有关主管部门或者省级人民政府规定的范围和标准为职工缴纳的基本养老保险费、基本医疗保险费、失业保险费、工伤保险费、生育保险费等基本社会保险费和住房公积金，准予扣除。企业为投资者或者职工支付的补充养老保险费、补充医疗保险费，在国务院财政、税务主管部门规定的范围和标准内，准予扣除。除企业依照国家有关规定为特殊工种职工支付的人身安全保险费和国务院财政、税务主管部门规定可以扣除的其他商业保险费外，企业为投资者或者职工支付的商业保险费，不得扣除。

4. 借款费用。《企业所得税法实施条例》第 37 条规定："企业在生产经营活动中发生的合理的不需要资本化的借款费用，准予扣除。企业为购置、建造固定资产、无形资产和经过 12 个月以上的建造才能达到预定可销售状态的存货发生借款的，在有关资产购置、建造期间发生的合理的借款费用，应当作为资本性支出计入有关资产的成本，并依照本条例的规定扣除。"

5. 利息。《企业所得税法实施条例》第 38 条规定，非金融企业在生产经营活动中发生的向金融企业借款的利息支出、金融企业的各项存款利息支出和同业拆借利息支出、企业经批准发行债券的利息支出，准予扣除；非金融企业向非金融企业借款的利息支出，不超过按照金融企业同期同类贷款利率计算数额的部分，准予扣除。

6. 汇兑损失。《企业所得税法实施条例》第 39 条规定："企业在货币交易中，以及纳税年度终了时将人民币以外的货币性资产、负债按照期末即期人民币汇率中间价折算为人民币时产生的汇兑损失，除已经计入有关资产成本以及与向所有者进行利润分配相关的部分外，准予扣除。"

7. 公益性捐赠。《企业所得税法》第 9 条规定："企业发生的公益性捐赠支出，在年度利润总额 12% 以内的部分，准予在计算应纳税所得额时扣除。"

公益性捐赠是指企业通过公益性社会团体或者县级以上人民政府及其部门，

用于《中华人民共和国公益事业捐赠法》规定的公益事业的捐赠。这里所称公益事业是指非营利的下列事项：①救助灾害、救济贫困、扶助残疾人等困难的社会群体和个人的活动；②教育、科学、文化、卫生、体育事业；③环境保护、社会公共设施建设；④促进社会发展和进步的其他社会公共和福利事业。

公益性社会团体是指同时符合下列条件的基金会、慈善组织等社会团体：①依法登记，具有法人资格；②以发展公益事业为宗旨，且不以营利为目的；③全部资产及其增值为该法人所有；④收益和营运结余主要用于符合该法人设立目的的事业；⑤终止后的剩余财产不归属任何个人或者营利组织；⑥不经营与其设立目的无关的业务；⑦有健全的财务会计制度；⑧捐赠者不以任何形式参与社会团体财产的分配；⑨国务院财政、税务主管部门会同国务院民政部门等登记管理部门规定的其他条件。

年度利润总额是指企业依照国家统一会计制度的规定计算的年度会计利润。

8. 业务招待费。业务招待费是指纳税人发生的与生产、经营有关的业务招待费。《企业所得税法实施条例》第43条规定："企业发生的与生产经营活动有关的业务招待费支出，按照发生额的60%扣除，但最高不得超过当年销售（营业）收入的5‰。"

9. 广告费与业务宣传费。《企业所得税法实施条例》第44条规定："企业发生的符合条件的广告费和业务宣传费支出，除国务院财政、税务主管部门另有规定外，不超过当年销售（营业）收入15%的部分，准予扣除；超过部分，准予在以后纳税年度结转扣除。"

10. 环境保护、生态恢复等方面的专项资金。《企业所得税法实施条例》第45条规定："企业依照法律、行政法规有关规定提取的用于环境保护、生态恢复等方面的专项资金，准予扣除。上述专项资金提取后改变用途的，不得扣除。"

11. 财产保险费用。《企业所得税法实施条例》第46条规定："企业参加财产保险，按照规定缴纳的保险费，准予扣除。"

12. 固定资产租赁费。《企业所得税法实施条例》第47条规定："企业根据生产经营活动的需要租入固定资产支付的租赁费，按照以下方法扣除：①以经营租赁方式租入固定资产发生的租赁费支出，按照租赁期限均匀扣除；②以融资租赁方式租入固定资产发生的租赁费支出，按照规定构成融资租入固定资产价值的部分应当提取折旧费用，分期扣除。"

融资租赁是指具有融资性质和所有权转移特点的有形动产租赁业务活动。即出租人根据承租人所要求的规格、型号、性能等条件购入有形动产租赁给承租人，合同期内设备所有权属于出租人，承租人只拥有使用权，合同期满付清租金后，承租人有权按照残值购入有形动产，以拥有其所有权。

13. 劳动保护费用。劳动保护支出是指确因工作需要为雇员配备或提供工作服、手套、安全保护用品、防暑降温用品等所发生的支出。《企业所得税法实施条例》第48条规定："企业发生的合理的劳动保护支出，准予扣除。"

14. 非居民企业境内机构、场所的费用。《企业所得税法实施条例》第50条规定："非居民企业在中国境内设立的机构、场所，就其中国境外总机构发生的与该机构、场所生产经营有关的费用，能够提供总机构出具的费用汇集范围、定额、分配依据和方法等证明文件，并合理分摊的，准予扣除。"

15. 有关资产的费用。企业转让各类固定资产发生的费用，允许扣除。企业按规定计算的固定资产折旧费、无形资产和递延资产的摊销费，准予扣除。

16. 资产损失。企业当期发生的固定资产和流动资产盘亏、毁损的净损失，由其提供清查盘存资料，经主管税务机关审核后，准予扣除。

17. 依照有关法律、行政法规和国家有关税法规定准予扣除的其他项目。

（五）不得扣除的项目

根据《企业所得税法》第10条规定，在计算应纳税所得额时，下列支出不得扣除：①向投资者支付的股息、红利等权益性投资收益款项；②企业所得税税款；③税收滞纳金；④罚金、罚款和被没收财物的损失；⑤《企业所得税法》第9条规定以外的捐赠支出；⑥赞助支出，是指企业发生的与生产经营活动无关的各种非广告性质支出；⑦未经核定的准备金支出，是指不符合国务院财政、税务主管部门规定的各项资产减少准备、风险准备等准备金支出；⑧与取得收入无关的其他支出。

六、企业资产的税务处理

企业资产的税务处理是税务机关计算征收税款时，对纳税人各项经济业务活动按照税务机关确定的核算原则和核算标准进行办理的过程。

（一）固定资产的计价与折旧

固定资产是指企业为生产产品、提供劳务、出租或者经营管理而持有的、使用时间超过12个月的非货币性资产，包括房屋、建筑物、机器、机械、运输工具以及其他与生产经营活动有关的设备、器具、工具等。不属于生产、经营主要设备的物品，单位价值在2000元以上，并且使用期限超过2年的，也应当作为固定资产。折旧是指将固定资产的价值在其预计使用年限中平均分配的金额。

1. 固定资产的计价。固定资产应当按照规定计算折旧，折旧额可以在计算应纳税所得额时予以扣除。根据《企业所得税法实施条例》第58条的规定，固定资产按照以下方法确定计税基础：

（1）外购的固定资产，以购买价款和支付的相关税费以及直接归属于使该资产达到预定用途发生的其他支出为计税基础；

（2）自行建造的固定资产，以竣工结算前发生的支出为计税基础；

（3）融资租入的固定资产，以租赁合同约定的付款总额和承租人在签订租赁合同过程中发生的相关费用为计税基础，租赁合同未约定付款总额的，以该资产的公允价值和承租人在签订租赁合同过程中发生的相关费用为计税基础；

（4）盘盈的固定资产，以同类固定资产的重置完全价值为计税基础；

（5）通过捐赠、投资、非货币性资产交换、债务重组等方式取得的固定资产，以该资产的公允价值和支付的相关税费为计税基础；

（6）改建的固定资产，除《企业所得税法》第13条第1项和第2项规定的支出外，以改建过程中发生的改建支出增加计税基础。

2. 固定资产折旧的计提范围。下列固定资产应当提取折旧：

（1）房屋、建筑物；

（2）在用的机器设备、运输车辆、器具、工具；

（3）季节性停用和大修理停用的机器设备；

（4）以经营租赁方式租出的固定资产；

（5）以融资租赁方式租入的固定资产；

（6）财政部规定的其他应当计提折旧的固定资产。

3. 计提折旧的方法。根据《企业所得税法实施条例》第59条的规定，在我国，纳税人可扣除的固定资产折旧的计算，采取直线折旧法，不能自由选择方法。直线折旧法具体包括工作量法和年限平均法。工作量法是根据实际工作量计提固定资产折旧额的一种方法；年限平均法是根据固定资产的使用年限平均计提固定资产折旧额的一种方法。

企业应当自固定资产投入使用月份的次月起计算折旧；停止使用的固定资产，应当自停止使用月份的次月起停止计算折旧。

企业应当根据固定资产的性质和使用情况，合理确定固定资产的预计净残值。固定资产的预计净残值一经确定，不得变更。

4. 计提折旧的最低年限。根据《企业所得税法实施条例》第60条的规定，除国务院财政、税务主管部门另有规定外，固定资产计算折旧的最低年限如下：

（1）房屋、建筑物，为20年；

（2）飞机、火车、轮船、机器、机械和其他生产设备，为10年；

（3）与生产经营活动有关的器具、工具、家具等，为5年；

（4）飞机、火车、轮船以外的运输工具，为4年；

（5）电子设备，为3年。

5. 不得提取折旧的固定资产。根据《企业所得税法》第 11 条第 2 款的规定，下列固定资产不得计算折旧扣除：

(1) 房屋、建筑物以外未投入使用的固定资产；

(2) 以经营租赁方式租入的固定资产；

(3) 以融资租赁方式租出的固定资产；

(4) 已足额提取折旧仍继续使用的固定资产；

(5) 与经营活动无关的固定资产；

(6) 单独估价作为固定资产入账的土地；

(7) 其他不得计算折旧扣除的固定资产。

此外，《企业所得税法实施条例》第 61 条规定："从事开采石油、天然气等矿产资源的企业，在开始商业性生产前发生的费用和有关固定资产的折耗、折旧方法，由国务院财政、税务主管部门另行规定。"

（二）生产性生物资产的计价与折旧

生产性生物资产，是指企业为生产农产品、提供劳务或者出租等而持有的生物资产，包括经济林、薪炭林、产畜和役畜等。

1. 生产性生物资产的计价。根据《企业所得税法实施条例》第 62 条的规定，生产性生物资产按照以下方法确定计税基础：

(1) 外购的生产性生物资产，以购买价款和支付的相关税费为计税基础；

(2) 通过捐赠、投资、非货币性资产交换、债务重组等方式取得的生产性生物资产，以该资产的公允价值和支付的相关税费为计税基础。

2. 计提折旧的方法。根据《企业所得税法实施条例》第 63 条的规定，生产性生物资产按照直线法计算的折旧，准予扣除。企业应当自生产性生物资产投入使用月份的次月起计算折旧；停止使用的生产性生物资产，应当自停止使用月份的次月起停止计算折旧。企业应当根据生产性生物资产的性质和使用情况，合理确定生产性生物资产的预计净残值。生产性生物资产的预计净残值一经确定，不得变更。

3. 计提折旧的最低年限。根据《企业所得税法实施条例》第 64 条的规定，生产性生物资产计算折旧的最低年限如下：

(1) 林木类生产性生物资产，为 10 年；

(2) 畜类生产性生物资产，为 3 年。

（三）无形资产的计价与摊销

无形资产是指企业为生产产品、提供劳务、出租或者经营管理而持有的、没有实物形态的非货币性长期资产，包括专利权、商标权、著作权、土地使用权、非专利技术、商誉等。

1. 无形资产的计价。《企业所得税法》第 12 条第 1 款规定："在计算应纳税所得额时，企业按照规定计算的无形资产摊销费用，准予扣除。"根据《企业所得税法实施条例》第 66 条的规定，无形资产按照以下方法确定计税基础：

(1) 外购的无形资产，以购买价款和支付的相关税费以及直接归属于使该资产达到预定用途发生的其他支出为计税基础；

(2) 自行开发的无形资产，以开发过程中该资产符合资本化条件后至达到预定用途前发生的支出为计税基础；

(3) 通过捐赠、投资、非货币性资产交换、债务重组等方式取得的无形资产，以该资产的公允价值和支付的相关税费为计税基础。

2. 无形资产的摊销。根据《企业所得税法实施条例》第 67 条的规定，无形资产按照直线法计算的摊销费用，准予扣除。无形资产的摊销年限不得低于 10 年。作为投资或者受让的无形资产，有关法律规定或者合同约定了使用年限的，可以按照规定或者约定的使用年限分期摊销。外购商誉的支出，在企业整体转让或者清算时，准予扣除。

3. 不得计算摊销费用扣除的无形资产。

(1) 自行开发的支出已在计算应纳税所得额时扣除的无形资产；

(2) 自创商誉；

(3) 与经营活动无关的无形资产；

(4) 其他不得计算摊销费用扣除的无形资产。

(四) 企业长期待摊费用

企业长期待摊费用是指已经支出，但根据权责发生制的原则，应由本期和以后各期分别负担的分摊期限在 1 年以上（不含 1 年）的各项费用，主要包括除开办费以外，摊销期限在 1 年以上的固定资产修理支出、租入固定资产改良支出以及其他待摊费用。应由本期负担的借款利息、租金等，不应计入"长期待摊费用"科目。

长期待摊费用应在受益期内按期平均摊销，计入损益。

根据《企业所得税法》第 13 条的规定，计算应纳税所得额时，企业发生的下列支出作为长期待摊费用，按照规定摊销的，准予扣除：

1. 已足额提取折旧的固定资产的改建支出。"固定资产的改建支出"，是指改变房屋或者建筑物结构、延长使用年限等发生的支出。按照固定资产预计尚可使用年限分期摊销。改建的固定资产延长使用年限的，应当适当延长折旧年限。

2. 租入固定资产的改建支出。其应按照合同约定的剩余租赁期限分期摊销。改建的固定资产延长使用年限的，应当适当延长折旧年限。

3. 固定资产的大修理支出。是指同时符合下列条件的支出：①修理支出达到取得固定资产时的计税基础 50% 以上；②修理后固定资产的使用年限延长 2 年以上。固定资产的大修理支出，按照固定资产尚可使用年限分期摊销。

4. 其他应当作为长期待摊费用的支出。自支出发生月份的次月起，分期摊销，摊销年限不得低于 3 年。

（五）企业对外投资资产的处理方式

投资资产是指企业对外进行权益性投资和债权性投资形成的资产。《企业所得税法》第 14 条规定："企业对外投资期间，投资资产的成本在计算应纳税所得额时不得扣除。"企业在转让或者处置投资资产时，投资资产的成本，准予扣除。投资资产按照以下方法确定成本：

1. 通过支付现金方式取得的投资资产，以购买价款为成本。

2. 通过支付现金以外的方式取得的投资资产，以该资产的公允价值和支付的相关税费为成本。

（六）存货的扣除方法

存货是指企业持有以备出售的产品或者商品、处在生产过程中的产品、在生产或者提供劳务过程中耗用的材料和物料等。存货需同时满足与该存货有关的经济利益很可能流入企业和存货的成本能够可靠地计量两个条件，才能够予以确认。

《企业所得税法》第 15 条规定："企业使用或者销售存货，按照规定计算的存货成本，准予在计算应纳税所得额时扣除。"

1. 存货成本的确定。

（1）通过支付现金方式取得的存货，以购买价款和支付的相关税费为成本。

（2）通过支付现金以外的方式取得的存货，以该存货的公允价值和支付的相关税费为成本。

（3）生产性生物资产收获的农产品，以产出或者采收过程中发生的材料费、人工费和分摊的间接费用等必要支出为成本。

2. 存货的成本计算方法。企业使用或者销售的存货的成本计算方法，可以在先进先出法、加权平均法、个别计价法中选用一种。计价方法一经选用，不得随意变更。

（七）企业转让资产时应纳税所得额的计算

《企业所得税法》第 16 条规定："企业转让资产，该项资产的净值，准予在计算应纳税所得额时扣除。"资产的净值是指有关资产、财产的计税基础减除已经按照规定扣除的折旧、折耗、摊销、准备金等后的余额。

企业转让资产获得的是转让财产所得。由于企业所得税原则上仅针对纯收入征税，因此，转让财产所得应当是转让收入减去财产净值。

七、企业所得税应纳税额的计算

根据《企业所得税法》第22条的规定，企业的应纳税所得额乘以适用税率，减除依照该法关于税收优惠的规定减免和抵免的税额后的余额，为应纳税额。其计算公式为：

应纳税额＝应纳税所得额×适用税率－减免税额－抵免税额

公式中的减免税额和抵免税额，是指依照《企业所得税法》和国务院的税收优惠规定减征、免征和抵免的应纳税额。

八、税收抵免制度

税收抵免是指对于本国居民或者在本国的常设机构来源于境外的并且已经缴纳了税款的所得，在对其征税时允许从应纳税额中扣除在国外缴纳的税款数额的一种制度。税收抵免是避免国际间对同一所得重复征税的一项重要措施，它能保证对同一笔所得只征一次税。能比较彻底地消除国际间重复征税，平衡境外投资所得与境内投资所得的税负，有利于国际投资，有利于维护各国的税收管辖权和经济利益。

《企业所得税法》第23条规定，企业取得的法定应税所得已在境外缴纳的所得税税额[1]，可以从其当期应纳税额中抵免，抵免限额为该项所得依照本法规定计算的应纳税额；超过抵免限额的部分，可以在以后5个年度内[2]，用每年度抵免限额抵免当年应抵税额后的余额进行抵补。根据该规定，可以享受税收抵免的所得有：

1. 居民企业来源于中国境外的应税所得；

2. 非居民企业在中国境内设立机构、场所，取得发生在中国境外但与该机构、场所有实际联系的应税所得。

抵免限额是指企业来源于中国境外的所得，依照《企业所得税法》及其实施条例的规定计算的应纳税额。除国务院财政、税务主管部门另有规定外，该抵免限额应当分国（地区）不分项计算，计算公式如下：

抵免限额＝中国境内、境外所得依照《企业所得税法》及其实施条例的规

---

[1] "已在境外缴纳的所得税税额"是指企业来源于中国境外的所得依照中国境外税收法律以及相关规定应当缴纳并且已经实际缴纳的企业所得税性质的税款。

[2] "5个年度"是指从企业取得的来源于中国境外的所得，已经在中国境外缴纳的企业所得税性质的税额超过抵免限额的当年的次年起连续5个纳税年度。

定计算的应纳税总额×来源于某国（地区）的应纳税所得额÷中国境内、境外应纳税所得总额

根据《企业所得税法》第 24 条的规定，居民企业从其直接或者间接控制[1]的外国企业分得的来源于中国境外的股息、红利等权益性投资收益，外国企业在境外实际缴纳的所得税税额中属于该项所得负担的部分，可以作为该居民企业的可抵免境外所得税税额，在本法第 23 条规定的抵免限额内抵免。抵免企业所得税税额时，应当提供中国境外税务机关出具的税款所属年度的有关纳税凭证。

九、企业所得税的税收优惠

（一）税收优惠原则

《企业所得税法》第 25 条规定："国家对重点扶持和鼓励发展的产业和项目，给予企业所得税优惠。"税收优惠原则上应当以产业和项目为导向，改变以往针对特定地区、特定身份投资者给予税收优惠的做法。凡是符合国家扶持或者鼓励的产业和项目的企业，无论其地理位置、投资者身份、资本的所有制性质如何，都可以享受相应的税收优惠。

（二）免税收入优惠

根据《企业所得税法》第 26 条的规定，企业的下列收入为免税收入：

1. 国债利息收入。是指企业持有国务院财政部门发行的国债取得的利息收入。

2. 符合条件的居民企业之间的股息、红利等权益性投资收益。是指居民企业直接投资于其他居民企业取得的投资收益，不包括连续持有居民企业公开发行并上市流通的股票不足 12 个月取得的投资收益。

3. 在中国境内设立机构、场所的非居民企业从居民企业取得与该机构、场所有实际联系的股息、红利等权益性投资收益。不包括连续持有居民企业公开发行并上市流通的股票不足 12 个月取得的投资收益。

4. 符合条件的非营利组织的收入。符合条件的非营利组织是指同时符合下列条件的组织：①依法履行非营利组织登记手续；②从事公益性或者非营利性活动；③取得的收入除用于与该组织有关的、合理的支出外，全部用于登记核定或者章程规定的公益性或者非营利性事业；④财产及其孳息不用于分配；⑤按照登记核定或者章程规定，该组织注销后的剩余财产用于公益性或者非营利性目的，

---

〔1〕 直接控制是指居民企业直接持有外国企业 20% 以上股份。间接控制是指居民企业以间接持股方式持有外国企业 20% 以上股份，具体认定办法由国务院财政、税务主管部门另行制定。

或者由登记管理机关转赠给与该组织性质、宗旨相同的组织，并向社会公告；⑥投入人对投入该组织的财产不保留或者享有任何财产权利；⑦工作人员工资福利开支控制在规定的比例内，不变相分配该组织的财产。

非营利组织的收入，不包括非营利组织从事营利性活动取得的收入，但国务院财政、税务主管部门另有规定的除外。非营利组织免税收入包括：① 接受其他单位或者个人捐赠的收入；② 除《中华人民共和国企业所得税法》第 7 条规定的财政拨款以外的其他政府补助收入，但不包括因政府购买服务取得的收入；③ 按照省级以上民政、财政部门规定收取的会费；④ 不征税收入和免税收入孳生的银行存款利息收入；⑤ 财政部、国家税务总局规定的其他收入。

（三）免征、减征优惠

根据《企业所得税法》第 27 条的规定，企业的下列所得，可以免征、减征企业所得税：

1. 从事农、林、牧、渔业项目的所得。包括免征与减征两种措施：

（1）免征所得税的项目：①蔬菜、谷物、薯类、油料、豆类、棉花、麻类、糖料、水果、坚果的种植；②农作物新品种的选育；③中药材的种植；④林木的培育和种植；⑤牲畜、家禽的饲养；⑥林产品的采集；⑦灌溉、农产品初加工、兽医、农技推广、农机作业和维修等农、林、牧、渔服务业项目；⑧远洋捕捞。

（2）减半征收所得税的项目：①花卉、茶以及其他饮料作物和香料作物的种植；②海水养殖、内陆养殖。

企业从事国家限制和禁止发展的项目，不得享受企业所得税优惠。

2. 从事国家重点扶持的公共基础设施项目投资经营的所得。国家重点扶持的公共基础设施项目是指《公共基础设施项目企业所得税优惠目录》规定的港口码头、机场、铁路、公路、城市公共交通、电力、水利等项目。企业从事前述规定项目的所得，自项目取得第一笔生产经营收入所属纳税年度起，第 1 年～第 3 年免征企业所得税，第 4 年～第 6 年减半征收企业所得税。

企业承包经营、承包建设和内部自建自用上述规定的项目，不得享受企业所得税优惠。

在减免税期限内转让的，受让方自受让之日起，可以在剩余期限内享受规定的减免税优惠；减免税期限届满后转让的，受让方不得就该项目重复享受减免税优惠。

3. 从事符合条件的环境保护、节能节水项目的所得。符合条件的环境保护、节能节水项目，包括公共污水处理、公共垃圾处理、沼气综合开发利用、节能减排技术改造和海水淡化等。项目的具体条件和范围由国务院财政、税务主管部门会同国务院有关部门制订，报国务院批准后公布施行。

企业从事前述规定项目的所得，自项目取得第一笔生产经营收入所属纳税年度起，第 1 年 ~ 第 3 年免征企业所得税，第 4 年 ~ 第 6 年减半征收企业所得税。

在减免税期限内转让的，受让方自受让之日起，可以在剩余期限内享受规定的减免税优惠；减免税期限届满后转让的，受让方不得就该项目重复享受减免税优惠。

4. 符合条件的技术转让所得。是指一个纳税年度内，居民企业技术转让所得不超过 500 万元的部分，免征企业所得税；超过 500 万元的部分，减半征收企业所得税。但居民企业从直接或间接持有股权之和达到 100% 的关联方取得的技术转让所得，不享受技术转让减免企业所得税优惠政策。"技术转让"是指居民企业转让其拥有符合《财政部 国家税务总局关于居民企业技术转让有关企业所得税政策问题的通知》规定技术的所有权或 5 年以上（含 5 年）全球独占许可使用权的行为。技术转让的范围包括居民企业转让专利技术、计算机软件著作权、集成电路布图设计权、植物新品种、生物医药新品种，以及财政部和国家税务总局确定的其他技术。

享受减免企业所得税优惠的技术转让应符合的条件包括：①享受优惠的技术转让主体是企业所得税法规定的居民企业；②技术转让属于财政部、国家税务总局规定的范围；③境内技术转让经省级以上科技部门认定；④向境外转让技术经省级以上商务部门认定；⑤国务院税务主管部门规定的其他条件。

符合条件的技术转让所得应按以下方法计算：技术转让所得 = 技术转让收入 - 技术转让成本 - 相关税费。享受技术转让所得减免企业所得税优惠的企业，应单独计算技术转让所得，并合理分摊企业的期间费用；没有单独计算的，不得享受技术转让所得企业所得税优惠。

5. 非居民企业在中国境内未设立机构、场所，但取得来源于中国境内的所得，或者虽设立机构、场所但取得的所得与其所设机构、场所没有实际联系的，原则上减按 10% 的税率征收企业所得税。但在下列三种情况下可以免征：①外国政府向中国政府提供贷款取得的利息所得；②国际金融组织向中国政府和居民企业提供优惠贷款取得的利息所得；③经国务院批准的其他所得。

（四）税率优惠

《企业所得税法》第 28 条规定："符合条件的小型微利企业，减按 20% 的税率征收企业所得税。国家需要重点扶持的高新技术企业，减按 15% 的税率征收企业所得税。"

1. 符合条件的小型微利企业。这类企业是指从事国家非限制和禁止行业，并符合下列条件的企业：①工业企业，年度应纳税所得额不超过 30 万元，从业人数不超过 100 人，资产总额不超过 3000 万元；②其他企业，年度应纳税所得额不超过 30 万元，从业人数不超过 80 人，资产总额不超过 1000 万元。

2. 国家需要重点扶持的高新技术企业。这类企业是指拥有核心自主知识产权，并同时符合下列条件的企业：①产品（服务）属于《国家重点支持的高新技术领域》规定的范围；②研究开发费用占销售收入的比例不低于规定比例；③高新技术产品（服务）收入占企业总收入的比例不低于规定比例；④科技人员占企业职工总数的比例不低于规定比例；⑤高新技术企业认定管理办法规定的其他条件。

《国家重点支持的高新技术领域》和高新技术企业认定管理办法由国务院科技、财政、税务主管部门会同国务院有关部门制订，报国务院批准后公布施行。

（五）民族自治地方企业税收优惠

《企业所得税法》第 29 条规定："民族自治地方的自治机关对本民族自治地方的企业应缴纳的企业所得税中属于地方分享的部分，可以决定减征或者免征。自治州、自治县决定减征或者免征的，须报省、自治区、直辖市人民政府批准。"对民族自治地方内国家限制和禁止行业的企业，不得减征或者免征企业所得税。

（六）企业加计扣除相关费用的税收优惠

根据《企业所得税法》第 30 条的规定，企业的下列支出，可以在计算应纳税所得额时加计扣除：

1. 开发新技术、新产品、新工艺发生的研究开发费用。企业为开发新技术、新产品、新工艺发生的研究开发费用，未形成无形资产计入当期损益的，在按照规定据实扣除的基础上，按照研究开发费用的 50% 加计扣除；形成无形资产的，按照无形资产成本的 150% 摊销。

为了鼓励企业开展研究开发活动，规范企业研究开发费用的税前扣除及有关税收优惠政策的执行，国家税务总局颁布了《企业研究开发费用税前扣除管理办法（试行）》，该办法适用于财务核算健全并能准确归集研究开发费用的居民企业（以下简称企业）。

（1）企业从事规定项目的研究开发活动，其在一个纳税年度中实际发生的下列费用支出，允许在计算应纳税所得额时按照规定实行加计扣除：① 新产品设计费、新工艺规程制定费以及与研发活动直接相关的技术图书资料费、资料翻译费；② 从事研发活动直接消耗的材料、燃料和动力费用；③ 在职直接从事研发活动人员的工资、薪金、奖金、津贴、补贴；④ 专门用于研发活动的仪器、设备的折旧费或租赁费；⑤ 专门用于研发活动的软件、专利权、非专利技术等无形资产的摊销费用；⑥ 专门用于中间试验和产品试制的模具、工艺装备开发及制造费；⑦ 勘探开发技术的现场试验费。⑧ 研发成果的论证、评审、验收费用。

对企业共同合作开发的项目，凡符合上述条件的，由合作各方就自身承担的研发费用分别按照规定计算加计扣除。

对企业委托给外单位进行开发的研发费用，凡符合上述条件的，由委托方按照规定计算加计扣除，受托方不得再进行加计扣除。对委托开发的项目，受托方应向委托方提供该研发项目的费用支出明细情况，否则，该委托开发项目的费用支出不得实行加计扣除。

（2）企业根据财务会计核算和研发项目的实际情况，对发生的研发费用进行收益化或资本化处理的，可按下述规定计算加计扣除：① 研发费用计入当期损益未形成无形资产的，允许再按其当年研发费用实际发生额的50%，直接抵扣当年的应纳税所得额；② 研发费用形成无形资产的，按照该无形资产成本的150% 在税前摊销。除法律另有规定外，摊销年限不得低于10 年。

法律、行政法规和国家税务总局规定不允许企业所得税前扣除的费用和支出项目，均不允许计入研究开发费用。企业未设立专门的研发机构或企业研发机构同时承担生产经营任务的，应对研发费用和生产经营费用分开进行核算，准确、合理地计算各项研究开发费用支出，对划分不清的，不得实行加计扣除。

2. 安置残疾人员及国家鼓励安置的其他就业人员所支付的工资。企业安置残疾人员的，在按照支付给残疾职工工资据实扣除的基础上，按照支付给残疾职工工资的100% 加计扣除；企业安置国家鼓励安置的其他就业人员所支付的工资的加计扣除办法，由国务院另行规定。

残疾人员的范围适用《中华人民共和国残疾人保障法》的有关规定。

财政部和国家税务总局对安置残疾人员就业的企业所得税优惠的具体规定如下：

（1）企业安置残疾人员的，在按照支付给残疾职工工资据实扣除的基础上，可以在计算应纳税所得额时按照支付给残疾职工工资的100% 加计扣除。企业就支付给残疾职工的工资，在进行企业所得税预缴申报时，允许据实计算扣除；在年度终了进行企业所得税年度申报和汇算清缴时，再依照上述规定计算加计扣除。

（2）企业享受安置残疾职工工资100% 加计扣除应同时具备如下条件：①依法与安置的每位残疾人签订了1 年以上（含1 年）的劳动合同或服务协议，并且安置的每位残疾人在企业实际上岗工作。② 为安置的每位残疾人按月足额缴纳了企业所在区（县）人民政府根据国家政策规定的基本养老保险、基本医疗保险、失业保险和工伤保险等社会保险。③ 定期通过银行等金融机构向安置的每位残疾人实际支付了不低于企业所在区（县）适用的，经省级人民政府批准的最低工资标准的工资。④ 具备安置残疾人上岗工作的基本设施。

（七）创业投资企业的税收优惠

《企业所得税法》第31条规定："创业投资企业从事国家需要重点扶持和鼓励的创业投资，可以按投资额的一定比例抵扣应纳税所得额。"

创业投资企业采取股权投资方式投资于未上市的中小高新技术企业2年以上的，可以按照其投资额的70%在股权持有满2年的当年抵扣该创业投资企业的应纳税所得额；当年不足抵扣的，可以在以后纳税年度结转抵扣。

投资于未上市的中小高新技术企业2年以上的，包括发生在2008年1月1日以前满2年的投资。所称中小高新技术企业是指取得高新技术企业资格，且年销售额和资产总额均不超过2亿元、从业人数不超过500人的企业，其中2007年底前已取得高新技术企业资格的，在其规定有效期内不需重新认定。

创业投资企业是指在中华人民共和国境内设立的专门从事创业投资活动的企业或其他经济组织。创业投资企业符合下列条件的，可以按投资额的一定比例抵扣应纳税所得额：①经营范围符合《创业投资企业管理暂行办法》规定，且工商登记为"创业投资有限责任公司"、"创业投资股份有限公司"等专业性法人创业投资企业。②按照《创业投资企业管理暂行办法》规定的条件和程序完成备案，经备案管理部门年度检查核实，投资运作符合《创业投资企业管理暂行办法》的有关规定。③创业投资企业投资的中小高新技术企业，除应按照相关规定，通过高新技术企业认定以外，还应符合职工人数不超过500人，年销售（营业）额不超过2亿元，资产总额不超过2亿元的条件。2007年底前按原有规定取得高新技术企业资格的中小高新技术企业，且在2008年继续符合新的高新技术企业标准的，其投资满24个月的计算，可自创业投资企业实际向其投资的时间起计算。④财政部、国家税务总局规定的其他条件。

中小企业接受创业投资之后，经认定符合高新技术企业标准的，应自其被认定为高新技术企业的年度起，计算创业投资企业的投资期限。该期限内中小企业接受创业投资后，企业规模超过中小企业标准，但仍符合高新技术企业标准的，不影响创业投资企业享受有关税收优惠。

（八）加速折旧的税收优惠

《企业所得税法》第32条规定："企业的固定资产由于技术进步等原因，确需加速折旧的，可以缩短折旧年限或者采取加速折旧的方法。"对于固定资产的范围，《企业所得税法实施条例》第98条规定如下：①由于技术进步，产品更新换代较快的固定资产；②常年处于强震动、高腐蚀状态的固定资产。

采取缩短折旧年限方法的，最低折旧年限不得低于《企业所得税法实施条例》第60条规定折旧年限的60%；采取加速折旧方法的，可以采取双倍余额递减法或者年数总和法。

（九）减计收入的税收优惠

减计收入是指按照税法规定准予对经营活动取得的应税收入，按一定比例减少计算，进而减少应纳税所得额的一种介于直接税收优惠和间接税收优惠之间的税收优惠措施。

《企业所得税法》第33条规定："企业综合利用资源，生产符合国家产业政策规定的产品所取得的收入，可以在计算应纳税所得额时减计收入。"

根据《企业所得税法实施条例》第99条的规定，减计收入是指企业以《资源综合利用企业所得税优惠目录》规定的资源作为主要原材料，生产国家非限制和禁止并符合国家和行业相关标准的产品取得的收入，减按90%计入收入总额。

上述原材料占生产产品材料的比例不得低于《资源综合利用企业所得税优惠目录》规定的标准。

（十）税额抵免优惠

税额抵免是指直接从企业的应纳税额中扣除一定数额。《企业所得税法》第34条规定："企业购置用于环境保护、节能节水、安全生产等专用设备的投资额，可以按一定比例实行税额抵免。"

根据《企业所得税法实施条例》第100条的规定，税额抵免是指企业购置并实际使用《环境保护专用设备企业所得税优惠目录》、《节能节水专用设备企业所得税优惠目录》和《安全生产专用设备企业所得税优惠目录》规定的环境保护、节能节水、安全生产等专用设备的，该专用设备的投资额的10%可以从企业当年的应纳税额中抵免；当年不足抵免的，可以在以后5个纳税年度结转抵免。享受这一企业所得税优惠规定的企业，应当实际购置并自身实际投入使用这一规定的专用设备；企业购置上述专用设备在5年内转让、出租的，应当停止享受企业所得税优惠，并补缴已经抵免的企业所得税税款。

（十一）特殊情况下的税收优惠

《企业所得税法》第36条规定："根据国民经济和社会发展的需要，或者由于突发事件等原因对企业经营活动产生重大影响的，国务院可以制定企业所得税专项优惠政策，报全国人民代表大会常务委员会备案。"

此外，企业同时从事适用不同企业所得税待遇的项目的，其优惠项目应当单独计算所得，并合理分摊企业的期间费用；没有单独计算的，不得享受企业所得税优惠。

十、企业所得税的特别纳税调整

特别纳税调整是指税务机关出于实施反避税目的而对纳税人特定纳税事项所作的税务调整，包括针对纳税人转让定价、资本弱化、避税地避税及其他避税情况所进行的税务调整。由于这些税务调整制度以反避税为目标，所以特别纳税调整也被称为反避税制度。

（一）调整范围

特别纳税调整的范围是指企业与其关联方之间的业务往来，不符合独立交易原则而减少企业或者其关联方应纳税收入或者所得额的，税务机关有权按照合理方法调整。

企业与其关联方共同开发、受让无形资产，或者共同提供、接受劳务发生的成本，在计算应纳税所得额时应当按照独立交易原则进行分摊。独立交易原则是指没有关联关系的交易各方，按照公平成交价格和营业常规进行业务往来遵循的原则。

1. 关联方的含义。关联方是指与企业有下列关联关系之一的企业、其他组织或者个人：①在资金、经营、购销等方面存在直接或者间接的控制关系；②直接或者间接地同为第三者控制；③在利益上具有相关联的其他关系。

2. 关联企业之间关联业务的税务处理。

（1）企业与其关联方共同开发、受让无形资产，或者共同提供、接受劳务发生的成本，在计算应纳税所得额时应当按照独立交易原则进行分摊。

（2）企业与其关联方分摊成本时，应当按照成本与预期收益相配比的原则进行分摊，并在税务机关规定的期限内，按照税务机关的要求报送有关资料。

（3）企业与其关联方分摊成本时违反（1）、（2）规定的，其自行分摊的成本不得在计算应纳税所得额时扣除。

（4）企业可以向税务机关提出与其关联方之间业务往来的定价原则和计算方法，税务机关与企业协商、确认后，达成预约定价安排。

预约定价安排（Advance Pricing Arrangement）是 OECD 所采用的用语，在美国被称为预先定价协议，是指企业就其未来年度关联交易的定价原则和计算方法，向税务机关提出申请，与税务机关按照独立交易原则协商、确认后达成的协议。

预约定价安排一般适用于同时满足以下条件的企业：①年度发生的关联交易金额在 4000 万元人民币以上；②依法履行关联申报义务；③按规定准备、保存和提供同期资料。

（5）企业向税务机关报送年度企业所得税纳税申报表时，应当就其与关联方之间的业务往来，附送年度关联业务往来报告表。税务机关在进行关联业务调查时，企业及其关联方，以及与关联业务调查有关的其他企业，应当按照规定提供相关资料。

相关资料包括：①与关联业务往来有关的价格、费用的制定标准、计算方法和说明等同期资料；②关联业务往来所涉及的财产、财产使用权、劳务等的再销售（转让）价格或者最终销售（转让）价格的相关资料；③与关联业务调查有关的其他企业应当提供的与被调查企业可比的产品价格、定价方式以及利润水平等资料；④其他与关联业务往来有关的资料。

（6）居民企业，或者由居民企业和中国居民控制的设立在实际税负明显低于25%的税率水平的国家（地区）的企业，并非由于合理的经营需要而对利润不作分配或者减少分配的，上述利润中应归属于该居民企业的部分，应当计入该居民企业的当期收入。

控制是指在股份、资金、经营、购销等方面构成实质控制。包括：①居民企业或者中国居民直接或者间接单一持有外国企业10%以上有表决权股份，且由其共同持有该外国企业50%以上股份；②居民企业，或者居民企业和中国居民持股比例没有达到第①项规定的标准，但在股份、资金、经营、购销等方面对该外国企业构成实质控制。

（7）企业从其关联方接受的债权性投资与权益性投资的比例超过规定标准而发生的利息支出，不得在计算应纳税所得额时扣除。

企业间接从关联方获得的债权性投资包括：①关联方通过无关联第三方提供的债权性投资；②无关联第三方提供的、由关联方担保且负有连带责任的债权性投资；③其他间接从关联方获得的具有负债实质的债权性投资。

权益性投资是指企业接受的不需要偿还本金和支付利息，投资人对企业净资产拥有所有权的投资。

（8）母子公司间提供服务支付费用有关企业所得税处理：

第一，母公司为其子公司（以下简称子公司）提供各种服务而发生的费用，应按照独立企业之间公平交易原则确定服务的价格，作为企业正常的劳务费用进行税务处理；母子公司未按照独立企业之间的业务往来收取价款的，税务机关有权予以调整。

第二，母公司向其子公司提供各项服务，双方应签订服务合同或协议，明确规定提供服务的内容、收费标准及金额等，凡按上述合同或协议规定所发生的服务费，母公司应作为营业收入申报纳税；子公司作为成本费用在税前扣除。

第三，母公司向其多个子公司提供同类项服务，其收取的服务费可以采取分项签订合同或协议收取，也可以采取服务分摊协议的方式，即由母公司与各子公司签订服务费用分摊合同或协议，以母公司为其子公司提供服务所发生的实际费用并附加一定比例利润作为向子公司收取的总服务费，在各服务受益子公司（包括盈利企业、亏损企业和享受减免税企业）之间按《中华人民共和国企业所得税法》第41条第2款的规定合理分摊。

第四，母公司以管理费形式向子公司提取费用，子公司因此支付给母公司的管理费，不得在税前扣除。

第五，子公司申报税前扣除向母公司支付的服务费用，应向主管税务机关提供与母公司签订的服务合同或者协议等与税前扣除该项费用相关的材料；不能提供相关材料的，支付的服务费用不得税前扣除。

（二）调整方法

税法规定对关联企业所得不实的，调整方法如下：

1. 可比非受控价格法。是指按照没有关联关系的交易各方进行相同或者类似业务往来的价格进行定价的方法。

2. 再销售价格法。是指按照从关联方购进商品再销售给没有关联关系的交易方的价格，减除相同或者类似业务的销售毛利进行定价的方法。

3. 成本加成法。是指按照成本加合理的费用和利润进行定价的方法。

4. 交易净利润法。是指按照没有关联关系的交易各方进行相同或者类似业务往来取得的净利润水平确定利润的方法。

5. 利润分割法。是指将企业与其关联方的合并利润或者亏损在各方之间采用合理标准进行分配的方法。

6. 其他符合独立交易原则的方法。

（三）核定征收

核定征收是指由税务机关参照一定标准，通过对纳税人的应税所得额进行核定来计算征收应纳税款的征收方法。企业不提供与其关联方之间业务往来资料，或者提供虚假、不完整资料，未能真实反映其关联业务往来情况的，税务机关有权依法核定其应纳税所得额。

税务机关的核定征收方法包括：

1. 参照同类或者类似企业的利润率水平核定。

2. 按照企业成本加合理的费用和利润的方法核定。

3. 按照关联企业集团整体利润的合理比例核定。

4. 按照其他合理方法核定。

企业对税务机关按照上述方法核定的应纳税所得额有异议的，应当提供相关证据，经税务机关认定后，调整核定的应纳税所得额。

（四）加收利息

企业实施其他不具有合理商业目的的安排而减少其应纳税收入或者所得额的，税务机关有权按照合理方法调整。不具有合理商业目的是指以减少、免除或者推迟缴纳税款为主要目的。

纳税人具有特定避税行为或者一般避税行为，税务机关可以根据合理的方法进行调整，重新确定其应纳税额，通常是增加纳税人的应纳税额。税务机关依照规定作出纳税调整，需要补征税款的，应当补征税款，并按照国务院规定加收利息。

1. 时间规定。税务机关根据税收法律、行政法规的规定，对企业作出特别纳税调整的，应当对补征的税款，自税款所属纳税年度的次年 6 月 1 日起至补缴税款之日止的期间，按日加收利息。加收的利息，不得在计算应纳税所得额时扣除。

2. 利息计算。应当按照税款所属纳税年度中国人民银行公布的与补税期间同期的人民币贷款基准利率加 5 个百分点计算。企业依照企业所得税法的规定提供有关资料的，可以只按规定的人民币贷款基准利率计算利息。

3. 纳税调整的时效。企业与其关联方之间的业务往来，不符合独立交易原则，或者企业实施其他不具有合理商业目的安排的，税务机关有权在该业务发生的纳税年度起 10 年内，进行纳税调整。

（五）企业所得税的征收管理

1. 纳税地点

（1）居民企业的纳税地点。除税收法律、行政法规另有规定外，居民企业以企业登记注册地为纳税地点；但登记注册地在境外的，以实际管理机构所在地为纳税地点[1]。

居民企业在中国境内设立不具有法人资格的营业机构的，应当汇总计算并缴纳企业所得税。汇总缴纳所得税简称汇总纳税，是指由汇缴成员企业和单位按照税法有关规定计算出应纳税所得额（或亏损额），由其总机构或规定的纳税人汇总缴纳所得税的办法。企业汇总计算并缴纳企业所得税时，应当统一核算应纳税所得额，具体办法由国务院财政、税务主管部门另行制定。

（2）非居民企业的纳税地点。非居民企业在中国境内设立机构、场所的，应当就其所设机构、场所取得的来源于中国境内的所得，以及发生在中国境外

---

〔1〕　实际管理机构是指跨国企业的实际有效的指挥、控制和管理中心，是行使居民税收管辖权的国家判定法人居民身份的主要标准。实际管理机构所在地的认定，一般以股东大会的场所、董事会的场所以及行使指挥监督权力的场所等因素来综合判断。

但与其所设机构、场所有实际联系的所得，以机构、场所所在地为纳税地点，缴纳企业所得税。非居民企业在中国境内设立两个或者两个以上机构、场所的，经税务机关审核批准，可以选择由其主要机构、场所汇总缴纳企业所得税。

非居民企业经批准汇总缴纳企业所得税后，需要增设、合并、迁移、关闭机构、场所或者停止机构、场所业务的，应当事先由负责汇总申报缴纳企业所得税的主要机构、场所向其所在地税务机关报告；需要变更汇总缴纳企业所得税的主要机构、场所的，依照前款规定办理。

非居民企业在中国境内未设立机构、场所，或者虽设立机构、场所但取得的所得与其所设机构、场所没有实际联系的，应当就其来源于中国境内的所得，以扣缴义务人所在地为纳税地点，缴纳企业所得税。

2. 纳税期限

企业所得税按年计征，分月或者分季预缴，年终汇算清缴，多退少补。

企业所得税的纳税年度，自公历 1 月 1 日起至 12 月 31 日止。企业在一个纳税年度中间开业，或者终止经营活动，使该纳税年度的实际经营期不足 12 个月的，应当以其实际经营期为一个纳税年度。企业依法清算时，应当以清算期间作为一个纳税年度。

企业在年度中间终止经营活动的，应当自实际经营终止之日起 60 日内，向税务机关办理当期企业所得税汇算清缴。

3. 纳税申报

按月或按季预缴的，应当自月份或季份终了之日起 15 日内，向税务机关报送预缴企业所得税纳税申报表，预缴纳税。

企业在报送企业所得税纳税申报表时，应当按照规定附送财务会计报告和其他有关资料。

企业应当在办理注销登记前，就其清算所得向税务机关申报并依法缴纳企业所得税。

依照企业所得税法缴纳的企业所得税，以人民币计算。所得以人民币以外的货币计算的，应当折合成人民币计算并缴纳税款。

企业在纳税年度内无论盈利或者亏损，都应当依照企业所得税法第 54 条规定的期限，向税务机关报送预缴企业所得税纳税申报表、年度企业所得税纳税申报表、财务会计报告和税务机关规定应当报送的其他有关资料。

4. 跨地区经营汇总纳税企业所得税的征收管理

为了解决汇总纳税导致的税收与税源相背离的问题，国家税务总局 2008 年 3 月 10 日发布的《跨地区经营汇总纳税企业所得税征收管理暂行办法》中，明确规定了跨省市总分机构企业所得税分配方法和适用范围：

（1）基本原则与适用范围。

第一，居民企业在中国境内跨地区（指跨省、自治区、直辖市和计划单列市，下同）设立不具有法人资格的营业机构、场所（以下称分支机构）的，该居民企业为汇总纳税企业（以下称企业），除另有规定外，适用本办法。

铁路运输企业（包括广铁集团和大秦铁路公司）、国有邮政企业、中国工商银行股份有限公司、中国农业银行、中国银行股份有限公司、国家开发银行、中国农业发展银行、中国进出口银行、中央汇金投资有限责任公司、中国建设银行股份有限公司、中国建银投资有限责任公司、中国石油天然气股份有限公司、中国石油化工股份有限公司以及海洋石油天然气企业（包括港澳台和外商投资、外国海上石油天然气企业）等缴纳所得税未纳入中央和地方分享范围的企业，不适用本办法。

第二，属于中央与地方共享收入范围的跨省市总分机构企业缴纳的企业所得税，按照统一规范、兼顾总机构和分支机构所在地利益的原则，实行"统一计算、分级管理、就地预缴、汇总清算、财政调库"的处理办法。

统一计算，是指企业总机构统一计算包括企业所属各个不具有法人资格的营业机构、场所在内的全部应纳税所得额、应纳税额。

分级管理，是指总机构、分支机构所在地的主管税务机关都有对当地机构进行企业所得税管理的责任，总机构和分支机构应分别接受机构所在地主管税务机关的管理。

就地预缴，是指总机构、分支机构应按本办法的规定，分月或分季分别向所在地主管税务机关申报预缴企业所得税。

汇总清算，是指在年度终了后，总机构负责进行企业所得税的年度汇算清缴，统一计算企业的年度应纳所得税额，抵减总机构、分支机构当年已就地分期预缴的企业所得税款后，多退少补税款。

财政调库，是指财政部定期将缴入中央国库的跨地区总分机构企业所得税待分配收入，按照核定的系数调整至地方金库。

第三，总机构与具有主体生产经营职能的二级分支机构，就地分期预缴企业所得税。

二级分支机构及其下属机构均由二级分支机构集中就地预缴企业所得税；三级及以下分支机构不就地预缴企业所得税，其经营收入、职工工资和资产总额统一计入二级分支机构。

总机构设立具有独立生产经营职能部门，且具有独立生产经营职能部门的经营收入、职工工资和资产总额与管理职能部门分开核算的，可将具有独立生产经营职能的部门视同一个分支机构，就地预缴企业所得税；具有独立生产经营职能部门与管理职能部门的经营收入、职工工资和资产总额不能分开核算的，具有独立生产经营职能的部门不得视同一个分支机构，不就地预缴企业所得税。

不具有主体生产经营职能，且在当地不缴纳增值税、营业税的产品售后服务、内部研发、仓储等企业内部辅助性的二级及以下分支机构，不就地预缴企业所得税。

上年度认定为小型微利企业的，其分支机构不就地预缴企业所得税。

新设立的分支机构，设立当年不就地预缴企业所得税。

撤销的分支机构，撤销当年剩余期限内应分摊的企业所得税款由总机构缴入中央国库。

企业在中国境外设立的不具有法人资格的营业机构，不就地预缴企业所得税。

第四，企业计算分期预缴的所得税时，其实际利润额、应纳税额及分摊因素数额，均不包括其在中国境外设立的营业机构。

第五，总机构和分支机构处于不同税率地区的，先由总机构统一计算全部应纳税所得额，然后依照规定的比例和相关因素及其权重，计算划分不同税率地区机构的应纳税所得额后，再分别按总机构和分支机构所在地的适用税率计算应纳税额。

第六，总机构和分支机构2007年及以前年度按独立纳税人计缴所得税尚未弥补完的亏损，允许在法定剩余年限内继续弥补。

（2）税款预缴和汇算清缴。

第一，企业应根据当期实际利润额，按照规定的预缴分摊方法计算总机构和分支机构的企业所得税预缴额，分别由总机构和分支机构分月或者分季就地预缴。

在规定期限内按实际利润额预缴有困难的，经总机构所在地主管税务机关认可，可以按照上一年度应纳税所得额的1/12或1/4，由总机构、分支机构就地预缴企业所得税。

预缴方式一经确定，当年度不得变更。

第二，总机构和分支机构应分期预缴的企业所得税，50%在各分支机构间分摊预缴，50%由总机构预缴。总机构预缴的部分，其中25%就地入库，25%预缴入中央国库，按照财预［2008］10号文件的有关规定进行分配。

第三，按照当期实际利润额预缴的税款分摊方法。

关于分支机构应分摊的预缴数，总机构根据统一计算的企业当期实际应纳所得税额，在每月或季度终了后10日内，按照各分支机构应分摊的比例，将本期企业全部应纳所得税额的50%在各分支机构之间进行分摊并通知到各分支机构；各分支机构应在每月或季度终了之日起 15 日内，就其分摊的所得税额向所在地主管税务机关申报预缴。

关于总机构应分摊的预缴数，总机构根据统一计算的企业当期应纳所得税额的 25%，在每月或季度终了后 15 日内自行就地申报预缴。

关于总机构缴入中央国库分配税款的预缴数，总机构根据统一计算的企业当期应纳所得税额的 25%，在每月或季度终了后 15 日内自行就地申报预缴。

第四，按照上一年度应纳税所得额的 1/12 或 1/4 预缴的税款分摊方法。

关于分支机构应分摊的预缴数，总机构根据上年汇算清缴统一计算应缴纳所得税额的 1/12 或 1/4，在每月或季度终了之日起 10 日内，按照各分支机构应分摊的比例，将本期企业全部应纳所得税额的 50% 在各分支机构之间进行分摊并通知到各分支机构；各分支机构应在每月或季度终了之日起 15 日内，就其分摊的所得税额向所在地主管税务机关申报预缴。

关于总机构应分摊的预缴数，总机构根据上年汇算清缴统一计算应缴纳所得税额的 1/12 或 1/4，将企业全部应纳所得税额的 25% 部分，在每月或季度终了后 15 日内自行向所在地主管税务机关申报预缴。

关于第三，总机构缴入中央国库分配税款的预缴数，总机构根据上年汇算清缴统一计算应缴纳所得税额的 1/12 或 1/4，将企业全部应纳所得税额的 25% 部分，在每月或季度终了后 15 日内，自行向所在地主管税务机关申报预缴。

第五，总机构在年度终了后 5 个月内，应依照法律、法规和其他有关规定进行汇总纳税企业的所得税年度汇算清缴；各分支机构不进行企业所得税汇算清缴。

当年应补缴的所得税款，由总机构缴入中央国库。当年多缴的所得税款，由总机构所在地主管税务机关开具"税收收入退还书"等凭证，按规定程序从中央国库办理退库。

(3) 分支机构分摊税款比例。

第一，总机构应按照以前年度（1～6 月份按上上年度，7～12 月份按上年度）分支机构的经营收入、职工工资和资产总额三个因素计算各分支机构应分摊所得税款的比例，三因素的权重依次为 0.35、0.35、0.30，计算公式如下：

某分支机构分摊比例 = 0.35 ×（该分支机构营业收入/各分支机构营业收入之和）+ 0.35 ×（该分支机构工资总额/各分支机构工资总额之和）+ 0.30 ×（该分支机构资产总额/各分支机构资产总额之和）

以上公式中分支机构仅指需要就地预缴的分支机构，该税款分摊比例按上述方法一经确定后，当年不作调整。

公式中所称分支机构经营收入，是指分支机构在销售商品或者提供劳务等经营业务中实现的全部营业收入。其中，生产经营企业的经营收入是指销售商品、提供劳务等取得的全部收入；金融企业的经营收入是指利息和手续费等全部收入；保险企业的经营收入是指保费等全部收入。

公式中所称分支机构职工工资，是指分支机构为获得职工提供的服务而给予职工的各种形式的报酬。

公式中所称分支机构资产总额，是指分支机构拥有或者控制的除无形资产外能以货币计量的经济资源总额。

各分支机构的经营收入、职工工资和资产总额的数据均以企业财务会计决算报告数据为准。

第二，分支机构所在地主管税务机关对总机构计算确定的分摊所得税款比例有异议的，应于收到《中华人民共和国企业所得税汇总纳税分支机构分配表》后30日内向企业总机构所在地主管税务机关提出书面复核建议，并附送相关数据资料。总机构所在地主管税务机关必须于收到复核建议后30日内，对分摊税款的比例进行复核，并作出调整或维持原比例的决定。分支机构所在地主管税务机关应执行总机构所在地主管税务机关的复核决定。

分摊所得税款比例复核期间，分支机构应先按总机构确定的分摊比例申报预缴税款。

（4）征收管理。

第一，总机构和分支机构均应依法办理税务登记，接受所在地税务机关的监督和管理。

总机构应在每年6月20日前，将依照本办法第23条规定方法计算确定的各分支机构当年应分摊税款的比例，填入《中华人民共和国企业所得税汇总纳税分支机构分配表》（见《国家税务总局关于印发〈中华人民共和国企业所得税月（季）度预缴纳税申报表〉等报表的通知》（国税函〔2008〕44号）附件4，该附件填报说明第2条第10项"各分支机构分配比例"的计算公式依照本办法第23条的规定执行），报送总机构所在地主管税务机关，同时下发各分支机构。

总机构所在地主管税务机关收到总机构报送的《中华人民共和国企业所得税汇总纳税分支机构分配表》后10日内，应通过国家税务总局跨地区经营汇总纳税企业信息交换平台或邮寄等方式，及时传送给各分支机构所在地主管税务机关。

总机构应当将其所有二级分支机构（包括不参与就地预缴分支机构）的信息及二级分支机构主管税务机关的邮编、地址报主管税务机关备案。

第二，分支机构应将总机构信息、上级机构、下属分支机构信息报主管税务机关备案。

分支机构注销后15日内，总机构应将分支机构注销情况报主管税务机关备案。

第三，总机构及其分支机构除按纳税申报规定向主管税务机关报送相关资料外，还应报送《中华人民共和国企业所得税汇总纳税分支机构分配表》、财务会计决算报告和职工工资总额情况表。

第四，分支机构的各项财产损失，应由分支机构所在地主管税务机关审核并出具证明后，再由总机构向所在地主管税务机关申报扣除。

第五，各分支机构主管税务机关应根据总机构主管税务机关反馈的《中华人民共和国企业所得税汇总纳税分支机构分配表》，对其主管分支机构应分摊入库的所得税税款和计算分摊税款比例的 3 项指标进行查验核对。发现计算分摊税款比例的 3 项指标有问题的，应及时将相关情况通报总机构主管税务机关。分支机构未按税款分配数额预缴所得税造成少缴税款的，主管税务机关应按照《中华人民共和国税收征收管理法》及其实施细则的有关规定对其处罚，并将处罚结果通知总机构主管税务机关。

第三节　个人所得税法

一、个人所得税法概述

（一）个人所得税和个人所得税法的概念

个人所得税是指对个人取得的各项应税所得征收的一种税，是对我国居民来源于境内、境外的应税所得和非我国居民来源于境内的应税所得征收的一种税。现行个人所得税是中、外籍人员统一适用的所得税。

个人所得税法是指由国家制定的，调整在个人所得税的征收与管理过程中所产生的各种社会关系的法律规范的总称。我国现行个人所得税法的基本法是根据 1980 年 9 月 10 日第五届全国人民代表大会第三次会议通过，2011 年 6 月 30 日第十一届全国人民代表大会常务委员会第二十一次会议《关于修改〈中华人民共和国个人所得税法〉的决定》第六次修正的《中华人民共和国个人所得税法》（以下简称《个人所得税法》）。

（二）我国个人所得税的沿革及其发展

个人所得税最早于 1799 年在英国创立，目前世界上已有 140 多个国家开征了这种税。在一些经济发达国家，个人所得税在税收总额中的比重已高于企业所得税和其他税种，成为国家的主要税种。

党的十一届三中全会以后，随着改革开放方针的贯彻落实，为了维护我国税收权益，遵循国际惯例，需相应制定对个人所得征税的法律和法规。为此，

1980 年 9 月 10 日由第五届全国人大三次会议通过并公布了《中华人民共和国个人所得税法》，其主要适用对象是外籍人员，包括华侨和港、澳、台同胞。随后相继于 1986 年相继颁布了《中华人民共和国城乡个体工商户所得税暂行条例》和《中华人民共和国个人收入调节税暂行条例》。自此形成了我国对个人所得课税的三部税收法律规范并存的状况。这三个税收法律、法规的施行，对于促进对外经济技术合作与交流，调节个人收入水平，增加国家财政收入起到了积极的作用。但是，随着经济体制改革的不断深化，这三个税收法律、法规逐渐暴露出一些矛盾和问题。为了适应发展社会主义市场经济的需要，在总结以往经验和借鉴国外有益做法的基础上，本着"公平税负、简化税制、合理调节"的原则，1993 年 10 月 31 日第八届全国人大常委会第四次会议审议通过了《全国人大常委会关于修改〈中华人民共和国个人所得税法〉的决定》，同时公布了修订后的《中华人民共和国个人所得税法》，自 1994 年 1 月 1 日起实施，并同时废止《中华人民共和国个人收入调节税暂行条例》和《中华人民共和国城乡个体工商户所得税暂行条例》。1994 年 1 月 28 日国务院发布《中华人民共和国个人所得税法实施条例》。1999 年 8 月 30 日第九届全国人民代表大会常务委员会第十一次会议通过了第二次修正的《中华人民共和国个人所得税法》。

2000 年 9 月，财政部、国家税务总局根据国务院《关于个人独资企业和合伙企业征收所得税问题的通知》中有关对个人独资企业和合伙企业停征企业所得税，只对其投资者的经营所得征收个人所得税的规定，制定了《关于个人独资企业和合伙企业投资者征收个人所得税的规定》，该规定明确要求从 2000 年 1 月 1 日起，个人独资企业和合伙企业投资者依法缴纳个人所得税。

2005 年 10 月 27 日第十届全国人民代表大会常务委员会第十八次会议通过了《关于修改〈中华人民共和国个人所得税法〉的决定》，对个人所得税法进行第三次修正。2007 年 6 月 29 日第十届全国人民代表大会常务委员会第二十八次会议通过了《关于修改〈中华人民共和国个人所得税法〉的决定》，对个人所得税法进行第四次修正，这次修改将工资、薪金所得的费用减除标准从 800 元提高到1600元，增加了有关高收入者必须自行办理纳税申报及有关扣缴义务人应当办理全员全额扣缴申报的规定。2007 年 12 月 29 日十届全国人大常委会第三十一次会议《关于修改〈中华人民共和国个人所得税法〉的决定》，第五次修正了个人所得税法，将工资、薪金所得的费用减除标准从 1600 元提高到 2000 元。

2011 年 6 月 30 日第十一届全国人民代表大会常务委员会第二十一次会议《关于修改〈中华人民共和国个人所得税法〉的决定》第六次修正个人所得税法，将减除费用标准由 2000 元/月提高到 3500 元/月；调整工薪所得税率结构，由 9 级调整为 7 级，取消了 15% 和 40% 两档税率，将最低的一档税率由 5% 降为 3% ; 调整个体工商户生产经营所得和承包承租经营所得税率级距；纳税期限由 7 天改为 15 天。该修订案于 2011 年 9 月 1 日起施行。2011 年 7 月 19 日国务院第三次修订《中华人民共和国个人所得税法实施条例》，并于 2011 年 9 月 1 日起施行。

二、个人所得税的纳税人

根据《个人所得税法》规定，我国个人所得税的纳税人是在中国境内有住所的人，以及不在中国境内居住而从中国境内取得所得的个人，包括中国国内公民、在华取得所得的外籍人员和港、澳、台同胞。可见我国个人所得税的纳税主体包括两类，即居民纳税人和非居民纳税人，其划分标准兼顾住所标准和时间标准。

（一）居民纳税人

居民纳税人是在中国境内有住所，或者无住所而在境内居住满 1 年的个人。该类纳税人负有无限纳税义务，就其从中国境内和境外取得的所得，依法缴纳个人所得税。具体包括：

1. 在我国有住所的个人，即因户籍、家庭、经济利益关系而在我国境内有习惯性居住场所的个人。

2. 在我国境内居住满 1 年的个人，即在一个纳税年度中在我国境内居住 365 日。在一个纳税年度中一次临时离境不超过 30 日或者多次临时离境累计不超过 90 日的，不扣减日数。

3. 例外情形。在我国境内无住所，但居住 1 年以上 5 年以下的个人，其来源于中国境外的所得，经主管机构批准，可以只就由中国境内公司、企业及其他经济组织或者个人支付的部分缴纳个人所得税；居住超过 5 年的个人，从第 6 年起，应当就其来源于中国境外的全部所得缴纳个人所得税。

（二）非居民纳税人

非居民纳税人是在中国境内无住所又不居住或者无住所而在境内居住不满 1 年的个人。该类纳税人负有有限纳税义务，仅就其从中国境内取得的所得，依法缴纳个人所得税。具体包括：

1. 在我国境内无住所又不居住在我国的个人。

2. 在我国境内无住所而在我国境内居住不满 1 年的个人。

3. 在我国境内无住所，但居住满 1 年，且在一个纳税年度中一次离境超 30 日或者多次离境累计超过 90 日的个人。

此外，在我国境内无住所，但是在一个纳税年度中在我国境内连续或者累计居住不超过 90 日的个人，其来源于我国境内的所得，由境外雇主支付并且不由该雇主在中国境内的机构、场所负担的部分，免予缴纳个人所得税。

（三）特殊情况下纳税主体的确定

1. 作者去世后，取得其遗作稿酬的个人为纳税义务人，按稿酬所得征收个人所得税。

2. 确认财产租赁所得的纳税义务人，应以产权凭证为依据。无产权凭证的，由主管税务机关根据实际情况确定纳税义务人。

3. 产权所有人死亡，在未办理产权继承手续期间，该财产出租而有租金收入的，以领取租金的个人为纳税义务人。

三、个人所得税的应税所得项目

我国个人所得税法将个人所得税分为境内所得与境外所得。

根据《个人所得税法》的规定，下列所得，不论支付地点是否在中国境内，均为来源于中国境内的所得：①因任职、受雇、履约等而在中国境内提供劳务取得的所得；②将财产出租给承租人在中国境内使用而取得的所得；③转让中国境内的建筑物、土地使用权等财产或者在中国境内转让其他财产取得的所得；④许可各种特许权在中国境内使用而取得的所得；⑤从中国境内的公司、企业以及其他经济组织或者个人取得的利息、股息、红利所得；⑥在中国境内提供各种劳务而取得的劳务报酬所得；⑦在中国境内从事生产、经营活动而取得的所得；⑧在中国境内以图书、报刊方式出版、发表作品，取得的稿酬所得。

由于我国个人所得税法采用分类所得制，因此，《个人所得税法》第2条列举了11项应税所得项目。

（一）工资、薪金所得

工资、薪金所得是指个人因任职或者受雇而取得的工资、薪金、奖金、年终加薪、劳动分红、津贴、补贴以及与任职或者受雇有关的其他所得。但是，以下不属于工资、薪金性质的津贴、补贴或收入，不征收个人所得税：①独生子女补贴；②执行公务员工资制度未纳入基本工资总额的津贴、补贴差额和家属成员的副食品补贴；③托儿补助费；④差旅费津贴、误餐补助。

（二）个体工商户的生产、经营所得

1. 个体工商户从事工业、手工业、建筑业、交通运输业、商业、饮食业、服务业、修理业以及其他行业生产、经营取得的所得；

2. 个人经政府有关部门批准，取得执照，从事办学、医疗、咨询以及其他有偿服务活动取得的所得；

3. 其他个人从事个体工商业生产、经营取得的所得；

4. 上述个体工商户和个人取得的与生产、经营有关的各项应纳税所得。

（三）对企事业单位的承包经营、承租经营所得

对企事业单位的承包经营、承租经营所得是指个人承包经营、承租经营以及转包、转租取得的所得，包括个人按月或者按次取得的工资、薪金性质的所得。

（四）劳务报酬所得

劳务报酬所得是指个人从事设计、装潢、安装、制图、化验、测试、医疗、法律、会计、咨询、讲学、新闻、广播、翻译、审稿、书画、雕刻、影视、录音、录像、演出、表演、广告、展览、技术服务、介绍服务、经纪服务、代办服务以及其他劳务取得的所得。劳务报酬所得与工资薪金所得区别在于，前者是个人独立地从事各种技艺、提供各种劳务取得的报酬，后者是非独立个人劳务活动所得。

（五）稿酬所得

稿酬所得是指个人因其作品以图书、报刊形式出版、发表而取得的所得。其具有特殊权使用费所得的性质。但将其从特殊权使用费所得项目中独立出来，原因在于作品创作是一种高智力劳动，对促进科技、经济和社会文明进步意义重大，应予鼓励，国家在税收上特别给予一定优惠。

（六）特许权使用费所得

特许权使用费所得是指个人提供专利权、商标权、著作权、非专利技术以及其他特许权的使用权取得的所得；提供著作权的使用权取得的所得，不包括稿酬所得。

（七）利息、股息、红利所得

利息、股息、红利所得是指个人拥有债权、股权而取得的利息、股息、红利所得。其中，利息，一般是指存款、贷款和债券的利息；股息，是指个人拥有股权取得的公司、企业按照一定的比例派发的每股息金；红利，是指公司、企业按股分配的利润。

（八）财产租赁所得

财产租赁所得是指个人出租建筑物、土地使用权、机器设备、车船以及其他财产取得的所得。个人取得的财产转租收入，属于"财产租赁所得"的征税范围，由财产转租人缴纳个人所得税。在确认纳税义务人时，应以产权凭证为依据；对无产权凭证的，由主管税务机关根据实际情况确定。产权所有人死亡，在未办理产权继承手续期间，该财产出租而有租金收入的，以领取租金的个人为纳税义务人。

（九）财产转让所得

财产转让所得是指个人转让有价证券、股权、建筑物、土地使用权、机器

设备、车船以及其他财产取得的所得。国务院规定对于股票转让所得暂不征收个人所得税。

（十）偶然所得

偶然所得是指个人得奖、中奖、中彩以及其他偶然性质的所得。

（十一）经国务院财政部门确定征税的其他所得

除上述列举的各项个人应纳税所得外，其他有必要征税的个人所得，由国务院财政部门确定。个人取得的所得，难以界定应纳税所得项目的，由主管税务机关确定。

上述各项应纳税所得，包括现金、实物和有价证券。所得为实物的，应当按照取得的凭证所注明的价格计算应纳税所得额；无凭证的实物或者凭证上所注明的价格明显偏低的，由主管税务机关参照当地的市场价格核定应纳税所得额。所得为有价证券的，由主管税务机关根据票面价格和市场价格核定应纳税所得额。

四、个人所得税税率

个人所得税税率是个人所得税应纳税额与应纳所得税之间的比例。我国个人所得税税率按照所得税项目不同，分为超额累进税率与比例税率两种形式。工资、薪金所得，个体工商户的生产、经营所得与对企事业单位的承包经营、承租经营所得，适用超额累进税率，其他所得适用比例税率。

1. 工资、薪金所得。适用超额累进税率，税率为3%～45%。

表一　个人所得税税率
（工资、薪金所得适用）

级数	全月应纳税所得额	税率/%	速算扣除数/元
1	不超过1500元的	3	0
2	超过1500元～4500元的部分	10	105
3	超过4500元9000元的部分	20	555
4	超过9000元35 000元的部分	25	1005
5	超过35 000元55 000元的部分	30	2755
6	超过55 000元80 000元的部分	35	5505
7	超过80 000元的部分	45	13 505

注：本表所称全月应纳税所得额是指以每月收入额减除费用3500元以及附加减除费用后的余额。

2. 个体工商户的生产、经营所得和对企事业单位的承包经营、承租经营所得。适用5%～35%的超额累进税率。

表二　个人所得税税率
（个体工商户的生产、经营所得和对企事业单位的承包经营、承租经营所得适用）

级数	全年应纳税所得额		税率（%）	速算扣除数
	含税级距	不含税级距		
1	不超过 15 000 元的	不超过 14 250 元的	5	0
2	超过 15 000 元～30 000 元的部分	超过 14 250 元～27 750 元的部分	10	750
3	超过 30 000 元～60 000 元的部分	超过 27 750 元～51 750 元的部分	20	3750
4	超过 60 000 元～100 000 元的部分	超过 51 750 元～79 750 元的部分	30	9750
5	超过 100 000 元的部分	超过 79 750 元的部分	35	14 750

注：①本表所称全年应纳税所得额是指以每一纳税年度的收入总额减除成本、费用以及损失后的余额。②本表所列含税级距与不含税级距，均为按照税法规定减除有关费用（成本、损失）后的所得额。③含税级距适用于个体工商户的生产、经营所得和由纳税人负担税款的承包经营、承租经营所得；不含税级距适用于由他人（单位）代付税款的承包经营、承租经营所得。

由于目前实行承包（租）经营的形式较多，分配方式也不相同，因此，承包、承租人按照承包、承租经营合同（协议）规定取得所得的适用税率也不一致。根据国家税务总局 1994 年 8 月 1 日发出的《关于个人对企事业单位实行承包经营、承租经营取得所得征税问题的通知》规定，其适用税率分为以下两种情况：

（1）承包、承租人对企业经营成果不拥有所有权，仅是按合同（协议）规定取得一定所得的，其所得按工资、薪金所得项目征税，适用3%～45%的七级超额累进税率。

（2）承包、承租人按合同（协议）的规定只向发包、出租方交纳一定费用后，企业经营成果归其所有的，承包、承租人取得的所得，按对企事业单位的承包经营、承租经营所得项目，适用5%～35%的五级超额累进税率征税。

3. 稿酬所得。适用比例税率，税率为20%，并按应纳税额减征30%。

4. 劳务报酬所得。适用比例税率，税率为20%。对劳务报酬所得一次收入畸高的，可以实行加成征收。

表三 个人所得税税率
（劳务报酬所得适用）

级数	劳务报酬应纳税所得额	税率/%	速算扣除数/元
1	不超过 20 000 元的	20	0
2	超过 20 000 元～50 000 元的部分	30	2000
3	超过 50 000 元的部分	40	7000

注：本表所称的应纳税所得额是指依照税法每次收入不超过 4000 元的，减除费用 800 元；4000 元以上的减除 20% 的费用后的余额。

5. 特许权使用费所得，利息、股息、红利所得，财产租赁所得，财产转让所得，偶然所得和其他所得。适用比例税率，税率为 20%。

五、个人所得税应纳税所得额的确定及应纳税额的计算

我国个人所得税采取分项扣除、分项定率、分项征收的模式。由于个人所得税的应税项目不同，取得某项所得所需费用也不相同，因此，应纳税所得额的确定办法就不同。以某项应税所得项目的收入总额减去按照税法规定的该项费用减除标准后的余额，就是该项目应纳税所得额。具体规定如下：

（一）工资、薪金所得

工资、薪金所得采用按月计征方法的，必须按月确定其应纳税所得额后再确定适用的税率。确定工资、薪金所得的应纳税所得税额时，分为两种情况：

1. 工资、薪金所得以每月收入额减除 3500 元后的余额，为应税所得额。

2. 对在中国境内无住所而在中国境内取得工资、薪金所得的纳税义务人和在中国境内有住所而在中国境外取得工资、薪金所得的纳税义务人，可以根据其平均收入水平、生活水平以及汇率变化情况确定附加减除费用，附加减除费用适用的范围和标准由国务院规定。

附加减除费用，是指每月在扣除 3500 元费用的基础上，再加扣规定数额的费用，现行规定为 1300 元。附加减除费用适用的范围包括：

（1）在中国境内的外商投资企业和外国企业中工作的外籍人员。

（2）应聘在中国境内的企业、事业单位、社会团体、国家机关中工作的外籍专家。

（3）在中国境内有住所而在中国境外任职或者受雇取得工资、薪金所得的个人。

（4）国务院财政、税务主管部门确定的其他人员。华侨和港、澳、台同胞参照该标准执行。

工资、薪金所得适用七级超额累进税率，在确定其应纳税所得额后，找出其适用的税率就可以计算应纳税额，计算公式为：

应纳税额 = 应纳税所得额 × 适用税率 – 速算扣除数

（二）个体工商户的生产、经营所得

以每一纳税年度的收入总额，减除成本、费用以及损失后的余额，为应纳税所得额。收入总额是指个体工商户从事生产、经营以及与生产、经营有关的活动所取得的各项收入的总和。成本、费用是指纳税义务人从事生产、经营所发生的各项直接支出和分配计入成本的间接费用以及销售费用、管理费用、财务费用。损失是指纳税义务人在生产、经营过程中发生的各项营业外支出。

税法对准予在税前列支的项目除成本、费用、损失和税金以外，还对其他项目及列支标准作出了具体规定，并且对不得在税前列支的项目和固定资产的处理也作了具体规定。

纳税人不能提供完整、准确的收入及成本、费用凭证，不能正确计算应纳税所得额的，主管税务机关有权核定其应纳税所得额。

个体工商户的生产、经营所得应纳税额的计算公式为：

应纳税额 = 应纳税所得额 × 适用税率 – 速算扣除数

对个人独资企业和合伙企业生产经营所得，比照个体工商户的生产、经营所得征收个人所得税。个人独资企业以投资者为纳税义务人，合伙企业以每一个合伙人为纳税义务人（以下简称投资者）。个人独资企业和合伙企业（以下简称企业）投资者的生产、经营所得是指企业每一纳税年度的收入总额减除成本、费用、损失以后的余额。"收入总额"是指企业从事生产经营以及与生产经营有关的活动所取得的各项收入，包括商品（产品）销售收入、营运收入、劳务服务收入、工程价款收入、财产出租或转让收入、利息收入、其他业务收入和营业外收入。

个人独资企业的投资者以全部生产经营所得为应纳税所得额。合伙企业的投资者按照合伙企业的全部生产经营所得和合伙协议约定的分配比例确定应纳税所得额；合伙协议没有约定分配比例的，以全部生产经营所得和合伙人数量平均计算每个投资者的应纳税所得额。"生产经营所得"包括企业分配给投资者个人的所得和企业当年留存的所得（利润）。

对个人独资企业和合伙企业生产经营所得，其个人所得税应纳税额的计算办法有两种：

1. 查账征税。凡实行查账征税办法的，生产经营所得按照《个体工商户个人所得税计税办法（试行）》的规定确定。计算公式如下：

应纳税所得额 = Σ各个企业的经营所得

应纳税额 = 应纳税所得额 × 适用税率 – 速算扣除数

本企业应纳税额 = 应纳税额 × 本企业的生产经营所得 ÷ Σ各企业的经营所得

本企业应补缴的税额 = 本企业应纳税额 – 本企业预缴的税额

下列项目的扣除依照以下规定执行：

（1）对个体工商户业主、个人独资企业和合伙企业投资者的生产经营所得依法计征个人所得税时，个体工商户业主、个人独资企业和合伙企业投资者本人的费用扣除标准统一确定为 42 000 元/年（3500 元/月）。投资者的工资不得在税前扣除。

（2）个体工商户、个人独资企业和合伙企业向其从业人员实际支付的合理的工资、薪金支出，允许在税前据实扣除。

（3）投资者及其家庭发生的生活费用不允许在税前扣除。投资者及其家庭发生的生活费用与企业生产经营费用混合在一起，并且难以划分的，全部视为投资者个人及其家庭发生的生活费用，不允许在税前扣除。

（4）企业生产经营和投资者及其家庭生活共用的固定资产，难以划分的，由主管税务机关根据企业的生产经营类型、规模等具体情况，核定准予在税前扣除的折旧费用的数额或比例。

（5）个体工商户、个人独资企业和合伙企业拨缴的工会经费、发生的职工福利费、职工教育经费支出分别在工资薪金总额 2%、14%、2.5% 的标准内据实扣除。

（6）个体工商户、个人独资企业和合伙企业每一纳税年度发生的广告费和业务宣传费用不超过当年销售（营业）收入 15% 的部分，可据实扣除；超过部分，准予在以后纳税年度结转扣除。

（7）个体工商户、个人独资企业和合伙企业每一纳税年度发生的与其生产经营业务直接相关的业务招待费支出，按照发生额的 60% 扣除，但最高不得超过当年销售（营业）收入的 5‰。

（8）企业计提的各种准备金不得扣除。

2. 核定征收。核定征收方式包括定额征收、核定应纳税所得率征收以及其他合理的征收方式。有下列情形之一的，主管税务机关应采取核定征收方式征收个人所得税：

（1）企业依照国家有关规定应当设置但未设置账簿的；

（2）企业虽设置账簿，但账目混乱或者成本资料、收入凭证、费用凭证残缺不全，难以查账的；

（3）纳税人发生纳税义务，未按照规定的期限办理纳税申报，经税务机关责令限期申报，逾期仍不申报的。

实行核定应税所得率征收方式的，其应纳所得税额的计算公式如下：

应纳税额 = 应纳税所得额 × 适用税率

应纳税所得额 = 收入总额 × 应税所得率或应纳税所得额

　　　　　　 = 成本费用支出额 ÷（1 – 应税所得率）× 应税所得率

应税所得率表

行　业	应税所得率
工业、交通运输业、商业	5% ~ 20%
建筑业、房地产开发业	7% ~ 20%
饮食服务业	7% ~ 25%
娱乐业	20% ~ 40%
其他行业	10% ~ 30%

企业经营多业的，无论其经营项目是否单独核算，均应根据其主管项目确定其适用的应税所得率。实行核定征收的投资者，不能享受个人所得税的优惠政策。

实行查账征税方式的个人独资企业和合伙企业改为核定征税方式后，在查账征税方式下认定的年度经营亏损未弥补完的部分，不得再继续弥补。

（三）对企事业单位的承包经营、承租经营所得

以每一纳税年度的收入总额，减除必要费用后的余额，为应纳税所得额。每一纳税年度的收入总额是指纳税义务人按照承包经营、承租经营合同规定分得的经营利润和工资、薪金性质的所得。减除必要费用是指按月减除 3500 元。应纳税额的计算公式是：

应纳税额 = 应纳税所得额 × 适用税率 – 速算扣除数

1. 实行承包经营、承租经营的纳税义务人，原则上应以每一纳税年度取得的承包、承租经营所得计算纳税。对于在一个纳税年度内，承包经营、承租经营不足 12 个月的，则应以其实际承包、承租经营的月份数为一个纳税年度计算纳税。计算公式为：

应纳税所得额 = 该年度承包经营、承租经营收入额 –（3500 × 该年度实际承包经营、承租经营月份数）

对于企业实行承包经营、承租经营后，承包承租人不能提供完整、准确的纳税资料、正确计算应纳税所得额的，主管税务机关有权核定其应纳税所得额，并依据《税收征收管理法》的有关规定，确定征收方式。在计算该项所得的应纳税所得额时，应注意承包经营、承租经营期限不满 1 年的纳税人，有无多扣费用的情况。

2. 对一年内分次取得承包、承租经营所得，应分次计算预征，但所属月份不得重复。在分次计算预征时，为计算简便，其适用税率不再换算全年，而是以每次收入额以全年适用率计算预征个人所得税。年终汇算时，多退少补。按次预征时的计算公式为：

按次预缴应纳所得税额 = ［（一次取得数月承包、承租经营所得 + 在此期间各月取得的工资、薪金所得） - 3500 元 × 所属月份数］× 适用税率 - 速算扣除数 - 所属月份已纳工资薪金所得个人所得税

年度终了后汇算清缴计算公式为：

应纳所得税额 = （全年取得承包、承租经营所得 + 全年工资薪金所得 - 3500 × 12）× 适用税率 - 速算扣除数 - 各次预缴个人所得税总额

个人承包、承租企事业单位，每月取得的工资、薪金所得，凡达到纳税标准的，应按月计征个人所得税。在计算承包、承租经营所得应纳税款时，按月缴纳的工资薪金所得税款准予扣除。

（四）劳务报酬所得

每次收入不超过 4000 元的，减除费用 800 元；每次收入 4000 元以上的，减除 20% 的费用，其余额为应纳税所得额。

劳务报酬所得的"每次收入"，是指属于一次性收入的，以取得该项收入为 1 次；属于同一项目连续性收入的，以 1 个月内取得的收入为 1 次。"同一项目"是指劳务报酬所得列举具体劳务项目中的某一单项，个人兼有不同的劳务报酬所得，应当分别减除费用，计算缴纳个人所得税。个人由于担任董事职务所取得的董事费收入，属于劳务报酬所得性质，按照劳务报酬所得项目征收个人所得税。

劳务报酬所得应纳税额的计算公式是：

每次收入不超过 4000 元的，应纳税额 = （每次收入 - 800 元）× 20%

每次收入超过 4000 元的，应纳税额 = ［每次收入 × （1 - 20%）］× 20%

其中对劳务报酬所得一次收入畸高，即个人一次取得劳务报酬，其应纳税所得额超过 20 000 元的，可以实行加成征收。具体办法是应纳税所得额超过 20 000 元 ~ 50 000 元的部分，依照税法规定计算应纳税额后再按照应纳税额加征五成；超过 50 000 元的部分，加征十成。

（五）稿酬所得、特许权使用费所得，财产租赁所得

每次收入不超过 4000 元的，减除费用 800 元；每次收入 4000 元以上的，减除 20% 的费用，其余额为应纳税所得额。

稿酬所得的"每次收入"，是指以每次出版、发表取得的收入为 1 次。个人每次以图书、报刊方式出版、发表同一作品（文字作品、书画作品、摄影作品以及其他作品），不论出版单位是预付还是分笔支付稿酬，或者加印该作品后再付稿酬，均应合并其稿酬所得按 1 次计征个人所得税。在两处或两处以上出版、发表或再版同一作品而取得稿酬所得，则可分别各处取得的所得或再版所得按分次所得计征个人所得税。

个人的同一作品在报刊上连载，应合并其因连载而取得的所有稿酬所得为 1 次，按税法规定计征个人所得税。在其连载之后又出书取得稿酬所得，或先出书后连载取得稿酬所得，应视同再版稿酬分次计征个人所得税。

特许权使用费所得的"每次收入"，是指以一项特许权的 1 次许可使用所取得的收入为 1 次。作者将自己的文字作品手稿原件或复印件公开拍卖（竞价）取得的所得，应按特许权使用费所得项目征收个人所得税。

财产租赁所得的"每次收入"，是指以 1 个月内取得的收入为 1 次。纳税人在出租财产过程中缴纳的税金和教育费附加，可持完税凭证，从其财产租赁收入中扣除。由纳税人负担的该出租财产实际开支的修缮费用，如能提出有效、准确的凭证，准予扣除，但每次以 800 元为限，一次扣除不完的，准予在下一次继续扣除，直到扣完为止。

1. 稿酬所得的应纳税额计算公式是：

每次收入不超过 4000 元的，应纳税额 =（每次收入 − 800 元）× 20% × (1 − 30%)

每次收入超过 4000 元的，应纳税额 = 每次收入 ×（1 − 20%）× 20% × (1 − 30%)

2. 特许权使用费所得、财产租赁所得的应纳税额计算公式是：

每次收入不超过 4000 元的，应纳税额 =（每次收入 − 800 元）× 20%

每次收入超过 4000 元的，应纳税额 =［每次收入 ×（1 − 20%）］× 20%

（六）财产转让所得

以一次转让财产的收入额减除财产原值和合理费用后的余额，为应纳税所得额。其中财产原值是指：①有价证券，为买入价以及买入时按照规定交纳的有关费用；②建筑物，为建造费或者购进价格以及其他有关费用；③土地使用权，为取得土地使用权所支付的金额、开发土地的费用以及其他有关费用；④机器设备、车船，为购进价格、运输费、安装费以及其他有关费用；⑤其他财产，参

照以上方法确定。纳税义务人未提供完整、准确的财产原值凭证，不能正确计算财产原值的，由主管税务机关核定其财产原值。其中合理费用是指卖出财产时按照规定支付的有关费用。

应纳税额的计算公式是：

应纳税额 = 应纳税所得额 × 适用税率

（七）利息、股息、红利所得，偶然所得和其他所得

以每次收入额为应纳税所得额。

利息、股息、红利所得的"每次收入"，是指以支付利息、股息、红利时取得的收入为 1 次。股份制企业在分配股息、红利时，以股票形式向股东个人支付应得的股息、红利（即派发红股），应以派发红股的股票票面金额为收入额，按利息、股息、红利项目计征个人所得税。

偶然所得的"每次收入"，是指以每次取得该项收入为 1 次。

应纳税额的计算公式是：

应纳税额 = 应纳税所得额 × 适用税率

以上各项所得的计算，均应以人民币为单位。所得为外国货币的，应当按照填开完税凭证的上一月最后一日中国人民银行公布的外汇牌价，折合成人民币计算应纳税所得额。依照税法规定，在年度终了后汇算清缴的，对已经按月或者按次预缴税款的外国货币所得，不再重新核算；对应当补缴税款的所得部分，按照上一纳税年度最后一日中国人民银行公布的外汇牌价，折合成人民币计算应纳税所得额。

六、个人所得税应纳税额计算中的几个问题

（一）关于个人取得全年一次性奖金等的个人所得税计税方法

2005 年 1 月，国家税务总局发布了《关于调整个人取得全年一次性奖金等计算征收个人所得税方法问题的通知》，该通知对个人取得全年一次性奖金等的个人所得税计算方法作了具体规定：

1. 全年一次性奖金的含义。是指行政机关、企事业单位等扣缴义务人根据其全年经济效益和对雇员全年工作业绩的综合考核情况，向雇员发放的一次性奖金。此处"一次性奖金"包括年终加薪、实行年薪制和绩效工资办法的单位根据考核情况兑现的年薪和绩效工资。

2. 具体计算方法。纳税人取得全年一次性奖金，单独作为 1 个月工资、薪金所得计算纳税，并按以下计税办法，由扣缴义务人发放时代扣代缴：

（1）先将雇员当月内取得的全年一次性奖金，除以 12 个月，按其商数确定适用税率和速算扣除数。如果在发放年终一次性奖金的当月，雇员当月工资薪

金所得低于税法规定的费用扣除额，应将全年一次性奖金减除"雇员当月工资薪金所得与费用扣除额的差额"后的余额，按上述办法确定全年一次性奖金的适用税率和速算扣除数。

（2）将雇员个人当月内取得的全年一次性奖金，按税法确定的适用税率和速算扣除数计算征税，计算公式如下：

如果雇员当月工资薪金所得高于（或等于）税法规定的费用扣除额的，适用公式为：

应纳税额 = 雇员当月取得全年一次性奖金×适用税率 - 速算扣除数

如果雇员当月工资薪金所得低于税法规定的费用扣除额的，适用公式为：

应纳税额 =（雇员当月取得全年一次性奖金 - 雇员当月工资薪金所得与费用扣除额的差额）×适用税率 - 速算扣除数

3. 需要注意的问题。

（1）在一个纳税年度内，对每一个纳税人，该计税办法只允许采用一次。

（2）实行年薪制和绩效工资的单位，个人取得年终兑现的年薪和绩效工资按上述办法计算。

（3）雇员取得除全年一次性奖金以外的其他各种名目的奖金，如半年奖、季度奖、加班奖、先进奖、考勤奖等，一律与当月工资、薪金收入合并，按税法规定缴纳个人所得税。

（4）对无住所个人取得的各种名目的奖金，如果该个人当月在我国境内没有纳税义务，或者该个人由于出入境原因导致当月在我国工作时间不满 1 个月的，仍按照国家税务总局《关于在我国境内无住所的个人取得奖金征税问题的通知》计算纳税。

（二）个人捐赠扣除的规定

个人将其所得对教育事业和其他公益事业的捐赠，是指个人将其所得通过中国境内的社会团体、国家机关向教育和其他社会公益事业以及遭受严重自然灾害地区、贫困地区的捐赠。捐赠额未超过纳税义务人申报的应纳税所得额 30% 的部分，可以从其应纳税所得额中扣除。

（三）兼有各项应税所得的纳税问题

当纳税人兼有各项应纳税所得时，应按项分别计算纳税。在中国境内两处以上取得工资、薪金所得、个体工商户的生产经营所得和对企事业单位的生产经营所得的，同项所得要合并计算纳税。

（四）两个以上的纳税人共同取得同一项所得的计税问题

两个或者两个以上的个人共同取得同一项目收入的，应当对每个人取得的收入分别按照税法规定减除费用后计算纳税。

（五）特定行业职工取得的工资、薪金所得的计税问题

为了照顾采掘业、远洋运输业、远洋捕捞业因季节、产量等因素的影响，职工的工资、薪金收入呈现较大幅度波动的实际情况，对这三个特定行业的职工取得的工资、薪金所得，可按月预缴，年度终了后30日内，合计其全年工资、薪金所得，再按12个月平均并计算实际应纳的税款，多退少补。用公式表示为：

应纳所得税额=[（全年工资、薪金收入/12 - 费用扣除标准）×税率 - 速算扣除数]×12

汇算清缴税额=全年应纳所得税额 - 全年已缴纳所得税额

（六）关于个人取得公务交通、通讯补贴收入的征税问题

个人因公务用车和通讯制度改革而取得的公务用车、通讯补贴收入，扣除一定标准的公务费用后，按照工资、薪金所得项目计征个人所得税。按月发放的，并入当月工资、薪金所得计征个人所得税；不按月发放的，分解到所属月份并与该月份工资、薪金所得合并后计征个人所得税。公务费用的扣除标准，由省级地方税务局根据纳税人公务交通、通讯费用的实际发生情况调查测算，报经省级人民政府批准后确定，并报国家税务总局备案。

（七）关于企业改组改制过程中个人取得的量化资产的征税问题

对职工个人以股份形式取得的仅作为分红依据、不拥有所有权的企业量化资产，不征收个人所得税。对职工个人以股份形式取得的拥有所有权的企业量化资产，暂缓征收个人所得税；待个人将股份转让时，就其转让收入额，减除个人取得该股份时实际支付的费用支出和合理转让费用后的余额，按"财产转让所得"项目征收个人所得税。对职工个人以股份形式取得的企业量化资产参与企业分配而获得的股息、红利，应按"利息、股息、红利"项目征收个人所得税。

（八）关于个人因与用人单位解除劳动关系而取得的一次性补偿收入的征税问题

1. 个人因与用人单位解除劳动关系而取得的一次性补偿收入（包括用人单位发放的经济补偿金、生活补助费和其他补助费用），其收入在当地上年职工平均工资3倍数额以内的部分，免征个人所得税；超过部分可视为一次取得数月的工资、薪金收入，允许在一定期限内平均计算。方法为：以超过3倍数额部分的一次性补偿收入，除以个人在本企业的工资年限数（超过12年的，按12年计算），以其商数作为个人的月工资、薪金收入，按照税法规定计算缴纳个人所得税。个人在解除劳动合同后又再次任职、受雇的，已纳税的一次性补偿收入不再与再次任职、受雇的工资薪金所得合并计算补缴个人所得税。

2. 个人领取一次性补偿收入时，按照国家和地方政府规定的比例实际缴纳的住房公积金、基本医疗保险费、基本养老保险费、失业保险费可以在计征其一次性补偿收入的个人所得税时予以扣除。

3. 企业按照国家有关法律规定宣告破产，企业职工从该破产企业取得的一次性安置收入，免征个人所得税。

（九）在外商投资企业、外国企业和外国驻华机构工作的中方人员取得的工资、薪金所得的征税问题

1. 在外商投资企业、外国企业和外国驻华机构工作的中方人员取得的工资、薪金收入，凡是由雇佣单位和派遣单位分别支付的，支付单位应按税法规定代扣代缴个人所得税。同时，按税法规定，纳税义务人应以每月全部工资、薪金收入减除规定费用后的余额为应纳税所得额。为了有利于征管，对雇佣单位和派遣单位分别支付工资、薪金的，即只由雇佣单位在支付工资、薪金时，按税法规定减除费用，计算扣缴个人所得税；派遣单位支付的工资、薪金不再减除费用，以支付金额直接确定适应税率，计算扣缴个人所得税。

2. 对外商投资企业、外国企业和外国驻华机构发放给中方工作人员的工资、薪金所得，应全额征税。但对可以提供有效合同或有关凭证，能够证明其工资、薪金所得的一部分按照有关规定上交派遣（介绍）单位的，要扣除其实际上交的部分，按其余额计征个人所得税。

（十）在中国境内无住所的个人取得工资、薪金所得的征税问题

1994 年 6 月 30 日，国家税务总局发出《关于在中国境内无住所的个人取得工资薪金所得纳税义务问题的通知》（以下简称《通知》）。《通知》指出，依照《个人所得税法》及其实施条例和我国对外签订的避免双重征税协定的有关规定，对在中国境内无住所的个人由于在中国境内公司、企业、经济组织（以下简称中国境内企业）或外国企业在中国境内设立的机构、场所以及税收协定所规定的常设机构（以下简称中国境内机构）担任职务，或者由于受雇或履行合同而在中国境内从事工作而取得的工资薪金所得应如何确定征税问题，明确如下：

1. 关于工资、薪金所得来源地的确定。根据《个人所得税法实施条例》第5 条第 1 项的规定，属于来源于中国境内的工资、薪金所得应为个人实际在中国境内工作期间取得的工资、薪金，即个人实际在中国境内工作期间取得的工资、薪金，不论是由中国境内还是境外企业或个人雇主支付的，均属来源于中国境内所得；个人实际在中国境外工作期间取得的工资、薪金，不论是由中国境内还是境外企业或个人雇主支付的，均属于来源于中国境外的所得。

2. 关于在中国境内无住所而在一个纳税年度中在中国境内连续或累计居住

不超过 90 日或在税收协定规定的期间，在中国境内连续或累计居住不超过 183 日的个人纳税义务的确定。根据《个人所得税法》第 1 条第 2 款和《个人所得税法实施条例》第 7 条以及税收协定的有关规定，在中国境内无住所而在一个纳税年度中在中国境内连续或累计工作不超过 90 日或在税收协定规定的期间，在中国境内连续或累计居住不超过 183 日的个人，由中国境外雇主支付并且不是由该雇主的中国境内机构负担的工资、薪金，免于申报缴纳个人所得税。对前述个人应仅就其实际在中国境内工作期间由中国境内企业或个人雇主支付或者由中国境内机构负担的工资、薪金所得申报纳税。凡是该中国境内企业、机构属于采取核定利润方法计征企业所得税或没有营业收入而不征收企业所得税的，在该中国境内企业、机构任职、受雇的个人实际在中国境内工作期间取得的工资、薪金，不论是否在该中国境内企业、机构会计账簿中有记载，均应视为该中国境内企业支付或由该中国境内机构负担的工资、薪金。上述个人每月应纳的税款应按税法规定的期限申报缴纳。

3. 关于在中国境内无住所而在一个纳税年度中在中国境内连续或累计居住超过 90 日或在税收协定规定的期间，在中国境内连续或累计居住超过 183 日但不满 1 年的个人纳税义务的确定。根据《个人所得税法》第 1 条第 2 款以及税收协定的有关规定，在中国境内无住所而在一个纳税年度中在中国境内连续或累计工作超过 90 日或在税收协定规定的期间在中国境内连续或累计居住超过 183 日但不满 1 年的个人，其实际在中国境内工作期间取得的由中国境内企业或个人雇主支付和由境外企业或个人雇主支付的工资、薪金所得，均应申报缴纳个人所得税；其在中国境外工作期间取得的工资、薪金所得，除由境外雇主或个人支付并且不是由该雇主的中国境内机构负担的部分应缴纳个人所得税外，不予征收个人所得税。

4. 关于在中国境内无住所但在境内居住满 1 年的个人纳税义务的确定。根据《个人所得税法》第 1 条第 1 款、《个人所得税法实施条例》第 6 条的规定，在中国境内无住所但在境内居住满 1 年而不超过 5 年的个人，其在中国境内工作期间取得的由中国境内企业或个人雇主支付和由中国境外企业或个人雇主支付的工资、薪金，均应申报缴纳个人所得税；其在《个人所得税法实施条例》第 3 条所规定的临时离境工作期间的工资、薪金所得，仅就由中国境内企业或个人雇主支付的部分申报纳税，凡是该中国境内企业、机构属于采取核定利润方法计征企业所得税或没有营业收入而不征收企业所得税的，在该中国境内企业、机构任职、受雇的个人取得的工资、薪金，不论是否在中国境内企业、机构会计账簿中有记载，均应视为由其任职的中国境内企业、机构支付。

上述个人，在一个月中既有在中国境内工作期间的工资、薪金所得，也有在临时离境期间由境内企业或个人雇主支付的工资、薪金所得的，应合并计算当月应纳税款，并按税法规定的期限申报缴纳。

5. 中国境内企业董事、高层管理人员纳税义务的确定。担任中国境内企业董事或高层管理职务的个人，其取得的由该中国境内企业支付的董事费或工资、薪金，自其担任该中国境内企业董事或高层管理职务起，至其解除上述职务为止的期间，不论其是否在中国境外履行职务，均应申报缴纳个人所得税。其取得的由中国境外企业支付的工资、薪金，应依照上述第 2～4 项规定确定纳税义务。

6. 不满 1 个月的工资、薪金所得应纳税款的计算。属于上述第 2～5 条所述情况中的个人，凡因仅就不满 1 个月期间的工资、薪金所得申报纳税的，均应按全月工资、薪金所得计算实际应纳税额，其计算公式如下：

应纳税额＝（当月工资薪金应纳税所得额×适用税率－速算扣除数）×当月实际在中国的天数/当月天数

如果属于上述情况的个人取得的是日工资、薪金，应以日工资、薪金乘以当月天数换算成月工资、薪金后，按上述公式计算应纳税额。

（十一）关于单位或个人为纳税义务人负担税款的计征办法问题

单位或个人为纳税义务人负担个人所得税税款，应将纳税义务人取得的不含税收入换算为应纳税所得额，计算征收个人所得税。计算公式如下：

应纳税所得额－（不含税收入额－费用扣除标准－速算扣除数）÷（1－税率）

应纳税额＝应纳税所得额×适用税率－速算扣除数

第一个公式中的税率，是指按税率表中全月应纳税所得额（不含税级距）确定的税率；第二个公式中的税率，是指按税率表中全月应纳税所得额（含税级距）对应的税率。两个公式中的适用税率应该相等。

七、税收抵免

个人所得税的抵免是避免对同一所得双重征税的措施，一般有全额抵免与限额抵免之分。我国采取的是限额抵免制。

《个人所得税法》第 7 条规定："纳税义务人从中国境外取得的所得，准予其在应纳税额中扣除已在境外缴纳的个人所得税税额。但扣除额不得超过该纳税义务人境外所得依照本法规定计算的应纳税额。""在境外缴纳的个人所得税税额"是指纳税义务人从中国境外取得的所得，依照该所得来源国家或者地区的法律应当缴纳并且实际已经缴纳的税额。"依照税法规定计算的应纳税额"是指纳税义务人从中国境外取得的所得，区别不同国家或者地区和不同所得项目，依照税法规定的费用减除标准和适用税率计算的应纳税额。同一国家或者地区内不同所得项目的应纳税额之和，为该国家或者地区的扣除限额。

纳税义务人在中国境外一个国家或者地区实际已经缴纳的个人所得税税额，低于依照前述规定计算出的该国家或者地区扣除限额的，应当在中国缴纳差额部分的税款；超过该国家或者地区扣除限额的，其超过部分不得在本纳税年度的应纳税额中扣除，但是可以在以后纳税年度的该国家或者地区扣除限额的余额中补扣。补扣期限最长不得超过 5 年。

纳税义务人依照税法规定申请扣除已在境外缴纳的个人所得税税额时，应当提供境外税务机关填发的完税凭证原件。

为了保证正确计算扣除限额及合理扣除境外已纳税额，税法规定，在中国境内有住所，或者无住所而在境内居住满 1 年的个人，从中国境内和境外取得的所得，应当分别计算应纳税额。

八、个人所得税的税收优惠

对个人所得税的减免有直接减免和间接减免两种方式。我国采取直接减免的方式。

(一) 个人所得税的免征

税法规定，下列各项个人所得，免征个人所得税：

1. 省级人民政府、国务院部委和中国人民解放军军以上单位，以及外国组织、国际组织颁发的科学、教育、技术、文化、卫生、体育、环境保护等方面的奖金。

2. 国债和国家发行的金融债券利息。国债利息，是指个人持有中华人民共和国财政部发行的债券而取得的利息；国家发行的金融债券利息，是指个人持有经国务院批准发行的金融债券而取得的利息。

3. 按照国家统一规定发给的补贴、津贴。按照国家统一规定发给的补贴、津贴，是指按照国务院规定发给的政府特殊津贴、院士津贴、资深院士津贴，以及国务院规定免纳个人所得税的其他补贴、津贴。

4. 福利费、抚恤金、救济金。福利费，是指根据国家有关规定，从企业、事业单位、国家机关、社会团体提留的福利费或者工会经费中支付给个人的生活补助费；抚恤金又称抚恤费，是由国家或有关单位依照有关规定发放给死者家属或伤残职工的费用；救济金，是指各级人民政府民政部门支付给个人的生活困难补助费。

5. 保险赔款。

6. 军人的转业费、复员费。

7. 按照国家统一规定发给干部、职工的安家费、退职费、退休工资、离休

工资、离休生活补助费。

8. 依照我国有关法律规定应予免税的各国驻华使馆、领事馆的外交代表、领事官员和其他人员的所得。上述所得是指依照《中华人民共和国外交特权与豁免条例》和《中华人民共和国领事特权与豁免条例》规定免税的所得。

9. 中国政府参加的国际公约、签订的协议中规定免税的所得。

10. 关于发给见义勇为者的奖金问题。对乡、镇（含乡、镇）以上人民政府或经县（含县）以上人民政府主管部门批准成立的机构、有章程的见义勇为基金或者类似性质组织，奖励见义勇者的奖金或奖品，经主管税务机关核准，免征个人所得税。

11. 企业和个人按照国家或地方政府规定的比例提取，并向指定的金融机构实际缴付的住房公积金、医疗保险金、基本养老保险金，不计入个人当期的工资、薪金收入，免予征收个人所得税。超过规定的比例缴付的部分计征个人所得税。个人领取原提存的住房公积金、医疗保险金、基本养老保险金时，免予征收个人所得税。

12. 对个人取得的教育储蓄存款利息所得以及国务院财政部门确定的其他专项储蓄存款或者储蓄性专项基金存款的利息所得，免征个人所得税。

13. 储蓄机构内从事代扣代缴工作的办税人员取得的扣缴利息税手续费所得，免征个人所得税。

14. 经国务院财政部门批准免税的所得。

（二）个人所得税的减征

有下列情形之一的，经批准可以减征个人所得税：

1. 残疾、孤老人员和烈属的所得。

2. 因严重自然灾害造成重大损失的。

3. 其他经国务院财政部门批准减税的。

（三）个人所得税的暂免征收

根据财政部、国家税务总局《关于个人所得税若干政策问题的通知》，下列所得，暂免征收个人所得税：

1. 外籍个人所得税的免征。

（1）外籍个人以非现金形式或实报实销形式取得的住房补贴、伙食补贴、搬迁费、洗衣费。

（2）外籍个人按合理标准取得的境内、外出差补贴。

（3）外籍个人取得的探亲费、语言训练费、子女教育费等，经当地税务机关审核批准为合理的部分。

（4）外籍人员从外商投资企业取得股息、红利所得。

（5）凡符合下列条件之一的外籍专家取得的工资、薪金所得可免征个人所得税：根据世界银行专项贷款协议由世界银行直接派往我国工作的外国专家；联合国组织直接派往我国工作的专家；为联合国援助项目来华工作的专家；援助国派往我国专为该国无偿援助项目工作的专家；根据两国政府签订的文化交流项目，来华工作2年以内的文教专家，其工资、薪金所得由该国负担的；根据我国大专院校的国际交流项目，来华工作2年以内的文教专家，其工资、薪金所得由该国负担的；通过民间科研协定来华工作的专家，其工资、薪金所得由该国政府机构负担的。

2. 个人转让房产所得的免征。

（1）个人转让自用达5年以上并且是唯一的家庭生活用房取得的所得，免征个人所得税。"自用5年以上"是指个人购房至转让房屋的时间达5年以上。对个人购买房产以产权证或契税完税凭证上的时间为购房时间。个人转让房屋的日期，以销售发票上注明的时间为准。"家庭唯一生活用房"是指在同一省、自治区、直辖市范围内纳税人（有配偶的为夫妻双方）仅拥有一套住房。个人转让商业用房不得享受上述税收优惠。

（2）对个人出售住房后1年内重新购房的，重新购房的价格大于或等于原住房的销售额，销售原住房取得的所得免征个人所得税；重新购房的价格小于原住房的销售额，部分免征个人所得税。个人出售商业用房取得的所得，不得享受上述税收优惠。

3. 股票、基金的股息红利所得及转让所得的减免。

（1）股份制企业用资本公积金转增股本不属于股息、红利性质的分配，对个人取得的转增股本数，不征个人所得税；股份制企业用盈余公积金派发红股属于股息、红利性质的分配，对个人取得的红股数，征收个人所得税。

（2）个人转让国内上市公司股票的所得，暂免征收个人所得税。

（3）对投资者从封闭式证券投资基金分配中获得的股票的股息、红利收入以及企业债券的利息收入，由上市公司和发行债券的企业在向基金派发股息、红利、利息时代扣代缴个人所得税，基金向个人投资者分配股息、红利、利息时，不再代扣代缴个人所得税。

（4）对证券投资基金从上市公司分配取得的股息红利所得，扣缴义务人在代扣代缴个人所得税时，减按50%计算应纳税所得额。

（5）对开放式证券投资基金取得的股票的股息、红利收入，对投资者（包括个人和机构投资者）从开放式证券投资基金分配中取得的收入，暂不征收个人所得税。

（6）为了鼓励长期投资，抑制短期炒作，促进我国资本市场长期健康发展。

财政部、国税总局、证监会发布《关于实施上市公司股息红利差别化个人所得税政策有关问题的通知》，自 2013 年 1 月 1 日起，对个人从公开发行和转让市场取得的上市公司股票、股息红利所得按持股时间长短实行差别化个人所得税政策。持股期限在 1 个月以内（含 1 个月）的，其股息红利所得全额计入应纳税所得额，实际税负为 20%；持股期限在 1 个月以上至 1 年（含 1 年）的，暂减按 50% 计入应纳税所得额，实际税负为 10%；持股期限超过 1 年的，暂减按 25% 计入应纳税所得额，实际税负为 5%。

（7）股权分置改革中非流通股股东通过对价方式向流通股股东支付的股份、现金等收入，暂免征收流通股股东应缴纳的个人所得税。

（8）持有 B 股或海外股（包括 H 股）的外籍个人，从发行该 B 股或海外股的中国境内企业所取得的股息（红利）所得，暂免征收个人所得税。

（9）科研机构、高等学校转化职务科技成果以股份或出资比例等股权形式给予个人奖励，获奖人取得股份、出资比例时暂不缴纳个人所得税；取得按股份、出资比例分红或转让股权、出资比例所得时，应依法缴纳个人所得税。

4. 偶然所得的免征。

（1）个人取得单张有奖发票奖金所得不超过 800 元（含 800 元）的，暂免征收个人所得税；个人取得单张有奖发票奖金所得超过 800 元的，应全额按照《个人所得税法》规定的"偶然所得"项目征收个人所得税。

（2）个人购买社会福利有奖募捐奖券、体育彩票（奖券）一次中奖收入在 10 000 元以下（含 10 000 元）的，暂免征收个人所得税；超过 10 000 元的，应按税法规定全额征税。

5. 其他所得的免征。

（1）个人举报、协查各种违法、犯罪行为而获得的奖金。

（2）个人办理代扣代缴税款手续，按规定取得的扣缴手续费。

（3）对于个人将非货币性资产评估后投资于企业，其评估增值取得的所得在投资取得企业股权时，暂不征收个人所得税。在投资收回、转让或清算股权时如有所得，再征收个人所得税，其"财产原值"为资产评估前的价值。

（4）达到离休、退休年龄，但确因工作需要，适当延长离休、退休年龄的高级专家（指享受国家发放的政府特殊津贴的专家、学者），其在延长离休、退休期间的工资、薪金所得，视同退休工资、离休工资，免征个人所得税。

（5）企业依国家有关法律规定宣告破产，企业职工从该破产企业取得的一次性安置收入免征个人所得税。

（6）个人取得的青苗补偿费免征个人所得税。

（7）个人取得的旧城改造拆迁补偿费免征个人所得税。

（8）个人出租房屋的租金收入减按 10% 税率征收个人所得税。

（9）个人实际领（支）取原提存的基本养老保险金、基本医疗保险金、失业保险金和住房公积金时，免征个人所得税。

（10）自 2006 年 6 月 1 日起，对保险营销员佣金中的展业成本，不征收个人所得税；对劳务报酬部分，扣除实际缴纳的营业税金及附加后，依照税法有关规定计算征收个人所得税。根据目前保险营销员展业的实际情况，佣金中展业成本的比例暂定为 40%。

（四）对在中国境内无住所的纳税人的特别免税优惠。

1. 对在中国境内无住所，但在一个纳税年度中在中国境内居住不超过 90 日的纳税人的减免税优惠。《个人所得税法实施条例》第 7 条规定："在中国境内无住所，但是在一个纳税年度中在中国境内连续或者累计居住不超过 90 日的个人，其来源于中国境内的所得，由境外雇主支付并且不由该雇主在中国境内的机构、场所负担的部分，免予缴纳个人所得税。"

2. 对在中国境内无住所，但在境内居住 1 年以上、5 年以下的纳税人的减免税优惠。《个人所得税法实施条例》第 6 条规定："在中国境内无住所，但是居住 1 年以上 5 年以下的个人，其来源于中国境外的所得，经主管税务机关批准，可以只就由中国境内公司、企业以及其他经济组织或者个人支付的部分缴纳个人所得税；居住超过 5 年的个人，从第 6 年起，应当就其来源于中国境外的全部所得缴纳个人所得税。"

1995 年 9 月 16 日，财政部国家税务总局《关于在华无住所的个人如何计算在华居住满 5 年问题的通知》规定，对执行上述规定时 5 年期限的计算问题明确如下：

（1）关于 5 年期限的具体计算。个人在中国境内居住满 5 年，是指个人在中国境内连续居住满 5 年，即在连续 5 年中的每一纳税年度内均居住满 1 年。

（2）关于个人在华居住满 5 年以后纳税义务的确定。个人在中国境内居住满 5 年后，从第 6 年起的以后各年度中，凡在境内居住满 1 年的，应当就其来源于境内、境外的所得申报纳税；凡在境内居住不满 1 年的，则仅就该年内来源于境内的所得申报纳税。如该个人在第 6 年起以后的某一纳税年度内在境内居住不足 90 天，可以按《中华人民共和国个人所得税法实施条例》第 7 条的规定确定纳税义务，并从再次居住满 1 年的年度起重新计算 5 年期限。

（3）关于计算 5 年期限的起始日期。个人在境内是否居住满 5 年自 1994 年 1 月 1 日起开始计算。

九、个人所得税的征收管理

根据现行税法的规定，个人所得税，以所得人为纳税义务人，以支付所得的单位或者个人为扣缴义务人。可见，我国的个人所得税采取源泉扣缴税款和个人自行申报两种征税方法。

（一）自行纳税申报

自行纳税申报是由纳税人自行在税法规定的纳税期限内，向税务机关申报取得的应纳税所得项目和数额，如实填写个人所得税纳税申报表，并按照税法规定计算应纳税额，据此缴纳个人所得税的一种方法。《个人所得税自行纳税申报办法（试行）》对自行纳税申报作了具体规定。

1. 自行纳税申报的纳税义务人。

（1）年所得12万元以上的。年所得12万元以上的纳税人，不包括在中国境内无住所，且在一个纳税年度中在中国境内居住不满1年的个人。

（2）从中国境内两处或者两处以上取得工资、薪金所得的。

（3）从中国境外取得所得的。从中国境外取得所得的纳税人，是指在中国境内有住所，或者无住所而在一个纳税年度中在中国境内居住满1年的个人。

（4）取得应纳税所得，没有扣缴义务人的。

（5）国务院规定的其他情形。

2. 自行申报纳税的申报期限。

（1）工资、薪金所得应纳的税款，按月计征，由扣缴义务人或者纳税义务人在次月15日内缴入国库，并向税务机关报送纳税申报表。特定行业的工资、薪金所得应纳的税款，可以实行按年计算、分月预缴的方式计征，具体办法由国务院规定。

（2）年所得12万元以上的纳税人，无论取得的各项所得是否已足额缴纳了个人所得税，均应当于纳税年度终了后3个月内到主管税务机关办理纳税申报。

（3）个体工商户和个人独资企业、合伙企业投资者取得的生产、经营所得应纳的税款，按年计算，分月预缴的，纳税人在每月终了后15日内办理纳税申报；分季预缴的，纳税人在每个季度终了后15日内办理纳税申报；纳税年度终了后，纳税人在3个月内汇算清缴，多退少补。

（4）对企事业单位的承包经营、承租经营所得应纳的税款，按年计算，由纳税义务人在年度终了后30日内缴入国库，并向税务机关报送纳税申报表。纳税义务人在1年内分次取得承包经营、承租经营所得的，应当在取得每次所得后的15日内预缴，年度终了后3个月内汇算清缴，多退少补。

（5）从中国境外取得所得的纳税义务人，应当在年度终了后30日内，将应纳的税款缴入国库,并向税务机关报送纳税申报表。

除上述情形外,纳税人应在取得应纳税所得的次月 15 日内向主管税务机关申报所得,报送纳税申报表并缴纳税款。

3. 自行纳税申报的方式。纳税人可以采取数据电文、邮寄等方式申报,也可以直接到主管税务机关申报,或者采取符合主管税务机关规定的其他方式申报。

纳税人采取数据电文方式申报的,应当按照税务机关规定的期限和要求保存有关纸质资料。纳税人采取邮寄方式申报的,以邮政部门挂号信函收据作为申报凭据,以寄出的邮戳日期为实际申报日期。纳税人可以委托有税务代理资质的中介机构或者他人代为办理纳税申报。

4. 自行纳税的申报地点。

(1) 年所得 12 万元以上的纳税人,纳税申报地点分别为:①在中国境内有任职、受雇单位的,向任职、受雇单位所在地主管税务机关申报;②在中国境内有两处或者两处以上任职、受雇单位的,选择并固定向其中一处单位所在地主管税务机关申报;③在中国境内无任职、受雇单位,年所得项目中有个体工商户的生产、经营所得或者对企事业单位的承包经营、承租经营所得(以下统称生产、经营所得)的,向其中一处实际经营所在地主管税务机关申报;④在中国境内无任职、受雇单位,年所得项目中无生产、经营所得的,向户籍所在地主管税务机关申报。在中国境内有户籍,但户籍所在地与中国境内经常居住地不一致的,选择并固定向户籍所在地或经常居住地的主管税务机关申报。在中国境内没有户籍的,向中国境内经常居住地主管税务机关申报。

从中国境内两处或者两处以上取得工资、薪金所得的,选择并固定向其中一处单位所在地主管税务机关申报。从中国境外取得所得的,向中国境内户籍所在地主管税务机关申报。在中国境内有户籍,但户籍所在地与中国境内经常居住地不一致的,选择并固定向户籍所在地或经常居住地的主管税务机关申报。在中国境内没有户籍的,向中国境内经常居住地主管税务机关申报。

(2) 个体工商户向实际经营所在地主管税务机关申报。个人独资、合伙企业投资者兴办两个或两个以上企业的,区分不同情形确定纳税申报地点:①兴办的企业全部是个人独资性质的,分别向各企业的实际经营管理所在地主管税务机关申报;②兴办的企业中含有合伙性质的,向经常居住地主管税务机关申报;③兴办的企业中含有合伙性质,个人投资者经常居住地与其兴办企业的经营管理所在地不一致的,选择并固定向其参与兴办的某一合伙企业的经营管理所在地主管税务机关申报。除特殊情况外,5 年以内不得变更。

除以上情形外,纳税人应当向取得所得所在地主管税务机关申报。"经常居住地"是指纳税人离开户籍所在地最后连续居住 1 年以上的地方。纳税人不得随意变更纳税申报地点,因特殊情况变更纳税申报地点的,须报原主管税务机关备案。

(二)代扣代缴

1. 扣缴义务人和代扣代缴的范围。凡支付个人应纳税所得的企业(公司)、事业单位、机关、社团组织、军队、驻华机构、个体户等单位或者个人,为个人所得税的扣缴义务人。此处所说"驻华机构",不包括外国驻华使领馆和联合国及其他依法享有外交特权和豁免的国际组织驻华机构。

扣缴义务人向个人支付下列所得,应代扣代缴个人所得税:①工资、薪金所得;②对企事业单位的承包经营、承租经营所得;③劳务报酬所得;④稿酬所得;⑤特许权使用费所得;⑥利息、股息、红利所得;⑦财产租赁所得;⑧财产转让所得;⑨偶然所得;⑩经国务院财政部门确定征税的其他所得。

扣缴义务人向个人支付应纳税所得(包括现金、实物和有价证券)时,不论纳税人是否属于本单位人员,均应代扣代缴其应纳的个人所得税税款。此处所说"支付",包括现金支付、汇拨支付、转账支付和以有价证券、实物以及其他形式的支付。

2. 代扣代缴期限。扣缴义务人应向扣缴义务人所在地税务机关代缴税款。扣缴义务人每月所扣的税款,应当在次月 15 日内缴入国库,并向税务机关报送纳税申报表。

工资、薪金所得应纳的税款,按月计征,由扣缴义务人在次月 15 日内缴入国库,并向税务机关报送纳税申报表。特定行业(采掘业、远洋运输业、远洋捕捞业等)的工资、薪金所得应纳的税款,可以实行按年计算,分月预缴的方式计征。

各项所得的计算,均应以人民币为单位。所得为外国货币的,应当按照填写完税凭证的上一月最后一日人民币汇率中间价,折合成人民币计算应纳税所得额。依照税法规定,在年度终了后汇算清缴的,对已经按月或者按次预缴税款的外国货币所得,不再重新折算;对应当补缴税款的所得部分,按照上一纳税年度最后一日人民币汇率中间价,折合成人民币计算应纳税所得额。

思考题

1. 简述所得税管辖权的含义及其分类。
2. 企业所得税的纳税人、征税对象、税率是怎样规定的?
3. 如何确定企业所得税的应纳税所得额?
4. 特别纳税调整包括哪些内容?

5. 我国企业所得税法是怎样规定税收抵免的?

6. 简述个人所得税纳税人的分类及标准。

7. 简述个人所得税的应税所得项目。

8. 如何确定个人所得税的应纳税所得额?

9. 如何计算个人所得税税额?

第六章

资源税法律制度

【学习目的与要求】

　　资源税法律制度是由国家制定的，调整在资源税的征收和管理过程中所产生的各种社会关系的法律规范的总称。这里所说的资源是"指在一定的经济和技术条件下，环境中能被人类利用的物质和能量"[1]，它"是天然物质财富，包括矿产等地下资源、土地、森林、动植物等地上资源及太阳能等空间资源，但作为资源税征税对象的资源，必须具有商品属性，即应有价值和使用价值，而不是全部的资源"[2]。因此，从广义而言，资源税是对在我国境内从事资源开发和利用的单位和个人征收的一类税的总称。目前我国已有的资源税税种主要包括：以矿产资源和盐为主要征税对象征收的资源税和以土地为征税对象征收的城镇土地使用税、耕地占用税和土地增值税。因此，本章主要讲述资源税法、城镇土地使用税法、耕地占用税法、土地增值税法的主要内容。

【重点问题】

　●资源税的纳税人、征收范围的规定
　●城镇土地使用税的纳税人、征收范围的规定
　●耕地占用税的纳税人、征收范围的规定
　●土地增值税的纳税人、征收范围、税率的规定

---

[1] 吕忠梅主编：《环境法原理》，复旦大学出版社2007年版，第339页。
[2] 张炳淳：《税法新编》，陕西人民出版社1999年版，第303页。

第一节 资源税法

一、资源税法概述

从《中华人民共和国资源税暂行条例》看，我国的资源税仅指以在我国境内开采特定矿产资源和生产盐为征税对象征收的一类税。

资源税法是指由国家制定的，调整在资源税的征收与管理过程中所产生的各种社会关系的法律规范的总称。

我国的资源税最早开征于 1984 年 10 月 1 日，国务院于 1984 年 9 月发布了《中华人民共和国资源税条例（草案）》，开始对原油、煤炭和铁矿石征收资源税。当时开征的资源税范围小，且采用比例税率，按率计征，弊病较多。因此，1986 年改为定额税率，从量定额征收。1994 年税制改革时，依据统一税法，简化税制的要求，将盐税和资源税合并，国务院于 1993 年 12 月 25 日发布了《中华人民共和国资源税暂行条例》（以下简称《资源税暂行条例》），1993 年 12 月 29 日财政部发行了《中华人民共和国资源税暂行条例实施细则》（以下简称《资源税暂行条例实施细则》）。然而，1993 年的《资源税暂行条例》规定的是单一的"从量定额"计征办法，这种计征办法不能使资源税随着资源产品价格和资源企业收益的增长而增加，特别是在石油天然气等资源产品的价格已较大幅度提升的情况下，资源税在这类产品价格中所占比重过低，既不利于发挥该项税收调节生产、促进资源合理开发利用的功能，也不利于充分发挥该项税收合理组织财政收入的功能。因此，为了完善资源税对资源的调节功能以及资源税制度，在当前石油、天然气的用量越来越大的背景下，经国务院批准，自 2010 年 6 月 1 日起在新疆进行原油天然气资源税改革试点后，2010 年 12 月 1 日起，又在其他西部省（区）进行了这项改革试点，将原油天然气资源税由"从量定额"改为"从价定率"计征。在试点的基础上，2011 年 9 月 21 日国务院第 173 次常务会议通过了《国务院关于修改〈中华人民共和国资源税暂行条例〉的决定》，修改后的《资源税暂行条例》自 2011 年 11 月 1 日起施行。新修改的内容主要有：一是使管辖区域更加明确。即将资源税的管辖区域由中华人民共和国境内变动为在中华人民共和国领域及管辖海域，使管辖区域更加明确、更加具体、更具有可操作性；二是适用税率的确定更加合理、更加全面。由于资源税税率采用的是幅度税率，因此纳税人在税率幅度内具体适用的税率由原来的根据纳税人所开采或者生产应税产品的资源状况更改为根据应税产品的资源品位、开采条件等情况来决定，把开采条件作为确定税率的重要依据；三是新条例在原有资源税"从量定额"计征基础上增加了"从价定率"的计征办法，改变原油、天然气等品目资源税的计征办法，实行比例税率，从价计征；四是规定自用于连续生产应税产品的，不缴纳资源税，避免了重复纳税；五是改变了以前只有财政部一个部门解释和制定资源税暂行条例实施办法的规定，规定了实施办法由财政部和国家税务总局制定，这将提高资源税缴纳的可操作性；六是在煤炭这一税目中将焦煤和稀土矿单独列出，同时提高了税额。《资源税暂行条例》的修改有利于促进节能减排，有利于实施油气资源税改革，促使企业承担相应的生态恢复和环境补偿成本，对促进资源节约开采利用、保护环境，实现经济社会可持续发展具有积极作用；有利于建立地方财政收入稳定增长的长效机制；有利于平衡各类企业的资源税费负担；有利于维护国家利益，改变目前资源税税负水平偏低的状况，提高资源税在资源价格中的比重，有利于避免属于国家所有的稀缺性资源利益的流失。

但是新修改的资源税法依然没有改变其作为矿产资源税法的实质，因为它没有包含水资源、森林资源、旅游资源等，所以对资源税的改革和重新设计依然是必要的。目前，对资源税的重新设计有两种方案：第一种方案是在目前资源税的基础上扩大资源税的征收范围，将森林资源、水资源、旅游资源等纳入资源税的征收范围中，使其成为资源税的一个税目，实行综合性资源税，并将其更名为自然资源税或者也可将其称为生态资源税，以彰显征收对象的自然性和生态性特点；第二种方案是分别设立矿产资源税、地下水资源税、地表水资源税、森林资源税、旅游资源税等。目前第二种方案的实施还不成熟，所以应采取第一方案，即实施综合性自然资源税。

二、资源税的征税范围

原则上，资源税的征税范围应当包括一切被开发和利用的国有资源，但考虑到当前我国对所有的国有自然资源开征资源税还缺乏经验，因此，目前我国的资源税的征税范围仅限于矿产品和盐。根据《资源税暂行条例》的规定，资源税的征税范围具体包括：

1. 矿产品，包括原油、天然气、煤炭、金属矿产品和其他非金属矿产品。而金属矿产品又包括黑色金属矿产品和有色金属矿产品。具体包括：

（1）原油。指开采的天然原油，不包括人造石油。

（2）天然气。指专门开采或与原油同时开采的天然气，暂不包括煤矿生产的天然气。

（3）煤炭。指原煤，包括焦炭和其他煤炭。不包括洗煤、选煤及其他煤炭制品。

（4）其他非金属矿原矿。指除以上三种矿产品以及井矿盐以外的所有非金属矿产品，包括普通非金属矿原矿和贵重非金属矿原矿。

（5）黑色和有色金属矿原矿。指纳税人开采后自用或销售的用于直接入炉冶炼或作为主产品先入选精矿，制造人工矿，再最终入炉冶炼的金属矿石原矿。有色金属矿原矿包括稀土矿和其他有色金属矿原矿。

2. 盐，包括固体盐和液体盐。固体盐是指海盐原盐、湖盐原盐和井矿盐。液体盐是指卤水。

三、资源税的纳税人

资源税的纳税人是在中华人民共和国领域及其管辖海域开采《资源税暂行条例》规定的矿产品或者生产盐的单位和个人。单位是指国有企业、集体企业、私营企业、股份制企业、其他企业和行政单位、事业单位、军事单位、社会团体及其他单位。个人是指个体经营者和其他个人。另外盐税列为资源税的税目后，盐场为盐的资源税的唯一纳税人。

为了方便征税，加强资源税的征管，资源税法还规定了资源税的扣缴义务人。独立矿山、联合企业和其他收购未税矿产品的单位为资源税的扣缴义务人。扣缴义务人的规定主要适用于收购那些零散、不定期开采及个体户或个人的矿产品。

四、资源税的税率和税目

修改后的资源税实行定额幅度税率和定率幅度税率相结合的税率模式，既采用从量定率计征也采用从量定额计征。《资源税暂行条例》对资源税税目作了规定，规定各税目的税率、税额幅度如表所示，税目、税率的部分调整，由国务院决定。

资源税税目税率表

税　目		税　率
一、原油		销售额的 5% ~ 10%
二、天然气		销售额的 5% ~ 10%
三、煤炭	焦煤	每吨 8 ~ 20 元
	其他煤炭	每吨 0.3 ~ 5 元

续表

税　目		税　率
四、其他非金属矿原矿	普通非金属矿原矿	每吨或者每立方米 0.5～20 元
	贵重非金属矿原矿	每千克或者每克拉 0.5～20 元
五、黑色金属矿原矿		每吨 2～30 元
六、有色金属矿原矿	稀土矿	每吨 0.4～60 元
	其他有色金属矿原矿	每吨 0.4～30 元
七、盐	固体盐	每吨 10～60 元
	液体盐	每吨 2～10 元

纳税人具体适用的税率，在所附《资源税税目税率表》规定的税率幅度内，根据纳税人所开采或者生产应税产品的资源品位、开采条件等情况，由财政部商请国务院有关部门确定；财政部未列举名称且未确定具体适用税率的其他非金属矿原矿和有色金属矿原矿，由省、自治区、直辖市人民政府根据实际情况确定，报财政部和国家税务总局备案。

在实施细则所附的《资源税税目税额明细表》和《几个主要品种的矿山资源等级表》中，根据不同地区矿山、不同等级和不同品种的资源，对不同纳税人的具体税额适用作了明确规定，对主要纳税人的单位名称和开采的矿产品具体适用的税额，作了详细列举。

五、资源税应纳税额的计算

资源税的应纳税额，按照从价定率或者从量定额两种计算办法计算。

1. 按照从价定率征税的计算公式：

应纳税额 = 销售额 × 比例税率

所称销售额为纳税人销售应税产品向购买方收取的全部价款和价外费用，但不包括收取的增值税销项税额。

价外费用，包括价外向购买方收取的手续费、补贴、基金、集资费、返还利润、奖励费、违约金、滞纳金、延期付款利息、赔偿金、代收款项、代垫款项、包装费、包装物租金、储备费、优质费、运输装卸费以及其他各种性质的价外收费。但下列项目不包括在内：

（1）同时符合以下条件的代垫运输费用：①承运部门的运输费用发票开具

给购买方的；②纳税人将该项发票转交给购买方的。

（2）同时符合以下条件代为收取的政府性基金或者行政事业性收费：①由国务院或者财政部批准设立的政府性基金，由国务院或者省级人民政府及其财政、价格主管部门批准设立的行政事业性收费；②收取时开具省级以上财政部门印制的财政票据；③所收款项全额上缴财政。

2. 按照从量定额征税的计算公式：

应纳税额 = 应税产品的销售数量 × 定额税率

纳税人开采或者生产不同税目应税产品的，应当分别核算不同税目应税产品的销售额或者销售数量；未分别核算或者不能准确提供不同税目应税产品的销售额或者销售数量的，从高适用税率。

纳税人开采或者生产应税产品，自用于连续生产应税产品的，不缴纳资源税；自用于其他方面的，视同销售，缴纳资源税。

六、资源税的减税免税

根据《资源税暂行条例》第 7 条和国家税务总局《关于资源税若干问题的规定》，有下列情形之一的，减征或者免征资源税：

1. 开采原油过程中用于加热、修井的原油，免税。

2. 纳税人开采或者生产应税产品过程中，因意外事故或者自然灾害等原因遭受重大损失的，由省、自治区、直辖市人民政府酌情决定减税或者免税。

3. 自 2007 年 2 月 1 日起，北方海盐资源税暂减按每吨 15 元征收；南方海盐、湖盐、井矿盐资源税暂减按每吨 10 元征收；液体盐资源税暂减按每吨 2 元征收。

4. 国务院规定的其他减税、免税项目。

纳税人的减税、免税项目，应当单独核算课税数量；未单独核算或者不能准确提供课税数量的不予减税或者免税。同时，对进口的矿产品和盐不征资源税，对出口的应税产品不免征和退还已纳税款。中外合作开采石油、天然气，目前按规定收取矿区使用费，暂不征收资源税。

七、资源税的征收管理

（一）资源税纳税义务的发生时间

1. 纳税人销售应税产品，其纳税义务的发生时间是：

（1）纳税人采取分期收款结算方式的，其纳税义务发生时间为销售合同规定的收款日期的当天；

（2）纳税人采取预收货款结算方式的，其纳税义务发生时间为发出应税产品的当天；

（3）纳税人采取其他结算方式的，其纳税义务发生时间为收讫销售款或者取得索取销售款凭据的当天。

2. 纳税人自产自用应税产品的纳税义务发生时间为移送使用应税产品的当天。

3. 扣缴义务人代扣代缴税款的纳税义务发生时间为支付货款的当天。

（二）资源税的纳税期限

纳税人的纳税期限为 1 日、3 日、5 日、10 日、15 日或者 1 个月，由主管税务机关根据实际情况具体核定。不能按固定期限计算纳税的，可以按次计算纳税。

纳税人以 1 个月为一期纳税的，自期满之日起 10 日内申报纳税；以 1 日、3 日、5 日、10 日或者 15 日为一期纳税的，自期满之日起 5 日内预缴税款，于次月 1 日起 10 日内申报纳税并结清上月税款。

扣缴义务人的解缴税款期限，比照前两款的规定执行。

（三）资源税的纳税地点

纳税人应纳的资源税，应当向应税产品的开采或者生产所在地主管税务机关缴纳。纳税人在本省、自治区、直辖市范围内开采或者生产应税产品，其纳税地点需要调整的，由省、自治区、直辖市税务机关决定。

跨省、自治区、直辖市开采或者生产资源税应税产品的纳税人，其下属生产单位与核算单位不在同一省、自治区、直辖市的，对其开采或者生产的应税产品，一律在开采地或者生产地纳税。实行从量计征的应税产品，其应纳税款一律由独立核算的单位按照每个开采地或者生产地的销售量及适用税率计算划拨；实行从价计征的应税产品，其应纳税款一律由独立核算的单位按照每个开采地或者生产地的销售量、单位销售价格及适用税率计算划拨。

扣缴义务人代扣代缴的资源税，应当向收购地主管税务机关缴纳。

第二节　城镇土地使用税法

一、城镇土地使用税法概述

城镇土地使用税是对在我境内使用城市、县城、建制镇和工矿区范围内土地的单位和个人，就其实际占用的土地面积所征收的一种税。

城镇土地使用税法是指由国家制定的，调整在城镇土地使用税的征收与管理过程中所产生的各种社会关系的法律规范的总称。

为了保护土地资源的合理利用和有效开发，调节土地级差收入，提高土地的使用效益，加强土地管理，1988 年 9 月 27 日国务院开征了城镇土地使用税。但是随着社会主义市场经济的发展，原有的《中华人民共和国城镇土地使用税暂行条例》（以下简称《城镇土地使用税暂行条例》）存在很多弊端。因此，2006 年 12 月 31 日国务院第一百六十三次常务会议通过了《国务院关于修改〈中华人民共和国城镇土地使用税暂行条例〉的决定》，对 1988 年的《城镇土地使用税暂行条例》作了修订，并于 2007 年 1 月 1 日起施行。[1]

二、城镇土地使用税的征税范围和纳税人

城镇土地使用税的征税范围，包括在城市、县城、建制镇和工矿区[2]范围内的国家所有和集体所有的土地。城市的征税范围为市区的土地；县城的征税范围为县人民政府所在地的城镇土地；建制镇的征税范围为镇人民政府所在地的土地；工矿区的征税范围为符合建制镇标准，但未设立建制镇的大中型工矿企业所在地。

凡在中华人民共和国境内使用城市、县城、建制镇和工矿区范围内土地的单位和个人，都是城镇土地使用税的纳税人。"单位"包括国有企业、集体企业、私营企业、股份制企业、外商投资企业、外国企业以及其他企业和事业单位、社会团体、国家机关、军队以及其他单位；"个人"包括个体工商户以及其他个人[3]，纳税人具体包括：

1. 在境内拥有土地使用权的单位和个人。

2. 拥有土地使用权的纳税人不在土地所在地的，代管人或实际使用人为纳税人。

3. 土地使用权属纠纷未解决的，实际使用人为纳税人。

---

〔1〕 虽然 2007 年修订后的《城镇土地使用税暂行条例》将征税额度总幅度提高到每平方米 0.6 元~30 元，但随着经济的发展，物价上涨，税额还稍显偏低。规定的减免税范围也过宽，不利于严格税收减免。另外，目前，依照《城镇土地使用税暂行条例》的规定，只有在城市、县城、建制镇、工矿区范围内的土地才作为其征税对象。但农业用地转为非农业用地时，除一次性缴纳耕地占用税外，位于城镇的还需按年计征土地使用税，而用于农村的非农业用地，如乡镇企业用地，则不缴纳土地使用税，使税负明显不公平，并且随着经济的发展，城乡界限已很难划分。鉴于以上情况，城镇土地使用税将进一步改革完善，将扩大征税范围，调整税额，严格规范减免并将城镇土地使用税更名为"土地使用税"，以结束城乡"二元税制结构"。

〔2〕 城市，是指经国务院批准设立的市；县城，是指县人民政府所在地；建制镇，是指经省、自治区、直辖市人民政府批准设立的建制镇；工矿区，是指工商业比较发达，人口比较集中，经省、自治区、直辖市人民政府批准的大中型工矿企业所在地。

〔3〕 1988 年 11 月 1 日起对国内企业、单位和个人开征，2007 年 1 月 1 日对外资企业和外籍人员开征。

4. 土地使用权共有的，由共有各方按实际使用土地面积的比例分别纳税。

三、城镇土地使用税的计税依据和单位税额

城镇土地使用税以纳税人实际占用的土地面积为计税依据，实行从量定额征收。占用土地面积的组织测量工作，由省、自治区、直辖市人民政府确定。

纳税人实际占用的土地面积按下列办法确定：

1. 凡由省、自治区、直辖市人民政府确定的单位组织测定土地面积的，以测定的面积为准。

2. 尚未组织测量，但纳税人持有政府部门核发的土地使用证书的，以证书确认的土地面积为准。

3. 尚未核发土地使用证书的，应由纳税人申报土地使用面积，据以纳税，待核发土地使用证书后再作调整。

城镇土地使用税采用幅度定额税率，其税额一般是根据大、中、小城市和县城、建制镇、工矿区分别确定幅度差别税额。根据 2006 年修订后的《城镇土地使用税条例》的规定，每平方米年税额见城镇土地使用税税率表。

城镇土地使用税税率表

级别	每平方米税额
大城市	1.5 元 ~ 30 元
中等城市	1.2 元 ~ 24 元
小城市	0.9 元 ~ 18 元
县城、建制镇、工矿区	0.6 元 ~ 12 元

具体适用税额，由省、自治区、直辖市人民政府在规定的幅度内，根据本地区的具体情况确定所辖地区适用的税额幅度，市、县人民政府在此幅度内制定相应的适用税额，并报省级人民政府批准执行。经济不发达地区的税额标准可以适当降低，但降低额不得超过规定的最低税额的 30%；经济发达地区的适用税额标准可以适当提高，但须报经财政部批准。

大、中、小城市的划分标准是：以公安部门登记在册的非农业正式户口人数，按国务院规定的标准划分。大城市是指市区和郊区非农业人口总计在 50 万以上的城市；中等城市是指市区和郊区非农业人口总计在 20 万 ~ 50 万的城市；小城市是指市区和郊区非农业人口总计在 20 万以下的城市。

四、城镇土地使用税的减免

根据税法规定，下列土地可以免缴土地使用税：

1. 国家机关、人民团体、军队自用的土地。

2. 由国家财政部门拨付事业经费的单位自用的土地。

3. 宗教寺庙、公园、名胜古迹自用的土地。

4. 市政街道、广场、绿化地带等公共用地。

5. 直接用于农、林、牧、渔业的生产用地、水利设施及其管护用地。

6. 经批准开山填海整治的土地和改造的废弃土地，从使用的月份起免税 5 年～10 年，具体免税期限由各省、自治区、直辖市税务局根据情况在规定的期限内自行确定。

7. 企业办的学校、医院、托儿所、幼儿园的自用土地。

8. 非营利性医疗机构、疾病控制机构、妇幼保健机构等医疗卫生机构自用的土地。

9. 对免税单位无偿使用纳税单位的土地的（如公安、海关等单位使用铁路、民航等单位的土地），免征土地使用税；对纳税单位无偿使用免税单位的土地的，纳税单位应照章缴纳土地使用税。

10. 对行使国家行政管理职能的中国人民银行总行（含外汇管理局）所属分支机构自用的土地免税。

11. 由财政部另行规定免税的能源、交通、水利设施用地（主要涉及煤炭、石油、天然气、电力、铁路、民航、港口等类企业）和其他用地。

此外，各省、自治区、直辖市地方税务局根据当地的实际情况确定了一些城镇土地使用税的减免税项目。

五、城镇土地使用税的征收管理

城镇土地使用税由土地所在地税务机关征收，按年计算，分期缴纳。

土地管理机关应当向土地所在地的税务机关提供土地使用权属资料，以便税务机关征收管理。具体纳税期限由省级人民政府确定。

纳税人新征用的土地，属于耕地的，自批准之日起满 1 年时开始缴纳城镇土地使用税；若征用的是非耕地，自批准征用次月起缴纳城镇土地使用税。

第三节　耕地占用税法

一、耕地占用税法概述

耕地占用税是国家对占用耕地建房或从事非农业建设的单位和个人，根据其实际占用的耕地面积实行从量定额征收的一种税。

耕地占用税法是指由国家制定的，调整在耕地占用税的征收与管理过程中所产生的各种社会关系的法律规范的总称。现行基本法律规范主要是2007年12月1日国务院第511号令颁布的《中华人民共和国耕地占用税暂行条例》（以下简称为《耕地占用税暂行条例》）。该条例自2008年1月1日起实施，同时1987年4月1日发布的《中华人民共和国耕地占用税暂行条例》被废止。

开征耕地占用税的主要意义在于保护耕地，合理利用土地资源，加强土地管理。特别是近年来，城乡非农业建设乱占、滥用耕地的现象十分严重，开征耕地占用税有利于保住我国18亿亩耕地这一底线。

我国耕地占用税具有以下特点：

1. 耕地占用税是一种特别土地税。它主要是对改变耕地用途的单位和个人就其占用耕地的行为征收的一种税，具有行为税的特点。但它主要是对土地这种资源征税，所以它最终又是资源税。[1]

2. 实行从量定额征收。耕地占用税按纳税人实际占用耕地的面积实行从量定额征收。

3. 实行一次性征收。耕地占用税由财政机关在单位和个人占用耕地时，按规定税额一次性征收，以后不再征收。

二、耕地占用税的征税范围和纳税人

耕地占用税的征税范围是建房或从事其他非农业建设而占用的耕地。非耕地的占用和占用耕地用于农业生产建设的，以及农业内部结构调整占用耕地，如退耕还林等均不在耕地占用税的征税范围之内。这里所说的耕地是指用于种植农作物的土地，包括国家所有和集体所有的耕地在内。耕地的具体范围包括：种植粮食作物、经济作物的土地；园地（包括苗圃、花圃、茶园、果园、桑园和其他种植经济林木的土地）、菜地和其他农用地（如晒场等）。新开荒地、休闲地、轮歇地、草田轮作地均视为耕地。

---

[1] 张炳淳：《税法新编》，陕西人民出版社1999年版，第314页。

耕地占用税的纳税人为占用耕地建房或者从事非农业建设的单位和个人。单位包括国有企业、集体企业、私营企业、股份制企业、外商投资企业、外国企业以及其他企业和事业单位、社会团体、国家机关、部队以及其他单位；个人包括个体工商户以及其他个人。

三、耕地占用税的计税依据和税率

耕地占用税以纳税人实际占用的耕地面积（平方米）为计税依据。按照规定的适用税额一次性征收。耕地占用税实行幅度定额税率。税额以县级行政区域为单位，按人均耕地面积划分4个等级，规定税额幅度如下：

1. 人均耕地不超过1亩的地区，每平方米10元~50元。

2. 人均耕地超过1亩但不超过2亩的地区，每平方米为8元~40元。

3. 人均耕地超过2亩但不超过3亩的地区，每平方米为6元~30元。

4. 人均耕地超过3亩的地区，每平方米为5元~25元。

国务院财政、税务主管部门根据人均耕地面积和经济发展情况确定各省、自治区、直辖市的平均税额。各地适用税额，由省、自治区、直辖市人民政府在《耕地占用税暂行条例》第5条第1款规定的税额幅度内，根据本地区情况核定。各省、自治区、直辖市人民政府核定的适用税额的平均水平，不得低于国务院财政、税务主管部门为各省、自治区、直辖市所规定的平均税额。

经济特区、经济技术开发区和经济发达且人均耕地特别少的地区，适用税额可以适当提高，但是提高的部分最高不得超过按上述规定的当地适用税额的50%；占用基本农田的，适用税额应当在按上述规定的当地适用税额的基础上提高50%。

纳税人临时占用耕地，应当依照规定缴纳耕地占用税。纳税人在批准临时占用耕地的期限内恢复所占用耕地原状的，全额退还已经缴纳的耕地占用税。

占用林地、牧草地、农田水利用地、养殖水面以及渔业水域滩涂等其他农用地建房或者从事非农业建设的，比照上述规定征收耕地占用税。建设直接为农业生产服务的生产设施占用上述规定的农用地的，不征收耕地占用税。

四、耕地占用税的减税免税

1. 下列情形免征耕地占用税：

（1）军事设施占用耕地。

（2）学校、幼儿园、养老院、医院占用耕地。

2. 铁路线路、公路线路、飞机场跑道、停机坪、港口、航道占用耕地，减按每平方米 2 元的税额征收耕地占用税。根据实际需要，国务院财政、税务主管部门商请国务院有关部门并报国务院批准后，可以对上述规定的情形免征或者减征耕地占用税。

3. 农村居民占用耕地新建住宅，按照当地适用税额减半征收耕地占用税。农村烈士家属、残疾军人、鳏寡孤独以及革命老根据地、少数民族聚居区和边远贫困山区生活困难的农村居民，在规定用地标准以内新建住宅缴纳耕地占用税确有困难的，经所在地乡（镇）人民政府审核，报经县级人民政府批准后，可以免征或者减征耕地占用税。

按照规定免征或者减征耕地占用税后，纳税人改变原占地用途，不再属于免征或者减征耕地占用税情形的，应当按照当地适用税额补缴耕地占用税。

五、耕地占用税的征收管理

耕地占用税由地方税务机关负责征收。土地管理部门在通知单位或者个人办理占用耕地手续时，应当同时通知耕地所在地同级地方税务机关。获准占用耕地的单位或者个人应当在收到土地管理部门的通知之日起 30 日内缴纳耕地占用税。土地管理部门凭耕地占用税完税凭证或者免税凭证和其他有关文件发放建设用地批准书。

第四节　土地增值税法

一、土地增值税法概述

土地增值税是指对转让国有土地使用权、地上建筑物及其附着物（以下简称“转让房地产”）并取得收入的单位和个人，就其增值额征收的一种税。

土地增值税法是指由国家制定的，调整在土地增值税的征收和管理过程中所产生的各种社会关系的法律规范的总称。

对土地增值额征税，其实质是对土地收益或者说是对地租征税，这种土地增值是一种“超额利润”，来源于土地特殊的自然属性，因而与一般意义上（如工业）的利润不同。对地租征税的学说是 18 世纪中期法国重农主义学者魁奈首创的。[1] 魁奈的学说被世界上许多国家和地区所采纳。据统计，世界上有 60 多

---

[1]　姚梅炎、郝如玉主编：《中国新税收制度应用指南》，中国对外经济贸易出版社 1994 年版，第 350 页。

个国家和地区直接对转让土地及地上建筑物的转让收入课税。

中国近代的土地增值税制度开始于清朝末年的青岛，当时法国在青岛设立的胶州湾租界内率先开征地价税。国民党政府于1930年6月30日正式施行《土地法》，其第四编的土地税部分就涉及了土地增值税。此后，我国台湾地区于1977年再次颁布"土地法"，并经过1979年、1989年两次修改后形成现行"土地法"。该法规定："凡买卖、赠与、继承、交换、拍卖、共有分割时均应交纳土地增值税。"

1978年，我国开始实行国有土地使用权的有偿出让、转让。1990年5月，国务院发布了《中华人民共和国城镇国有土地使用权出让和转让暂行条例》，为土地使用权成为生产要素进入市场提供了法律保障。自此，我国的房地产业得到迅猛发展。但房地产业在发展过程中存在大量问题，如土地的供应计划性不强、成片批租的量过大、房地产的炒买炒卖大量涌现，使房地产价格上涨过猛、炒卖者获得高额利润，但国有土地的收益大量流失等现象。在这种情况下，国家为了兴利抑弊，需要发挥税收的经济杠杆作用进行调控，以促进其健康发展。为此，1993年12月13日国务院颁布了《中华人民共和国土地增值税暂行条例》（以下简称《土地增值税暂行条例》），于1994年1月1日起实施。1995年1月27日财政部公布了《中华人民共和国土地增值税暂行条例实施细则》（以下简称《土地增值税暂行条例实施细则》）。

国家为了加强对房地产市场的管理，适时开征土地增值税，有利于抑制房地产的投机、炒卖活动，防止国家土地收益的流失，增加国家对房地产开发市场的调控力度；有利于规范国家参与土地增值收益的分配方式；符合对税制改革的总体设想，可以扩大地方税的收入规模，对建立分税制的财政体制有一定的意义。

二、土地增值税的征税对象和纳税人

土地增值税的征税对象是纳税人转让国有土地使用权、地上建筑物及其附着取得的增值额，即转让房地产的增值额。这里所说的增值额，是指纳税人转让房地产所取得的收入减除税法规定的扣除项目金额后的余额。

1. 转让的含义。转让，是指以出售或其他方式有偿转让我国国有土地使用权和地上建筑物及其附着物产权的行为，不包括通过继承、赠与等方式无偿转让房地产的行为。因此这里的转让有两层含义：①只对转让国有土地使用权征税，因为按现行法律规定，集体土地需先由国家征用后才能转让；②只对有偿

转让房地产征税，对以继承、赠与[1]等方式无偿转让的房地产不征税。

2. 地上建筑物及附着物的含义。地上建筑物及其附着物是指建于地上的一切建筑物，地上地下的各种附属设施及附着于该土地上的不能移动，一经移动即遭损坏的物品。

土地增值税的纳税人是以出售或者其他方式有偿转让国有土地使用权、地上建筑物及其附着物并取得收入的单位和个人。这里所说的单位和个人，是指有偿转让房地产的一切中外单位及个人，具体包括机关、团体、部队、企事业单位、个体工商户及国内其他单位和个人，外商投资企业、外国企业及外国驻华机构，以及外国公民，华侨，港、澳、台同胞等。

三、土地增值税的计税依据

土地增值税的计税依据是纳税人转让房地产所取得的增值额，即纳税人转让房地产所取得的收入减除法定的扣除项目金额后的余额。用公式表示为：

土地增值额 = 转让房地产收入 - 法定扣除项目金额

（一）转让房地产的收入

转让房地产取得的收入包括转让房地产的全部价款及有关的经济收益，形式上具体包括货币收入、实物收入和其他收入。

（二）法定扣除项目金额

计算土地增值额时的法定扣除项目包括：

1. 纳税人取得土地使用权所支付的金额。是指纳税人为取得土地使用权所支付的地价款和按国家统一规定交纳的有关费用。

确定取得土地使用权所支付的地价款有三种方式：①以征用方式取得的土地使用权以征用时支付的土地征用费、拆迁费和土地补偿费作为取得土地使用权所支付的金额；②通过有偿转让方式取得的土地使用权以向出让方支付的出让金作为取得土地使用权所支付的金额；③通过行政划拨方式无偿取得土地使用权时，以在转让土地使用权时按规定补交的各种费用作为价款计算。

2. 开发土地和新建房及配套设施的成本、费用。开发土地和新建房及配套设施的成本是指纳税人房地产开发项目实际发生的成本（以下简称"房地产开发成本"），包括土地征用及拆迁补偿费、前期工程费、建筑安装费、基础设施

---

[1] 这里所说得"赠与"是指如下情况：①房产所有人、土地使用权所有人将房屋产权、土地使用权赠与直系亲属或承担直接赡养义务人的。②房产所有人、土地使用权所有人通过中国境内非营利的社会团体、国家机关将房屋产权、土地使用权赠与教育、民政和其他社会福利公益事业的。上述社会团体是指中国青少年发展基金会、希望工程基金会、宋庆龄基金会、减灾委员会、中国红十字会、中国残疾人联合会、全国老年基金会、老区促进会以及经民政部门批准成立的其他非营利的公益性组织。

费、公共配套设施费、开发间接费。开发土地和新建房及配套设施的费用（以下简称"房地产开发费用"），是指与房地产开发项目有关的销售费用、管理费用、财务费用及建造期间发生的利息支出。具体分为以下七项：

（1）土地征用及拆迁补偿费，包括土地征用费、耕地占用税、劳动力安置费及有关地上、地下附着物拆迁补偿的净支出，安置动迁用房支出等。

（2）前期工程费，包括规划、设计、项目可行性研究、水文、地质、勘察、测绘、"三通一平"等支出。

（3）建筑安装工程费，包括以出包方式支付给承包单位的建筑安装工程费和以自营方式发生的建筑安装工程费。

（4）基础设施费，包括开发小区内道路、供水、供电、供气、排污、排洪、通讯、照明、环卫、绿化等工程发生的支出。

（5）公共配套设施费，包括不能有偿转让的开发小区内公共配套设施发生的支出。

（6）开发间接费用，是指直接组织、管理开发项目发生的费用，包括工资、职工福利费、折旧费、修理费、办公费、水电费、劳动保护费、周转房摊销等。

（7）建造期间发生的利息支出，是指与开发土地和新建的配套设施直接有关的贷款利息支出，即财务费用中的利息支出。凡能够按转让房地产项目计算分摊并提供金融机构证明的，允许据实扣除，但最高不能超过按商业银行同类贷款利率计算的金额。

另外《土地增值税暂行条例实施细则》还规定，其他房地产开发费用（销售费用、管理费用、财务费用），按取得土地使用权所支付的金额和开发土地和新建房及配套设施的成本金额之和的5%以内计算扣除。凡不能按转让房地产项目计算分摊利息支出或不能提供金融机构证明的，房地产开发费用按取得土地使用权所支付的金额和房地产开发成本的金额之和的10%以内计算扣除。上述计算扣除的具体比例，由各省、自治区、直辖市人民政府规定。

3. 旧房及建筑物的评估价格。是指在转让已使用的房屋及建筑物时，由政府批准设立的房地产评估机构评定的重置成本价乘以成新度折扣率后的价格。评估价格须经当地税务机关确认。

4. 与转让房地产有关的税金。是指在转让房地产时缴纳的营业税、城市维护建设税、印花税。因转让房地产缴纳的教育费附加，也可视同税金予以扣除。

5. 财政部规定的其他扣除项目。为支持正当的房地产开发，《土地增值税暂行条例实施细则》中规定，对从事房地产开发的纳税人，可按取得土地使用权支付的金额和房地产开发成本的金额之和，加计20%予以扣除。

土地增值税以纳税人房地产成本核算的最基本的核算项目或核算对象为单

位。纳税人成片受让土地使用权后，分期分批开发、转让房地产的，其扣除项目金额的确定，可按转让土地使用权的面积占总面积的比例计算分摊，或按建筑面积计算分摊，也可按税务机关确认的其他方式计算分摊。

纳税人有下列情形之一的，按照房地产评估价格计算纳税：

（1）隐瞒、虚报房地产成交价格的。是指纳税人不报或有意低报转让土地使用权、地上建筑物及其附着物价款的行为。

（2）提供扣除项目金额不实的。是指纳税人在纳税申报时不据实提供扣除项目金额的行为。

（3）转让房地产的成交价格低于房地产评估价格，又无应当理由的。是指纳税人申报的转让房地产的实际成交价低于房地产评估机构评定的交易价，纳税人又不能提供凭据或无正当理由的行为。

如果纳税人转让旧房和建筑物，不能取得评估价格，但是能够提供购房发票，经过当地税务机关确认，其为取得土地使用权所支付的金额和购房及配套设施的成本、费用的扣除，可以按照发票所载金额，从购买年度起至转让年度止，每年加计5%。纳税人购房时缴纳的契税可以扣除，但是不作为加计5%的基数。如果纳税人转让旧房和建筑物，既不能取得评估价格，又不能提供购房发票，税务机关可以依法核定征税。

四、土地增值税的税率

土地增值税以增值额占扣除项目金额的比例为依据，适用四级超率累进税率。

土地增值税税率表

级数	增值额与扣除项目金额的比率	税率	速算扣除系数
1	不超过50%的部分	30%	0
2	超过50%~100%的部分	40%	5%
3	超过100%~200%的部分	50%	15%
4	超过200%的部分	60%	35%

五、土地增值税应纳税额的计算

1. 一般计算方法。在计算土地增值税的应纳税额时，应先计算出增值额，再按增值额超过扣除项目金额的比例，分别确定各部分的适用税率，以此计算各部分增值额的应纳土地增值税的税额。各部分增值额应纳土地增值税额之和，即为纳税人在一个纳税期内实际应纳的全部土地增值税。

计算土地增值税税额，可按增值额乘以适用的税率减去扣除项目金额乘以速算扣除系数的简便方法计算，具体公式如下：

（1）增值额未超过扣除项目金额50%的：

土地增值税税额 = 增值额 × 30%

（2）增值额超过扣除项目金额50%，未超过100%的：

土地增值税税额 = 增值额 × 40% - 扣除项目金额 × 5%

（3）增值额超过扣除项目金额100%，未超过200%的：

土地增值税税额 = 增值额 × 50% - 扣除项目金额 × 15%

（4）增值额超过扣除项目金额200%的：

土地增值税税额 = 增值额 × 60% - 扣除项目金额 × 35%

2. 纳税人分期分批开发，分块转让房地产应纳税额的计算。纳税人成片受让土地使用权后，分期分批开发，分块转让的，对允许扣除项目的金额，应按转让土地使用权的面积占总面积的比例计算分摊。若按此办法难以计算的，也可按建筑面积计算分摊，对项目完全竣工前无法按实际成本计算的，可先按建筑面积预算成本计算，等项目完工后再按实际发生数进行清算，多退少补。其计算公式为：

分次转让的应纳税额 = 分次转让土地增值额 × 适用税率 - 分次转让扣除项目金额 × 速算扣除率

3. 纳税人采取预售方式出售商品房应纳税额的计算。纳税人采取预售方式出售商品房的，在计算缴纳土地增值税时，可按买卖双方签订预售合同所载金额计算出应纳土地增值税税额，再根据每笔预收款占总售价款的比例计算每次所需缴纳的土地增值税税额，在每次收取预收款时计征土地增值税。其计算公式为：

每次应纳土地增值税 = 土地增值税总额 × 每笔预收款/总售价款

土地增值税以人民币为计算单位，纳税人如果取得实物收入和其他收入，则应按市场价格折合成人民币计税。所取得的收入如果为外国货币时，以取得收入当天或当月1日国家公布的市场汇价折合成人民币计税。

六、土地增值税的减免

《土地增值税暂行条例》及《土地增值税暂行条例实施细则》规定，有下列情形的给予纳税人减免税待遇：

1. 纳税人建造普通标准住宅出售，增值额未超过扣除项目金额20%的，免征土地增值税。普通标准住宅，是指按所在地一般民用住宅标准建造的居住用住宅。高级公寓、别墅、度假村等不属于普通标准住宅。普通标准住宅与其他住宅的具体划分界限由省、自治区、直辖市人民政府规定。如纳税人建造的普通标准住宅出售，增值额超过扣除项目金额之和的 20% 的，应就其全部增值额征收土地增值税。因此这一规定属于起征点的规定。

2. 因国家建设需要依法征用、收回的房地产免征土地增值税。这是指因城市实施规划、国家建设需要而被政府批准征用的房产或收回的土地使用权。因城市实施规划、国家建设的需要而搬迁，由纳税人自行转让原房地产的，比照该规定免征土地增值税。

符合上述免税规定的单位和个人，须向房地产所在地税务机关提出免税申请，经税务机关审核后，免予征收土地增值税。

3. 个人因工作调动或改善居住条件而转让原自用住房，经向税务机关申报核准，凡居住满 5 年或 5 年以上的，免予征收土地增值税；居住满 3 年未满 5 年的，减半征收土地增值税。居住未满 3 年的，按规定计征土地增值税。

4. 个人之间互换自有居住用房地产的，免征土地增值税。

下列项目可以暂免征收土地增值税：

1. 以房地产进行投资、联营，投资、联营一方以房地产作价入股或者作为联营条件，将房地产转让到所投资、联营的企业中的，但是所投资、联营从事房地产开发的和房地产开发企业以其建造的商品房进行投资、联营的除外。

2. 合作建房，一方出土地，一方出资金，建成后按比例分房自用的。

3. 企业兼并，被兼并企业将房地产转让到兼并企业中的。

4. 居民个人转让自有普通住宅。

七、土地增值税的征收管理

1. 征收机关。土地增值税由地方税务机关征收，土地管理部门、房产管理部门应当向税务机关提供有关资料，并协助税务机关依法征收土地增值税。

2. 土地增值税的缴纳程序。纳税人应当自转让房地产合同签订之日起 7 日内向房地产所在地的（即房地产坐落地）主管税务机关办理纳税申报，并提交房屋及建筑物产权、土地使用权证书，土地转让、房屋买卖合同，房地产评估报告及其他与转让房地产有关的材料，并按税务机关核定的税额和规定的期限缴纳土地增值税。

纳税人因经常发生房地产转让而难以在每次转让后申报的，经税务机关审核同意后，可以定期进行纳税申报，具体期限由税务机关根据情况确定。纳税人选择定期申报方式的，应当向转让房地产所在地的地方税务局备案。定期申报方式确定后，1 年以内不得变更。

纳税人在项目全部竣工结算前转让房地产取得的收入，由于涉及成本确定或其他原因，而无法据以计算土地增值税的，可以预征土地增值税，待该项目全部竣工、办理结算后再进行清算，多退少补。具体办法由各省、自治区、直辖市地方税务局根据当地情况制定。

纳税人转让的房地产坐落在两个或两个以上地区的，应按房地产所在地分别申报纳税。

纳税人未按规定缴纳土地增值税的，土地管理部门、房产管理部门不得办理有关权属变更手续。

思考题

1. 现行资源税的征税范围和税目有哪些？
2. 城镇土地使用税的纳税人和征收范围是怎样规定的？
3. 如何理解耕地占用税中的"耕地"？
4. 怎样确定土地增值税的增值额？
5. 思考我国土地增值税的征收对房地产市场的影响。

第七章

财产税法律制度

【学习目的与要求】

财产税法，是指由国家制定的，调整在财产税的征收与管理过程中所产生的各种社会关系的法律规范的总称。财产税是以纳税人拥有和支配的财产额即财产的价值或数量为征税对象所征收的一类税。财产包括不动产（如土地、房屋及建筑物）和动产（如营业设备、股票、债券等）。"在西方国家中，财产课税是三大课税体系之一。"[1] 目前，随着我国经济的不断发展，单位和个人所拥有的财产数量不断积聚。所以，财产税在我国税制体系中占有重要地位，我国的财产税法也越来越完善。财产税按征税对象可分为静态财产税和动态财产税。静态财产税是对纳税人一定时间内占有的财产的价值在定期内征收的财产税，如房产税。静态财产税属于一般财产税，它一般不考虑财产的来源和未来变化情况。动态财产税是指在财产所有权转移时对财产的所有权取得者或转移人按财产的转移额一次征收的财产税，如契税、遗产与赠与税。我国现行的财产税包括房产税、契税、遗产与赠与税（未开征）。因此，本章重点阐述我国房产税法、契税法的主要内容。

【重点问题】

- 房产税的纳税人、征税范围
- 房产税的计税依据、税率
- 契税的纳税人、征税范围、计税依据

---

[1] 曹鸿轩主编：《中国税法教程》，中国政法大学出版社 2003 年版，第 226 页。

第一节 房产税法

一、房产税法概述

房产税是对我国境内拥有房产的单位和个人，以其房产的余值或者租金为计税依据，向房屋产权人征收的一种财产税。

房产税法是指由国家制定的，调整在房产税的征收与管理过程中所产生的各种社会关系的法律规范的总称。现行的房产税基本法律规范是 1986 年 9 月 15 日国务院颁布并于同年 10 月 1 日起实施的《中华人民共和国房产税暂行条例》（以下简称《房产税暂行条例》）。

房产税是一个历史悠久的税种，如唐朝开征的"间架税"，民国时的"市政总捐"、"房捐"等。[1] 建国后，1950 年政务院颁布的《全国税政实施要则》中设立了房产税，1951 年政务院将房产税和地产税合并。1951 年 8 月颁布了《城市房地产税暂行条例》。1973 年税改时，将对企业征收的城市房地产税并入当时的工商税中，使城市房地产税只对个人、外侨、房产管理部门征收。1986 年 9 月国务院颁布了《中华人民共和国房产税暂行条例》，并于同年 10 月 1 日起对国内企业单位和个人开征房产税，而对外商投资企业、外国企业和外籍人员的房产仍按《城市房地产税暂行条例》的规定征税。2008 年 12 月 31 日，国务院总理温家宝签署第 546 号国务院令，宣布《城市房地产税暂行条例》自 2009 年 1 月 1 日起废止。自 2009 年 1 月 1 日起，外商投资企业、外国企业和组织以及外国个人，依照《房产税暂行条例》缴纳房产税。房产税在现行税制中被划分为地方税种，实施细则制订权、解释权和适用税率权均下放给地方。

二、房产税的征税范围和纳税人

房产税的征税对象是房屋。房屋是指有屋面和围护结构，能遮风避雨，可供人们在其中生产、工作、学习、娱乐、居住或储藏物资的场所。独立于房屋之外的建筑物，如围墙、烟囱、水塔、变电器、油池、油柜、酒窖、菜窖、酒精池、玻璃房等不属于房产。

房产税的征税范围包括城市、县城、建制镇、工矿区的房屋，即凡是在我国境内的房产，除法定免税者外，都属于房产税的征税范围。为了减轻农民负

---

〔1〕 姚梅炎、郝如玉主编：《中国新税收制度应用指南》，中国对外经济贸易出版社 1994 年版，第 358 页。

担，房产税的征税范围不包括农村。

房地产开发企业建造的商品房，在出售前，不征收房产税；但对出售前房地产开发企业已使用或者出租、出借的商品房按规定征收房产税。

房产税的纳税人是在我国境内拥有应税房屋产权的单位和个人，具体包括房产的所有人、经营管理人、承典人、代管人和使用人。

产权属于全民所有的，以经营管理单位和个人为纳税义务人；若产权出典的，其承典人为纳税义务人；若产权所有人、承典人不在房产所在地或产权没有确定，以及租典纠纷没有解决的，则由房产代管人或使用人缴纳税款。

三、房产税的计税依据

房产税的计税依据是房产的计税价值或房产的租金收入。按房产计税价值征税的，称为从价计征；按房产租金收入征税的，称为从租计征。

1. 从价计征的，以房产余值为计税依据。房产余值是考虑到房屋的自然损耗和房屋后期的增值等因素后，用房产原值减除一定比例后的剩余价值。《房产税暂行条例》规定，房产税依照房产原值一次减除10%～30%后的余值计算缴纳。具体减除幅度由省、自治区、直辖市人民政府确定。房产原值，[1] 是指纳税人按照会计制度规定，在账簿"固定资产"科目中记载的房屋造价（原价）。对纳税人未按会计制度规定记载的，在计征房产税时，应按规定调整房产原值；对房产原值明显不合理的，应重新予以评估；对没有房产原值的，应由房产所在地的税务机关参考同类房产的价值核定。纳税人对原有房产进行改建、扩建要相应地增加其房产的原值，不应作为大修理费用处理。

房产余值的计算公式：

房产余值 = ［房产原值 - 房产原值 × (10%～30%)］

2. 从租计征的，应以房产租金收入为计税依据。房产的租金收入是房屋产权所有人出租房产使用权所得的报酬，包括货币收入和实物收入。对以劳务或其他形式为报酬抵付房租收入的，应根据当地同类房产的租金水平，确定一个

---

[1] 房产原值应包括与房屋不可分割的各种附属设备或一般不单独计算价值的配套设施。如卫生、通风、照明、煤气等设施；各种管线：电梯、升降机、过道、晒台等。属于房屋附属设备的水管、下水道、暖气管、煤气管等应从最近的探视井或三通管理起，计算原值；电灯网、照明线从进线盒连接管起，计算原值。从2006年1月1日起，房屋附属设备和配套设施计征房产税按以下规定进行：①凡以房屋为载体、不可随意移动的附属设备和配套设施，如排水、采暖、消防、中央空调、电气及智能化楼宇设备等，无论在会计核算中是否单独记账与核算，都应计入房产原值，计征房产税。②对于更换房屋附属设备和配套设施的，在将其价值计入房产原值时，可扣减原来相应设备和设施的价值；对附属设备和配套设施中易损坏、需要经常更换的零配件，更新后不再计入房产原值。

标准租金额从租计征。纳税人对个人出租房屋的租金收入申报不实或者申报数与同一地段同类房屋的租金收入相比明显不合理的，税务部门可以按照有关规定，采取科学合理的方法核定其应纳税额。

四、房产税的税率及税额计算

房产税采用比例税率。由于房产税的计税依据分为从价计征和从租计征两种形式，所以房产税的税率也有两种：按房产余值计算应纳税额的，税率为1.2%；按租金计算应纳税额的，税率为12%。

因为房产税的计税依据分为两种，所以房产税的税额计算方法也分为两种。

从价计征的计算方法：

应纳税额 = [房产原值 − 房产原值 × (10% ~ 30%)] × 1.2%

从租计征的计算方法：

应纳税额 = 租金收入 × 12%

五、房产税的减免

根据《房产税暂行条例》的规定，下列房产可以免征房产税：

1. 国家机关、人民团体、军队自用的房产；
2. 由国家财政部门拨付事业经费的单位自用的房产；
3. 宗教寺庙、公园、名胜古迹自用的房产；
4. 个人所有非营业用的房产；
5. 经财政部批准免税的其他房产。

此外，除上述规定者外，纳税人纳税确有困难的，可由省、自治区、直辖市人民政府确定，定期减征或者免征房产税。

六、房产税的征收管理

纳税人自建的房产，应当从建成之次月起缴纳房产税；纳税人委托施工企业建设的房屋，应当从办理房屋验收手续的次月起缴纳房产税。纳税人在办理验收手续之前已经使用或者出租、出借的新建房屋，应当按照规定缴纳房产税；购置新建商品房，应当从房屋交付使用之次月起缴纳房产税；购置存量房，应当从办理房屋权属转移、变更登记手续，房地产权属登记机关签发房屋权属证书次月起纳税；出租、出借房产，应当从交付出租、出借房产之次月起纳税；房地产开发企业自用、出租、出借本企业建造的商品房，应当从房屋使用或者交付之次月起纳税。

自 2009 年 1 月 1 日起，纳税人因房产的实物或权利状态发生变化而依法终止房产税纳税义务的，其应纳税额的计算应截止到房产的实物或权利状态发生变化的当月末。

房产税按年征收，分期缴纳，具体的纳税期限由省、自治区、直辖市人民政府规定。目前，各地一般规定每个季度缴纳一次或者半年缴纳一次，并在规定的期限以内缴纳。

房产税的纳税地点在房产所在地，房产税由房产所在地的税务机关征收管理。房产不在一地的纳税人，应当按照房产坐落的地点，分别向房产所在地的税务机关缴纳房产税。

第二节　契税法

一、契税法概述

契税是指对在我国境内转移土地、房屋权属时，按照订立的契约向承受人征收的一种税。

契税法是指由国家制定的，调整在契税的征收与管理过程中所产生的各种社会关系的法律规范的总称。现行契税的基本规范是 1997 年 7 月 7 日国务院颁布并于同年 10 月 1 日开始实施的《中华人民共和国契税暂行条例》（以下简称《契税暂行条例》）和 1997 年 10 月 28 日财政部发布的《中华人民共和国契税暂行条例细则》（以下简称《契税暂行条例细则》）。

契税是一个古老的税种，我国东晋时对田宅、奴婢、牛羊等买卖立有契券者所征收的"估税"就具有契税的性质，宋朝的"印契钱"就属于契税，以后历朝及国民党政府都开征了契税。[1] 建国初，1950 年政务院颁布了《契税暂行条例》，1954 年作了修改。该《契税暂行条例》第 3 条规定："凡土地、房屋的买卖、典当、赠与或交换，均由承受人依照本条例规定纳税。"但随着土地所有制的变化，1956 年以后，国家就停止了对土地征收契税，1962 年，又进一步明确规定对宅基地不征收契税，因此我国契税的征收范围只限于私房的转移。但随着社会主义市场经济的建立，房地产业的迅猛发展，土地使用权的转移及房产的转移越来越多，原有的契税法已不适应市场经济的现状，1997 年 7 月 7 日国务院颁布了新的《契税暂行条例》，同时，1950 年 4 月中央人民政府政务院发布的《契税暂行条例》废止。

契税在增加地方财政收入，用税收手段调控房地产的转移，通过法律手段

---

[1]　王建华、陈玉琢编著：《中国新税制》，南京大学出版社 1994 年版，第 345 页。

确定财产的产权关系等方面都有积极的意义。

二、契税的征税对象和范围

契税的征税对象是在我国境内转移土地、房屋权属的行为。所谓土地、房屋权属是指土地使用权、房屋所有权。具体范围包括：

1. 国有土地使用权出让。是指土地使用者向国家交付土地使用权出让费用，国家将国有土地使用权在一定年限内让予土地使用者的行为。

2. 土地使用权转让。是指土地使用者以出售、赠与、交换或者其他方式将土地使用权转移给其他单位和个人的行为。土地使用权出售是指土地使用者以土地使用权作为交易条件，取得货币、实物、无形资产或者其他经济利益的行为；土地使用权赠与是指土地使用者将其土地使用权无偿转让给受赠者的行为；土地使用权交换是指土地使用者之间相互交换土地使用权的行为。土地使用权的转让不包括农村集体土地承包经营权的转移。

3. 房屋买卖。是指房屋所有者将其房屋出售，由承受者交付货币、实物、无形资产或者其他经济利益的行为。

4. 房屋赠与。是指房屋所有者将其房屋无偿转让给受赠者的行为。

5. 房屋交换。是指房屋所有者之间相互交换房屋的行为。

除了以上五种行为应征契税外，《契税暂行条例细则》还规定土地、房屋权属以下列方式转移的，视同土地使用权转让、房屋买卖或房屋赠与行为，应征收契税：①以土地、房屋权属作价投资、入股；②以土地、房屋权属抵债；③以获奖方式承受土地、房屋权属；④以预购方式或预付集资建房款方式承受土地、房屋权属。

三、契税的纳税人

契税的纳税人是在我国境内承受土地、房屋权属的单位和个人，即土地和房屋的承受者。承受是指以受让、购买、受赠、交换等方式取得土地使用权、房屋所有权的行为。承受者中的单位是指企业单位、事业单位、国家机关、军事单位和社会团体以及其他组织。个人是指个体经营者及其他个人，包括中国公民和外籍人员。

四、契税的税率

契税采用幅度比例税率，税率为3%～5%，具体适用的税率由省、自治区、直辖市人民政府在该幅度内按照本地区的实际情况确定，并报财政部和国家税务总局备案。

五、契税的计税依据

契税的计税依据因转移土地、房屋权属的状况各不相同，其计税依据也不相同。

1. 国有土地使用权出让、土地使用权出售、房屋买卖，计税依据为成交价格。成交价格是指土地、房屋权属转移合同确定的价格，包括承受者应交付的货币、实物、无形资产或者其他经济利益。如果纳税人的成交价格明显低于市场价格，并且无正当理由的，由征收机关参照市场价格核定。

2. 土地使用权赠与、房屋赠与，计税依据为由征收机关参照土地使用权出售、房屋买卖的市场价格核定的计税价格。

3. 土地使用权交换、房屋交换，计税依据为所交换的土地使用权、房屋的价格的差额。土地使用权交换、房屋交换，交换价格不相等的，由多交付货币、实物、无形资产或者其他经济利益的一方缴纳税款；交换价格相等的，免征契税。土地使用权与房屋所有权之间相互交换，按上述规定征税。所交换的土地使用权、房屋的价格的差额明显不合理并且无正当理由的，由征收机关参照市场价格核定。

4. 以划拨方式取得土地使用权的，经批准转让房地产时，应由房地产转让者补交契税。其计税依据为补缴的土地使用权出让费用或者土地收益。

5. 房屋附属设施征收契税的依据。

（1）采取分期付款方式购买房屋附属设施土地使用权、房屋所有权的，应按合同规定的总价款计征契税。

（2）承受的房屋附属设施权属如为单独计价的按照当地确定的适用税率征收契税；如与房屋统一计价的，适用与房屋相同的契税税率。

六、契税应纳税额的计算

契税应纳税额依照确定的税率和计税依据来计算，应纳税额的计算公式为：

应纳税额 = 计税依据 × 税率

应纳税额以人民币计算。转移土地、房屋权属以外汇结算的，按照纳税义务发生之日中国人民银行公布的人民币市场汇率中间价折合成人民币计算。

七、契税的减免

有下列情形之一的，减征或者免征契税：

1. 国家机关、事业单位、社会团体、军事单位承受土地、房屋用于办公、教学、医疗、科研和军事设施的，免征契税。

企事业组织、社会团体、其他社会组织和公民个人经过有关主管部门批准，利用非国家财政性教育经费面向社会举办的教育机构，承受土地、房屋用于教学的，可以免征契税。

2. 城镇职工按规定第一次购买公有住房的，免征契税。

公有制单位为解决职工住房以集资建房方式建造普通住房和由单位购买的普通商品住房，经当地县以上房改部门批准，按照国家房改政策出售给本单位职工的，如果属于职工第一次购买住房，可以比照上述规定免税。已购公有住房经补缴土地出让金和其他出让费用成为完全产权住房的，免征土地权属转移的契税。

个人购买普通住宅，且该住宅属于家庭唯一住房的，减半征收契税。对个人购买90平方米及以下普通住宅，且该住宅属于家庭唯一住房的，减按1%征收契税。

以自有房产作股投入本人独资经营企业的，免纳契税。

3. 因不可抗力灭失住房而重新购买住房的，酌情准予减征或者免征。

4. 土地、房屋被县级以上人民政府征用、占用，重新承受土地、房屋权属的，是否减征或者免征契税，由省、自治区、直辖市人民政府确定。

5. 纳税人承受荒山、荒沟、荒丘、荒滩土地使用权，用于农、林、牧、渔业生产的，免征契税。

6. 依照我国有关法律规定以及我国缔结或参加的双边和多边条约或协定的规定应当予以免税的外国驻华使馆、领事馆、联合国驻华机构及其外交代表、领事官员和其他外交人员承受土地、房屋权属的，经外交部确认，可以免征契税。

7. 企业改制重组（包括公司改造、股权重组、合并、分立、出售、关闭、破产等），可以按规定减税、免税。

8. 法定继承人继承土地、房屋权属，免征契税；非法定继承人根据遗嘱承受的土地、房屋权属，属于赠与行为，应征收契税。

9. 其他财政部规定的可以免征、减征的项目。

纳税人符合减征或者免征契税规定的，应当在签订土地、房屋权属转移合同后10日内，向土地、房屋所在地的契税征收机关办理减征或者免征契税手续。批准减征、免征契税的纳税人改变有关土地、房屋的用途，不再属于税法减征、免征契税范围的，应当补缴已经减征、免征的契税。

八、契税的征收管理

1. 契税的纳税义务发生时间。契税的纳税义务发生时间为纳税人签订土地、房屋权属转移合同的当天或者取得其他具有土地、房屋权属转移合同性质凭证的当天。这里所称的"其他具有土地、房屋权属转移合同性质凭证",是指具有合同效力的契约、协议、合约、单据、确认书以及由省、自治区、直辖市人民政府确定的其他凭证。

纳税人因改变土地、房屋用途,应当补缴已经减征、免征契税的,其纳税义务发生时间为改变有关土地、房屋用途的当天。

2. 契税的缴纳。契税的纳税人应当自纳税义务发生之日起10日内,向土地、房屋所在地的契税征收机关办理纳税申报,并在契税征收机关核定的期限内缴纳税款。纳税人办理纳税事宜后,契税征收机关应当向纳税人开具契税完税凭证。纳税人持契税完税凭证和其他规定的文件材料,依法向土地管理部门、房产管理部门办理有关土地、房屋的权属变更登记手续;纳税人未出具契税完税凭证的,土地管理部门、房产管理部门不予办理有关土地、房屋的权属变更登记手续。

3. 契税的征收机关。契税的征收机关为土地、房屋所在地的财政机关或者地方税务机关。具体征收机关由省、自治区、直辖市人民政府确定。土地管理部门、房产管理部门应当向契税征收机关提供有关资料,并协助契税征收机关依法征收契税。这里所称"有关资料"是指土地管理部门、房产管理部门办理土地、房屋权属变更登记手续的有关土地、房屋权属、土地出让费用、成交价格以及其他权属变更方面的资料。

思考题

1. 如何理解财产税?你认为我国的财产税应包含哪些税种?
2. 我国房产税的征税范围和纳税人有哪些?
3. 我国房产税的计税依据和税率是怎样规定的?
4. 我国契税的征税范围和计税依据是怎样规定的?

第八章

行为税法律制度

┌───┐

【学习目的与要求】

　　行为税法是指由国家制定的，调整在行为税的征收与管理过程中所产生的各种社会关系的法律规范的总称。行为税，也叫特定行为税，是指对纳税人的某些特定行为所征收的一类税。对特定行为征税是世界各国的普遍做法。行为税法是国家通过税收杠杆的形式调节纳税人的行为和收入，从而引导社会行为，调节经济，以实现经济、政治、社会政策目标。我国行为税法主要包括印花税法、车辆购置税法、车船税法、固定资产投资方向调节税法、屠宰税法、筵席税法、证券交易税法等。其中固定资产投资方向调节税于 2000 年起暂停征收，屠宰税、筵席税在 1994 年税制改革中下放给地方管理，目前各地区都已停止征收，[1] 而证券交易税目前还没有开征。另外，我国农业税取消后，开始征收烟叶税，对收购烟叶的行为进行征税，因此烟叶税也应属于行为税的一种。本章将介绍印花税法、车辆购置税法、车船税法、烟叶税法的主要内容。

【重点问题】

● 印花税法的征税范围

● 车船税的纳税人、征税范围

● 船舶吨税的纳税人、计税依据

● 车辆购置税的纳税人、计税依据和税率

● 烟叶税的纳税人、征税对象

└───┘

────────────

〔1〕　刘佐：《中国税制概览》，经济科学出版社 2006 年版，第 267 页。

第一节 印花税法

一、印花税法概述

印花税是对在经济活动和经济交往中书立、领受的具有法律效力的商务、产权凭证所征收的一种税，是一种具有行为税性质的凭证税。

印花税法是指由国家制定的，调整在印花税的征收与管理过程中所产生的各种社会关系的法律规范的总称。现行印花税的基本规范是 1988 年 8 月 6 日国务院颁布并于当年 10 月 1 日起实施的《中华人民共和国印花税暂行条例》（以下简称《印花税暂行条例》）和 1988 年 9 月 29 日财政部、国家税务总局发布的《中华人民共和国印花税暂行条例施行细则》（以下简称《印花税暂行条例施行细则》）。

印花税是一个世界性税种，最早起源于 1624 年的荷兰。[1] 目前，世界上有 90 多个国家和地区征收印花税。我国曾在清末立有印花税法，但未实施。1912 年北洋政府颁布了《印花税法》，首次开征了印花税。1927 年国民党政府颁布了《印花税暂行条例》，1934 年又修订为《印花税法》。新中国成立后，政务院于 1950 年颁布了《印花税暂行条例》，在全国范围内开征印花税。1958 年税制改革时，将印花税并入了当时的工商统一税。改革开放后，在经济活动中依法书立各种凭证已成为普遍现象，重新开征印花税就具备了一定的客观条件。因此，国务院于 1988 年颁布了《中华人民共和国印花税暂行条例》，规定自 1988 年 10 月 1 日起施行。

印花税具有覆盖面广、税负轻、纳税人购买印花税票自行完税、纳税简便等特点。

二、印花税征税范围

印花税的征税范围，具体包括以下五大类：

1. 合同或具有合同性质的凭证，包括购销、加工承揽、建筑工程承包、财产租赁、货物运输、仓储保管、借款、财产保险、技术等合同或合同性质的凭证。

2. 产权转移书据，包括财产所有权、版权、商标权、专利权、专有技术使用权等转移书据。

---

〔1〕 王建华、陈玉琢编著：《中国新税制》，南京大学出版社 1994 年版，第 319 页。

3. 营业账簿，包括单位和个人从事生产经营活动所设立的各种账册。

4. 权利许可证照，包括房屋产权证、工商营业执照、商标注册证、专利证以及土地使用证。

5. 经财政部确定征税的其他凭证。

另外，对不同形式或名称的凭证，只要性质属应税凭证，均应依照《印花税暂行条例》纳税。对纳税人以电子形式签订的各类应税凭证按规定征收印花税。

三、印花税的纳税人

印花税的纳税人是在我国境内书立、领受应税凭证的单位和个人。单位包括国有企业、集体企业、私营企业、股份制企业、外商投资企业、外国企业、其他企业、行政单位、事业单位、社会团体、军事单位以及其他单位；个人包括个体经营者和其他个人。

根据书立、领受应税凭证的不同，印花税纳税人可以分为：各类合同以立合同人为纳税人；营业账簿以立账簿人为纳税人；产权转移书据以立据人为纳税人；权利、许可证照以领受人为纳税人；对合同书据等凡是由两方或两方以上当事人共同书立的凭证，其当事人各方都是印花税的纳税人，就其各自所持凭证金额纳税。

四、印花税税目和税率

印花税共分13个税目，并根据应税凭证的不同，税率分为比例税率和定额税率两种。具体税目、税率表如下：

印花税税目税率表

税 目	范 围	税 率	纳税人	说 明
1. 购销合同	包括供应、预购、采购、购销结合及协作、调剂、补偿、易货等合同	按购销金额3‰贴花	立合同人	
2. 加工承揽合同	包括加工、定做、修缮、修理、印刷、广告、测绘、测试等合同	按加工或承揽收入5‰贴花	立合同人	
3. 建设工程勘察设计合同	包括勘察、设计合同	按收取费用5‰贴花	立合同人	

税　目	范　围	税　率	纳税人	说　明
4. 建筑安装工程承包合同	包括建筑、安装工程承包合同	按承包金额 3‰贴花	立合同人	
5. 财产租赁合同	包括租赁房屋、船舶、飞机、机动车辆、机械、器具、设备等合同，还包括个人出租门店、柜台等而签订的合同	按租赁金额 1‰贴花，税额不足 1 元的按 1 元贴花	立合同人	
6. 货物运输合同	包括民用航空、铁路运输、海上运输、内河运输、公路运输和联运合同	按运输费用 5‰贴花	立合同人	单据作为合同使用的，按合同贴花
7. 仓储保管合同	包括仓储、保管合同	按仓储保管费用 1‰贴花	立合同人	仓单或栈单作为合同使用的，按合同贴花
8. 借款合同	银行及其金融组织和借款人（不包括银行同业拆借）所签订的借款合同	按借款金额 0.5‰贴花	立合同人	单据作为合同使用的，按合同贴花
9. 财产保险合同	包括财产、责任、保证、信用等保险合同	按投保金额 0.3‰贴花	立合同人	单据作为合同使用的，按合同贴花
10. 技术合同	包括技术开发、转让、咨询、服务等合同	按合同所载金额 3‰贴花	立合同人	
11. 产权转移书据	包括财产所有权、版权、商标专用权、专利权、专有技术使用权等转移书据	按书据所载金额 5‰贴花	立据人	
12. 营业账簿	生产、经营用账册	记载资金的账簿，按固定资产原值与自有流动资金总额 5‰贴花，其他账簿按件贴花 5 元	立账簿人	

续表

税　目	范　围	税　率	纳税人	说　明
13. 权利许可证照	政府部门发给的房屋产权证、工商营业执照、商标注册证、专利证、土地使用证	按件贴花5元	领受人	

对土地使用权出让合同、土地使用权转让合同按产权转移书据征收印花税；对商品房销售合同按照产权转移书据征收印花税。

另外，对于股票的交易，目前也开征股票交易印花税。它是针对"股权转移书据"而开征的，但在本税目表中，没有对股票的交易确立税率，其是在1992年增加的。国税发〔1992〕137号文规定，"股份制试点企业向社会公开发行的股票，因购买、继承、赠与所书立的股权转让书据，均以书立时证券市场当日实际成交价格计算的金额，由立据双方当事人分别按3‰的税率缴纳印花税"，中央和地方各分享50%。1997年1月1日分享比例为中央80%，地方20%；1998年6月起分享比例为中央88%，地方12%。非上市公司的股权转让仍然适用产权转移书据适用的税率。以后随着股票市场的变化，国家于1995年将税率提升为5‰；1998年调整为4‰；2001年11月16日起为2‰，2005年1月24日起为1‰，包括A股和B股。2002年开始分享比例中央97%，地方3%。[1] 2007年5月31日国家又将股票交易印花税调为3‰；2008年4月24日，经国务院批准，证券（股票）交易税税率调整为1‰；2008年9月19日起，证券（股票）交易印花税实行单边征收，即只对卖出方（或继承、赠与A股、B股股权的出让方）征收证券（股票）交易印花税，对买入方（受让方）不再征税，税率仍保持1‰。

五、印花税应纳税额的计算

印花税以应税凭证所记载的金额、费用、收入或者凭证的件数为计税依据，按适用的税率或者税额标准计算应纳税额。税额计算公式：

1. 按比例税率计算。

应纳税额=应纳税凭证记载的金额(或者费用、收入额)×适用税率

如果凭证只载数量，未载金额，应按物价部门规定的价格作为计税金额；

---

〔1〕　张怡主编：《税法》，清华大学出版社2007年版，第222页。

物价部门没有定价的，应按凭证书立时的市场价格作为计税金额。

2. 按定额税率计算。

应纳税额 = 应纳税凭证的件数 × 适用税额标准（按件定额贴花 5 元）

计税依据金额和应纳税额均以人民币计算。印花税最低税额为 1 角，不足 1 角税额的凭证免贴印花；印花税额在 1 角以上的，按四舍五入的规则，其尾数不满 5 分的不计，满 5 分的按 1 角计算贴花。

同一件应税凭证，由于载有两个以上的经济事项而适用不同的印花税税目、税率，如果分别记载金额，应当分别计算税额，之和为应纳税额；如果没有分别记载，按照税率高的税目计算纳税。已经缴纳印花税的凭证，修改后所载金额增加的，其增加的部分应当补贴印花税票。

六、印花税的免税规定

1. 免纳印花税的凭证主要有：

（1）已纳印花税凭证的副本或抄本，但视同正本使用者的除外。

（2）财产所有人将财产赠与政府、抚养孤老伤残的社会福利单位及学校书立的书据。

（3）国家指定的收购部门与村民委员会、农民个人签订的农副产品收购合同。

（4）无息、贴息贷款合同。

（5）外国政府或国际金融组织向我国政府及国家金融机构提供优惠贷款所立的合同。

（6）房地产管理部门与个人签订的用于生活居住的租赁合同。

（7）农林作物、畜牧业类保险合同。

（8）军事物资、抢险救灾物资等的运输凭证，新建铁路的工程临管线运输凭证等特殊货运凭证。

（9）书、报、刊等发行单位之间，发行单位与订阅单位或者个人之间书立的凭证（暂免印花税）。

（10）对与高校学生签订的学生公寓租赁合同。

此外，为鼓励金融机构对小型、微型企业提供金融支持，促进小型、微型企业发展，自 2011 年 11 月 1 日起至 2014 年 10 月 31 日止，对金融机构与小型、微型企业签订的借款合同免征印花税。

2. 对证券投资者保护基金有限责任公司及其管理的证券投资者保护基金的有关印花税的免征规定。

（1）对保护基金公司新设立的资金账簿免征印花税。

（2）对保护基金公司与中国人民银行签订的再贷款合同、与证券公司行政清算机构签订的借款合同，免征印花税。

（3）对保护基金公司接收被处置证券公司财产签订的产权转移书据，免征印花税。

（4）对保护基金公司以保护基金自有财产和接收的受偿资产与保险公司签订的财产保险合同，免征印花税。

但对与保护基金公司签订上述应税合同或产权转移书据的其他当事人照章征收印花税。

3. 企业改制过程中印花税的免征规定。

（1）股权分置过程中因非流通股股东向流通股股东支付对价而发生的股权转让，暂免征印花税。

（2）企业因改制而签订的产权转移书据免征印花税。

（3）实行公司制改造的企业在改制过程中成立的新企业（重新办理法人登记的），其新启用的资金账簿记载的资金或因企业建立资本纽带关系而增加的资金，凡原已贴花的部分可不再贴花，未贴花的部分和以后新增加的资金按规定贴花。

公司制改造包括国有企业依《公司法》整体改造成国有独资有限责任公司；企业通过增资扩股或者转让部分产权，实现他人对企业的参股，将企业改造成有限责任公司或股份有限公司；企业以其部分财产和相应债务与他人组建新公司；企业将债务留在原企业，而以其优质财产与他人组建的新公司。

（4）以合并或分立方式成立的新企业，其新启用的资金账簿记载的资金，凡原已贴花的部分可不再贴花，未贴花的部分和以后新增加的资金按规定贴花。

（5）企业改制前签订但尚未履行完的各类应税合同，改制后需要变更执行主体的，对仅改变执行主体、其余条款未作变动且改制前已贴花的，不再贴花。

4. 对中国联合网络通信集团有限公司及其所属公司因电信重组改革转让CDMA网及其用户资产、企业合并、资产整合过程中涉及的印花税规定：

对中国联合网络通信集团有限公司吸收合并中国网络通信集团公司、中国联合网络通信有限公司吸收合并中国网通（集团）有限公司过程中新增加的资本金，凡原已贴花的部分不再贴花。

对中国联合网络通信集团有限公司吸收合并中国网络通信集团公司、中国联合网络通信有限公司吸收合并中国网通（集团）有限公司过程中所签订的产权转移书据涉及的印花税，予以免征。

对中国联合通信有限公司、联通新时空移动通信有限公司、联通兴业科贸有限公司向中国电信集团公司转让CDMA资产、股权，中国联通有限公司、中国联通股份有限公司、联通国际通信有限公司向中国电信股份有限公司转让 CD-MA 业务、股权过程中所签订的协议涉及的印花税，予以免征。

对中国联合网络通信集团有限公司、中国网络通信集团公司向中国联合通信股份有限公司转让相关电信业务、资产及股权，中国联合通信股份有限公司向中国联合网络通信有限公司转让相关电信业务、资产及股权，联通新国信通信有限公司向中国联合通信有限公司转让资产，联通新国信通信有限公司向联通新时空移动通信有限公司转让股权过程中所签订的协议涉及的印花税，予以免征。

对联通新时空移动通信有限公司接受中国联合网络通信集团有限公司南方21 省、自治区、直辖市的固定通信网络资产而增加资本金涉及的印花税，予以免征。

七、印花税的征收管理

（一）印花税的纳税方法

印花税的纳税方法有两种：

1. 自行贴花。纳税人书立、领受或者使用应税凭证时纳税人纳税义务产生，一般实行由纳税人根据规定自行计算应纳税额、购买并一次在应税凭证上贴足印花税票的缴纳方法，并由纳税人自行在每枚税票的骑缝处盖戳注销或者划销，这时纳税义务履行完结。印花税票是贴在应税凭证上的，已贴用的印花税票不得重用。如果已贴花的凭证在修改后金额增加，其增加部分应补贴印花税票。

2. "汇贴"或者按期汇缴。此方法适用于印花税数额较大或贴花较频繁的情况。一份凭证应纳税额超过 500 元时，纳税人可向税务机关申请采取缴款书或者完税证，完税后将完税证或者缴款书中的一联贴在应税凭证上或者由税务机关在应税凭证上加注完税标记代替贴花，这就是"汇贴"方法。

同类应纳税凭证需要频繁贴花的，纳税人可以根据实际情况自行决定是否采用按期汇总缴纳印花税的方式。汇总缴纳的期限是 1 个月，采用按期汇缴方式缴纳印花税的，纳税人应事先告知税务机关，纳税方式确定后 1 年内不得改变缴税方式。凡汇总缴纳印花税的凭证，应加注税务机关指定的汇缴戳记，编号并装订成册后，将已贴印花或者缴款书的一联粘附册后，盖章注销，保存备查。

当事人的代理人有代理缴纳印花税的义务。办理股权交割的单位应代征代收股票交易印花税。

（二）印花税的纳税环节

印花税的纳税期限根据凭证种类分别确定，各种合同应于合同正式签订时贴花；对各种产权转移书据，应于书据书立时贴花；对各种营业账簿，应于账簿正式启用时贴花；对各种权利许可证照，应于证照领受时贴花。

（三）印花税的纳税地点

印花税一般实行就地纳税。对于全国性商品物资订货会上签订的合同应纳的印花税，由纳税人回其所在地后及时办理贴花完税手续；对地方主办、不涉及省际关系的订货会、展销会上签订的合同的印花税，其纳税地点由各省、自治区、直辖市人民政府自行确定。

第二节　车辆购置税法

一、车辆购置税法概述

车辆购置税是指对取得并自用应税车辆的行为所征收的一种税。车辆购置税是在原有的车辆购置附加费的基础上，通过"费改税"而开征的一个新税种。

车辆购置税法是指由国家制定的，调整在车辆购置税的征收与管理过程中所产生的各种社会关系的法律规范的总称。我国现行车辆购置税的基本规范是2000年10月22日颁布并于2001年1月1日起实行的《中华人民共和国车辆购置税暂行条例》（以下简称《车辆购置税暂行条例》）和国家税务总局2005年11月15日发布、经2011年12月19日修订，并于2012年1月1日起施行的《车辆购置税征收管理办法》。

车辆购置税具有下列特点：①车辆购置税由国家税务局征收管理，属于国家税种；②车辆购置税兼有行为税和财产税的性质，并实行一次性征收；③车辆购置税是价外税。

二、车辆购置税的征税范围和纳税人

车辆购置税的征税范围包括汽车、摩托车、电车、挂车、农用运输车。具体征收范围依照《车辆购置税征收范围表》执行。车辆购置税征收范围的调整由国务院决定并公布，其他任何部门、单位和个人无权擅自扩大或者缩小车辆购置税的征税范围。

车辆购置税的纳税人为在我国境内购置应税车辆的单位和个人。其中单位包括国有企业、集体企业、私营企业、股份制企业、外商投资企业、外国企业以及其他企业和事业单位、社会团体、国家机关、部队以及其他单位；个人包括个体工商户以及其他个人。

购置行为包括：①购买使用行为；②进口使用行为；③自产自用行为；④受

赠使用行为；⑤获奖使用行为；⑥上述以外以其他方式取得并自用应税车辆的行为，如拍卖、抵债、罚没等方式取得并自用应税车辆。

三、车辆购置税的税率、计税依据和应纳税额的计算

车辆购置税实行全国统一的比例税率，税率为10%。车辆购置税税率的调整由国务院决定并公布。

车辆购置税的计税依据为应税车辆的计税价格。车辆购置税的计税价格根据不同情况分别按照下列规定确定：

1. 纳税人购买自用的应税车辆的计税价格。纳税人购买自用的应税车辆的计税价格为纳税人购买应税车辆而支付给销售者的全部价款和价外费用，不包括增值税税款。其中"价外费用"包括销售方在车价之外向购买方收取的手续费、违约金、包装费、运输费、保管费、代收款项、代垫款项和其他各种性质的价外收费，但不包括增值税税款。如果纳税人购车发票的价格未扣除增值税税款，或者因不得开具机动车辆销售统一发票（或开具其他普通票据）而发生价款与增值税税款合并收取的，在确定车辆购置税计税价格时，应换算为不含增值税的销售价格。

其换算公式为：

计税价格＝含增值税的销售价格÷（1＋17%）

2. 纳税人进口自用的应税车辆的计税价格。纳税人进口自用的应税车辆计税价格的计算公式为：

计税价格＝关税完税价格＋关税＋消费税

3. 纳税人自产、受赠、获奖或者以其他方式取得并自用的应税车辆的计税价格。纳税人自产、受赠、获奖或者以其他方式取得并自用的应税车辆的计税价格，由主管税务机关参照国家税务总局核定的最低计税价格核定。

纳税人购买自用或者进口自用应税车辆，申报的计税价格低于同类型应税车辆的（指同国别、同排量、同车长、同吨位，配置近似等）最低计税价格（是指低于应税车辆的出厂价格或者进口自用车辆的计税价格），又无正当理由的，按照最低计税价格征收车辆购置税。

应税车辆的最低计税价格由国家税务总局根据车辆生产企业提供的车辆价格信息并参照市场平均价格核定。

几种特殊情形应税车辆的最低计税价格规定如下：

（1）底盘（车架）发生更换的应税车辆，计税依据为最新核发的同类型车辆最低计税价格的70%。

（2）免税条件消失的车辆，自初次办理纳税申报之日起，使用年限未满10

年的，计税依据为最新核发的同类型车辆最低计税价格按每满 1 年扣减 10%；未满 1 年的计税依据为最新核发的同类型车辆最低计税价格；使用年限 10 年（含）以上的，计税依据为零。

（3）对国家税务总局未核定最低计税价格的车辆，纳税人申报的计税价格低于同类型应税车辆最低计税价格，又无正当理由的，主管税务机关可比照已核定的同类型车辆最低计税价格征税。同类型车辆由主管税务机关确定，并报上级税务机关备案。各省、自治区、直辖市和计划单列市国家税务局应制定具体办法及时将备案的价格在本地区统一。

（4）进口旧车、因不可抗力因素导致受损的车辆、库存超过 3 年的车辆、行驶 8 万公里以上的试验车辆、国家税务总局规定的其他车辆，凡纳税人能出具有效证明的，计税依据为纳税人提供的统一发票或有效凭证注明的价格。

车辆购置税实行从价定率的办法计算应纳税额，计算公式为：

应纳税额 = 计税价格 × 税率

车辆购置税的计税依据和应纳税额以人民币计算。

四、车辆购置税的税收优惠

1. 车辆购置税的免税、减税规定。

（1）外国驻华使馆、领事馆和国际组织驻华机构及其外交人员自用的车辆免税。

（2）中国人民解放军和中国人民武装警察部队列入军队武器装备订货计划的车辆免税。

（3）设有固定装置的非运输车辆（如挖掘机、平地机、推土机、叉车、装载车、起重机、混凝土泵车、高空作业车、扫路车、洒水车、清洗车、垃圾车、消防车等）免税。

（4）防汛部门和森林消防部门用于指挥、检查、调度、报汛（警）、联络的专用车辆免税。

（5）回国服务的在外留学人员用现汇购买 1 辆个人自用国产小汽车免税。

（6）长期来华定居专家进口 1 辆自用小汽车免税。

（7）三轮农用运输车免税。

（8）城市公交企业自 2012 年 1 月 1 日起至 2015 年 12 月 31 日止，购置的公共汽电车辆免征车辆购置税。

车辆购置税的其他免税和减税项目由国务院规定。

2. 车辆购置税的退税。

（1）已缴车购税的车辆，发生下列情形之一的，准予纳税人申请退税：①

因质量原因，车辆被退回生产企业或者经销商的；②应当办理车辆登记注册的车辆，公安机关车辆管理机构不予办理车辆登记注册的。

（2）纳税人申请退税时，应如实填写《车辆购置税退税申请表》，分别下列情况提供资料：①未办理车辆登记注册的，提供生产企业或经销商开具的退车证明和退车发票、完税证明正本和副本；②已办理车辆登记注册的，提供生产企业或经销商开具的退车证明和退车发票、完税证明正本、公安机关车辆管理机构出具的注销车辆号牌证明。

（3）因质量原因，车辆被退回生产企业或者经销商的，凭经销商的退货证明办理退税手续，主管税务机关依据自纳税人办理纳税申报之日起，按已缴纳税款每满1年扣减10%计算退税额；未满1年的，按已缴税款全额退税。

公安机关车辆管理机构不予办理车辆登记注册的车辆，纳税人申请退税时，主管税务机关应退还全部已缴税款。

五、车辆购置税的征收管理

1. 车辆购置税的纳税环节。车辆购置税纳税人应当在办理登记注册手续前，申报并缴纳车辆购置税。车辆购置税实行一车一申报制度。纳税人办理纳税申报时应如实填写《车辆购置税纳税申报表》，同时提供以下资料的原件和复印件：车主身份证明、车辆价格证明、车辆合格证明、税务机关要求提供的其他资料；已经办理纳税申报的车辆底盘发生更换，免税条件消失的，纳税人应按该办法规定重新办理纳税申报。

车辆购置税实行一次课征制度。购置已征车辆购置税的车辆，不再征收车辆购置税。车辆购置税由国家税务局征收。

2. 车辆购置税的纳税地点。购置应税车辆，需要办理车辆登记注册手续的纳税人，应向车辆登记注册地的主管税务机关办理纳税申报；不需要办理车辆登记注册手续的纳税人，向所在地征收车辆购置税的主管税务机关办理纳税申报。"车辆登记注册地"，是指车辆的上牌落籍地或落户地。

3. 车辆购置税的纳税期限。纳税人购买自用应税车辆的，应当自购买之日起60日内申报纳税；进口自用应税车辆的，应当自进口之日起60日内申报纳税；自产、受赠、获奖或者以其他方式取得并自用应税车辆的，应当自取得之日起60日内申报纳税。

另外，纳税人应当持税务机关出具的车辆购置税完税证明或者免税证明，向公安机关车辆管理机构办理车辆登记注册手续。没有上述完税证明或者免税证明的，公安机关车辆管理机构不得办理车辆登记注册手续。税务机关发现纳税人没有按照规定缴纳车辆购置税的，有权责令其补缴；纳税人拒绝缴纳的，税务机关可以通知公安机关车辆管理机构暂扣纳税人的车辆牌照。应税车辆发生过户、转籍、变更等情况时，车主应在向公安机关车辆管理机构办理车辆变动手续之日起 30 日内，到主管税务机关办理档案变动手续。

第三节　车船税法

一、车船税法概述

车船税是指对我国境内依法应当在车船管理部门登记的车船，根据其种类以规定的税额征收的一种税。车船税法是指由国家制定的，调整在车船税的征收与管理过程中所产生的各种社会关系的法律规范的总称。现行车船税法的基本规范是由中华人民共和国第十一届全国人民代表大会常务委员会第十九次会议于 2011 年 2 月 25 日通过，并于 2012 年 1 月 1 日起施行的《中华人民共和国车船税法》（以下简称《车船税法》）和经 2011 年 11 月 23 日国务院第 182 次常务会议通过，并于 2012 年 1 月 1 日起施行的《中华人民共和国车船税法实施条例》（以下简称《车船税法实施条例》）。

车船税是一个历史悠久的税种，我国自西汉时就开始征收"算商车"这一车船税，清朝时开始对外国船只按吨位征收"吨税"，又叫"船钞"。[1] 新中国建立后，我国一直对车船的使用行为征税。1950 年政务院颁布的《全国税政实施要则》中规定了征收使用牌照税，1951 年 9 月 13 日政务院颁布了《车船使用牌照税暂行条例》，改名为车船使用牌照税。1973 年税制改革时，对企业征收的车船使用牌照税并入当时的工商税中，自此车船使用牌照税就只对个人、华侨和外资企业征收。1978 年后，单位和个人拥有的车船数量越来越多，国家决定全面恢复对车船的课税。但用原税名"车船使用牌照税"，极易被误认为是对"牌照"征税，所以 1986 年 9 月国务院颁布了《车船使用税暂行条例》，征税范围只适用于国内企业和个人使用车船的行为，对外商投资企业、外国企业及外籍人员的车辆，仍征收车船使用牌照税。即对国内企业和个人的车船征收车船使用税，对涉外企业和外籍人员继续征收车船使用牌照税，这形成了内外有别的车船税制。因此，为了统一税法、规范税制、公平税负、简化征管，2006 年 12 月国务院将《车船使用税暂行条例》和《车船使用牌照税暂行条例》合并修订成《车船税暂行条例》，政务院发布的《车船使用牌照税暂行条例》和国务院发布的《车船使用税暂行条例》同时废止。《车船税暂行条例》自 2007 年 1 月

---

〔1〕　王建华、陈玉琢编著：《中国新税制》，南京大学出版社 1994 年版，第 315 页。

1 日施行。

按照全国人大授权决定和立法法有关规定，国务院制定的税收单行条例在条件成熟时应当上升为法律。而目前将《车船税暂行条例》上升为《车船税法》的条件已经成熟：一是车船税从建国初期开征以来，在税收体制改革过程中，根据情况变化，国务院对车船税收制度做过多次调整和完善，奠定了立法的制度基础；二是在 60 年的征收实践中，车船税的相关制度已经为社会所知晓，并被纳税人所接受；三是近年来我国经济处于快速发展时期，居民收入提高很快，汽车逐步进入家庭，机动车保有量快速增长。在我国人均资源拥有量少，经济社会发展资源环境承载能力较低，生态环境日益脆弱的情况下，汽车生产与消费的快速增长面临着石油紧缺、交通拥堵、空气污染等问题。因此，在税制相对稳定，制定法律的条件比较成熟的情况下，我国将车船税暂行条例上升为了法律，于 2011 年 2 月 25 日由中华人民共和国第十一届全国人民代表大会常务委员会第十九次会议通过了《中华人民共和国车船税法》。

《车船税法》的出台主要有四个方面的意义：一是体现了税收法定原则；二是促进了税收法律体系建设；三是完善了税制，体现了税负公平；四是作为第一部由条例上升为法律的地方税种法，具有标志性作用。

二、车船税的纳税人

车船税的纳税人为我国境内车辆、船舶的所有人或者管理人。其中，所有人为在我国境内拥有车辆或者船舶所有权的单位和个人；管理人是指对车船具有管理使用权，但不具有所有权的单位（如政府部门）。

三、车船税的征税范围

车船税的征税范围是在中华人民共和国境内属于车船税法所附《车船税税目税额表》规定的车辆、船舶。

车辆、船舶是指：

1. 依法应当在车船登记管理部门登记的机动车辆和船舶；

2. 依法不需要在车船登记管理部门登记的在单位内部场所行驶或者作业的机动车辆和船舶。

这里所称的车船登记管理部门，是指公安、交通运输、农业、渔业、军队、武装警察部队等依法具有车船登记管理职能的部门；单位是指依照中国法律、行政法规规定，在中国境内成立的行政机关、企业、事业单位、社会团体以及其他组织。

四、税目和税率

车船税实行定额税率，具体税额依照车船税法所附的《车船税税目税额表》执行。

国务院财政部门、税务主管部门可以根据实际情况，在车船税法所附的《车船税税目税额表》规定的税目范围和税额幅度内，划分子目，并明确车辆的子税目税额幅度和船舶的具体使用税额。

（一）车辆适用税额的规定

车辆的具体适用税额由省、自治区、直辖市人民政府依照车船税法所附《车船税税目税额表》规定的税额幅度和国务院的规定确定。省、自治区、直辖市人民政府根据车船税法所附《车船税税目税额表》确定车辆具体适用税额，应当遵循以下原则：①乘用车依排气量从小到大递增税额；②客车按照核定载客人数20人以下和20人（含）以上两档划分，递增税额。省、自治区、直辖市人民政府确定的车辆具体适用税额，应当报国务院备案。

（二）船舶适用税额的规定

船舶的具体适用税额由国务院依照车船税法所附《车船税税目税额表》规定的税额幅度内确定。

1. 机动船舶具体适用税额为：

（1）净吨位不超过200吨的，每吨3元；

（2）净吨位超过200吨但不超过2000吨的，每吨4元；

（3）净吨位超过2000吨但不超过10 000吨的，每吨5元；

（4）净吨位超过10 000吨的，每吨6元。

拖船按照发动机功率每1千瓦折合净吨位0.67吨计算征收车船税。

2. 游艇具体适用税额为：

（1）艇身长度不超过10米的，每米600元；

（2）艇身长度超过10米但不超过18米的，每米900元；

（3）艇身长度超过18米但不超过30米的，每米1300元；

（4）艇身长度超过30米的，每米2000元；

（5）辅助动力帆艇，每米600元。

车船税法和实施条例所涉及的排气量、整备质量、核定载客人数、净吨位、千瓦、艇身长度，以车船登记管理部门核发的车船登记证书或者行驶证所载数据为准。

依法不需要办理登记的车船和依法应当登记而未办理登记或者不能提供车船登记证书、行驶证的车船，以车船出厂合格证明或者进口凭证标注的技术参

数、数据为准；不能提供车船出厂合格证明或者进口凭证的，由主管税务机关
参照国家相关标准核定，没有国家相关标准的参照同类车船核定。

车船税税目、税额表

	税　目	计税单位	年基准税额	备　注
乘用车按发动机汽缸容量（排气量分档）	1.0升（含）以下的	每辆	60～360元	核定载客人数9人（含）以下
	1.0升以上至1.6升（含）的		300～540元	
	1.6升以上至2.0升（含）的		360～660元	
	2.0升以上至2.5升（含）的		660～1220元	
	2.5升以上至3.0升（含）的		1220～2400元	
	3.0升以上至4.0升（含）的		2400～3600元	
	4.0升以上的		3600～5400元	
商用车	客车	每辆	480～1440元	核定载客人数9人以上，包括电车
	货车	整备质量每吨	16～120元	1. 包括半挂牵引车、挂车、客货两用汽车、三轮汽车和低速载货汽车等。2. 挂车按照货车税额的50%计算。
其他车辆	专用作业车	整备质量每吨	16～120元	不包括拖拉机
	轮式专用机械车	整备质量每吨	16～120元	

续表

税　目		计税单位	年基准税额	备　注
摩托车		每辆	36～180 元	
船舶	机动船舶	净吨位每吨	3～6 元	拖船、非机动驳船分别按照机动船舶税额的 50% 计算；游艇的税额另行规定。
	游艇	艇身长度每米	600～2000 元	

五、车船税应纳税额的计算

车船税实行按年从量定额征收，其计税依据按车船类别确定。

购置的新车船，购置当年的应纳税额自纳税义务发生的当月起按月计算。

计算公式为：

其应纳税额 =（年应纳税额 ÷12）× 应纳税月份数

在一个纳税年度内，已完税的车船被盗抢、报废、灭失的，纳税人可以凭有关管理机关出具的证明和完税凭证，向纳税所在地的主管税务机关申请退还自被盗抢、报废、灭失月份起至该纳税年度终了期间的税款。

已办理退税的被盗抢车船失而复得的，纳税人应当从公安机关出具相关证明的当月起计算缴纳车船税。

已缴纳车船税的车船在同一纳税年度内办理转让过户的，不另纳税，也不退税。

六、车船税的免税规定

1. 下列车船免征车船税：

（1）捕捞、养殖渔船；

（2）军队、武装警察部队专用的车船；

（3）警用车船；

（4）依照法律规定应当予以免税的外国驻华使领馆、国际组织驻华代表机构及其有关人员的车船。

2. 对节约能源、使用新能源的车船可以减征或者免征车船税；对受严重自然灾害影响纳税困难以及有其他特殊原因确需减税、免税的，可以减征或者免征车船税。具体办法由国务院规定，并报全国人民代表大会常务委员会备案。

3. 省、自治区、直辖市人民政府根据当地实际情况，可以对公共交通车船、农村居民拥有并主要在农村地区使用的摩托车、三轮汽车和低速载货汽车定期减征或者免征车船税。

4. 按照规定缴纳船舶吨税的机动船舶，自车船税法实施之日起 5 年内免征车船税。

5. 依法不需要在车船登记管理部门登记的机场、港口、铁路站场内部行驶或者作业的车船，自车船税法实施之日起 5 年内免征车船税。

七、车船税的征收管理

车船税纳税义务发生时间为取得车船所有权或者管理权的当月。以购买车船的发票或者其他证明文件所载日期的当月为准。

车船税按年申报，分月计算，一次性缴纳。纳税年度为公历 1 月 1 日～12 月 31 日。具体申报纳税期限由省、自治区、直辖市人民政府规定。

从事机动车第三者责任强制保险业务的保险机构为机动车车船税的扣缴义务人，应当在收取保险费时依法代收车船税，并出具代收税款凭证。

车船税的纳税地点为车船的登记地或者车船税扣缴义务人所在地；依法不需要办理登记的车船，车船税的纳税地点为车船的所有人或者管理人所在地。

公安、交通运输、农业、渔业等车船登记管理部门、船舶检验机构和车船税扣缴义务人的行业主管部门应当在提供车船有关信息等方面，协助税务机关加强车船税的征收管理。

车辆所有人或者管理人在申请办理车辆相关登记、定期检验手续时，应当向公安机关交通管理部门提交依法纳税或者免税证明。公安机关交通管理部门核查后办理相关手续。

第四节　船舶吨税法

一、船舶吨税法概述

船舶吨税是海关代为对自中华人民共和国境外港口进入境内港口的船舶征收的一种税。

船舶吨税法是指由国家制定的，调整在船舶税的征收与管理过程中所产生的各种社会关系的法律规范的总称。现行的船舶吨税的基本规范是经 2011 年 11 月 23 日国务院第 182 次常务会议通过，并于 2012 年 1 月 1 日起施行的《中华人民共和国船舶吨税暂行条例》。

船舶吨税是一国船舶使用了另一国家的助航设施而向该国缴纳的一种税费，专项用于海上航标的维护、建设和管理。我国历史上很早就对国际航行船舶征税。唐朝时期就对进入我国疆域的商船征收"舶脚"，明清两代按船只大小征收"船钞"或"水饷"，1843 年以后开始对外国商船改按吨位征收船舶吨税。中华人民共和国成立后至 1951 年 9 月，船舶吨税划入财政部税务部门管理的车船使用牌照税范围。对于中国籍船舶，无论是否国际航行，均由税务机关改征车船使用牌照税；但对于外国籍船舶和外商租用的中国籍船舶，仍沿用船舶吨税名称，由海关代征。1951 年 10 月 ~1986 年 9 月，船舶吨税作为关税收入的组成部分，由海关负责征收和管理，所征税款与关税一并缴入中央国库。1986 年 10 月 ~2000 年 12 月，船舶吨税划归交通部管理，不作为关税收入，但仍由海关代征，所征税款缴入交通部专门账户，专项用于海上航标的维护、建设和管理。自2001 年 1 月 1 日起，船舶吨税作为中央预算收入，全部上缴中央国库，不再作为预算外资金管理。船舶吨税收入由海关征收后就地办理缴库。1952 年 9 月 29日海关总署发布的《船舶吨税暂行办法》长期成为我国船舶吨税征管的法律依据。其间有关部门于 1954 年、1974 年、1991 年和 1994 年仅对船舶吨税税率等少数税收要素作了修改。2011 年 11 月 23 日国务院通过了《船舶吨税暂行条例》，并于 2012 年 1 月 1 日起施行，同时废止了实施近 60 年的《船舶吨税暂行办法》。《船舶吨税暂行条例》的颁布实施是 60 年来我国船舶吨税制的一次重大改革，具有十分重要的意义。[1]

二、船舶吨税的征收范围、税率

自中华人民共和国境外港口进入境内港口的船舶（以下称应税船舶），应当缴纳船舶吨税（以下简称吨税）。吨税的税目、税率依照条例所附的《吨税税目税率表》执行。

吨税设置优惠税率和普通税率。

中华人民共和国籍的应税船舶，船籍国（地区）与中华人民共和国签订含有相互给予船舶税费最惠国待遇条款的条约或者协定的应税船舶，适用优惠税率；其他应税船舶，适用普通税率。《吨税税目税率表》的调整，由国务院决定。

〔1〕 钟昌元："船舶吨税制的变化及其对国际航运船舶的影响"，载《对外经贸实务》2012 年第 11 期。

吨税税目税率表

税目（按船舶净吨位划分）	税率（元/净吨）						备注
	普通税率（按执照期限划分）			优惠税率（按执照期限划分）			
	1 年	90 日	30 日	1 年	90 日	30 日	
不超过 2000 净吨	12.6	4.2	2.1	9.0	3.0	1.5	拖船和非机动驳船分别按相同净吨位船舶税率的50%计征税款
超过 2000 净吨，但不超过 10 000净吨	24.0	8.0	4.0	17.4	5.8	2.9	
超过 10 000 净吨，但不超过 50 000 净吨	27.6	9.2	4.6	19.8	6.6	3.3	
超过 50 000 净吨	31.8	10.6	5.3	22.8	7.6	3.8	

拖船是指专门用于拖（推）动运输船舶的专业作业船舶。拖船按照发动机功率每 1 千瓦折合净吨位 0.67 吨。非机动驳船是指在船舶管理部门登记为驳船的非机动船舶。

三、应纳税额的计算

吨税按照船舶净吨位和吨税执照期限征收。吨税的应纳税额按照船舶净吨位乘以适用税率计算。净吨位是指由船籍国（地区）政府授权签发的船舶吨位证明书上标明的净吨位。计算公式为：

应纳税额 = 船舶净吨位 × 定额税率

应税船舶在进入港口办理入境手续时，应当向海关申报纳税领取吨税执照，或者交验吨税执照。应税船舶负责人在每次申报纳税时，可以按照《吨税税目税率表》选择申领一种期限的吨税执照。应税船舶负责人缴纳吨税或者提供担保后，海关按照其申领的执照期限填发吨税执照。

应税船舶负责人申领吨税执照时，应当向海关提供下列文件：

1. 船舶国籍证书或者海事部门签发的船舶国籍证书收存证明；
2. 船舶吨位证明。

应税船舶在离开港口办理出境手续时，应当交验吨税执照。

四、税收优惠

（一）直接优惠

下列船舶免征吨税：

1. 应纳税额在人民币 50 元以下的船舶；

2. 自境外以购买、受赠、继承等方式取得船舶所有权的初次进口到港的空载船舶；

3. 吨税执照期满后 24 小时内不上下客货的船舶；

4. 非机动船舶（不包括非机动驳船）；

5. 捕捞、养殖渔船；

6. 避难、防疫隔离、修理、终止运营或者拆解，并不上下客货的船舶；

7. 军队、武装警察部队专用或者征用的船舶；

8. 依照法律规定应当予以免税的外国驻华使领馆、国际组织驻华代表机构及其有关人员的船舶；

9. 国务院规定的其他船舶。

（二）延期优惠

在吨税执照期限内，应税船舶发生下列情形之一的，海关按照实际发生的天数批注延长吨税执照期限：

1. 避难、防疫隔离、修理，并不上下客货的；

2. 军队、武装警察部队征用的；

3. 应税船舶因不可抗力在未设立海关地点停泊的，船舶负责人应当立即向附近海关报告，并在不可抗力原因消除后，依照条例规定向海关申报纳税。

上述船舶，应当提供海事部门、渔业船舶管理部门或者卫生检疫部门等部门、机构出具的具有法律效力的证明文件或者使用关系证明文件，申明免税或者延长吨税执照期限的依据和理由。

五、征收管理

1. 吨税由海关负责征收。海关征收吨税应当制发缴款凭证。

2. 吨税纳税义务发生时间为应税船舶进入港口的当日。

应税船舶在吨税执照期满后尚未离开港口的，应当申领新的吨税执照，自上一次执照期满的次日起续缴吨税。

3. 应税船舶负责人应当自海关填发吨税缴款凭证之日起 15 日内向指定银行缴清税款；未按期缴清税款的，自滞纳税款之日起，按日加收滞纳税款 0.5‰的滞纳金。

4. 应税船舶到达港口前，经海关核准先行申报并办结出入境手续的，应税船舶负责人应当向海关提供与其依法履行吨税缴纳义务相适应的担保；应税船舶到达港口后，向海关申报纳税。

下列财产、权利可以用于担保：

（1）人民币、可自由兑换的货币；

（2）汇票、本票、支票、债券、存单；

（3）银行、非银行金融机构的保函；

（4）海关依法认可的其他财产、权利。

5. 应税船舶在吨税执照期限内，因修理导致净吨位变化的，吨税执照继续有效。应税船舶办理出入境手续时，应当提供船舶经过修理的证明文件。

应税船舶在吨税执照期限内，因税目税率调整或者船籍改变而导致适用税率变化的，吨税执照继续有效。

因船籍改变而导致适用税率变化的，应税船舶在办理出入境手续时，应当提供船籍改变的证明文件。

6. 吨税执照在期满前毁损或者遗失的，应当向原发照海关书面申请核发吨税执照副本，不再补税。

7. 海关发现少征或者漏征税款的，应当自应税船舶应当缴纳税款之日起1年内，补征税款。但因应税船舶违反规定造成少征或者漏征税款的，海关可以自应当缴纳税款之日起3年内追征税款，并自应当缴纳税款之日起，按日加征少征或者漏征税款0.5‰的滞纳金。

海关发现多征税款的，应当立即通知应税船舶办理退还手续，并加算银行同期活期存款利息。

应税船舶发现多缴税款的，可以自缴纳税款之日起1年内以书面形式要求海关退还多缴的税款并加算银行同期活期存款利息；海关应当自受理退税申请之日起30日内查实并通知应税船舶办理退还手续。

应税船舶应当自收到通知之日起3个月内办理有关退还手续。

8. 应税船舶有下列行为之一的，由海关责令限期改正，处2000元以上3万元以下罚款；不缴或者少缴应纳税款的，处不缴或者少缴税款50%以上5倍以下的罚款，但罚款不得低于2000元：

（1）未按照规定申报纳税、领取吨税执照的；

（2）未按照规定交验吨税执照及其他证明文件的。

第五节　烟叶税法

一、烟叶税法概述

烟叶税，是对我国境内收购烟叶的单位就其烟叶的收购金额而征收的一种税。这里所说的烟叶是指晾晒烟叶、烤烟叶。

烟叶税法，是指由国家制定的，调整在烟叶税的征收与管理过程中所产生的各种社会关系的法律规范的总称。现行的烟叶税的基本规范是 2006 年 4 月 28 日国务院发布并实施的《中华人民共和国烟叶税暂行条例》（以下简称为《烟叶税暂行条例》）。

烟叶税是在党的十六届三中全会确立深化农村税费改革的各项政策目标，并在取消农业税和农业特产农业税的背景下开征的。2004 年 6 月，财政部、国家税务总局下发了《关于取消除烟叶外的农业特产农业税有关问题的通知》，规定从 2004 年起，除对烟叶外，取消对其他农业特产品征收的农业特产农业税。2005 年 12 月 29 日，第十届全国人大常委会第十九次会议决定废止《农业税条例》。由于农业特产农业税是依据《农业税条例》开征的，取消农业税以后，意味着农业特产农业税也同时被取消。因此，2006 年 2 月 17 日，国务院第 459 号令废止了《国务院关于对农业特产收入征收农业税的规定》。这样，对烟叶征收农业特产农业税就失去了法律依据。

但是，停止征收烟叶特产农业税，将会使烟叶产区的地方财政特别是一些县乡的财政收入受到较大的影响，加剧烟叶产区地方财政特别是县乡财政的困难，从而影响当地基层政权的正常运转和各项公共事业的发展，同时，也不利于卷烟工业的持续稳定发展。基于以上情况，国务院决定制定《中华人民共和国烟叶税暂行条例》，开征烟叶税以取代原烟叶特产农业税。

烟叶作为一种特殊产品，国家历来对其实行专卖政策，与之相适应，对烟叶也一直征收较高的税收和实行比较严格的税收管理。烟叶税的开征能够满足国家农村税费改革和税制建设的总体要求，有利于解决烟叶农业特产税停止征收后产生的一系列问题，有利于实现改革的平稳过渡，保持我国烟叶税制的完整和对烟草行业的宏观调控；烟叶税的开征兼顾了烟草行业和地方政府的利益，也兼顾了税法的规范化要求，有效地保证了地方财政收入的稳定，规范了烟叶收购行为，维护了烟叶收购秩序，合理地引导了烟叶种植和烟草行业的健康发展，实现了国家通过税收手段对烟叶种植和收购以及烟草行业的生产和经营的宏观调控。

二、烟叶税的纳税人

烟叶税的纳税人为在中华人民共和国境内从事烟叶收购的单位。这里所说的烟叶是指晾晒烟叶、烤烟叶。

三、烟叶税的计税依据、税率

烟叶税的计税依据为收购烟叶的单位实际收购烟叶的收购金额。

烟叶税的税率实行的是全国统一的比例税率，税率为 20%。之所以规定全国统一的比例税率，主要是考虑到烟叶属于特殊的专卖品，其税率不宜存在地区间的差异，否则会形成各地之间的不公平竞争，不利于烟叶种植的统一规划和烟叶市场、烟叶收购价格的统一。同时，20% 的比例税率也基本保持了原烟叶特产农业税的税率水平。

烟叶税税率的调整由国务院决定。

四、烟叶税应纳税额的计算

烟叶税的应纳税额按照纳税人收购烟叶的收购金额和规定的税率计算。应纳税额以人民币计算。应纳税额的计算公式为：

应纳税额 = 烟叶收购金额 × 税率 20%

五、烟叶税的征收管理

烟叶税的征收管理，依照《中华人民共和国税收征收管理法》及《烟叶税暂行条例》的有关规定执行。烟叶税的征收机关为地方税务机关。烟叶税的征收环节为烟叶收购环节，由烟草收购公司缴纳。纳税人收购烟叶，应当向烟叶收购地的主管税务机关申报纳税。烟叶税的纳税义务发生时间为纳税人收购烟叶的当天。纳税人应当自纳税义务发生之日起 30 日内申报纳税，具体纳税期限可由主管税务机关核定。

思考题

1. 印花税法的征税范围有哪些？
2. 如何看待我国的证券交易印花税？
3. 如何理解车辆购置税的计税依据？
4. 从车辆购置税法的内容分析我国车辆购置税征收的必要性。
5. 车船使用税的纳税人、征税范围是怎样规定的？

第三编　税收程序法

第九章
税收征收管理法

【学习目的与要求】

　　税收征收管理是国家征税机构依据国家税收法律、行政法规的规定，对纳税人应纳税款组织入库的一种行政活动，是国家将税法贯彻实施到每一个纳税人，有效、及时、足额地组织税收收入入库的一系列活动的总称。因此，税收征管法在税法体系中具有重要地位，是国家组织税收收入的重要保障；同时，对于防止征税机关滥用征税权、保障纳税人合法权益具有重要意义。本章着重介绍税务管理法律制度、税款征收法律制度、税务检查法律制度、税收法律责任和税务行政处罚。

【重点问题】

- ●应纳税额的核定与调整
- ●保证税款征收的措施
- ●税务检查的职权范围
- ●税收违法行为及其法律责任
- ●税务行政处罚的一般程序

第一节　税收征管法概述

一、税收征管法的概念

　　税收征管法，是指由国家制定的，调整在税收的征收与管理过程中所产生的各种社会关系的法律规范的总称。现行税收征管的基本法律规范是 2013 年 6 月 29 日第十二届全国人大常委会第三次会议修订的《中华人民共和国税收征收管理法》（以下简称《税收征收管理法》）和 2012 年 11 月 9 日经国务院修订的《中华人民共和国税收征收管理法实施细则》（以下简称《税收征管法实施细则》）。

二、税收征管法的沿革

我国现行税收征管法律制度是随着新中国的建立和改革开放的发展而逐步形成的。依据税收征管的立法情况，可以把其沿革过程分为三个阶段。

（一）税收征管法的"分散"状态阶段

由于我国长期实行高度集中的计划经济体制，税收的宏观调控和组织财政收入的职能被忽视，税收法制不健全。自建国至 1986 年前，一直没有制定专门的税收征管法。为了统一全国财经政策，政务院于 1950 年 1 月颁布了新中国成立后的第一部统一的税收法规，即《全国税政实施要则》。该要则是一部"实体"与"程序"规范不分的法规。这一时期税收征管法律制度分散在各个单行税收法规之中。

（二）税收征管法的统一立法阶段

为了改变税收征管制度分散、混合、不规范的状况，适应当时正在进行的税制改革，1986 年 4 月 21 日国务院颁布了《税收征收管理暂行条例》。该条例的颁布，标志着我国税收征管制度开始单独立法，初步实现了税收征管制度的统一化和法制化，对于促进依法治税，加强税收监督管理，保证国家财政收入起到了积极作用。

（三）税收征管法的逐步完善阶段

随着经济形势的发展，《税收征收管理暂行条例》暴露出一些缺陷：①税收征收管理法律、法规的适用不统一、不规范；②税收行政执法权薄弱；③税收征管法规不适应经济形势发展的要求；④对纳税人权利的保护和税务人员执法的制约不够；⑤《税收征收管理暂行条例》的法律效力有待提高等。于是，1992 年 9 月 4 日第七届全国人大常委会第二十七次会议通过了《中华人民共和国税收征收管理法》，对我国的税收征管体制以法律的形式予以确认，提高了税收征管法的立法层次，强化和规范了税收执法行为，统一了税收征管法的适用。

1994 年实行新税制后，为了适应实施增值税的新情况，1995 年 2 月 28 日第八届全国人大常委会第十二次会议对当时的《税收征收管理法》个别条款作了修改，但此次修改远远不能满足实践的需要。因此，2001 年 4 月 28 日第九届全国人大常委会第二十一次会议对《税收征收管理法》进行了系统的修订，并于 2001 年 5 月 1 日施行。这次新征管法与原征管法相比主要变化有：①强调了征纳双方的平等性，大量增加了保护纳税人合法权益和依法享有权利的内容和条款。②增加了体现税收债之属性的一些制度，例如，代位权、撤销权制度，税收优先权制度，企业分立、合并税收的缴纳制度。③第一次在法律中提出了税收现代化建设的要求，以提高执法力度。例如，国家有计划地用现代化信息技术装备各级税务机关，加强税收征收管理信息系统的现代化建设，建立健全税务机关与政府其他管理机关的信息共享制度；国家根据税收征管的需要，逐步推广使用税控装置，纳税人应当按照规定安装、使用税控装置等。④在具体征管制度的设计上，提高了可操作性。例如，税务登记、发票管理等方面都作了更详细的规定。⑤对税务机关执法行政增加了责任条款，突出了规范税务机关行政行为的要求。2013 年 6 月 29 日第十二届全国人民代表大会常务委员会第三次会议又对该法进行了细微的修改。

为了保证《税收征收管理法》的有效实施，国务院以及财政部、国家税务总局在这一阶段先后颁布了《税收征管法实施细则》、《关于实行分税制财政管理体制的决定》、《发票管理办法》、《税务稽查工作报告制度》《税务行政复议规则》、《税务行政应诉工作规程》、《税务代理试行办法》等。这些法律、法规和规章的制定、颁布与实施，使税收征管的各个方面和环节基本做到了有法可依，我国税收征管工作开始步入法治化轨道。

三、税收征管法的立法目的

（一）加强税收征管，规范税收征收和缴纳行为

税收征管是国家征税机关依据国家税收法律、行政法规的规定，按照统一的标准，通过一定的程序，对纳税人应纳税额组织入库的一种行政活动，是国家将税收政策贯彻实施到每个纳税人，有效地组织税收收入及时、足额入库的一系列活动的总称。所以税收征管法既要为税务机关及其工作人员依法行政提供标准和规范，又要为纳税人缴纳税款提供标准和规范，以加强税收征管，充分发挥税收职能作用。

（二）保障国家税收收入

税收收入是国家财政的主要来源，组织税收收入是税收的基本职能之一。税收征管法强化了税务机关的行政执法权，例如，赋予税务机关依法进行税务检查，采取税收保全措施和税收强制执行措施等执法权。税收征管法为保证税收收入及时、足额入库提供程序方面的法律保障。

（三）保护纳税人的合法权益

税收征管作为国家的行政行为，一方面要维护国家的利益，另一方面要保护纳税人的合法权益不受侵犯。因此，税收征管法一方面完善了对税务机关执法的制约机制，另一方面强调了纳税人的权利，从而在保障国家税收收入的基

础上，尽可能地维护纳税人的合法权益不受侵害。

（四）促进经济发展和社会进步

税收是国家宏观调控的重要杠杆，国家适时、合理地运用税收杠杆对国民经济进行宏观调控，以促进经济发展和社会进步。而税收征管法为税收这一重要杠杆的运用提供程序上的法律保障，并以此促进经济发展和社会进步。

四、《税收征收管理法》及其实施细则的适用范围

《税收征收管理法》第 2 条规定："凡依法由税务机关征收的各种税收的征收管理，均适用本法。"这就明确界定了《税收征收管理法》及其实施细则适用于由税务机关征收的各种税收的征收管理。

考虑到由财政部门征收的某些税种和由海关负责或代征的个别税种，与税务机关征收的税种相比，在征收和管理上有一定的差别。为此，《税收征收管理法》规定，耕地占用税、契税、农业税、牧业税征收管理的具体办法，由国务院另行规定。由海关负责的关税、船舶吨税及海关代征税收的征收管理，按照《海关法》及《进出口关税条例》等法律、行政法规的有关规定执行。

值得注意的是，目前还有一部分费是由税务机关征收，如教育费附加。这些费不适用《税收征收管理法》，不能采取《税收征收管理法》规定的措施，其具体管理办法由规定各种费的法规和规章决定。

第二节　税务管理

税务管理，是指国家通过税务机关，依照税法，对纳税人和扣缴义务人在税务登记、账簿和凭证、纳税申报以及发票等方面所进行的组织、监督与检查活动的总称。它是整个税收征收管理的基础，所以也称税收基础管理，主要包括税务登记管理、账簿和凭证管理、纳税申报以及发票管理等内容。

一、税务登记管理

税务登记，又称纳税登记，是指税务机关对纳税人、扣缴义务人的生产、经营活动依法进行登记并据此对纳税人、扣缴义务人实施税务管理的一种法定制度。它是税务机关对纳税人、扣缴义务人实施税务管理的首要环节和基础工作，是征纳双方建立税务联系的开始。在我国，税务登记是纳税人、扣缴义务人必须依法履行的义务。税务登记的种类较多，其中最主要的是开业税务登记、变更税务登记和注销税务登记。

（一）开业税务登记

开业税务登记，是指纳税人经由工商登记而成立，或者相关个人依据法律、行政法规的规定成为纳税人时，依法向税务机关办理的税务登记。开业税务登记是税务机关对税收源泉控制和管理的最初环节，也是很重要的环节。税务机关可以在这个环节掌握纳税人的基本情况、税源分布、生产经营的起始，防止漏征漏管，减少税收流失。

1. 开业税务登记的主体。

（1）从事生产、经营的纳税人。按照《税收征收管理法》的规定，企业，企业在外地设立的分支机构和从事生产、经营的场所，个体工商户和从事生产、经营的事业单位都要向税务机关申报办理税务登记，是税务登记的法定对象。具体包括：①企业，即从事生产经营的单位或组织，包括国有企业、集体企业、私营企业、中外合资经营企业、中外合作经营企业、外商独资企业以及各种联营、联合、股份制企业等；②企业在外地设立的分支机构和从事生产、经营的场所；③个体工商户；④从事生产、经营的事业单位。

（2）非从事生产、经营的纳税人。根据税收征管法的规定，不从事生产、经营，但依照法律法规的规定负有纳税义务的单位和个人，除临时取得应税收入或发生应税行为以及只缴纳个人所得税、车船使用税的外，都应按规定向税务机关办理税务登记。

2. 办理开业税务登记的要求。从事生产、经营的纳税人，应当自领取营业执照之日起 30 日内，向生产、经营地或者纳税义务发生地的主管税务机关申报办理税务登记。除上述情形以外的其他纳税人，除国家机关和个人外，应当自纳税义务发生之日起 30 日内，持有关证件向所在地主管税务机关申报办理税务登记。

申报办理税务登记的纳税人应如实填写有关表格，并向税务机关提供有关的证件和资料，包括营业执照或其他核准执业证件，有关合同、章程、协议书，银行账号证明，证明身份的合法证件和组织机构统一代码证书等。

税务机关应当自收到申报之日起 30 日审核完毕，符合规定的，予以登记，发给税务登记证件。

（二）变更税务登记

变更税务登记，是指纳税人税务登记内容发生重要变化时，应当将变化的事实依法向主管税务机关申报，办理变更的法定手续。

1. 变更税务登记的适用范围。税务变更登记一般反映的是纳税人在生产、经营方面的较大变化，主要是涉及纳税人的纳税事宜和税务机关的税务管理，但是不导致纳税人法律地位的本质改变。依据《税收征收管理法》的规定，纳税人办理开业税务登记后，如发生下列情形之一的，应当办理变更税务登记：①变更名称；②变更法定代表人；③变更经济性质或经济类型；④变更住所和经营地点，但不涉及主管税务机关变动的；⑤变更生产经营或者经营方式；⑥增减注册资金（资本）；⑦变更隶属关系；⑧变更生产经营期限；⑨变更或增减银行账号；⑩变更生产经营权属；⑪变更其他税务登记内容的。

2. 办理变更税务登记的要求。纳税人税务登记内容发生变化的，应当自工商行政管理机关或者其他机关办理变更登记之日起 30 日内，持有关证件向原税务机关申报办理变更税务登记；纳税人税务登记内容发生变化，不需要到工商行政管理机关或者其他机关办理变更登记的，应当自发生变化之日起 30 日内，持有关证件向原税务登记机关申报办理变更税务登记。

申报人办理变更税务登记，应当提交以下证件、资料：变更税务登记申请书、与变更登记内容有关的证明文件和原税务登记证件等。

主管税务机关审核后，在纳税人的《税务登记表》"变更或注销"栏中填写变更事项。涉及变更税务登记证所载内容的，主管税务机关应收回原税务登记证件及其副本，按变更后的内容重新制发税务登记证件及其副本。

（三）注销税务登记

注销税务登记，是指纳税人税务登记内容发生了根本变化，需终止履行纳税义务时间而向税务机关申报办理的税务登记手续。

1. 注销税务登记的适用范围。纳税人出现以下情形之一的，需要办理注销税务登记：①纳税人解散；②纳税人被依法撤销；③纳税人破产；④纳税人依法终止履行纳税义务的其他情形。

2. 办理注销税务登记的要求。纳税人发生解散、破产、撤销以及其他情形，依法终止纳税义务的，应当在向工商行政管理机关或者其他机关办理注销登记之前，持有关证件向原税务登记机关申报办理注销税务登记。

如果按照规定不需要在工商行政管理机关或者其他机关办理注销登记的，应当自有关机关批准或宣告终止之日起 15 日内，持有关证件向原税务登记机关申报办理注销税务登记。

纳税人因住所、经营地点变动而涉及改变税务登记机关的，应当在向工商行政管理机关或者其他机关申请办理变更或者注销登记前，或者住所、经营地点变动前，向原税务登记机关申报办理注销税务登记，并在 30 日内向迁达地税务机关申报办理开业税务登记。

纳税人被工商行政管理机关吊销营业执照或者被其他机关予以撤销登记的，应当自营业执照被吊销或者被撤销登记之日起 15 日内，向原税务登记机关申报办理注销税务登记。

纳税人在办理注销税务登记前,应当向税务机关结清应纳税款、滞纳金、罚款,缴销发票、税务登记证件和其他税务证件。

(四)其他税务登记

1. 停业、复业登记。停业、复业登记,是指纳税人暂停和恢复生产经营活动而办理的纳税登记。

停业登记,是指实行定期定额征收方式的纳税人,在营业执照核准的经营期限内,需要停业的,应当说明停业理由,办理停业登记。纳税人应当向主管税务机关提出停业登记的书面申请,填写申请停业登记表。税务机关经过审核,由申请停业的纳税人结清税款并收回其税务登记证件、发票领购簿和发票,办理停业登记。

复业登记,是指纳税人如果恢复生产、经营的,应当办理的税务登记。纳税人应当于恢复生产、经营之前,向税务机关提出复业登记申请,经确认后,办理复业登记,领回或启用税务登记证件和发票领购簿及其领购的发票,纳入正常管理。纳税人停业期满不能及时恢复生产、经营的,应当在停业期满前向税务机关提出办理延长停业登记。纳税人停业期满未按期复业又不申请延长停业的,税务机关应当视为已恢复营业,实施正常的税收征收管理。纳税人停业期间发生纳税义务的,应当及时向税务机关申报,补缴应纳税款。

2. 外出经营报验登记。纳税人到外县(市)临时从事生产、经营活动的,应当在外出前向所在地税务登记机关开具外出经营活动税收管理证明,然后持此证向营业地主管税务机关报验登记。主管税务机关对纳税人的申请进行审核后,按一地县(市)一证的原则,核发《外出经营活动税收管理证明》。《外出经营活动税收管理证明》的有效期限一般为30日,最长不得超过180日;在同一地累计超过180天的,应当在营业地办理税务登记手续。纳税人应当在《外出经营活动税收管理证明》有效期届满后10日内,持《外出经营活动税收管理证明》回原税务登记地税务机关办理《外出经营活动税收管理证明》缴销手续。

3. 扣缴税款登记。扣缴税款登记是指扣缴义务人在发生扣缴义务之后应依法向税务机关申报办理的一种税务登记。

扣缴义务人应当自扣缴义务发生之日起30日内,向所在地的主管税务机关申报办理扣缴税款登记。税务机关经审核后,发给扣缴税款登记证件;对已办理税务登记的扣缴义务人,可以只在其税务登记证件上登记扣缴税款事项,不再发给扣缴税款登记证件。

[案例1]下岗职工王某于2012年开办了一个商品经销部,9月10日领取了营业执照,按规定享受一定期限内的免税优惠。王某认为既然免税就不需要办理税务登记,其妻丁某认为免税期间不需要办理税务登记,待免税期限届满

时才需要办理税务登记。

问：王某和丁某的观点是否正确？

分析： 王某和丁某的观点都不正确。根据《税收征收管理法》的有关规定，凡是从事生产经营的单位和个体工商户应当自领取营业执照之日起 30 日内，向生产、经营地或者纳税义务发生地的主管税务机关申报办理税务登记。

（五）税务登记的其他相关制度

1. 税务登记证件管理。税务登记证件有正本和副本之分，具有同样的法律效力。正本由纳税人保存，副本由纳税人在办理有关税务事宜时使用。税务登记证件是一种法定证件，它应当载明纳税人名称、统一代码、法定代表人或负责人、详细地址、经济类型、经营方式、经营范围、经营期限和证件有效期限等。

税务登记证件是纳税人办理有关税务事宜的重要凭证。除按照规定不需要发给税务登记证件的，纳税人办理下列事项时，必须持税务登记证件：①开立银行账户；②申请减税、免税、退税；③申请办理延期申报、延期缴纳税款；④领购发票；⑤申请开具外出经营活动税收管理证明；⑥办理停业、歇业；⑦其他有关税务事项。

纳税人应按照国务院税务主管部门的规定使用税务登记证件。税务登记证件不得转借、涂改、损毁、买卖或者伪造。纳税人应当将税务登记证件正本在其生产、经营场所或者办公场所公开悬挂，接受税务机关检查。税务机关对税务登记证件实行定期验证和换证制度。纳税人应当在规定的期限内持有关证件到主管税务机关办理验证或者换证手续。纳税人遗失税务登记证的，应当在 15 日内书面报告主管税务机关，并登报声明作废，同时，凭报刊上刊登的遗失声明向主管税务机关申请补办税务登记证。

2. 纳税人银行账户管理。从事生产、经营的纳税人应当按照国家有关规定，持税务登记证件，在银行或者其他金融机构开立基本存款账户和其他存款账户，并应当自开立基本存款账户或者其他存款账户之日起 15 日内，向税务机关书面报告其全部账号；发生变化的，应当自变化之日起 15 日内，向主管税务机关书面报告。

3. 工商行政管理机构和金融机构的相关义务。工商行政管理机构负有通报义务。各级工商行政管理机关应当向同级国家税务局和地方税务局定期通报办理开业、变更、注销登记以及吊销营业执照的情况。该制度明确了工商行政管理机关的通报义务，有利于加强税收管理。

金融机构则负有以下两项法定义务：①登录义务。银行和其他金融机构应当在从事生产、经营的纳税人的账户中登录税务登记证件号码，并在税务登记证件中登录从事生产、经营的纳税人的账户账号。②协助义务。税务机关依法查询从事生产、经营的纳税人开立账户的情况时，有关银行和其他金融机构应当予以协助。该制度扭转了税务机关和金融机构之间信息不通、相互脱节的状况，强化了税收管理。

二、账簿、凭证管理

在税收征管中，账簿、凭证管理是一个关键环节，它的作用在于督促纳税人准确、真实地记录和反映其经济活动，维护税源的可靠性，为税款征收提供可靠的计税依据。

（一）账簿的设置

根据《税收征收管理法》第 19 条的规定，纳税人、扣缴义务人应按照有关法律、行政法规和国务院财政、税务主管部门的规定设置账簿，根据合法、有效的凭证记账，进行核算。

从事生产、经营的纳税人应当自领取营业执照或者发生纳税义务之日起 15 日内，按照国家有关规定设置账簿。生产、经营规模小又确无建账能力的纳税人，可以聘请经批准从事会计代理业务的专业机构或者经税务机关认可的财会人员代为建账和办理账务。聘请上述机构或者人员有实际困难的，经县以上税务机关批准，可以按照税务机关的规定，建立收支凭证粘贴簿、进货销货登记簿或者使用税控装置。

扣缴义务人应当自税收法律、行政法规规定的扣缴义务发生之日起 10 日内，按照所代扣、代收的税种，分别设置代扣代缴、代收代缴税款账簿。

纳税人、扣缴义务人会计制度健全，能够通过计算机正确、完整计算其收入和所得或者代扣代缴、代收代缴税款情况的，其计算机输出的完整的书面会计记录，可视同会计账簿。

（二）财务、会计相关制度

1. 备案制度。依据税收征管法的有关规定，从事生产、经营的纳税人应当自领取税务登记证件之日起 15 日内，将其财务、会计制度或者财务、会计处理办法报送主管税务机关备案。纳税人使用计算机记账的，应当在使用前将会计电算化系统的会计核算软件、使用说明书及有关资料报送主管税务机关备案。纳税人建立的会计电算化系统应当符合国家有关规定，并能正确、完整核算其收入或者所得。

2. 财务会计制度、办法与税收规定相抵触的处理办法。纳税人、扣缴义务人的财务、会计制度或者财务、会计处理办法与国务院或者国务院财政、税务主管部门有关税收的规定相抵触的，应当依照国务院或者国务院财政、税务主管部门有关税收的规定计算应纳税款、代扣代缴和代收代缴税款。

3. 使用的文字。账簿、会计凭证和报表应当使用中文。民族自治地方可以同时使用当地通用的一种民族文字。外商投资企业和外国企业可以同时使用一种外国文字。

（三）账簿、凭证的保管

从事生产、经营的纳税人、扣缴义务人必须按照国务院财政、税务主管部门规定的保管期限保管账簿、记账凭证、完税凭证及其他有关资料。账簿、记账凭证、报表、完税凭证、发票、出口凭证以及其他有关涉税资料应当保存10年。但是，法律、行政法规另有规定的除外。账簿、记账凭证、完税凭证及其他有关资料不得伪造、变造或者擅自损毁。

（四）税控装置的管理

税控装置，是指由国家法定机关依法指定企业生产、安装、维修，由国家法定机关依法实施监管，采用高科技手段对反映纳税人经营状况的有关数据进行有效监控的计税装置。目前常见的税控装置有运用于商业等行业的税控收款机、运用于出租车行业的税控计价器和运用于石油行业的税控加油机等。

纳税人、扣缴义务人应当按照规定安装、使用税控装置，不得损毁或者擅自改动税控装置，并按照税务机关的规定报送有关数据和资料。

［案例2］某厂于2001年设立。2012年5月，该厂与一英国公司合作，改组为外商投资的股份有限责任公司。其财务总监Smith决定改变财务会计处理办法，包括以下内容：①所有财务会计处理统一使用英文；②账簿、记账凭证、报表、完税凭证、发票以及出口凭证等资料保存8年；③自领取变更税务登记证件之日起30日内，将变更后的财务、会计处理办法报送主管税务机关备案。

问：上述内容是否合法？

分析： 上述内容均不合法。①账簿、会计凭证和报表应当使用中文。外商投资企业和外国企业可以同时使用一种外国文字。本案中仅使用英文违反了法律规定；②依据相关法律规定，账簿、记账凭证、报表、完税凭证、发票、出口凭证以及其他有关涉税资料的保管期限，除另有规定的外，应当保存10年。本案中8年的保管期限不合法；③从事生产、经营的纳税人应当自领取税务登记证件之日起15日内，将其财务、会计制度或者财务、会计处理办法报送主管税务机关备案。本案中30日内报送备案，超出了法定期限。

三、发票管理

发票，是指在购销商品、提供或者接受服务以及从事其他经营活动中，开具、收取的收付款凭证。发票管理为税源控制和税务稽查提供有力依据，是税收征管的重要环节。税务机关是发票的主管机关，负责发票的印制、领购、开具、取得、保管、缴销的管理和监督。

（一）发票印制

1. 发票印制的主体。增值税专用发票由国务院税务主管部门指定的企业印制；其他发票，按照国务院税务主管部门的规定，分别由省、自治区、直辖市国家税务局、地方税务局指定企业印制。

2. 发票式样。在全国范围内统一式样的发票，由国家税务总局确定；在省、自治区、直辖市范围内统一式样的发票，由省级税务机关确定。

发票的基本联次为三联。第一联为存根联，由开票方留存备查；第二联为发票联，由收执方作为付款或收款原始凭证；第三联为记账联，由开票方作为记账原始凭证。但增值税专用发票的基本联次还包括抵扣联，由收执方作为抵扣税款的凭证。除增值税专用发票以外，县（市）以上税务机关根据需要可适当增减联次并确定其用途。

发票应当使用中文印制。民族自治地方的发票，可以加印当地一种通用的民族文字。有实际需要的，也可以同时使用中外两种文字印制。

（二）发票领购

1. 领购发票的主体。依法办理税务登记的单位和个人，在领取税务登记证件后，可以向主管税务机关领购发票。依法不需要办理税务登记但需要发票的单位，也可以领购发票。临时到本省、自治区、直辖市行政区域以外从事经营活动的单位或者个人，应当凭所在地税务机关的证明，向经营地税务机关申请领购经营地的发票。

2. 领购发票的程序。申请领购发票的单位和个人应当提出购票申请，提供经办人身份证明、税务登记证件或者其他有关证明，以及财务印章或者发票专用章的印模，经主管税务机关审核后，发给发票领购簿；领购发票的单位和个人凭发票领购簿核准的种类、数量以及购票方式领购发票。

需要临时使用发票的单位和个人，可以直接向税务机关申请办理。但是，临时到本省、自治区、直辖市行政区域以外从事经营活动的单位或者个人，应当凭所在地税务机关的证明，向经营地税务机关申请领购经营地的发票。经营地税务机关可以要求申请人提供保证人或者根据所领购发票的票面限额及数量交纳不超过 1 万元的保证金，并限期缴销发票。

（三）发票开具、使用、取得

1. 发票开具的主体。销售商品、提供服务以及从事其他经营活动的单位和个人，对外发生经营业务收取款项时，收款方应向付款方开具发票；特殊情况下由付款方向收款方开具发票，如农、林、牧副产品收购单位向个人收购产品时，应由付款方向收款方开具发票。

2. 发票开具的要求。开具发票应当按照规定的时限、顺序，逐栏、全部联次一次性如实开具，并加盖单位财务印章或者发票专用章。发票限于领购单位和个人在本省、自治区、直辖市内开具。禁止携带、邮寄或者运输空白发票出入境。此外，开具发票应当使用中文。民族自治地方可以同时使用当地通用的一种民族文字。外商投资企业和外国企业可以同时使用一种外国文字。

开具发票的单位和个人应当在办理变更或者注销税务登记的同时，办理发票和发票领购簿的变更、缴销手续。

3. 发票使用。开具发票的单位和个人应当建立发票使用登记制度，设置发票登记簿，并定期向主管税务机关报告发票使用情况。任何单位和个人不得转借、转让、代开发票；未经税务机关批准，不得拆本使用发票；不得自行扩大专业发票的使用范围。禁止倒买倒卖发票、发票监制章和发票防伪专用品。

4. 发票取得。所有单位和从事生产、经营活动的个人在购买商品、接受服务以及从事其他经营活动支付款项时，均应当向收款方取得发票。取得发票时，不得要求变更品名和金额。不符合规定的发票不得作为财务报销凭证，任何单位和个人有权拒收。

（四）发票保管和缴销

1. 发票保管。开具发票的单位和个人应当按照税务机关的规定存放和保管发票，不得擅自损毁。已开具的发票存根联和发票登记簿，应当保存 5 年。保存期满，报经税务机关查验后销毁。使用发票的单位和个人应当妥善保管发票。如果发票丢失，应于丢失当日书面报告主管税务机关，并在报刊和电视等传播媒介上公告声明作废。

2. 发票缴销。发票缴销包括发票收缴和发票销毁。发票收缴是指用票单位和个人按照规定向税务机关上缴已经使用或者未使用的发票；发票销毁是指由税务机关统一将已经使用或者未使用的发票进行销毁。

发生下列情形之一的，缴销发票：①纳税人已使用的发票存根保管期满后，对发票存根联进行缴销；②纳税人发生合并、联营、分设、迁移、停业、歇业等事项时，缴销发票；③纳税人因税务机关统一实行发票及发票监制章更换，要缴销到期的发票；④纳税人发生严重违反税务管理和发票管理行为，税务机关收缴其发票。

（五）发票检查

发票检查是指税务机关对发票的印制、开具、使用、保管等各个环节所进行的监督和核查活动。

1. 税务机关发票检查的权利和义务。税务机关发票检查的权利，主要包括：

①检查印制、领购、开具、取得和保管发票的情况；②调出发票查验；③查阅、复制与发票有关的凭证、资料；④向当事各方询问与发票有关的问题和情况；⑤在查处发票案件时，对与案件有关的情况和资料，可以记录、录音、录像、照像和复制。另外，税务机关在发票检查中需要核对发票存根联与发票联填写情况时，有权向持有发票或者发票存根联的单位发出发票填写情况核对卡，要求其15日内如实填写并报回。对单位和个人从中国境外取得的与纳税有关的发票或者凭证，税务机关有异议的，可以要求其提供境外公证机构或者注册会计师的确认证明，经税务机关审核认可后，方可作为记账核算的凭证。

税务机关在发票检查中的义务，主要包括：①税务人员进行检查时，应当出示税务检查证；②税务机关需要将已开具的发票调出查验时，应当向被查验的单位和个人开具发票换票证；③税务机关需要调出空白发票查验时，应当开具收据，经查无问题时应当及时退还。

2. 被检查人的权利和义务。被检查人在发票检查中的权利有：①对于未出示税务检查证的检查人员，被检查人员有权拒绝其检查；②在税务机关将已开具的发票调出查验时，被检查人有权要求其开具发票换票证；③对税务机关调出空白发票查验时，有权要求其开具收据，并要求其在经查无问题时及时退还。

被检查人在发票检查中的义务有：①接受税务机关依法进行的发票检查，不得拒绝；②如实反映情况，提供有关资料，不得隐瞒；③持有发票或发票存根联的单位，应如实填写税务机关发出的发票情况核对卡，并按期报回。

[案例3] 2012年6月16日，某市税务机关对该市餐饮业使用发票的情况进行专项检查。税务人员对某酒店进行检查时发现：①该酒店有一张该市饮食业专用发票填写项目不全，还有一张经过涂改。②将2009年开具的发票存根联销毁。③该酒店于2012年6月3日丢失一本普通发票，该酒店于6月15日到主管税务机关递交了发票遗失书面报告，并在该市电视台和报纸上公开声明作废。

问：该酒店违反发票管理的行为有哪些？

分析：酒店违反发票管理的行为有：①未按规定开具发票。根据规定，发票的开具必须规范、真实和完整。本案中，该酒店开具的一张发票填写项目不全，一张发票经过涂改，违反法律规定。②未按规定保管发票。根据规定，已开具的发票存根联应当保存5年；保存期满，报经税务机关查验后销毁。本案中，该酒店于2012年擅自销毁2009年开具的发票存根联，违反了法律规定。③未依法报告发票遗失。根据规定，该酒店应于发票丢失的当日书面报告主管税务机关，并在报刊和电视等传播媒介上公告声明作废。本案中，该酒店10月9日丢失发票，却于10月15日才递交发票遗失书面报告，超出法定期限。

四、纳税申报

纳税申报，是指纳税人、扣缴义务人为履行纳税义务或代扣代缴、代收代缴义务，就纳税、代扣代缴、代收代缴情况按照税法或税务机关的规定，向税务机关报送的书面报告的制度。它是税收征管的重要环节之一，纳税人自行申报更是现代税收征管的基础，应予重视。

（一）纳税申报的主体

1. 纳税人。纳税人必须依照法律、行政法规的规定或者税务机关依照法律、行政法规的规定确定的申报期限、申报内容，如实办理纳税申报，报送纳税申报表、财务会计报表以及税务机关根据实际需要要求纳税人报送的其他纳税资料。

纳税人在法定纳税期内，无论有无应税收入以及其他应税项目，均必须在规定的申报期限内，向税务机关办理纳税申报。纳税人享受减税、免税待遇的，在减税、免税期间仍应当按照规定办理纳税申报。

2. 扣缴义务人。扣缴义务人必须依照法律、行政法规的规定或者税务机关依照法律、行政法规的规定确定的申报期限、申报内容如实报送代扣代缴、代收代缴税款报告表以及税务机关根据实际需要要求扣缴义务人报送的其他有关资料。

（二）纳税申报的资料

1. 纳税申报表或者代扣代缴、代收代缴税款报告表。纳税申报表或者代扣代缴、代收代缴税款报告表的主要内容包括：①税种、税目；②应纳税项目或者应代扣代缴、代收代缴税款项目；③计税依据；④扣除项目及标准；⑤适用税率或者单位税额；⑥应退税项目及税额、减免税项目及税额；⑦应纳税额或者应代扣代缴、代收代缴税额；⑧税款所属期限、延期缴纳的税款、欠税、滞纳金等。

2. 有关证件、资料。纳税人办理纳税申报时，根据不同的情况相应报送下列有关证件、资料：①财务会计报表及其说明材料；②与纳税有关的合同、协议书及凭证；③税控装置的电子报税资料；④外出经营活动税收管理证明和异地完税凭证；⑤境内或者境外公证机构出具的有关证明文件；⑥税务机关规定应当报送的其他有关证件、资料。

（三）纳税申报的方式

1. 直接申报。直接申报，是指纳税人、扣缴义务人在规定的纳税申报期限，直接到税务机关办理纳税申报或者代扣代缴、代收代缴税款报告手续的一种申报方式。这是目前纳税申报的主要方式。

2. 邮寄申报。邮寄申报，是指纳税人、扣缴义务人采用邮寄纳税申报的形式办理纳税申报的一种申报方式。纳税人到主管税务机关办理纳税申报有困难的，经税务机关批准，可以邮寄申报。纳税人采取邮寄方式办理纳税申报的，应当使用统一的纳税申报专用信封，并以邮政部门收据作为申报凭据。邮寄申报以寄出的邮戳日期为实际申报日期。

3. 电子申报。电子申报，是指经税务机关批准的纳税人通过电子手段、光学手段或者类似手段生成、储存或传递信息，进行纳税申报的方式。目前我国的电子申报形式主要有电话语音、电子数据交换和网络传输等方式。它的申报时间以电子设备和网络信息系统收到的日期为准。纳税人采取电子方式办理纳税申报的，应当按照税务机关规定的期限和要求保存有关资料，并定期书面报送主管税务机关。

4. 其他纳税申报方式。除上述方式外，实行定期定额缴纳税款的纳税人，可以实行简易申报、简并征期等申报纳税方式。简易申报，是指实行定期定额缴纳税款的纳税人在法定期限内缴纳税款的，税务机关可以视同申报；简并征期，是指实行定期定额缴纳税款的纳税人，经税务机关批准，可以采取将纳税期限合并为按季、半年、年的方式申报并缴纳税款。

（四）纳税申报的期限

纳税申报期限，是指由法律、行政法规规定或者由税务机关按照法律、行政法规的规定确定纳税义务人具体的履行纳税申报义务的期限。由于各税种在征收管理上有一定的差别，因此纳税申报期限也不尽相同。以增值税为例，纳税人以1个月为一期缴纳增值税的，应当从期满之日起10日内申报纳税；以1日、3日、5日、10日、15日为一期纳税的，应于期满后5日内预缴税款，于次月1日~10日内申报纳税，并结清上月应纳税额。

纳税申报期限的最后一日是法定休假日的，以休假日期满的次日为期限的最后一日；在期限内有连续3日以上法定休假日的，按休假日天数顺延。

（五）延期申报

延期申报，是指纳税人、扣缴义务人因特殊困难不能在法定期限内办理纳税申报，经税务机关批准，可以延后一定的时间补办申报手续的制度。

延期申报应符合以下条件：①延期申报有合法理由。例如因不可抗力不能按期办理纳税申报或因财务处理上的特殊原因，账务未处理完毕，不能计算应纳税额，按期办理纳税申报确有困难。②需要延期申报的纳税人、扣缴义务人，应当在税务机关规定的期限内向主管税务机关提出书面延期申请。③经税务机关核准。④经核准延期办理纳税申报的，纳税人、扣缴义务人应当在纳税期内按照上期实际缴纳的税额或者税务机关核定的税额预缴税款，并在核准的延期内办理税款结算。另外，纳税人、扣缴义务人因不可抗力，不能按期办理纳税申报或报送代扣代缴、代收代缴税款报告表的，可以延期办理。但是，应当在不可抗力消除后立即向税务机关报告。税务机关应当查明事实，予以核准。

第三节　税款征收

税款征收是指税务机关依法对纳税人应当缴纳的税款组织征收入库的一系列活动的总称。税款征收是整个税收征收管理的核心工作和中心环节，它直接关系到国家税收能否及时、足额入库，在整个税收征收管理中占据着极其重要的地位。

一、税款征收的原则

（一）依法征税原则

依法征税是税款征收的根本原则。该原则包含了以下要求：①税务机关是法定征收机关。除税务机关、税务人员以及税务机关依照法律、行政法规委托的单位和人员外，任何单位和个人不得进行税款征收活动。②税款征收活动必须依法进行。税务机关依照法律、行政法规规定征收税款，不得违反法律、行政法规规定开征、停征、多征、少征、提前征收、延缓征收或者摊派税款。

（二）税款优先原则

税款优先原则确定了税款征收在纳税人支付各种款项和偿还债务时的优先地位。该原则包括以下内容：①税收优先于无担保债权。税务机关征收税款，税收优先于无担保债权，法律另有规定的除外。②纳税人发生欠税在前的，税收优先于抵押权、质押权和留置权执行。纳税人欠缴的税款发生在纳税人以其财产设定抵押、质押或者纳税人的财产被留置之前的，税收应当先于抵押权、质押权、留置权执行。③税收优先于罚款、没收非法所得。纳税人欠缴税款，同时被税务机关决定处以罚款、没收非法所得的，税收优先于罚款、没收非法所得；纳税人欠缴税款，同时又被税务机关以外的其他行政部门处以罚款、没收非法所得的，税款优先于罚款、没收非法所得。

二、税款征收方式

税款的征收方式是指税务机关依照税法规定和纳税人生产经营管理情况以及便于征收和保护国家税款及时入库的原则而采取的具体组织入库的方法。税务机关根据保证国家税款及时足额入库、方便纳税人、降低税收成本的原则，确定税款征收方式。目前税款征收方式主要有：

（一）查账征收

查账征收，是指在规定的税款入库的期限内，纳税人、扣缴义务人根据其账簿记录，依法确定其应纳税额，并向税务机关报送有关账册和资料，经税务机关审查核实后，填写纳税缴款书，由纳税人、扣缴义务人到指定银行缴纳税款的一种征收方式。该方式应用较为普遍，一般适用于财务会计制度较为健全，能够认真履行纳税义务的纳税人。

（二）查定征收

查定征收，是指税务机关根据纳税人的从业人员、生产设备、耗用原材料等情况，在正常生产经营条件下，对其生产的应税产品查实核定产量、销售额并据以征收税款的方式。如果纳税人实际产量超过查定额时，纳税人应申报补缴税款；反之则可要求税务机关重新核定产量和税额。这种征收方式一般适用于生产经营规模小、财务会计制度不够健全、账册不够完备，但能控制原材料、产量或进销货物的单位或个人。

（三）查验征收

查验征收，是指税务机关对纳税人的应税商品，通过查验数量，按市场一般销售单价计算其销售收入并据以征税的方式。这种方式适用于城乡集贸市场的临时经营和机场、码头等场外经销商品的情况。

（四）定期定额征收

定期定额征收，是指税务机关依照有关法律、法规，按照规定程序，核定纳税人在一定经营时期内的应纳税经营额及收益额，并以此为计税依据，确定其应纳税额（包括增值税、消费税、营业税、所得税等），实行多税种合并征收的一种征收方式。税务机关核定定额应依照以下程序办理：业户自报、典型核定、下达定额。这种方式主要适用于生产、经营规模小，营业额和所得额难以准确计算，无记账能力的小型工商户和个体户。

（五）代扣代缴、代收代缴征收

代扣代缴、代收代缴征收主要适用于税源分散、不易控制的纳税人。这种方式有利于加强税收的源泉控制，减少税款流失，降低税收成本，手续也比较简单。依法负有扣缴或收缴税款义务的单位和个人，应严格履行法定义务。税务机关应发给代扣、代收税款义务人代扣代缴、代收代缴证书，并按税法规定付给其手续费。

（六）委托代征

委托代征，是指税务机关根据有利于税收控管和方便纳税的原则，按照国家有关规定委托有关单位和人员代征零星分散和异地缴纳的税收，代征人以税务机关的名义依法征收税款的方式。税务机关应发给受托单位和人员委托代征证书，代征人应按照代征证书的要求征收税款。代征人依法征税时，纳税人不得拒绝；纳税人拒绝的，代征人应当及时报告税务机关，一般不能直接处理。此外，税务机关必须按规定付给代征人手续费。这种方式通常适用于征收少数零星、分散的税收。

（七）邮寄申报征收

邮寄申报征收，是指经税务机关审核，纳税人在邮寄纳税申报表的同时，汇寄并解缴税款的方式。这种方式主要适用于那些有能力按期纳税，但采用其他方式纳税又不方便的纳税人。

（八）自计自核自缴

自计自核自缴，简称"三自"纳税，是指由纳税人依法自行计算应纳税额，自行审核并填开税款缴款书后，自己直接到指定银行缴纳税款的一种征收方式。这种方式适用于：财务会计制度健全、经济核算制度完备、可以提供计税的确切依据，纳税态度好、严格遵守税收法规，有专职办税人员，办税基础较好的大中型国有企业、集体企业及其他企业。实行"三自"纳税的，必须经过当地税务机关的审核批准。

（九）自报核缴

自报核缴，是指纳税人向税务机关报送纳税申报表，经税务机关审核，核定应纳税额，填发缴款书，纳税人凭其到银行缴纳税款的一种征收方式。对不具备"三自"纳税条件，但财务管理制度基本健全，纳税态度较好，并配有办税人员，能按期核算出应纳税额的国有企业、集体企业及其他企业，经税务机关批准，可采用这种征收方式。

（十）其他征收方式

其他征收方式是指除上述征收方式外的其他方式，如利用网络、IC卡等方式纳税等。根据《税收征管法实施细则》第40条的规定，税务机关应当根据方便、快捷、安全的原则，积极推广使用支票、银行卡、电子结算方式缴纳税款。

无论采取何种征收方式，税收机关征收税款和扣缴义务人代扣、代收税款时，必须开具完税凭证。完税凭证的种类包括各种完税证、缴款书、印花税票、扣（收）税凭证及其他完税证明。完税凭证的式样及管理办法由国家税务总局统一制定。未经税务机关指定，任何单位、个人不得印制完税凭证。完税凭证不得转借、倒卖、变造或者伪造。纳税人通过银行缴纳税款的，税务机关可以委托银行开具完税凭证。

［案例4］某公司于2012年4月21日成立，该公司为小型生产企业。经查该公司账册不全，但能控制其原材料、产量或进销货物。其主管税务机关工作人员就该公司的税款征收方式产生了分歧，张某认为应查账征收，李某认为应

查定征收，王某认为应查验征收。

问：该税务机关应采取何种方式征收税款？

分析： 查定征收。对账务不全，但能控制其原材料、产量或进销货的纳税单位和个人，税务机关可依据正常条件下的生产能力对其生产的应税产品查定产量、销售额并据以征收税款。

三、税款征收的具体制度

（一）延期缴纳税款制度

纳税人、扣缴义务人按照法律、行政法规的规定或者税务机关依照法律、行政法的规规定确定的期限，缴纳或者解缴税款。纳税人因有特殊困难，不能按期缴纳税款的，经省、自治区、直辖市国家税务局、地方税务局批准，可以延期缴纳税款，但最长不得超过3个月。

延期缴纳税款应当符合以下条件：①纳税人、扣缴义务人在法定期限内缴纳税款有特殊困难。所谓的"特殊困难"是指下列情形之一：一是因不可抗力，导致纳税人发生较大损失，正常生产经营活动受到较大影响的；二是当期货币资金在扣除应付职工工资、社会保险费后，不足以缴纳税款的。②纳税人、扣缴义务人应当在纳税期限届满前以书面形式提出延期缴纳税款申请，并报送有关材料。③经省、自治区、直辖市国家税务局、地方税务局批准。④延期期限最长不得超过3个月，同一笔税款不得滚动审批。在经批准延期缴纳税款的情况下，延期内免收滞纳金。

（二）加收滞纳金制度

加收滞纳金，是指税务机关对违反税法的规定，不按期缴纳税款或未能及时、足额缴纳税款的纳税人或扣缴义务人实施的一种经济制裁措施。

纳税人未按照规定期限缴纳税款的，扣缴义务人未按照规定期限解缴税款的，税务机关除责令限期缴纳外，从滞纳税款之日起，按日加收滞纳税款5‰的滞纳金。其计算公式是：

应纳滞纳金 = 滞纳税款 × 滞纳天数 × 0.5‰

滞纳天数的起止时间，为法律、行政法规规定或者税务机关依照法律、行政法规的规定确定的税款缴纳期限届满次日起，至纳税人、扣缴义务人实际缴纳或者解缴税款之日止。如果是经批准延期纳税的，从延期期限届满次日起到税款缴纳入库之日止。但应注意的是，法律、行政法规规定或者税务机关依照法律、行政法规的规定确定的税款缴纳期限的最后一日是法定休假日的，以休假日期满的次日为最后一日；在期限内有连续3日以上法定休假日的，按休假日天数顺延。

[**案例**5] 某企业按照规定，应于 2011 年 1 月 15 日前缴纳应纳税款 20 万元，该企业却迟迟未交。当地税务机关责令其于当年 2 月 28 日前缴纳，并加收滞纳金。但直到 3 月 15 日，该企业才缴纳税款。

问：该企业应缴纳多少滞纳金？

分析：该企业应缴纳税款期限是 1 月 15 日，即从 1 月 16 日滞纳税款，从 1 月 16 日至 3 月 15 日，共计 16 + 28 + 15 = 59 天。按照税法规定，纳税人未按照规定期限缴纳税款的，扣缴义务人未按照规定期限解缴税款的，税务机关可从滞纳税款之日起，按日加收滞纳税款 0.5‰的滞纳金。因此，该企业应缴纳的滞纳金为：200 000 × 59 × 0.5‰ = 5900 元。

（三）税收减免制度

税收减免是指税法对某些特殊情况给予减轻或免除税收负担的一种税收优惠措施。减税是对应征税款减少征收一部分；免税是全部免除其税收负担。

减免税的内容必须有法律、行政法规的明确规定。任何一项减免税，都是针对某一税种的，因此有关减免税的内容，主要通过各税种的税收实体法加以明确规定。地方各级人民政府、各级人民政府主管部门、单位和个人违反法律、行政法规的规定，擅自作出的减税、免税决定无效，税务机关不得执行，并应向上级税务机关报告。

减免税必须符合法律、行政法规规定的程序。纳税人可以依据法律、行政法规的规定书面申请减税、免税。主管税务机关在接到纳税人的减免税申请后，必须对申请内容逐项核实，提出具体的初审意见和报告，并按审批权限逐级上报。上级税务机关接到下级税务机关的减免税报告后，要按照审批权限及时进行核报或审批。经法定的审批机关批准减免税的纳税人，应当持有关文件到主管税务机关办理减税、免税手续。

税务机关对税收减免的监管，主要表现在以下几个方面：①纳税人享受减税、免税待遇的，在减税、免税期间应当按照规定办理纳税申报。②主管税务机关要定期进行检查，若发现存在不应继续给予减免税或者纳税人不按规定用途使用减免税款等情况，有权停止给予减免税，情节严重的可以追回相应已减免的税款。③减免税期满，应当自期满次日起恢复正常纳税。

（四）税额核定制度

应纳税额核定是指纳税人的应纳税额完全根据征税机关的行政处分来加以确定的方式。

纳税人有下列情形之一的，税务机关有权核定其应纳税额：①依照法律、行政法规的规定可以不设置账簿的；②依照法律、行政法规的规定应当设置账簿但未设置的；③擅自销毁账簿或者拒不提供纳税资料的；④虽设置账簿，但账目混乱或者成本资料、收入凭证、费用凭证残缺不全，难以查账的；⑤发生纳税义务，未按照规定的期限办理纳税申报，经税务机关责令限期申报，逾期仍不申报的；⑥纳税人申报的计税依据明显偏低，又无正当理由的。

纳税人有上述情形之一的，税务机关有权采用下列方法核定其应纳税额：①参照当地同类行业或者类似行业中经营规模和收入水平相近的纳税人的税负水平核定；②按照营业收入或者成本加合理的费用和利润的方法核定；③按照耗用的原材料、燃料、动力等推算或者测算核定；④按照其他合理方法核定。

采用上述所列任何一种方法不足以正确核定应纳税额时，可以同时采用两种以上的方法核定。如果纳税人对税务机关采取上述规定的方法核定的应纳税额有异议，则应当提供相关证据，经税务机关认定后，可调整应纳税额。

另外，对未按照规定办理税务登记的从事生产、经营的纳税人以及临时从事经营的纳税人，由税务机关核定其应纳税额，责令缴纳；不缴纳的，税务机关可以扣押其价值相当于应纳税款的商品、货物。扣押后缴纳应纳税款的，税务机关必须立即解除扣押，并归还所扣押的商品、货物；扣押后仍不缴纳应纳税款的，经县以上税务局（分局）局长批准，依法拍卖或者变卖所扣押的商品、货物，以拍卖或者变卖所得抵缴税款。

值得注意的是，在一些单行税法中也有税额核定的规定。例如，《增值税暂行条例》规定，纳税人销售货物或者应税劳务的价格明显偏低并无正当理由的，由主管税务机关核定其销售额。《消费税暂行条例》规定，纳税人应税消费品的计税价格明显偏低又无正当理由的，由主管税务机关核定其计税价格。

[案例6]　2012年1月，某国税稽查分局对某甲公司上一年度纳税情况进行日常稽查时发现：甲公司于2011年8月以每吨120元的价格销售给乙公司一批水泥。而同期甲公司销售给其他客户质量、规格相同水泥的价格均为每吨260元。经查，甲公司与乙公司达成协议，由乙公司为甲公司建造商品房，甲公司优惠销售给乙公司水泥。对于水泥价格损失，在以后商品房交付使用时，乙公司以平均每平方米优惠40元给予甲公司购房补贴。

问：税务机关应如何确定甲公司的应纳税额？

分析：甲公司销售水泥价格明显偏低的原因是其与乙公司以物换物。根据《税收征收管理法》第35条的规定，纳税人申报的计税依据明显偏低，又无正当理由的，税务机关有权核定其应纳税额。因此，应由税务机关核定其应纳税额。依据相关规定，税务机关应按纳税人当月同类货物的平均销售价格确定其计税依据，即按每吨260元的计税价格核定其应纳税额。

（五）关联企业税基调整制度

关联企业是指有下列关系之一的公司、企业和其他经济组织：①在资金、经营、购销等方面，存在直接或者间接的拥有或者控制关系；②直接或者间接地同为第三者所拥有或者控制；③在利益上具有相关联的其他关系。

企业或者外国企业在中国境内设立的从事生产、经营的机构、场所与其关联企业之间的业务往来，应当按照独立企业之间的业务往来收取或者支付价款、费用；不按照独立企业之间的业务往来收取或者支付价款、费用，而减少其应纳税的收入或者所得额的，税务机关有权进行合理调整。有下列情形之一的，税务机关可以调整其税基：①购销业务未按照独立企业之间的业务往来作价；②融通资金所支付或者收取的利息超过或者低于没有关联关系的企业之间所能同意的数额，或者利率超过或者低于同类业务的正常利率；③提供劳务未按照独立企业之间业务往来收取或者支付劳务费用；④转让财产、提供财产使用权等业务往来，未按照独立企业之间业务往来作价或者收取、支付费用；⑤未按照独立企业之间业务往来作价的其他情形。

纳税人有上述情形之一的，税务机关可以按照下列方法调整其计税收入额或者所得额：①按照独立企业之间进行的相同或者类似业务活动的价格；②按照再销售给无关联关系的第三者的价格所应取得的收入和利润水平；③按照成本加合理的费用和利润；④按照其他合理的方法。

纳税人与其关联企业未按照独立企业之间的业务往来支付价款、费用的，税务机关自该业务往来发生的纳税年度起 3 年内进行调整；有特殊情况的，可以自该业务往来发生的纳税年度起 10 年内进行调整。

[**案例7**] 独立核算的 B 公司是 A 纺织公司下属的分公司，B 公司为增值税一般纳税人，主要从事棉纱、棉布及针织内衣的生产。2011 年 11 月，市国税局对 B 公司进行税务检查时发现，B 公司的产品全部销售给 A 公司，销售额 80 万元，该批产品成本为 100 万元，销售价格平均低于成本 20%，与市场销售价格相差悬殊。对此 B 公司财务人员解释是因为纺织行业普遍不景气，产品销价低于成本是为了维持生产。但经调查，A 公司于 2010 年规定下属分公司产品统一由总公司收购，价格由总公司确定，不准分公司自行外销。2011 年度纺织行业企业平均利润率为 10%。

问：税务机关应如何确定 B 公司的应纳税收入数额？

分析：B 公司是 A 公司下属的分公司，A 公司与 B 公司在购销等方面存在直接的控制关系，因此 A 公司是纳税人 B 公司的关联企业。根据相关法律规定，纳税人与其关联企业之间的业务往来，应当按照独立企业之间的业务往来收取或者支付价款、费用。纳税人与关联企业之间的购销业务，不按照独立企业之间的业务往来作价，申报的计税依据明显偏低，又无正当理由的，税务机关可以核定其应纳税额。本案中，B 公司无正当理由以低于成本 20% 的价格将产品销售给关联企业 A 公司，销售价格明显偏低，税务机关应调整其应纳税额。本案中，税务机关可按组成计税价格调整其应纳税收入，即：应纳税收入 = 组成计税价格 = 100 × (1 + 10%) = 110 万元。

（六）纳税担保制度

纳税担保，是指经税务机关同意或确认，纳税担保人为纳税人应当缴纳的税款及滞纳金提供担保。当纳税人在规定的期限内未依法缴清税款及滞纳金时，由纳税担保人承担相应担保责任的制度。

纳税人有下列情况之一的，适用纳税担保：①税务机关有根据认为从事生产、经营的纳税人有逃避纳税义务的行为，在规定的纳税期之前经责令其限期缴纳应纳税款，在限期内发现纳税人有明显地转移、隐匿其应纳税的商品、货物以及其他财产或者应纳税收入的迹象，责成纳税人提供纳税担保的；②欠缴税款、滞纳金的纳税人或者其法定代表人需要出境的；③纳税人同税务机关在纳税上发生争议而未缴清税款，需要申请行政复议的；④税收法律、行政法规规定可以提供纳税担保的其他情形。

纳税担保范围包括税款、滞纳金和实现税款、滞纳金的费用。该费用包括抵押、质押登记费用，质押保管费用，以及保管、拍卖、变卖担保财产等相关费用。

纳税担保的方式有以下三种：①纳税保证。即纳税保证人向税务机关保证，当纳税人未按照税收法律、行政法规的规定或者税务机关确定的期限缴清税款及滞纳金时，由纳税保证人按照约定履行缴纳税款及滞纳金的制度。②纳税抵押。即纳税人或纳税担保人不转移抵押财产的占有，将该财产作为税款及滞纳金的担保，纳税人逾期未缴或未缴清税款及滞纳金的，税务机关有权依法处置该财产，以抵缴税款及滞纳金的制度。③纳税质押。即经税务机关同意，纳税人或纳税担保人以其动产或权利作为税款及滞纳金的担保，并将动产或权利凭证移交给税务机关占有，当纳税人逾期未缴纳或缴清税款及滞纳金时，税务机关有权依法处置该动产或权利以抵缴税款及滞纳金的制度。根据质押物的不同，纳税质押可分为动产质押和权利质押两种。

（七）税收保全制度

税收保全，是指税务机关对可能由于纳税人的行为或者某种客观原因，造成应纳税款不能得到有效保证或难以保证的情况，采取限制纳税人处理或者转移其商品、货物或其他财产措施的制度。

1. 对未按照规定办理税务登记的从事生产、经营的纳税人以及临时从事经营的纳税人实施的税收保全措施。对未按照规定办理税务登记的从事生产、经营的纳税人以及临时从事经营的纳税人，由税务机关核定其应纳税额，责令缴纳；不缴纳的，税务机关可以扣押其价值相当于应纳税款的商品、货物。税务机关确定应扣押、查封的商品、货物或者其他财产的价值时，还应当包括滞纳金和拍卖、变卖所发生的费用。扣押后缴纳应纳税款的，税务机关必须立即解除扣押，并归还所扣押的商品、货物；扣押后仍不缴纳应纳税款的，经县以上税务局（分局）局长批准，依法拍卖或者变卖所扣押的商品、货物，拍卖或者变卖所得抵缴税款、滞纳金、罚款以及拍卖、变卖等费用后，剩余部分应当在 3日内退还被执行人。

2. 对按规定办理了税务登记的从事生产、经营的纳税人实施的税收保全措施。

（1）适用对象。税收保全只适用从事生产、经营的纳税人，包括：①企业；②企业在外地设立的分支机构和从事生产、经营的场所；③个体工商户；④从事生产、经营的事业单位。对于不从事生产、经营的纳税人或扣缴义务人和纳税担保人，不能适用税收保全。

（2）税收保全的方式。税收保全方式有以下两种：①书面通知纳税人开户银行或者其他金融机构冻结纳税人的金额相当于应纳税款的存款。所谓"其他金融机构"，是指信托投资公司、信用合作社、邮政储蓄机构以及经中国人民银行、中国证券监督管理委员会等批准设立的其他金融机构。②扣押、查封纳税人的价值相当于应纳税款的商品、货物或其他财产。所说的其他财产，包括纳税人的房地产、现金、有价证券等不动产和动产。税务机关确定应扣押、查封的商品、货物或者其他财产的价值时，还应当包括滞纳金和拍卖、变卖所发生的费用。

税务机关依法扣押商品、货物或者其他财产时，应注意以下事项：①个人及其所扶养家属维持生活必需的住房和用品，不在税收保全措施的范围之内。②扣押、查封商品、货物或者其他财产时，必须由 2 人以上税务人员执行，通知被执行人。③对价值超过应纳税额且不可分割的商品、货物或者其他财产，税务机关在纳税人无其他可供强制执行的财产的情况下，可以整体扣押、查封。④税务机关扣押商品、货物或者其他财产时，应开付收据；查封商品、货物或者其他财产时，应开付清单。

（3）税收保全的适用条件。适用税收保全必须同时符合下列条件：①纳税人有逃避纳税义务的行为。这是适用税收保全的前提条件。②采取税收保全措施的时间是在规定的纳税期限之前和责令缴纳的期限之内。③纳税人未能提供相应的纳税担保。④税务机关采取税收保全措施的，应当经县以上税务局（分局）局长批准。⑤采取税收保全措施的权力只能由法定的税务机关行使，不得由法定的税务机关以外的单位和个人行使。

（4）税收保全的法定程序。税务机关实施税收保全，必须严格按照下列程序进行：①责令纳税人提前缴纳税款。当税务机关有根据认为从事生产、经营的纳税人有逃避纳税义务行为的，可以在规定的纳税期之前，责令限期缴纳应纳税款。②责令纳税人提供纳税担保。在上述限期内，纳税人有明显地转移、隐匿其应纳税的商品、货物以及其他财产或者应纳税的收入的迹象的，税务机关可以责成纳税人提供纳税担保。③纳税人不能提供纳税担保的，经县以上税务局（分局）局长批准，税务机关可以依法采取税收保全措施。

纳税人在限期内缴纳税款的，税务机关应立即解除税收保全措施。税务机关应当自收到税款或者银行转回的完税凭证之日起 1 日内解除税收保全。反之，如果纳税人在限期届满时仍未缴纳税款的，经县以上税务局（分局）局长批准，税务机关可以书面通知纳税人开户银行或者其他金融机构从其冻结的存款中扣缴税款，或者拍卖所扣押、查封的商品、货物或者其他财产，拍卖或者变卖所得抵缴税款、滞纳金、罚款以及拍卖、变卖等费用后，剩余部分应当在 3 日内退还被执行人。

税务机关滥用职权违法采取税收保全措施，或者采取税收保全措施不当，或者纳税人在限期内已缴纳税款，税务机关未立即解除税收保全措施，使纳税人的合法利益遭受损失的，税务机关应当承担赔偿责任。

（八）税收强制执行制度

税收强制执行，是指税务机关依照税收法律、行政法规的规定，对纳税人、扣缴义务人或纳税担保人不按照规定履行纳税义务、扣缴义务或纳税担保义务的行为，强制其履行义务的制度。

1. 税收强制执行的适用对象。税收强制执行的适用对象包括以下三类：①从事生产、经营的纳税人。具体包括：企业；企业在外地设立的分支机构和从事生产、经营的场所；个体工商户；从事生产、经营的事业单位。②扣缴义务人。即按照法律、行政法规的规定，负有代扣、代收税款义务，同时也有义务按照规定的期限向税务机关解缴税款的单位和个人。③纳税担保人。即为纳税人应纳税款提供担保，承担担保责任的单位和个人。如果被担保的纳税人不履行纳税义务，纳税担保人就要依法承担相应的担保责任，税务机关就可以对纳税担保人或者纳税担保物采取强制执行措施。

2. 税收强制执行的方式。税收强制执行的方式有以下两种：①书面通知纳税人、扣缴义务人、纳税担保人开户银行或者其他金融机构从其存款中扣缴税款。②扣押、查封、依法拍卖或者变卖其价值相当于应纳税款的商品、货物或者其他财产，以拍卖或者变卖所得抵缴税款。税务机关确定应扣押、查封的商品、货物或者其他财产的价值时，还应当包括滞纳金和拍卖、变卖所发生的费用。拍卖或者变卖所得抵缴税款、滞纳金、罚款以及拍卖、变卖等费用后，剩余部分应当在 3 日内退还被执行人。

个人及其所扶养家属维持生活必需的住房和用品，不在税收强制执行措施的范围之内。个人所扶养家属是指与纳税人共同居住生活的配偶、直系亲属以及无生活来源并由纳税人扶养的其他家属。生活必需的住房和用品不包括机动车辆、金银饰品、古玩字画、豪华住宅或者一处以外的住房。税务机关对单价5000 元以下的其他生活用品，不采取税收保全措施和强制执行措施。

税务机关采取强制执行措施时，对上述所列纳税人、扣缴义务人、纳税担保人未缴纳的滞纳金同时强制执行。

3. 税收强制执行的适用条件。适用税收强制执行必须同时符合下列条件：①从事生产、经营的纳税人、扣缴义务人未按照规定的期限缴纳或者解缴税款，纳税担保人未按照规定的期限缴纳所担保的税款。这是适用税收保全的前提条件。②税务机关责令限期缴纳，纳税人、扣缴义务人或者纳税担保人逾期仍未缴纳。③税务机关采取税收强制执行措施的，应当经县以上税务局（分局）局长批准。④采取税收强制执行措施的权力只能由法定的税务机关行使，不得由法定的税务机关以外的单位和个人行使。

4. 税收强制执行的法定程序。税务机关在实施税收强制措施时，必须依下列程序进行：①责令限期缴纳。根据告诫在先的原则，从事生产、经营的纳税人、扣缴义务人未按照规定的期限缴纳或者解缴税款，纳税担保人未按照规定的期限缴纳所担保的税款，由税务机关责令限期缴纳。限期内缴纳的，税收强制执行措施搁置。②限期内仍未缴纳的，经县以上税务局（分局）局长批准，税务机关即可依法采取税收强制执行措施。

税务机关将扣押、查封的商品、货物或者其他财产变价抵缴税款时，应当交由依法成立的拍卖机构拍卖；无法委托拍卖或者不适于拍卖的，可以交由当地商业企业代为销售，也可以责令纳税人限期处理；无法委托商业企业销售，纳税人也无法处理的，可以由税务机关变价处理。国家禁止自由买卖的商品，应当交由有关单位按照国家规定的价格收购。

（九）欠税清缴制度

欠税，是指纳税人未按照规定期限缴纳税款，扣缴义务人未按照规定期限解缴税款的行为。在欠税清缴方面，税务机关有权采取下列措施：

1. 责令限期纳税。从事生产、经营的纳税人、扣缴义务人未按照规定的期限缴纳或者解缴税款的，纳税担保人未按照规定的期限缴纳所担保的税款的，由税务机关发出限期缴纳税款通知书，责令缴纳或者解缴税款，其最长期限不得超过 15 日，并同时加收滞纳金。

2. 离境清税制度。欠缴税款的纳税人或者他的法定代表人需要出境的，应当在出境前向税务机关结清应纳税款、滞纳金或者提供担保；未结清税款、滞纳金，又不提供担保的，税务机关可以通知出境管理机关阻止其出境。

执行离境清税制度应注意下列问题：①离境清税制度适用于依照我国税法规定，负有纳税义务且欠缴税款的所有自然人、法人的法定代表人和其他经济组织的负责人，包括外国人、无国籍人和中国公民。②纳税人以其所拥有的未作抵押的财产作纳税担保的，应当就作为纳税担保的财产的监管和处分事项在中国境内委托代理人，并将作为纳税担保的财产清单和委托代理证书（副本）交税务机关。③需要阻止出境的，税务机关应当书面通知出入境管理机关执行。

3. 合并、分立时的欠税清缴制度。纳税人有合并、分立情形的，应当向税务机关报告，并依法缴清税款。纳税人合并时未缴清税款的，应当由合并后的纳税人继续履行未履行的纳税义务；纳税人分立时未缴清税款的，分立后的纳税人对未履行的纳税义务应当承担连带责任。

4. 大额欠税处分财产报告制度。欠缴税款数额在 5 万元以上的纳税人，在处分其不动产或者大额资产之前，应当向税务机关报告。这一制度有利于税务机关及时掌握欠税企业处置不动产和大额资产的动向。税务机关可以根据其是否侵害了国家税收，是否有转移资产、逃避纳税义务的情形，决定是否行使税收优先权，是否采取税收保全措施或者强制执行措施。

5. 欠税公告制度。根据《税收征收管理法》第 45 条和《税收征管法实施细则》第 76 条的规定，税务机关应当对纳税人的欠缴税款的情况，在办税场所或者广播、电视、报纸、期刊、网络等新闻媒体上定期予以公告。定期公告是指税务机关定期向社会公告纳税人的欠税情况。同时，税务机关还可以根据实际情况和实际需要，制定纳税人的纳税信用等级评比制度。

6. 欠税设定担保说明制度。纳税人有欠税情形而以其财产设定抵押、质押的，应当向抵押权人、质权人说明其欠税情况。抵押权人、质权人可以请求税务机关提供有关的欠税情况。该制度和税收优先权制度关系密切，纳税人的相对人可以在知晓纳税人具体欠税的情况下，再决定抵押或质押的设定事宜，这种做法有利于协调税收债权和有担保普通民事债权的矛盾。

7. 税收代位权和撤销权。欠缴税款的纳税人因怠于行使到期债权，或者放弃到期债权，或者无偿转让财产，或者以明显不合理的低价转让财产而受让人知道该情形，并对国家税收造成损害的，税务机关可以依照《合同法》的相关规定行使代位权、撤销权。

税务机关依照上述规定行使代位权、撤销权的，不免除欠缴税款的纳税人尚未履行的纳税义务和应承担的法律责任。

[**案例8**] 2012年4月，某区国税局对甲公司进行纳税检查时发现该公司欠缴增值税80万元，于是责令甲公司限期缴纳。甲公司在限期内未缴纳欠缴增值税款，区国税局欲查封甲公司仓库内的部分产品（价值相当于80万元）。此时，甲公司的负责人刘某主动向区国税局的工作人员介绍乙公司拖欠其货款100万，并表示只要区国税局能追回这笔货款，就先抵缴所欠税款。区国税局的工作人员遂来到乙公司，称："甲公司欠缴税款，而你公司又欠甲公司的货款，根据《税收征收管理法》第50条的规定，我们有权向你公司行使代位权，请你公司在3日内缴清甲厂所欠税款75万元。否则，我们将采取强制执行措施。"3日后，区国税局强行从乙公司的银行账户中扣缴了甲公司所欠缴的80万元税款。

问：区国税局的上述执法行为是否合法？

分析：（1）区国税局行使税收代位权的行为有以下不合法之处：①甲公司仓库中有足够的产品可供查封、扣押、拍卖或变卖，区国税局可以通过采取必要的税收强制执行措施来达到清缴税款的目的。由于未给国家造成税收损失，区国税局行使税收代位权的前提条件并不具备。②税收代位权的成立，必须由税务机关以次债务人为被告向次债务人所在地的人民法院提起代位权诉讼并由人民法院审理认定为前提。区国税局没有依法向人民法院提起代位权诉讼，其行使代位权的行为并不合法。

（2）区国税局强行划拨乙公司银行存款的行为不合法。根据《税收征收管理法》的规定，税务机关可以依法对从事生产经营的纳税人、扣缴义务人以及纳税担保人采取税收强制执行措施，但法律没有授权税务机关可以对次债务人采取税收强制执行措施。因此，区国税局无权强行划拨乙公司的银行存款。

（十）税款的退还、补征和追征制度

1. 税款的退还制度。纳税人超过应纳税额缴纳的税款，税务机关发现后应当立即退还。纳税人自结算缴纳税款之日起3年内发现的，可以向税务机关要求退还多缴的税款并加算银行同期利息，税务机关及时查实后应当立即退还。涉及从国库中退库的，依照法律、行政法规有关国库管理的规定退还。

税务机关退还税款时应注意以下事项：①税款退还的前提是纳税人已经缴纳了超过应纳税额的税款。②税款退还的范围包括技术差错和结算性质的退税以及规定纳税人先按应纳税额如数缴纳入库，经核实后再从中退还应退的部分。③税款退还的方式有二：一是税务机关发现后立即退还；二是纳税人发现后申请退还。

税款退还的时限分为以下两种情形：①纳税人发现多缴税款的，可以自结算缴纳税款之日起3年内要求退还。纳税人要求退还多缴的税款并加算银行同期存款利息的，税务机关应当自接到纳税人退还申请之日起30日内查实并办理退还手续。退还的利息按照退还税款当天银行的同期活期存款利率计算利息。②税务机关发现纳税人多缴税款的，无论多长时间，都应当自发现之日起 10 日内办理退还手续。

2. 税款的补征制度。因税务机关的责任，致使纳税人、扣缴义务人未缴或少缴税款的，税务机关在 3 年内可以要求纳税人、扣缴义务人补缴税款，但是不得加收滞纳金。上述所谓"税务机关的责任"，是指税务机关适用税收法律、行政法规不当或者执法行为违法。补缴税款的期限，自纳税人、扣缴义务人应缴而未缴或者少缴税款之日起计算。

3. 税款的追征制度。因纳税人、扣缴义务人计算错误等失误，未缴或者少缴税款的，税务机关在 3 年内可以追征税款和滞纳金；有特殊情况的，追征期可以延长到 5 年。上述所谓"纳税人、扣缴义务人计算错误等失误"，是指纳税人、扣缴义务人非主观故意的计算公式运用错误以及明显的笔误。所谓"特殊情况"，是指纳税人、扣缴义务人因计算错误等失误，未缴或者少缴、未扣或者少扣、未收或者少收税款，数额在 10 万元以上的。追征税款的期限，自纳税人、扣缴义务人应缴而未缴或者少缴税款之日起计算。

对于纳税人、扣缴义务人和其他当事人逃避缴纳税款、抗税、骗税的，税务机关应无限期追征其未缴或者少缴的税款、滞纳金或者所骗取的税款。

[案例 9] 2012 年 4 月 12 日，税务机关在对某公司以往年度纳税情况进行检查时，发现以下问题：①因公司财务人员计算公式运用错误，该公司 2009 年 2 月多缴税款 1 万元。②因税务机关适用税收法律、行政法规不当，该公司 2010 年 9 月少缴税款 2 万元。③因公司财务人员笔误，2011 年度少缴税款 13 万元。

问：针对上述税款，税务机关应如何处理？

分析：①对于多缴的 1 万元税款，税务机关发现后应当自发现之日起 10 日内办理税款退还手续。②对于因税务机关的责任致使该公司少缴的 2 万元税款，因在 3 年的补征期内，税务机关可以要求该公司补缴税款，但是不得加收滞纳金。③因纳税人笔误少缴的 13 万元税款，税务机关在 5 年内可以追征税款和滞纳金。

(十一) 税款的入库制度

税款入库是指纳税人缴纳的税款应当依法进入国库。具体要求有：①税务机关应当按照国家规定的税收征管范围和税款入库预算级次，将征收的税款缴入国库。②对审计机关、财政机关依法查出的税收违法行为，税务机关应当根据有关机关的决定、意见书，依法将应收的税款、滞纳金按照税款入库预算级次缴入国库，并将结果及时回复有关机关。③税务机关和司法机关的涉税罚没收入，应当按照税款入库预算级次上缴国库。

第四节 税务检查

税务检查是税务机关依据国家税收法律、法规和财务会计制度的规定，审查和监督纳税人、扣缴义务人履行纳税义务和扣缴义务情况的一项管理制度。它是税收征收管理工作的重要步骤和环节，有利于帮助纳税人严格依法纳税，及时纠正和处理税收违法行为，促使税收征管制度进一步完善。

一、税务机关在税务检查中的权利和义务

（一）税务机关在税务检查中的权利

依据《税收征收管理法》及其实施细则的规定，税务机关在税务检查中主要享有以下权利：

1. 查账权。税务机关有权检查纳税人的账簿、记账凭证、报表和有关资料，检查扣缴义务人代扣代缴、代收代缴税款的账簿、记账凭证和有关资料。税务机关既可以在纳税人、扣缴义务人的业务场所进行，也可以在必要时，经县以上税务局（分局）局长批准，将纳税人、扣缴义务人以往会计年度的上述资料调回税务机关检查。有特殊情况，经设区的市、自治州以上税务局（分局）局长批准，税务机关可以将纳税人、扣缴义务人当年上述会计资料调回检查。

2. 场所检查权。税务机关有权到纳税人的生产、经营场所和货物存放地检查纳税人应纳税的商品、货物或者其他财产，检查扣缴义务人与代扣代缴、代收代缴税款有关的经营情况。

3. 责成提供资料权。税务机关有权责成纳税人、扣缴义务人提供与纳税或者代扣代缴、代收代缴税款有关的文件、证明材料和有关资料。

4. 询问权。税务机关有权询问纳税人、扣缴义务人与纳税或者代扣代缴、代收代缴税款有关的问题和情况。

5. 单证检查权。税务机关有权到车站、码头、机场、邮政企业及其分支机构检查纳税人托运、邮寄应纳税商品、货物或者其他财产的有关单据、凭证和有关资料。

6. 存款账户、储蓄存款查询权。经县以上税务局（分局）局长批准，凭全国统一格式的检查存款账户许可证明，查询从事生产、经营的纳税人、扣缴义务人在银行或者其他金融机构的存款账户。税务机关在调查税收违法案件时，经设区的市、自治州以上税务局（分局）局长批准，可以查询案件涉嫌人员的储蓄存款。税务机关查询所获得的资料，不得用于税收以外的用途。

7. 采取税收保全措施和强制执行措施权。税务机关对从事生产、经营的纳

税人以前纳税期的纳税情况依法进行税务检查时，发现纳税人有逃避纳税义务的行为，并有明显地转移、隐匿其应纳税的商品、货物以及其他财产或者应纳税的收入的迹象的，可以依法采取税收保全措施或者强制执行措施。

8. 记录、录音、录像、照相和复制权。税务机关调查税务违法案件时，对与案件有关的情况和资料，有权记录、录音、录像、照相和复制。

（二）税务机关在税务检查中的义务

税务机关在进行税务检查时，必须履行相应的义务，以防止其滥用职权、促使税务机关依法检查。依据《税收征收管理法》及其实施细则的规定，税务机关在进行税务检查时的义务主要有：

1. 持证检查的义务。税务人员进行税务检查时，应当出示税务检查证和税务检查通知书；未出示税务检查证和税务检查通知书的，被检查人有权拒绝检查。

2. 资料退还的义务。税务机关把纳税人、扣缴义务人的账簿、记账凭证、报表和其他有关资料调回税务机关检查的，税务机关必须向纳税人、扣缴义务人开付清单，并在3个月内完整退还。税务机关将纳税人、扣缴义务人当年上述资料调回检查的，应于30日内退还。

3. 保守秘密的义务。税务机关派出的人员在进行税务检查时，有义务为被检查人保守秘密。

4. 回避义务。税务人员在进行税务检查时，与纳税人、扣缴义务人或者其法定代表人、直接责任人有下列关系之一的，应当回避：①夫妻关系；②直系血亲关系；③三代以内旁系血亲关系；④近姻亲关系；⑤可能影响公正执法的其他利益关系。

二、被检查人的权利和义务

（一）被检查人的权利

1. 拒绝非法检查权。被检查人对未出示税务检查证和税务检查通知书的税务人员，有权拒绝其检查。

2. 保密权。被检查人对税务机关派出的人员在进行税务检查时获得的资料和信息，有权要求税务机关及其工作人员为其保守秘密。

（二）被检查人的义务

1. 接受检查的义务。纳税人、扣缴义务人必须接受税务机关依法进行的税务检查。这是税务机关行使税务检查权力的重要前提条件。

2. 如实反映情况的义务。纳税人、扣缴义务人对税务机关依法询问的相关问题和情况，应该如实反映，不得拒绝、隐瞒。

3. 提供有关资料的义务。纳税人、扣缴义务人应当按照税务机关的要求提供相关的资料。

三、有关单位和个人在税务检查中的权利和义务

（一）有关单位和个人在税务检查中的权利

有关单位和个人在税务检查中的权利主要是拒绝非法检查权，即有关单位和个人在税务机关工作人员未出示税务检查证和税务检查通知书的情形下，有权拒绝检查。

（二）有关单位和个人在税务检查中的义务

在税务机关依法进行税务检查时，有关单位和个人应当支持、协助其工作，向税务机关如实反映纳税人、扣缴义务人和其他当事人与纳税或者代扣代缴、代收代缴税款有关的情况，提供有关资料及证明材料。

[案例10] 某县地税稽查局在接到群众举报后，于2012年6月派两名稽查员对涉嫌逃避缴纳税款的某酒店进行税务检查。稽查员李某和王某在出示税务检查证后，对相关人员进行了询问，但没有线索，于是对酒店经理杨某的住宅进行搜查，发现了流水账，并对账簿进行拍照和复印。同时，经县地税局局长批准，稽查员对案件涉嫌人员的储蓄存款进行了查询。

问：地税稽查局的税务检查行为是否都合法？

分析：地税稽查员的以下税务检查行为不合法：①税务人员实施检查时应出示税务检查证和税务检查通知书，本案中稽查人员虽出示了税务检查证，但未出示税务检查通知书，不合法。②税务机关可对纳税人的生产、经营场所及货物存放地进行检查，但无权对纳税人的住宅进行检查。本案中，稽查员李某和王某搜查酒店经理杨某的住宅，属越权行为。③经设区的市、自治州税务局（分局）局长批准，税务机关有权查询案件涉嫌人员的储蓄存款。本案中，稽查员查询案件涉嫌人员的储蓄存款并未经过市、自治州税务局（分局）局长的批准，违反法律相关规定。

第五节　税收法律责任

税收法律责任，是指税收法律关系的主体因违反税法义务、实施税收违法行为所应承担的不利法律后果。税收法律责任是税法的必要组成部分，对于保证税法的有效实施具有重要作用。

一、纳税人的法律责任

（一）纳税人违反税务管理的法律责任

1. 纳税人有下列行为之一的，由税务机关责令限期改正，可以处 2000 元以下的罚款；情节严重的，处 2000 元以上 1 万元以下的罚款：①纳税人未按照规定的期限申报办理税务登记、变更或者注销登记的；②未按照规定设置、保管账簿或者保管记账凭证和有关资料的；③未按照规定将财务、会计制度或者财务、会计处理办法和会计核算软件报送税务机关备查的；④未按照规定安装、使用税控装置，或者损毁或者擅自改动税控装置的。

2. 纳税人不办理税务登记的，由税务机关责令限期改正；逾期不改正的，经税务机关提请，由工商行政管理机关吊销其营业执照。

3. 纳税人未按照规定使用税务登记证件，或者转借、涂改、损毁、买卖、伪造税务登记证件的，处 2000 元以上 1 万元以下的罚款；情节严重的，处 1 万元以上 5 万元以下的罚款。

4. 纳税人未按照规定的期限办理纳税申报和报送纳税资料的，由税务机关责令限期改正，可以处 2000 元以下的罚款；情节严重的，可以处 2000 元以上 1 万元以下的罚款。

5. 纳税人不进行纳税申报，不缴或者少缴应纳税款的，由税务机关追缴其不缴或者少缴的税款、滞纳金，并处不缴或者少缴的税款 50% 以上 5 倍以下的罚款。

6. 纳税人编造虚假计税依据的，由税务机关责令限期改正，并处 5 万元以下的罚款。

7. 纳税人有下列行为之一的，由税务机关责令限期改正，没收非法所得，可以并处 1 万元以下的罚款；有下列两种或者两种以上行为的，可以分别处罚：①未按照规定印制发票或者生产发票防伪专用品；②未按照规定领购发票；③未按照规定开具发票；④未按照规定取得发票；⑤未按照规定保管发票；⑥未按照规定接受税务机关检查。

8. 纳税人逃避、拒绝或者以其他方式妨碍税务机关检查的，由税务机关责令改正，可以处 1 万元以下的罚款；情节严重的，处 1 万元以上 5 万元以下的罚款。

9. 从事生产、经营的纳税人有《税收征收管理法》规定的税收违法行为，拒不接受税务机关处理的，税务机关可以收缴其发票或者停止向其发售发票。

[案例 11] 某公司于 2012 年 6 月 1 日成立并领取了工商营业执照，6 月 15 日办理了税务登记证，2012 年 7 月 15 日将其财务、会计制度报送税务机关

备查。

　　问：该公司的行为是否有违法之处？如有，税务机关应如何处理？

　　分析：①该公司办理税务登记的行为合法。②该公司将其财务、会计制度报送税务机关备查的时间不符合规定。从事生产、经营的纳税人应当自领取税务登记证件之日起 15 日内，将其财务、会计制度或者财务、会计处理办法报送主管税务机关备案。该企业 2010 年 6 月 15 日办理了税务登记证，7 月 15 日才将其财务、会计制度报送税务机关备查，超出法定期限。③针对该行为，税务机关可对该公司处 2000 元以下的罚款；情节严重的，处 2000 元以上 1 万元以下的罚款。

　　（二）纳税人违反税款征收规定的法律责任

　　1. 欠税及其法律责任。欠税，是指纳税人在规定期限届满后，仍未缴或者少缴应纳税款的行为。欠税人没有逃避纳税义务的主观意图，只是由于种种原因而未能如期缴纳或解缴税款，因而有别于逃避缴纳税款行为。

　　对于欠税行为，由税务机关责令限期缴纳；逾期仍不缴纳的，税务机关除可以依法采取强制执行措施追缴其不缴或者少缴的税款外，可以处不缴或者少缴的税款 50% 以上 5 倍以下的罚款。

　　2. 逃避缴纳税款及其法律责任。逃避缴纳税款，是指纳税人采取欺骗、隐瞒手段进行虚假纳税申报或者不申报，不缴或者少缴应纳税款的行为。逃避缴纳税款人在主观上具有逃避纳税义务的故意。

　　逃避缴纳税款，未构成犯罪的，由税务机关给予处罚。[1]

　　逃避缴纳税款，构成犯罪的，依法追究其刑事刑事责任。纳税人采取欺骗、隐瞒手段进行虚假纳税申报或者不申报，逃避缴纳税款数额较大并且占应纳税额 10% 以上的，构成逃避缴纳税款罪。依据《刑法》第 201 条的规定，逃避税款数额较大并且占应纳税额 10% 以上的，处 3 年以下有期徒刑或者拘役，并处

---

[1]　2009 年 2 月 28 日，《中华人民共和国刑法修正案（七）》（以下简称《修正案七》）由第十一届全国人民代表大会常务委员会第七次会议通过，由第 10 号中华人民共和国主席令发布施行。自公布之日起施行。其中《修正案七》第 3 条对《刑法》第 201 条偷税罪做了重大修改。全文为"纳税人采取欺骗、隐瞒手段进行虚假纳税申报或者不申报，逃避缴纳税款数额较大并且占应纳税 10%以上的，处 3 年以下有期徒刑或者拘役，并处罚金；数额巨大并且占应纳税额 30%以上的，处 3 年以上 7 年以下有期徒刑，并处罚金。扣缴义务人采取前款所列手段，不缴或者少缴已扣、已收税款，数额较大的，依照前款的规定处罚。对多次实施前两款行为，未经处理的，按照累计数额计算。有第 1 款行为，经税务机关依法下达追缴通知后，补缴应纳税款，缴纳滞纳金，已受行政处罚的，不予追究刑事责任；但是，5 年内因逃避缴纳税款受过刑事处罚或者被税务机关给予 2 次以上行政处罚的除外。"但是《税收征收管理法》并未做与之相应的修改。故此，对于逃避缴纳税款行为尚不构成犯罪的如何处罚并无法律规定。

罚金；数额巨大并且占应纳税额 30% 以上的，处 3 年以上 7 年以下有期徒刑，并处罚金。有上述行为，经税务机关依法下达追缴通知后，补缴应纳税款，缴纳滞纳金，已受行政处罚的，不予追究刑事责任；但是，5 年内因逃避缴纳税款受过刑事处罚或者被税务机关给予两次以上行政处罚的除外。

对纳税人多次实施逃避缴纳税款行为，未经处理的，按照累计数额计算。

[**案例 12**] 某公司 2011 年的应纳企业所得税额为 120 万元，其他税金合计 80 万元。公司董事长冯某授意会计人员蒋某、华某对财务会计报表进行"技术处理"，使企业少缴纳所得税。蒋某、华某伪造一些会计凭证后，使得企业自行计算并申报的应纳税额为 30 万元。

问：针对该行为，税务机关应如何处理？

分析：①税务机关应认定该公司的行为是逃避缴纳税款行为。逃避缴纳税款，是指纳税人采取欺骗、隐瞒手段进行虚假纳税申报或者不申报，不缴或者少缴应纳税款的行为。本案中，该公司采用伪造会计凭证等欺骗、隐瞒手段进行虚假申报或者不申报，少缴税款，属于逃避缴纳税款行为。②由于本案中该公司逃避缴纳税款数额巨大（90 万元），并且占其应纳税额的比例超过 10%（该公司 2011 年应纳税额：$120 + 80 = 200$ 万元；该公司逃避缴纳税款数额占应纳税额的比例为：$90 \div 200 \times 100\% = 45\%$），已涉嫌构成逃避缴纳税款罪，税务机关应将该案移送司法机关，由司法机关追究该公司的刑事责任。

3. 逃避追缴欠税及其法律责任。逃避追缴欠税，是指纳税人欠缴应纳税款，采取转移或者隐匿财产的手段，妨碍税务机关追缴欠缴的税款的行为。

纳税人逃避追缴欠税，未构成犯罪的，由税务机关追缴欠缴的税款、滞纳金，并处欠缴税款 50% 以上 5 倍以下的罚款。

纳税人逃避追缴欠税，构成犯罪的，依法追究刑事责任。纳税人采取转移或者隐匿财产的手段，致使税务机关无法追缴纳税人欠缴的税款，数额在 1 万元以上的，构成逃避追缴欠税罪。依据《刑法》第 203 条的规定，纳税人欠缴应纳税款，采取转移或者隐匿财产的手段，致使税务机关无法追缴欠缴的税款，数额在 1 万元以上不满 10 万元的，处 3 年以下有期徒刑或者拘役，并处或者单处欠缴税款 1 倍以上 5 倍以下罚金；数额在 10 万元以上的，处 3 年以上 7 年以下有期徒刑，并处欠缴税款 1 倍以上 5 倍以下罚金。

4. 骗税及其法律责任。骗税，又称骗取出口退税，是指以假报出口或者其他欺骗手段，骗取国家出口退税款的行为。

骗取出口退税，未构成犯罪的，由税务机关追缴其骗取的退税款，处骗取税款 1 倍以上 5 倍以下的罚款，并可以在规定期间内停止为其办理出口退税。

纳税人骗取出口退税，构成犯罪的，依法追究刑事责任。以假报出口或者其他欺骗手段，骗取国家出口退税款，数额较大的，构成骗税罪。依据《刑法》第204条的规定，骗取国家出口退税款，数额较大的，处5年以下有期徒刑或者拘役，并处骗取税款1倍以上5倍以下罚金；数额巨大或者有其他严重情节的，处5年以上10年以下有期徒刑，并处骗取税款1倍以上5倍以下罚金；数额特别巨大或者有其他特别严重情节的，处10年以上有期徒刑或者无期徒刑，并处骗取税款1倍以上5倍以下罚金或者没收财产。

5. 抗税及其法律责任。抗税是指以暴力、威胁方法拒不缴纳税款的行为。

纳税人抗税，情节轻微，未构成犯罪的，由税务机关追缴其拒缴的税款、滞纳金，并处拒缴税款1倍以上5倍以下的罚款。

纳税人抗税，构成犯罪的，依法追究刑事责任。依据《刑法》第202条的规定，以暴力、威胁方法拒不缴纳税款的，处3年以下有期徒刑或者拘役，并处拒缴税款1倍以上5倍以下罚金；情节严重的，处3年以上7年以下有期徒刑，并处拒缴税款1倍以上5倍以下罚金。

二、扣缴义务人及其他相关主体的法律责任

（一）扣缴义务人违反税务管理规定的法律责任

1. 扣缴义务人未按照规定设置、保管代扣代缴、代收代缴税款账簿或者保管代扣代缴、代收代缴税款记账凭证及有关资料的，由税务机关责令限期改正，可以处2000元以下的罚款；情节严重的，处2000元以上5000元以下的罚款。

2. 扣缴义务人未按照规定期限向税务机关报送代扣代缴、代收代缴税款报告表和有关资料的，由税务机关责令限期改正，可以处2000元以下的罚款；情节严重的，可以处2000元以上1万元以下的罚款。

3. 扣缴义务人编造虚假计税依据的，由税务机关责令限期改正，并处5万元以下的罚款。

4. 扣缴义务人逃避、拒绝或者以其他方式妨碍税务机关检查的，由税务机关责令改正，可以处1万元以下的罚款；情节严重的，处1万元以上5万元以下的罚款。

5. 从事生产、经营的扣缴义务人有《税收征收管理法》规定的税收违法行为，拒不接受税务机关处理的，税务机关可以收缴其发票或者停止向其发售发票。

（二）扣缴义务人违反税款征收规定的法律责任

1. 扣缴义务人应扣未扣、应收未收税款的，由税务机关向纳税人追缴税款，对扣缴义务人处应扣未扣、应收未收税款50%以上3倍以下罚款。

2. 扣缴义务人在规定期限不缴或者少缴应解缴的税款，由税务机关责令限

期缴纳；逾期仍不缴纳的，税务机关除可以依法采取强制执行措施追缴其不缴或者少缴的税款外，可以处不缴或者少缴的税款 50% 以上 5 倍以下的罚款。

3. 扣缴义务人采取欺骗、隐瞒手段进行虚假纳税申报或者不申报，不缴或者少缴已扣、已收税款的，由税务机关追缴其不缴或者少缴的税款、滞纳金，并处不缴或者少缴的税款 50% 以上 5 倍以下罚款；构成犯罪的，依照纳税人逃避缴纳税款的规定追究刑事责任。对扣缴义务人多次实施逃避缴纳税款行为，未经处理的，按照累计数额计算。

（三）其他相关主体的法律责任

1. 纳税人、扣缴义务人的开户银行或者其他金融机构拒绝接受税务机关依法检查纳税人、扣缴义务人存款账户，或者拒绝执行税务机关作出的冻结存款或者扣缴税款的决定，或者在接到税务机关的书面通知后帮助纳税人、扣缴义务人转移存款，造成税款流失的，由税务机关处 10 万元以上 50 万元以下的罚款，对直接负责的主管人员和其他直接责任人员处 1000 元以上 1 万元以下的罚款。

2. 为纳税人、扣缴义务人非法提供银行账户、发票、证明或者其他方便，导致未缴、少缴税款或者骗取国家出口退税款的，税务机关除没收其违法所得外，可以处未缴、少缴或者骗取的税款 1 倍以下的罚款。

3. 违反《税收征收管理法》的规定，非法印刷发票的，由税务机关销毁非法印刷的发票，没收违法所得和作案工具，并处 1 万元以上 5 万元以下的罚款；构成犯罪的，依法追究刑事责任。

4. 税务代理人违反税收法律、行政法规，造成纳税人未缴或者少缴税款的，除由纳税人缴纳或者补缴应纳税款、滞纳金外，对税务代理人处纳税人未缴或者少缴的税款 50% 以上 3 倍以下的罚款。

5. 未经税务机关依法委托征收税款的，责令退还收取的财物，依法给予行政处分或者行政处罚；致使他人合法权益受到损失的，依法承担赔偿责任；构成犯罪的，依法追究刑事责任。

三、税务机关及其工作人员的法律责任

（一）违法征收税款的法律责任

1. 税务机关违反规定擅自改变税收征收管理范围和税款入库预算级次的，责令限期改正，对直接负责的主管人员和其他直接责任人员依法给予降级或者撤职的行政处分。

2. 税务机关违反法律、行政法规的规定提前征收、延缓征收或者摊派税款的，由其上级机关或者行政监察机关责令改正，对直接负责的主管人员和其他

直接责任人员依法给予行政处分。

3. 税务机关违反法律、行政法规的规定，擅自作出税收的开征、停征或者减税、免税、退税、补税以及其他同税收法律、行政法规相抵触的决定的，除依法撤销其擅自作出的决定外，补征应征而未征税款，退还不应征收而征收的税款，并由上级机关追究直接负责的主管人员和其他直接责任人员的行政责任；构成犯罪的，依法追究刑事责任。

（二）违法采取税收保全、强制执行措施的法律责任

1. 税务机关滥用职权违法采取税收保全措施、税收强制执行措施或者采取税收保全措施、税收强制执行措施不当，使纳税人、扣缴义务人或者纳税担保人的合法权益遭受损失的，应当依法承担赔偿责任。

2. 纳税人在限期内缴纳税款，税务机关未立即解除税收保全措施，使纳税人的合法利益遭受损失的，税务机关应当承担赔偿责任。

3. 税务机关、税务人员查封、扣押纳税人个人及其所扶养家属维持生活必需的住房和用品的，责令退还，依法给予行政处分；构成犯罪的，依法追究刑事责任。

4. 税务人员私分扣押、查封的商品、货物或者其他财产的，依法给予行政处分；构成犯罪的，依法追究刑事责任。

（三）违反回避和保密制度的法律责任

1. 税务人员在征收税款或者查处税收违法案件时，未依法进行回避的，对直接负责的主管人员和其他直接责任人员，依法给予行政处分。

2. 未依法为纳税人、扣缴义务人、检举人保密的，对直接负责的主管人员和其他直接责任人员，由所在单位或者有关单位依法给予行政处分。

（四）其他法律责任

1. 税务人员徇私舞弊，对依法应当移交司法机关追究刑事责任的不移交，情节严重的，依法追究刑事责任。

2. 税务人员与纳税人、扣缴义务人勾结，唆使或者协助纳税人、扣缴义务人，有逃避缴纳税款、逃避追缴欠税、骗税等行为的，依法给予行政处分；构成犯罪的，按照共同犯罪追究刑事责任。

3. 税务人员利用职务上的便利，收受或者索取纳税人、扣缴义务人财物或者谋取其他不正当利益，构成犯罪的，依法追究刑事责任；尚不构成犯罪的，依法给予行政处分。

4. 税务人员徇私舞弊或者玩忽职守，不征或者少征应征税款，致使国家税收遭受重大损失，构成犯罪的，依法追究刑事责任；尚不构成犯罪的，依法给予行政处分。

5. 税务人员滥用职权，故意刁难纳税人、扣缴义务人的，将其调离税收工作岗位，并依法给予行政处分；构成犯罪的，依法追究刑事责任。

6. 税务人员对控告、检举税收违法违纪行为的纳税人、扣缴义务人以及其他检举人进行打击报复的，依法给予行政处分；构成犯罪的，依法追究刑事责任。

第六节　税务行政处罚

一、税务行政处罚概述

（一）税务行政处罚的概念和特征

税务行政处罚，是指税务机关对违反税收征收管理，尚未构成犯罪的公民、法人或者其他经济组织给予的一种行政制裁。

税务行政处罚属于行政处罚范畴，与其他行政处罚相比，税务行政处罚具有以下特征：①税务行政处罚的主体是特定的，即依法行使职权的税务机关。②税务行政处罚的相对人是特定的，即违反税收法律、行政法规规定但尚不构成犯罪的税收相对人。③税务行政处罚的范围是违反税收法律、行政法规规定，尚不构成犯罪的税收违法行为。但值得注意的是，违反税收法律、行政法规应当给予行政处罚的行为，在 5 年内未被发现的，不再给予行政处罚。

（二）税务行政处罚的立法

1996 年 10 月 1 日起实施的《中华人民共和国行政处罚法》（以下简称《行政处罚法》）规范了我国的行政处罚。为了贯彻实施《行政处罚法》，规范税务行政处罚的实施，保护纳税人和其他税务当事人的合法权益，1996 年 9 月 28 日国家税务总局发布了《税务案件调查取证与处罚决定分开制度实施办法（试行）》和《税务行政处罚听证程序实施办法（试行）》，并于 1996 年 10 月 1 日实施。

二、税务行政处罚的种类和设定

（一）税务行政处罚的种类

目前我国税务行政处罚的种类主要有：①责令限期改正；②罚款；③没收非法所得；④停止出口退税权；⑤通知出境管理机关阻止出境；⑥吊销营业执照；⑦收缴发票或者停止发售发票。

（二）税务行政处罚的设定

税务行政处罚的设定，是指不同层次的国家机关制定的不同层次的税收法律规范设定税务行政处罚的种类、幅度、范围的权限。目前我国有关税务行政处罚设定的规定如下：①全国人民代表大会及其常务委员会可以通过法律的形式设定各种税务行政处罚。②国务院可以通过行政法规的形式设定除限制人身自由以外的税务行政处罚。③国家税务总局可以通过行政规章的形式设定警告和罚款。④特定级别的地方人民代表大会及其常务委员会可以通过地方性法规的形式设定除限制人身自由、吊销营业执照以外的税务行政处罚。⑤省（自治区、直辖市）、省会城市、计划单列市和较大城市的人民政府可以通过地方性规章的形式设定警告和罚款。

三、税务行政处罚的主体

我国税务行政处罚的主体为县级以上的税务机关，包括以下四级税务机关：①国家税务总局；②省、自治区、直辖市国家税务局和地方税务局；③地（市、州、盟）国家税务局和地方税务局；④县（市、旗）国家税务局和地方税务局。

各级税务机关的内设机构、派出机构不具有税务行政处罚的主体资格，不得以自己的名义实施税务行政处罚。但税务所可以实施罚款额在 2000 元以下的税务行政处罚。

四、税务行政处罚的程序

税务行政处罚的程序分为简易程序和一般程序。

（一）简易程序

税务行政处罚的简易程序，是指税务机关及其工作人员对于公民、法人或者其他经济组织违反税收征收管理秩序的行为，当场作出税务行政处罚决定的行政处罚程序。

适用简易程序的案件，应符合下列条件：①案情简单，事实清楚，违法乱纪的后果比较轻微且有法定依据给予处罚的违法行为；②给予的处罚较轻，仅适用于对公民处以 50 元以下和对法人或者其他经济组织处以 1000 元以下罚款的违法案件。

税务机关工作人员应用简易程序实施税务行政处罚时，应遵循以下步骤：①向当事人出示税务行政执法身份证件；②告知当事人受到税务行政处罚的违法事实、依据和陈述申辩权；③听取当事人陈述申辩意见；④填写具有预定格式、编有号码的税务行政处罚决定书，并当场交付当事人；⑤税务行政执法人员当场制作的税务行政处罚决定书，应当报所属税务机关备案。

（二）一般程序

税务行政处罚的一般程序是指税务行政处罚案件普遍适用的正常程序。除适用简易程序的税务违法案件外，对于其他情节比较复杂、处罚比较重的违法案件，税务机关应当适用一般程序。

一般程序的具体步骤包括：①立案。②调查取证。税务机关的调查机构对税务案件进行调查取证后，对依法应当给予行政处罚的，应及时提出处罚建议，制作《税务行政处罚事项告知书》，并送达当事人，告知当事人作出处罚建议的事实、理由和依据，以及当事人依法享有的陈述、申辩或者要求听证的权利。当事人要求听证的，应依法组织税务行政处罚听证会。③审查。调查终结，调查机构应当制作调查报告，并及时将调查报告连同所有案卷材料移交审查机构审查。审查机构应当自收到案卷之日起 10 日内审查终结，制作审查报告，并连同案卷材料报送税务机关负责人审批。④决定。审查机构应当在收到本级税务机关负责人审批意见之日起 3 日内，根据不同情况制作处理决定书报经本级税务机关负责人签发。

一般程序中应当重视的是税务行政处罚听证。税务行政处罚听证的范围是对公民作出 2000 元以上（含本数）的罚款，或者对法人或其他组织作出 1 万元以上（含本数）罚款的行政处罚。税务行政处罚听证的具体步骤如下：①凡属听证范围的案件，在作出处罚决定之前，应当向当事人送达《税务行政处罚事项告知书》，告知当事人已经查明的违法事实、证据、行政处罚的法律依据和拟将给予的行政处罚，并告知其有要求举行听证的权利。②要求听证的当事人应当在《税务行政处罚事项告知书》送达后 3 日内向税务机关提出听证；逾期不提出的视为放弃听证权利。③税务机关应当在收到当事人听证要求后 15 日内举行听证，并在举行听证的 7 日前将《税务行政处罚听证通知书》送达当事人，通知当事人举行听证的时间、地点和听证主持人的姓名及有关事项。④除涉及国家秘密、商业秘密或者个人隐私的以外，对于公开听证的案件，应当先期公告案情和听证的时间、地点并允许群众旁听。⑤听证开始时，听证主持人应当首先声明并出示税务机关负责人授权主持听证的决定，然后查明当事人或者其代理人、调查人员及其他有关人员是否到场，宣布案由；宣布听证会的组成人员名单；告知当事人有关的权利义务；记录员宣读听证会场纪律。⑥听证过程中，由本案调查人员就当事人的违法行为予以指控，并出示事实证据材料，提出行政处罚建议。当事人或者其代理人可以就所指控的事实及相关问题进行申辩和质证，然后控辩双方辩论；辩论结束，当事人最后陈述。听证的全部活动，应当由记录员写成笔录并交当事人阅核、签章。⑦完成听证任务或有听证终止情形发生时，主持人宣布终止听证。⑧听证结束后，听证主持人应当将听证情况和处理意见报告税务机关负责人。

[案例 13] 2012 年 8 月 15 日某基层税务所对甲公司进行税务检查时发现甲

公司欠缴税款，于是拟责令甲公司于 8 月 30 日前按规定补缴税款、加收滞纳金，并处 6000 元的罚款。8 月 19 日送达《税务处罚事项告知书》，8 月 20 日税务所按上述处理意见作出了《税务处理决定书》和《税务行政处罚决定书》，下发《限期缴纳税款通知书》，并于当天将所有文书送达甲公司。

问：税务所的行政处罚行为存在哪些问题？

分析：税务所的行政处罚行为存在以下问题：①行政罚款主体不合格。《税收征收管理法》规定的行政处罚，罚款额在 2000 元以下的，可以由税务所决定。税务所对甲公司罚款 6000 元超越了执法权限，是越权行为。②作出《税务行政处罚决定书》的时间不符合法律规定。有权要求听证的当事人，应当在《税务行政处罚事项告知书》送达后 3 日内向税务机关书面提出听证；逾期不提出的，视为放弃听证权利。税务所于 8 月 19 日送达《税务行政处罚事项告知书》，而 8 月 20 日就作出了《税务处理决定书》，听证告知的时间只有 1 天，不符合法定程序。

五、税务行政处罚的执行

税务行政处罚的执行是指履行税务机关依法作出行政处罚决定的活动。

税务机关依法作出行政处罚决定后，当事人应当在行政处罚决定规定的期限内，予以履行。当事人对税务机关的处罚决定逾期不申请行政复议也不向人民法院起诉，又不履行的，作出处罚决定的税务机关可以依法采取强制执行措施，或者申请人民法院强制执行。

思考题

1. 简述《税收征收管理法》的适用范围。
2. 税务管理的基本内容有哪些？
3. 保证税款征收的措施有哪些？
4. 试比较税收保全和税收强制执行的区别。
6. 《税收征收管理法》赋予税务机关哪些税务检查权？
7. 逃避缴纳税款行为人应承担哪些法律责任？

第十章

税务救济法

【学习目的与要求】

　　税务救济法是调整税务救济关系的法律规范的总称。税务救济是纳税人、扣缴义务人和其他税收当事人依法维护自己合法权益的有效途径和机制，主要包括税务行政复议、税务行政诉讼和税务行政赔偿三种形式。

【重点问题】

- ●税务行政复议的受理范围
- ●税务行政诉讼的受案范围
- ●税务行政复议与税务行政诉讼的关系
- ●税务行政赔偿的范围

第一节　税务救济法概述

一、税务救济法的概念和特征

（一）概念

　　税务救济法，是指国家机关为排除税务具体行政行为对税收相对人的合法权益的侵害，通过解决税收争议，制止和矫正违法或者不当的税收行政侵权行为，从而使税收相对人的合法权益获得补救的法律制度的总称。

（二）特征

　　1. 税务救济法以税收争议为前提，并以税收争议为调整对象。没有税收争议就没有税务救济法。所谓税收争议，是指纳税人、扣缴义务人和纳税担保人等税收相对人，对税务机关在税收征收管理过程中作出的税务具体行政行为，持有不同意见而引起的争论。从税收救济的起因看，税收救济是税收相对人认为税务机关及其工作人员的税务具体行政行为侵犯了其合法权益，甚至造成了其合法权益的损害，要求排除侵权行政行为，赔偿受损合法权益而产生的。税收争议是税务机关在行使税务行政管理职权的过程中与税收相对人发生的，其性质属于行政争议，争议的实质是国家行政权力是否得到了正确的行使。税务救济法是调整税务机关与税收相对人在税收救济活动中所发生的各种社会关系的法律，其主要任务是规范争议主体的行为，并使已经产生的税收争议得以有效解决。

2. 税务救济法的主要内容是审查税务具体行政行为的合法性与适当性。税务救济法以税收争议为调整对象，而税收争议的对象与范围是税务具体行政行为的合法性与适当性，这就决定了税务救济法所要解决的主要问题就是税务具体行政行为是否合法与适当。一般地说，税务具体行政行为合法性的问题主要通过人民法院的司法救济加以审查；而适当性问题则主要通过行政机关系统内部的行政救济来解决。

3. 税务救济法的目的是保护税收相对人的合法权益。在税收实体法律关系中，税务机关是管理者，享有较多的权力，处于主动地位；而税收相对人是被管理者，承担较多的义务，处于被动的地位。税务救济法作为一种法律补救机制，其实质是对违法或不当的税务具体行政行为所造成的消极后果进行补救，使受侵害的相对人的合法权益恢复原状，对相对人合法权益所造成的损害或损失予以赔偿，以切实保护税收相对人的合法权益。

二、税务救济法的体系

税务救济法本身并不是一部独立的法律，也不是独立的部门法，它是为解决税收争议而形成的一系列法律制度的总称。一般认为，税务救济法主要包括税务行政复议法、税务行政诉讼法和税务行政赔偿法，分别规范税务行政复议、税务行政诉讼和税务行政赔偿。

（一）税务行政复议、税务行政诉讼和税务行政赔偿的共性

税务行政复议、税务行政诉讼和税务行政赔偿的共性主要有：①目的和作用的共性。三者都是为了及时处理税收争议，保护税收相对人的合法权益，监督税务机关依法行使职权。②处理对象的共性。三者都以税收争议为处理对象，都对税务具体行政行为进行审查。③三者都属于救济行为。它们都是对税务机关的税务具体行政行为进行事后监督的方式。④适用的实体法相同。三者最终都要以税收实体法为依据来解决当事人之间的税收争议。

（二）税务行政复议与税务行政诉讼的区别

税务行政复议与税务行政诉讼的区别主要有：①性质不同。税务行政复议是税务机关的一种行政行为；而税务行政诉讼则是一种司法行为。②审查范围不同。税务行政复议中，复议机关不仅可以对所诉的税务具体行政行为的合法性进行审查，还可以对其适当性进行审查；而税务行政诉讼原则上只对税务具体行政行为的合法性进行审查，对其适当性一般不作审查。③审理权限不同。税务行政复议机关是基于对其所属的原处理税务机关拥有的层级监督权而进行复议的，因此它有权审查原税务具体行政行为的合法性和适当性，并可直接变更原税务具体行政行为；而税务行政诉讼中，人民法院是基于司法权进行裁判的，因此它不能以司法自由裁量权代替行政自由裁量权，原则上只能撤销原处理税务机关作出的税务具体行政行为或者要求重新作出新的税务具体行政行为，但一般不能直接予以变更。④适用的程序不同。税务行政复议适用的是行政程序，具有简便、及时、高效的特点；而税务行政诉讼案件适用的是司法程序，具有严密、规范、细密的特点。⑤法律效力不同。税务行政复议机关作出的复议决定一般只具有行政效力，申请人不服复议机关的复议决定，可以向人民法院起诉，请求司法救济；而税务行政诉讼的终审判决具有最终的效力，当事人必须执行。

（三）税务行政诉讼与税务行政赔偿的区别

税务行政诉讼与税务行政赔偿的主要区别有：①二者的性质不同。税务行政诉讼是一种纠正违法之诉，它解决的是税务机关的税务具体行政行为效力是否存在的问题；而税务行政赔偿是一种损害赔偿之诉，它解决的是侵权损害事实是否存在、损害的大小、损害是否需要赔偿以及赔偿范围等问题。②二者的适用范围不同。税务行政诉讼的适用范围为可能具有违法性的税务具体行政行为；而税务行政赔偿则不仅要求税务具体行政行为可能具有违法性，还要求该行为造成了实际损失。③二者的救济方式不同。税务行政诉讼主要是通过撤销税务机关违法的税务具体行政行为来达到对税收相对人的救济目的；而税务行政赔偿则主要通过支付赔偿金等方式，使受害的税收相对人的合法权益得到恢复和补救。

第二节　税务行政复议

一、税务行政复议的概念和立法

税务行政复议，是指税收相对人对税务机关及其工作人员作出的税务具体行政行为不服，认为税务机关的税务具体行政行为侵犯其合法权益，因而依法提出申请，请求法定税务行政复议机关审查纠正，法定税务行政复议机关根据申请人的申请，对引起税收争议的税务具体行政行为进行审查，并依法作出复议决定的一系列活动的总称。

目前，我国处理税务行政复议的基本法律规范，除《税收征收管理法》及其《实施细则》外，还包括1999年4月29日全国人民代表大会制定的《中华人民共和国行政复议法》（以下简称《行政复议法》），以及2009年12月15日国家税务总局制定的2010年4月1日起施行的《税务行政复议规则》等。

二、税务行政复议的受理范围

（一）可予复议的税务具体行政行为

行政复议机关受理申请人对税务机关下列具体行政行为不服提出的行政复议申请：

1. 征税行为：包括确认纳税主体、征税对象、征税范围、减税、免税、退税、抵扣税款、适用税率、计税依据、纳税环节、纳税期限、纳税地点和税款征收方式等具体行政行为，征收税款、加收滞纳金，扣缴义务人、受税务机关委托的单位和个人作出的代扣代缴、代收代缴、代征行为等。

2. 行政许可、行政审批行为。

3. 发票管理行为：包括发售、收缴、代开发票等。

4. 税收保全措施、强制执行措施。

5. 行政处罚行为：包括罚款、没收非法所得、停止出口退税权。

6. 不依法履行下列职责的行为：包括颁发税务登记，开具、出具完税凭证，外出经营活动税收管理证明，行政赔偿，行政奖励和其他不依法履行职责的行为。

7. 资格认定行为。

8. 不依法确认纳税担保行为。

9. 政府信息公开工作中的具体行政行为。

10. 纳税信用等级评定行为。

11. 通知出入境管理机关阻止出境行为。

12. 其他具体行政行为。

（二）可予复议的税务抽象行政行为

根据《税务行政复议规则》第15条的规定，申请人认为税务机关的具体行政行为所依据的下列规定不合法，对具体行政行为申请行政复议时，可以一并向行政复议机关提出对有关规定的审查申请；申请人对具体行政行为提出行政复议申请时不知道该具体行政行为所依据的规定的，可以在行政复议机关作出行政复议决定以前提出对该规定的审查申请：①国家税务总局和国务院其他部门的规定；②其他各级税务机关的规定；③地方各级人民政府的规定；④地方人民政府工作部门的规定。但是，上述规定不包括规章。

三、税务行政复议的管辖

税务行政复议管辖，是指税务行政复议机关在受理税务行政复议案件上的权限和分工。

（一）一般管辖

目前，我国税务行政复议原则上是由作出具体税务行政行为的上一级税务机关进行复议。但是，由于我国的税务机关实行分设制，因此在税务行政复议的管辖方面也是各自分开的，主要包括以下几种情况：

1. 对各级国家税务局的具体行政行为不服的，向其上一级国家税务局申请行政复议。

2. 对各级地方税务局的具体行政行为不服的，可以选择向其上一级地方税务局或者该税务局的本级人民政府申请行政复议。省、自治区、直辖市人民代表大会及其常务委员会、人民政府对地方税务局的行政复议管辖另有规定的，从其规定。

3. 对国家税务总局作出的税务具体行政行为不服的，向国家税务总局申请行政复议。对行政复议决定不服的，申请人可以向人民法院提起行政诉讼；也可以向国务院申请裁决，国务院的裁决为终局裁决。

（二）特殊管辖

对一般管辖以外的其他税务机关、组织作出的具体行政行为不服的，实行特殊管辖。按照下列规定申请行政复议：

1. 对计划单列市税务局的具体行政行为不服的，向省税务局申请行政复议。

2. 对税务所（分局）、各级税务局的稽查局的具体行政行为不服的，向其所属税务局申请行政复议。

3. 对两个以上税务机关共同作出的具体行政行为不服的，向其共同上一级税务机关申请行政复议；对税务机关与其他行政机关共同作出的具体行政行为不服的，向其共同上一级行政机关申请行政复议。

4. 对被撤销的税务机关在撤销以前所作出的具体行政行为不服的，向继续行使其职权的税务机关的上一级税务机关申请行政复议。

5. 对税务机关作出逾期不缴纳罚款加处罚款的决定不服的，向作出行政处罚决定的税务机关申请行政复议。但是对已处罚款和加处罚款都不服的，一并向作出行政处罚决定的税务机关的上一级税务机关申请行政复议。

有上述第2、3、4、5项所列情形之一的，申请人也可以向具体行政行为发生地的县级地方人民政府提交行政复议申请，由接受申请的县级地方人民政府依法转送。

四、税务行政复议的申请人和被申请人

（一）税务行政复议申请人

1. 合伙企业申请行政复议的，应当以工商行政管理机关核准登记的企业为申请人，由执行合伙事务的合伙人代表该企业参加行政复议；其他合伙组织申请行政复议的，由合伙人共同申请行政复议。

2. 上述规定以外的不具备法人资格的其他组织申请行政复议的，由该组织的主要负责人代表该组织参加行政复议；没有主要负责人的，由共同推选的其他成员代表该组织参加行政复议。

3. 股份制企业的股东大会、股东代表大会、董事会认为税务具体行政行为侵犯企业合法权益的，可以以企业的名义申请行政复议。

4. 有权申请行政复议的公民死亡的，其近亲属可以申请行政复议；有权申请行政复议的公民为无行为能力人或者限制行为能力人的，其法定代理人可以代理申请行政复议。

5. 有权申请行政复议的法人或者其他组织发生合并、分立或终止的，承受其权利义务的法人或者其他组织可以申请行政复议。

6. 行政复议期间，行政复议机关认为申请人以外的公民、法人或者其他组织与被审查的具体行政行为有利害关系的，可以通知其作为第三人参加行政复议。行政复议期间，申请人以外的公民、法人或者其他组织与被审查的税务具体行政行为有利害关系的，可以向行政复议机关申请作为第三人参加行政复议；第三人不参加行政复议，不影响行政复议案件的审理。

7. 非具体行政行为的行政管理相对人，但其权利直接被该具体行政行为所剥夺、限制或者被赋予义务的公民、法人或其他组织，在行政管理相对人没有申请行政复议时，可以单独申请行政复议。

另外，同一行政复议案件申请人超过5人的，应当推选1~5名代表参加行政复议。申请人、第三人可以委托1~2名代理人参加行政复议；申请人、第三人委托代理人的，应当向行政复议机构提交授权委托书。授权委托书应当载明委托事项、权限和期限。公民在特殊情况下无法书面委托的，可以口头委托；口头委托的，行政复议机构应当核实并记录在卷。申请人、第三人解除或者变更委托的，应当书面告知行政复议机构。

（二）税务行政复议被申请人

1. 申请人对具体行政行为不服申请行政复议的，作出该具体行政行为的税务机关为被申请人。

2. 申请人对扣缴义务人的扣缴税款行为不服的，主管该扣缴义务人的税务机关为被申请人；对税务机关委托的单位和个人的代征行为不服的，委托税务机关为被申请人。

3. 税务机关与法律、法规授权的组织以共同的名义作出具体行政行为的，税务机关和法律、法规授权的组织为共同被申请人。

4. 税务机关与其他组织以共同名义作出具体行政行为的，税务机关为被申请人。

5. 税务机关依照法律、法规和规章规定，经上级税务机关批准作出具体行政行为的，批准机关为被申请人。

6. 申请人对经重大税务案件审理程序作出的决定不服的，审理委员会所在的税务机关为被申请人。

7. 税务机关设立的派出机构、内设机构或者其他组织，未经法律、法规授权，以自己名义对外作出具体行政行为的，税务机关为被申请人。

另外，被申请人不得委托本机关以外的人员参加行政复议。

五、税务行政复议的程序

税务行政复议的程序，是指进行税务行政复议、处理税收争议的阶段和步骤。税务行政复议的程序通常包括申请、受理、审理和决定四个环节，部分事项还可以适用和解和调解。

（一）申请

税务行政复议的申请，是指申请人认为税务机关及其工作人员的税务具体行政行为侵犯其合法权益时，依法请求税务行政复议机关对该税务具体行政行为进行审查和裁决，以保护自己的合法权益的一种意思表示。

1. 申请方式。申请方式有口头申请和书面申请两种。

申请人口头申请行政复议的，行政复议机构应当场制作行政复议申请笔录，交申请人核对或者向申请人宣读，并由申请人确认。行政复议申请笔录应当载明下列事项：①申请人的基本情况，包括公民的姓名、性别、出生年月、身份证件号码、工作单位、住所、邮政编码、联系电话；法人或者其他组织的名称、住所、邮政编码、联系电话和法定代表人或者主要负责人的姓名、职务。②被申请人的名称。③行政复议请求、申请行政复议的主要事实和理由。④申请人的签名或者盖章。⑤申请行政复议的日期。

申请人书面申请行政复议的，可以采取当面递交、邮寄或者传真等方式提出行政复议申请。有条件的行政复议机关可以接受以电子邮件形式提出的行政复议申请。对以传真、电子邮件形式提出行政复议申请的，行政复议机关应当审核确认申请人的身份、复议事项。申请人书面申请行政复议的，应当在行政复议申请书中载明下列事项：①申请人的基本情况，包括公民的姓名、性别、出生年月、身份证件号码、工作单位、住所、邮政编码、联系电话；法人或者其他组织的名称、住所、邮政编码、联系电话和法定代表人或者主要负责人的姓名、职务。②被申请人的名称。③行政复议请求、申请行政复议的主要事实和理由。④申请人的签名或者盖章。⑤申请行政复议的日期。

值得注意的是，申请人提出行政复议申请时错列被申请人的，行政复议机关应当告知申请人变更被申请人。申请人不变更被申请人的，行政复议机关不予受理，或者驳回行政复议申请。

另外，有下列情形之一的，申请人应当提供证明材料：①认为被申请人不履行法定职责的，提供要求被申请人履行法定职责而被申请人未履行的证明材料；②申请行政复议时一并提出行政赔偿请求的，提供受具体行政行为侵害而造成损害的证明材料；③法律、法规规定需要申请人提供证据材料的其他情形。

2. 申请期限。申请人可以在知道税务机关作出具体行政行为之日起60日内提出行政复议申请。行政复议申请期限的计算，依照下列规定办理：①当场作出具体行政行为的，自具体行政行为作出之日起计算。②载明具体行政行为的法律文书直接送达的，自受送达人签收之日起计算。③载明具体行政行为的法律文书邮寄送达的，自受送达人在邮件签收单上签收之日起计算；没有邮件签收单的，自受送达人在送达回执上签名之日起计算。④具体行政行为依法通过公告形式告知受送达人的，自公告规定的期限届满之日起计算。⑤税务机关作出具体行政行为时未告知申请人，事后补充告知的，自该申请人收到税务机关补充告知的通知之日起计算。⑥被申请人能够证明申请人知道具体行政行为的，自证据材料证明其知道具体行政行为之日起计算。

申请人依照《行政复议法》第6条第8~10项的规定申请税务机关履行法定职责，税务机关未履行的，行政复议申请期限依照下列规定计算：①有履行期限规定的，自履行期限届满之日起计算。②没有履行期限规定的，自税务机关收到申请满60日起计算。

在计算行政复议申请期限时，应注意以下事项：①税务机关作出具体行政行为，依法应当向申请人送达法律文书而未送达的，视为该申请人不知道该具体行政行为。②因不可抗力或者被申请人设置障碍等原因耽误法定申请期限的，申请期限的计算应当扣除被耽误时间。

税务机关作出的具体行政行为对申请人的权利、义务可能产生不利影响的，应当告知其申请行政复议的权利、行政复议机关和行政复议申请期限。

3. 税务行政复议与税务行政诉讼的衔接。

（1）先复议，再诉讼。针对征税行为，我国采取了复议前置主义。即对征税行为不服的，申请人应当先向行政复议机关申请行政复议；对行政复议决定不服的，可以向人民法院提起行政诉讼。征税行为包括确认纳税主体、征税对象、征税范围、减税、免税、退税、抵扣税款、适用税率、计税依据、纳税环节、纳税期限、纳税地点和税款征收方式等具体行政行为，征收税款、加收滞纳金，扣缴义务人、受税务机关委托的单位和个人作出的代扣代缴、代收代缴、代征行为等。

申请人按照上述规定申请行政复议的，必须依照税务机关根据法律、法规确定的税额、期限，先行缴纳或者解缴税款和滞纳金，或者提供相应的担保，才可以在缴清税款和滞纳金以后或者所提供的担保得到作出具体行政行为的税务机关确认之日起60日内提出行政复议申请。

对应当先向行政复议机关申请行政复议，对行政复议决定不服再向人民法院提起行政诉讼的具体行政行为，行政复议机关决定不予受理或者受理以后超过行政复议期限不作答复的，申请人可以自收到不予受理决定书之日起或者行政复议期满之日起15日内，依法向人民法院提起行政诉讼。

（2）或复议，或诉讼。针对征税行为以外的其他税务行政行为，我国采取了自由选择主义。即对征税行为以外的税务行政行为不服，申请人可以申请行政复议，也可以直接向人民法院提起行政诉讼。其中，申请人对税务机关作出逾期不缴纳罚款加处罚款的决定不服的，应当先缴纳罚款和加处罚款，再申请行政复议。

但是申请人不得同时申请行政复议和提起行政诉讼。申请人向行政复议机关申请行政复议，行政复议机关已经受理的，在法定行政复议期限内申请人不得向人民法院提起行政诉讼；申请人向人民法院提起行政诉讼，人民法院已经依法受理的，不得申请行政复议。

[案例1] 2011年7月16日某县地税局在对甲厂进行税务检查时发现该厂没有办理税务登记，没有申报纳税（应纳税款共计6000元）。根据检查情况，县地税局责令甲厂限期办理税务登记，并处500元罚款；限甲厂按期补缴税款6000元、加收滞纳金200元，并对未缴税款在《税收征收管理法》规定的处罚范围内，处6000元的罚款。甲厂对此不服。

问：甲厂可以通过哪些途径进行法律救济？

分析：①补缴税款和加收滞纳金属于征税行为，甲厂对此不服，必须先依照税务机关的纳税决定缴纳或者解缴税款及滞纳金，或者提供相应的纳税担保，然后才可以在缴清税款和滞纳金以后或者所提供的担保得到作出具体行政行为的税务机关确认之日起 60 日内，依法申请行政复议。对行政复议决定不服的，可依法提起税务行政诉讼。②罚款不属于征税行为，甲厂可以依法选择申请税务行政复议或者直接向人民法院提起税务行政诉讼。

（二）受理

1. 受理前的审查。复议机关收到复议申请后，应当在 5 日内进行审查。

行政复议申请符合下列规定的，行政复议机关应当受理：①属于本规则规定的行政复议范围。②在法定申请期限内提出。③有明确的申请人和符合规定的被申请人。④申请人与具体行政行为有利害关系。⑤有具体的行政复议请求和理由。⑥符合本规则第 33 条和第 34 条规定的条件。⑦属于收到行政复议申请的行政复议机关的职责范围。⑧其他行政复议机关尚未受理同一行政复议申请，人民法院尚未受理同一主体就同一事实提起的行政诉讼。对符合规定的行政复议申请，自行政复议机构收到之日起即为受理；受理行政复议申请，应当书面告知申请人。对不符合规定的行政复议申请，决定不予受理，并书面告知申请人。对不属于本机关受理的行政复议申请，应当告知申请人向有关行政复议机关提出。行政复议机关收到行政复议申请以后未按照上述规定期限审查并作出不予受理决定的，视为受理。

2. 申请材料的补正。行政复议申请材料不齐全、表述不清楚的，行政复议机构可以自收到该行政复议申请之日起 5 日内书面通知申请人补正。补正通知应当载明需要补正的事项和合理的补正期限。无正当理由逾期不补正的，视为申请人放弃行政复议申请。补正申请材料所用时间不计入行政复议审理期限。

3. 上级税务机关对税务行政复议机关不予受理的管理。上级税务机关认为行政复议机关不予受理行政复议申请的理由不成立的，可以督促其受理；经督促仍然不受理的，责令其限期受理。上级税务机关认为行政复议申请不符合法定受理条件的，应当告知申请人。

上级税务机关认为有必要的，可以直接受理或者提审由下级税务机关管辖的行政复议案件。

4. 行政复议的停止执行。行政复议期间具体行政行为不停止执行；但是有下列情形之一的，可以停止执行：①被申请人认为需要停止执行的；②行政复议机关认为需要停止执行的；③申请人申请停止执行，行政复议机关认为其要求合理，决定停止执行的；④法律规定停止执行的。

（三）税务行政复议证据

1. 税务行政复议证据的种类。行政复议证据包括以下几类：书证、物证、视听资料、证人证言、当事人陈述、鉴定结论、勘验笔录、现场笔录。

2. 举证责任。被申请人对其作出的具体行政行为负有举证责任。但是，在行政复议过程中，被申请人不得自行向申请人和其他有关组织或者个人收集证据。

3. 证据的审查。行政复议机关应当依法全面审查相关证据。行政复议机关审查行政复议案件，应当以证据证明的案件事实为依据。定案证据应当具有合法性、真实性和关联性。

行政复议机关应当根据案件的具体情况，从以下几个方面审查证据的合法性：①证据是否符合法定形式。②证据的取得是否符合法律、法规、规章和司法解释的规定。③是否有影响证据效力的其他违法情形。

行政复议机关应当根据案件的具体情况，从以下几个方面审查证据的真实性：①证据形成的原因。②发现证据时的环境。③证据是否为原件、原物，复制件、复制品与原件、原物是否相符。④提供证据的人或者证人与行政复议参加人是否具有利害关系。⑤影响证据真实性的其他因素。

行政复议机关应当根据案件的具体情况，从以下几个方面审查证据的关联性：①证据与待证事实是否具有证明关系。②证据与待证事实的关联程度。③影响证据关联性的其他因素。

下列证据材料不得作为定案依据：①违反法定程序收集的证据材料。②以偷拍、偷录和窃听等手段获取的侵害他人合法权益的证据材料。③以利诱、欺诈、胁迫和暴力等不正当手段获取的证据材料。④无正当事由超出举证期限提供的证据材料。⑤无正当理由拒不提供原件、原物，又无其他证据印证，且对方不予认可的证据的复制件、复制品。⑥无法辨明真伪的证据材料。⑦不能正确表达意志的证人提供的证言。⑧不具备合法性、真实性的其他证据材料。

4. 行政复议机构调查取证。行政复议机构认为必要时，可以调查取证。行政复议工作人员向有关组织和人员调查取证时，可以查阅、复制和调取有关文件和资料，向有关人员询问。调查取证时，行政复议工作人员不得少于 2 人，并应当向当事人和有关人员出示证件。被调查的单位和人员应当配合行政复议工作人员的工作，不得拒绝、阻挠。需要现场勘验的，现场勘验所用时间不计入行政复议审理期限。

行政复议机构依法通过向有关组织和人员调查取证、查阅文件和资料所取得的有关材料，不得作为支持被申请人具体行政行为的证据。

申请人和第三人可以查阅被申请人提出的书面答复、作出具体行政行为的证据、依据和其他有关材料，除涉及国家秘密、商业秘密或者个人隐私外，行政复议机关不得拒绝。

（四）税务行政复议的审查

1. 书面答复。行政复议机构应当自受理行政复议申请之日起 7 日内，将行政复议申请书副本或者行政复议申请笔录复印件发送被申请人。被申请人应当自收到申请书副本或者申请笔录复印件之日起 10 日内提出书面答复，并提交当初作出具体行政行为的证据、依据和其他有关材料。

对国家税务总局的具体行政行为不服申请行政复议的案件，由原承办具体行政行为的相关机构向行政复议机构提出书面答复，并提交当初作出具体行政行为的证据、依据和其他有关材料。

被申请人不按照上述规定提出书面答复，提交当初作出具体行政行为的证据、依据和其他有关材料的，视为该具体行政行为没有证据、依据，税务行政复议机关可以决定撤销该具体行政行为。

2. 审查方式。税务行政复议原则上采用书面审查的办法，但是申请人提出要求或者行政复议机构认为有必要时，应当听取申请人、被申请人和第三人的意见，并可以向有关组织和人员调查了解情况。行政复议机构审理行政复议案件，应当由 2 名以上行政复议工作人员参加。

对重大、复杂的案件，申请人提出要求或者行政复议机构认为必要时，可以采取听证的方式审理。行政复议机构决定举行听证的，应当将举行听证的时间、地点和具体要求等事项通知申请人、被申请人和第三人。第三人不参加听证的，不影响听证的举行。听证应当公开举行，但是涉及国家秘密、商业秘密或者个人隐私的除外。行政复议听证人员不得少于 2 人，听证主持人由行政复议机构指定。听证应当制作笔录。申请人、被申请人和第三人应当确认听证笔录内容。行政复议听证笔录应当附卷，作为行政复议机构审理案件的依据之一。

3. 审查期限。行政复议机关应当自受理申请之日起 60 日内作出行政复议决定。情况复杂，不能在规定期限内作出行政复议决定的，经行政复议机关负责人批准，可以适当延期，并告知申请人和被申请人；但是延期不得超过 30 日。依照上述规定延长行政复议期限的，以延长以后的时间为行政复议期满时间。

4. 行政复议申请的撤销。申请人在行政复议决定作出以前撤回行政复议申请的，经行政复议机构同意，可以撤回。申请人撤回行政复议申请的，不得再以同一事实和理由提出行政复议申请。但是，申请人能够证明撤回行政复议申请违背其真实意思表示的除外。

行政复议期间被申请人改变原具体行政行为的，不影响行政复议案件的审理。但是，申请人依法撤回行政复议申请的除外。

5. 审查对象。行政复议机关应当全面审查被申请人的具体行政行为所依据的事实证据、法律程序、法律依据和设定的权利义务内容的合法性、适当性。

申请人在申请行政复议时，依据《税务行政复议规则》第 15 条规定一并提出对有关规定的审查申请的，行政复议机关对该规定有权处理的，应当在 30 日内依法处理；无权处理的，应当在 7 日内按照法定程序逐级转送有权处理的行政机关依法处理，有权处理的行政机关应当在 60 日内依法处理。处理期间，中止对具体行政行为的审查。

行政复议机关审查被申请人的具体行政行为时，认为其依据不合法，本机关有权处理的，应当在 30 日内依法处理；无权处理的，应当在 7 日内按照法定程序逐级转送有权处理的国家机关依法处理。处理期间，中止对具体行政行为的审查。

（五）税务行政复议的决定

1. 决定类型。行政复议机构应当对被申请人的具体行政行为提出审查意见，经行政复议机关负责人批准，按照下列规定作出行政复议决定：

（1）具体行政行为认定事实清楚，证据确凿，适用依据正确，程序合法，内容适当的，决定维持。

（2）被申请人不履行法定职责的，决定责令其在一定期限内履行。

（3）具体行政行为有下列情形之一的，决定撤销、变更或者确认该具体行政行为违法；决定撤销或者确认该具体行政行为违法的，可以责令被申请人在一定期限内重新作出具体行政行为：①主要事实不清、证据不足的；②适用依据错误的；③违反法定程序的；④超越职权或者滥用职权的；⑤具体行政行为明显不当的。有下列情形之一的，行政复议机关可以决定变更：①认定事实清楚，证据确凿，程序合法，但是明显不当或者适用依据错误的；②认定事实不清，证据不足，但是经行政复议机关审理查明事实清楚，证据确凿的。

（4）被申请人不按照本规则的规定提出书面答复，提交当初作出具体行政行为的证据、依据和其他有关材料的，视为该具体行政行为没有证据、依据，决定撤销该具体行政行为。

2. 被申请人重新作出具体行政行为的要求。行政复议机关责令被申请人重新作出具体行政行为的，被申请人不得以同一事实和理由作出与原具体行政行为相同或者基本相同的具体行政行为；但是行政复议机关以原具体行政行为违反法定程序决定撤销的，被申请人重新作出具体行政行为的除外。

行政复议机关责令被申请人重新作出具体行政行为的，被申请人不得作出对申请人更为不利的决定；但是行政复议机关以原具体行政行为主要事实不清、证据不足或适用依据错误决定撤销的，被申请人重新作出具体行政行为的除外。该规定遵循了不利益变更禁止原则，这与刑法中"上诉不加刑原则"类似，旨在保障申请救济的权利。如果在变更原征税决定时，允许为更不利益的裁决，税收相对人将可能面临更不利的境地，部分税收相对人就可能不再考虑申请救济，这无疑是对税收救济权利的变相剥夺。不利益变更禁止原则的确立给了税收相对人合理的预期，保障了其申请救济的权利。

行政复议机关责令被申请人重新作出具体行政行为的，被申请人应当在60日内重新作出具体行政行为；情况复杂，不能在规定期限内重新作出具体行政行为的，经行政复议机关批准，可以适当延期，但是延期不得超过30日。

公民、法人或者其他组织对被申请人重新作出的具体行政行为不服，可以依法申请行政复议，或者提起行政诉讼。

3. 驳回行政复议申请。有下列情形之一的，行政复议机关应当决定驳回行政复议申请：①申请人认为税务机关不履行法定职责申请行政复议，行政复议机关受理以后发现该税务机关没有相应法定职责或者在受理以前已经履行法定职责的；②受理行政复议申请后，发现该行政复议申请不符合行政复议法及其实施条例和本规则规定的受理条件的。

上级税务机关认为行政复议机关驳回行政复议申请的理由不成立的，应当责令限期恢复受理。行政复议机关审理行政复议申请期限的计算应当扣除因驳回耽误的时间。

4. 行政复议中止。行政复议期间，有下列情形之一的，行政复议中止：①作为申请人的公民死亡，其近亲属尚未确定是否参加行政复议的；②作为申请人的公民丧失参加行政复议的能力，尚未确定法定代理人参加行政复议的；③作为申请人的法人或者其他组织终止，尚未确定权利义务承受人的；④作为申请人的公民下落不明或者被宣告失踪的；⑤申请人、被申请人因不可抗力，不能参加行政复议的；⑥行政复议机关因不可抗力原因暂时不能履行工作职责的；⑦案件涉及法律适用问题，需要有权机关作出解释或者确认的；⑧案件审理需要以其他案件的审理结果为依据，而其他案件尚未审结的；⑨其他需要中止行政复议的情形。

依照上述第①项、第②项、第③项规定中止行政复议，满60日行政复议中止的原因未消除的，行政复议终止。

行政复议中止的原因消除以后，应当及时恢复行政复议案件的审理。

行政复议机构中止、恢复行政复议案件的审理，应当告知申请人、被申请人、第三人。

5. 行政复议终止。行政复议期间，有下列情形之一的，行政复议终止：①申请人要求撤回行政复议申请，行政复议机构准予撤回的；②作为申请人的公民死亡，没有近亲属，或者其近亲属放弃行政复议权利的；③作为申请人的法人或者其他组织终止，其权利义务的承受人放弃行政复议权利的；④申请人与被申请人依照《税务行政复议规则》第 87 条的规定，经行政复议机构准许达成和解的；⑤行政复议申请受理以后，发现其他行政复议机关已经先于本机关受理，或者人民法院已经受理的。

有下列情形之一中止行政复议，满 60 日行政复议中止的原因未消除的，行政复议终止：①作为申请人的公民死亡，其近亲属尚未确定是否参加行政复议的；②作为申请人的公民丧失参加行政复议的能力，尚未确定法定代理人参加行政复议的；③作为申请人的法人或者其他组织终止，尚未确定权利义务承受人的。

6. 税务行政复议与税务行政赔偿的衔接。申请人在申请行政复议时可以一并提出行政赔偿请求，行政复议机关对符合国家赔偿法的规定应当赔偿的，在决定撤销、变更具体行政行为或者确认具体行政行为违法时，应当同时决定被申请人依法赔偿。

申请人在申请行政复议时没有提出行政赔偿请求的，行政复议机关在依法决定撤销、变更原具体行政行为确定的税款、滞纳金、罚款和对财产的扣押、查封等强制措施时，应当同时责令被申请人退还税款、滞纳金和罚款，解除对财产的扣押、查封等强制措施，或者赔偿相应的价款。

（六）税务行政复议的和解与调解

1. 可以和解与调解的事项。对下列行政复议事项，按照自愿、合法的原则，申请人和被申请人在行政复议机关作出行政复议决定以前可以达成和解，行政复议机关也可以调解：①行使自由裁量权作出的具体行政行为，如行政处罚、核定税额、确定应税所得率等。②行政赔偿。③行政奖励。④存在其他合理性问题的具体行政行为。

2. 和解。申请人和被申请人达成和解的，应当向行政复议机构提交书面和解协议。和解内容不损害社会公共利益和他人合法权益的，行政复议机构应当准许。

经行政复议机构准许和解，终止行政复议的，申请人不得以同一事实和理由再次申请行政复议。

3. 调解。调解应当符合下列要求：①尊重申请人和被申请人的意愿。②在查明案件事实的基础上进行。③遵循客观、公正和合理原则。④不得损害社会公共利益和他人合法权益。

行政复议机关按照下列程序调解：①征得申请人和被申请人同意。②听取申请人和被申请人的意见。③提出调解方案。④达成调解协议。⑤制作行政复议调解书。

行政复议调解书应当载明行政复议的请求、事实、理由和调解结果，并加盖行政复议机关印章。行政复议调解书经双方当事人签字，即具有法律效力。申请人不履行行政复议调解书的，由被申请人依法强制执行，或者申请人民法院强制执行。

调解未达成协议，或者行政复议调解书不生效的，行政复议机关应当及时作出行政复议决定。

六、行政复议决定的法律效力和执行

行政复议机关作出行政复议决定，应当制作行政复议决定书，并加盖行政复议机关印章。行政复议决定书一经送达，即发生法律效力。

被申请人应当履行行政复议决定。被申请人不履行、无正当理由拖延履行行政复议决定的，行政复议机关或者有关上级税务机关应当责令其限期履行。

申请人、第三人逾期不起诉又不履行行政复议决定的，或者不履行最终裁决的行政复议决定的，按照下列规定分别处理：①维持具体行政行为的行政复议决定，由作出具体行政行为的税务机关依法强制执行，或者申请人民法院强制执行。②变更具体行政行为的行政复议决定，由行政复议机关依法强制执行，或者申请人民法院强制执行。

第三节　税务行政诉讼

一、税务行政诉讼的概念和特征

（一）税务行政诉讼的概念

税务行政诉讼，是指税收相对人认为税务机关及其工作人员的税务具体行政行为违法或不当，侵犯其合法权益，依法向人民法院提起行政诉讼，请求人民法院进行裁决，解决税收争议的一种司法活动。

（二）税务行政诉讼的特征

税务行政诉讼属于行政诉讼，但它除了具有一般行政诉讼的特征外，还具有以下独有的特征：①税务行政诉讼的原告人只能是税收相对人，即纳税人、扣缴义务人及其他税收相对人。②被告只能是税务机关，或经法律、法规授权的行使税务行政管理权的组织。③税务行政诉讼的对象和范围只能是税务机关作出的税务具体行政行为。对于税务行政机关作出的抽象行政行为、内部行政行为和国家行为不得提起税务行政诉讼。④因征税行为发生的争议，当事人在向人民法院提起行政诉讼前，必须先经过税务行政复议程序。

二、税务行政诉讼的原则

除行政诉讼的共有原则（如人民法院独立行使审判权，实行合议、回避、公开、辩论、两审终审等）外，税务行政诉讼遵循以下几个特有的原则：

（一）执行不停止原则

除法律另有规定外，税务机关作出的各种征税决定在诉讼期间可以继续执行。原告不能以起诉为理由而停止执行税务机关所作出的具体行政行为。执行不停止原则是由国家税务行政管理的特殊性决定的。税收是国家财政收入的最主要来源，是整个国家政治、经济、文化等各方面事业健康运行的重要保障。如果具体税务行政行为因税收争议而停止执行，势必会造成税收法治的混乱，影响国家税务机关行政管理活动的效力。

（二）合法性审查原则

人民法院审理税务行政案件，对具体税务行政行为是否合法进行审查，而对其适当性则一般不予审查。与此相适应，人民法院原则上不直接判决变更。

（三）排除调解原则

由于税收争议的公益性和税收法定原则，除涉及赔偿的事项外，税务行政诉讼不适用调解的方法。税收行政管理权是国家权力的重要组成部分，税务机关无权依自己意愿进行处置，因此，人民法院也不能对税务行政诉讼法律关系的双方当事人进行调解。

三、税务行政诉讼的管辖

税务行政诉讼管辖是指人民法院受理第一审税务案件的职权分工。具体包括级别管辖、地域管辖和裁定管辖。

（一）级别管辖

级别管辖是上下级人民法院之间受理第一审税务案件的职权分工。具体如下：①基层人民法院管辖一般的税务行政诉讼案件。②中级人民法院管辖本辖区内重大、复杂的税务行政诉讼案件。③高级人民法院管辖本辖区内重大、复杂的第一审案件。④最高人民法院管辖全国范围内重大、复杂的税务行政诉讼案件。

（二）地域管辖

地域管辖是同级人民法院之间受理第一审行政案件的职权分工，包括一般地域管辖和特殊地域管辖两种。

一般地域管辖是指按照最初作出具体税务行政行为的机关所在地来确定管辖法院。凡是未经复议直接向人民法院提起诉讼，或者经过复议，复议裁决维持原具体行政行为，当事人不服向人民法院提起诉讼的，根据《行政诉讼法》第17条的规定，均由最初作出具体行政行为的税务机关所在地人民法院管辖。

特殊地域管辖是指根据特殊行政法律关系或特殊行政法律关系所指的对象来确定管辖法院。凡经复议，且复议机关改变原具体行政行为的，由原告选择最初作出具体行政行为的税务机关所在地的人民法院，或者复议机关所在地人民法院管辖。原告可以向任何一个有管辖权的人民法院起诉，最先收到起诉状的人民法院为第一审法院。

（三）裁定管辖

裁定管辖是指人民法院依法自行裁定的管辖，包括移送管辖、指定管辖和管辖权的转移三种。

移送管辖，是指人民法院将已经受理的案件，移送给有管辖权的人民法院审理。根据《行政诉讼法》第21条的规定，移送管辖必须具备以下三个条件：①移送人民法院已经受理了该案件。②移送法院发现自己对该案件没有管辖权。③接受移送的人民法院必须对该案件确有管辖权。

指定管辖，是指人民法院以裁定的方式，指定下一级人民法院管辖某一案件。具体包括以下两种情形：①有管辖权的人民法院由于特殊原因，不能行使对税务行政诉讼的管辖权，由其上级人民法院指定管辖；②人民法院对管辖权发生争议，由争议双方协商解决，协商不成，报其共同上级人民法院指定管辖。

管辖权的转移，是指经上级人民法院决定或同意，对第一审税务行政案件的管辖权，由下一级人民法院移送给上级人民法院，或者反之，由上级人民法院转给下级人民法院。具体包括以下两种情形：①上级人民法院将自己管辖的第一审行政案件移交下级人民法院审判；②下级人民法院对其管辖的第一审税务行政案件，认为需要由上级人民法院审判的，报请上级人民法院同意后，由上级人民法院管辖。

四、税务行政诉讼的受案范围

（一）可以受理的事项

我国税务行政诉讼的受案范围主要包括征税机关及其工作人员的以下具体行政行为：

1. 征税行为：包括确认纳税主体、征税对象、征税范围、减税、免税、退税、抵扣税款、适用税率、计税依据、纳税环节、纳税期限、纳税地点和税款征收方式等具体行政行为，以及征收税款、加收滞纳金，扣缴义务人、受税务机关委托的单位和个人作出的代扣代缴、代收代缴、代征行为等。

2. 保全行为：包括税收保全、责令提供担保等。

3. 强制行为：包括税收强制执行措施、通知阻止出境等。

4. 处罚行为：包括罚款、没收违法所得、停止出口退税权等。

5. 消极行为：包括拒发相关证件、发票、不予答复等。

6. 复议行为：包括税务行政复议机关改变了原具体行政行为；期限届满，税务行政复议机关不予答复。

7. 税务机关作出的其他税务具体行政行为。

（二）不予受理的事项

人民法院不受理税收相对人对税务机关就下列事项提起的诉讼：

1. 税务抽象行政行为。即国家行政机关针对不特定的人和事制定和颁布的具有普遍约束力的税务行政规范性文件。

2. 征税机关内部的行政行为。

五、税务行政诉讼被告的确定

在税务行政诉讼中，被告的确定很重要。尤其是在某些主体资格不够明确的情况下，如何确定被告，直接关系到相关主体的合法权益的保护。根据我国法律和有关司法解释，需要注意以下几种特殊情况：

（一）征税机关的内设机构、派出机构与被告的确定

1. 征税机关的内设机构或者派出机构在没有法律、法规或者规章授权的情况下，以自己的名义作出具体税收执法行为，当事人不服提起诉讼的，应以该征税机关为被告。

2. 法律、法规或者规章授权行使职权的征税机关内设机构、派出机构或者其他组织，超出法定授权范围实施执法行为，当事人不服提起诉讼的，应当以实施该行为的机构或者组织为被告。

3. 征税机关在没有法律、法规或者规章规定的情况下，授权其内设机构、派出机构或者其他组织行使行政职权的，应当视为委托；当事人不服提起诉讼的，应当以该征税机关为被告。

（二）税务行政复议与被告的确定

1. 没有经过税务行政复议而直接向人民法院起诉的，被告就是直接作出具体税务行政行为的税务机关。

2. 经过税务行政复议的案件，复议机关维持原税务具体行政行为的，作出原税务具体行政行为的税务机关是被告；复议机关改变原税务具体行政行为的，复议机关是被告。

3. 税收复议机关在法定期间内不作出复议决定，当事人对原具体行政行为不服提起诉讼的，应当以作出原具体行政行为的税务机关为被告；当事人对复

议机关不作为不服提起诉讼的，应当以复议机关为被告。

六、税务行政诉讼的举证责任

(一) 被告的举证责任

与一般诉讼不同，在税务行政诉讼中，被告负主要举证责任。被诉税务机关对其作出的税务具体行政行为承担举证责任，应当在提交答辩状时，提供作出税务具体行政行为的证据、依据。被告不提供或者无正当理由逾期提供的，应当认定该税务具体行政行为没有证据、依据。在诉讼过程中，被告不得自行向原告和证人收集证据。

但有下列情形之一的，被告经人民法院准许可以补充相关的证据：①税务行政诉讼的内容和程序被告在作出具体执法行为时已经收集证据，但因不可抗力等正当事由不能提供的；②原告或者第三人在诉讼过程中，提出了其在被告实施涉税行为过程中没有提出的反驳理由或者证据的。

(二) 原告的举证责任

原告对下列事项承担举证责任：①证明起诉符合法定条件，但被告认为原告起诉超过起诉期限的除外；②在起诉被告不作为的案件中，证明其提出申请的事实；③在一并提起的赔偿诉讼中，证明因受被诉行为侵害而造成损失的事实；④其他应当由原告承担举证责任的事项。

七、税务行政诉讼程序

税务行政诉讼程序，是指人民法院审理税收行政案件所应遵循的基本步骤和主要阶段，具体包括一审程序、二审程序和再审程序。

(一) 一审程序

1. 起诉。公民、法人或者其他组织认为税务机关及税务工作人员的税务具体行政行为侵犯其合法权益，有权依法向人民法院提起诉讼。提起税务行政诉讼，必须符合以下条件：

(1) 对于税务机关作出的征税行为，应先向法定复议机关提请复议，对复议决定不服的才能向人民法院提起诉讼；对于税务机关作出的其他具体税务行政行为可以向复议机关提请复议，也可以直接向人民法院起诉。

(2) 必须在法定的期限内提起诉讼。税收相对人不服复议决定的，可以在收到复议决定书之日起 15 日内向人民法院提起诉讼；复议机关逾期不作决定的，税收相对人可以在复议期满之日起 15 日内向人民法院提起诉讼。税收相对人直接向人民法院提起诉讼的，应当在知道作出税务具体行政行为之日起 3 个月内提出，法律另有规定的除外。

税务机关作出具体行政行为时，未告知当事人诉权和起诉期限，致使当事人逾期向人民法院起诉的，其起诉期限从当事人实际知道诉权或者起诉期限时计算，但最长不得超过 2 年。

公民、法人或者其他组织不知道行政机关作出的具体行政行为的内容的，其起诉期限从知道或者应当知道该具体行政行为的内容之日起计算。

2. 受理。原告向人民法院提起诉讼后，人民法院首先要对原告的起诉进行审查，作出立案或者不予受理的裁定。人民法院经审查认为起诉符合法定受理条件的，应当在 7 日内立案，并通知原告；认为起诉不符合法定条件的，应当在 7 日内作出裁定不予受理，并通知原告。原告对裁定不服的，可以在接到裁定之日起 10 日内向上一级法院提起上诉。受诉法院在 7 日内既不立案，又不作出裁定的，起诉人可以向上一级法院申诉或者起诉。上一级法院认为符合受理条件的，应予受理；受理后可以移交或者指定下级法院审理，也可以自行审理。

3. 审理。人民法院审理税收行政案件，主要对税务行政机关作出税务具体行政行为的合法性进行审查。具体从以下几个方面进行审查：①对税务机关法定职权的审查，主要是确定税务机关是否有行政失职、行政越权或滥用职权等行为。②对事实和证据的审查，主要审查证据的相关性、客观性和合法性以及其证明力。③对适用的法律、法规的审查，主要审查税务具体行政行为的作出是否正确、合法地适用了相关法律、法规。④对作出税务行政行为的程序的审理，主要审查税务具体行政行为的作出是否遵循了法定的程序。⑤对税务行政处罚决定的合理性进行审查，主要审查税务行政处罚决定是否显失公正。

人民法院审理税收行政案件，不停止税务具体行政行为的执行。但有下列情形之一的，停止税务具体行政行为的执行：①被告认为需要停止执行的；②原告申请停止执行，人民法院认为该税务具体行政行为的执行会造成难以弥补的损失，并且停止执行不损害社会公共利益，裁定停止执行的；③法律、法规规定停止执行的。

4. 判决。法院对一审案件进行审理后，根据不同情况，可以分别作出如下判决：

(1) 维持判决。原税务具体行政行为证据确凿，适用法律、法规正确，符合法定程序的，判决维持。

(2) 撤销判决。税务具体行政行为有下列情形之一的，判决撤销或者部分撤销，并可以判决被告重新作出税务具体行政行为：①主要证据不足的；②适用法律、法规错误的；③违反法定程序的；④超越职权的；⑤滥用职权的。

(3) 履行判决。被告不履行或者拖延履行法定职责的，判决其在一定期限内履行。人民法院判决被告重新作出税务具体行政行为的，被告不得以同一事实和理由作出与原税务具体行政行为基本相同的税务具体行政行为。

（4）变更判决。税务行政处罚显失公正的，可以判决变更。

（二）税务行政诉讼的二审程序

税务行政诉讼的二审程序，是指上级人民法院对下级人民法院就一审税收行政案件的裁判，在其发生法律效力前，经案件当事人上诉而对该案进行再次审理的程序。

税务行政诉讼当事人不服人民法院一审判决的，有权在判决书送达之日起15日内向上一级人民法院提起上诉。当事人不服人民法院一审裁定的，有权在裁定书送达之日起10日内向上一级人民法院提起上诉。逾期不提起上诉的，人民法院一审判决或裁定发生法律效力。

人民法院对上诉案件，认为事实清楚的，可以实行书面审理。人民法院审理上诉案件，按照不同情形，分别处理，可以作出以下判决：

1. 原判决书认定事实清楚，适用法律、法规正确的，驳回上诉，维持原判。

2. 原判决认定事实清楚，但是适用法律、法规错误的，依法改判。

3. 原判决认定事实不清，证据不足，或者违反法定程序可能影响案件正确判决的，裁定撤销原判，发回原审人民法院重审，也可以查清事实后改判。

（三）税务行政诉讼的再审程序

税务行政诉讼的再审程序，又称审判监督程序，是指人民法院对已经发生法律效力的税收行政案件的判决、裁定，发现违反法律、法规，依法再次审理的程序。根据《行政诉讼法》的有关规定，有下列情形之一的，可以提起再审：

1. 人民法院院长对本院已经发生法律效力的判决、裁定，发现违反法律、法规规定，认为需要再审的，应当提交审判委员会决定是否再审；

2. 上级人民法院对下级人民法院已经发生法律效力的判决、裁定，发现违反法律、法规规定的，有权提审或者指令下级人民法院再审；

3. 人民检察院对人民法院已经发生法律效力的判决、裁定，发现违反法律、法规规定的，有权按照审判监督程序提出抗诉。

值得注意的是，再审案件一般情况下是因当事人对已经发生法律效力的判决、裁定提出申诉引起的，但申诉本身并不当然导致再审程序的启动。

八、税务行政诉讼的执行

税务行政诉讼的执行，是指人民法院代表国家力量，按照法定程序，采取强制措施，实现人民法院对税务行政诉讼案件所作的已经发生法律效力的判决或裁定的活动。

税务行政诉讼的执行，根据对象的不同，分为以下两种类型：①税收相对人拒绝执行判决、裁定的，税务行政机关向法院申请强制执行。②税务机关拒绝履行判决、裁定的，税收相对人申请法院强制执行。

作为被告的税务机关拒绝履行判决、裁定的，人民法院可以采取以下执行措施：①对应当归还的罚款、或者应当给付的赔偿金，通知银行从该税务机关的账户内划拨；②在法定期限内不履行的，从期满之日起，对该税务机关按日处 50 元~100 元的罚款；③向该税务机关的上一级税务机关或者监察、人事机关提出司法建议，并将处理情况告知人民法院；④拒不履行判决、裁定，情节严重构成犯罪的，依法追究主管人员和直接责任人员的刑事责任。

第四节　税务行政赔偿

一、税务行政赔偿的概念与构成要件

（一）税务行政赔偿的概念

税务行政赔偿，是指税务机关及其工作人员违法行使职权，侵犯税收相对人的合法权益并给其造成损害，由国家承担赔偿责任，由致害的税务机关作为赔偿义务机关代表国家予以赔偿的一项法律救济制度。

（二）税务行政赔偿的构成要件

税务行政赔偿的构成要件，是指国家承担赔偿责任应当具备的前提条件，即只有具备了这些条件，国家才承担相应的赔偿责任。税务行政赔偿的构成要件有以下三个：

1. 税务机关及其工作人员的职务违法行为。首先，侵权主体是行使国家税收征收和管理权的税务机关及其工作人员。此处所说的"税务机关及其工作人员"，还应包括经法律、法规授权的组织和受委托的组织和个人。但其中的工作人员仅指具有税收征管职权的税务人员，不包括勤杂人员。其次，税务机关及其工作人员的行为必须是行使税收征收和管理职权的职务行为。最后，该职务行为具有违法性。

2. 存在对纳税人和其他税务当事人合法权益造成损害的事实。税务行政赔偿以损害事实的存在为前提条件。所谓"损害事实的存在"，是指损害结果已经发生，同时，所损害的必须是税收相对人的合法财产权和人身权。

3. 税务机关及其工作人员的职务违法行为与损害事实之间具有因果关系。如果税务机关及其工作人员在行使职务时虽有违法行为，纳税人和其他税务当事人合法权益也受到了损害，但是这种损害不是税务机关及其工作人员的职务违法行为引起的，税务机关没有赔偿义务。

二、税务行政赔偿请求人和赔偿义务机关

（一）税务行政赔偿请求人

税务行政赔偿请求人，是指有权对税务机关及其工作人员的违法职务行为造成的损害提出赔偿请求的人。根据《国家赔偿法》的规定，税务行政赔偿请求人分为以下三类：

1. 受害的纳税人和其他税务当事人。作为税务机关及其工作人员职务违法行为的直接受害者，他们有要求税务行政赔偿的当然权利。

2. 受害公民的继承人和其他有扶养关系的亲属。当受害公民死亡后，其权利由上述人继承。

3. 承受原法人或其他组织的法人或其他组织。当受害法人或者其他组织终止后，其权利由其承受者继承。

（二）税务行政赔偿的赔偿义务机关

1. 一般情况下，哪个税务机关及其工作人员行使职权侵害公民、法人和其他组织的合法权益，该税务机关就是履行赔偿义务的机关。如果两个以上税务机关或者其工作人员共同违法行使职权侵害纳税人和其他税务当事人合法权益的，则共同行使职权的税务机关均为赔偿义务机关，赔偿请求人有权对其中任何一个税务机关提出赔偿请求。

2. 经过上级税务机关行政复议的，最初造成侵权的税务机关为赔偿义务机关，但上级税务机关的复议决定加重损害的，则上级税务机关对加重损害部分履行赔偿义务。

3. 应当履行赔偿义务的税务机关被撤销的，继续行使其职权的税务机关为赔偿义务机关；没有继续行使其职权的，撤销该赔偿义务机关的行政机关为赔偿义务机关。

三、税务行政赔偿的范围

税务行政赔偿的范围，是指税务机关对本机关及其工作人员在行使职权时给受害人造成的哪些损害予以赔偿。《国家赔偿法》将损害赔偿的范围限于对财产权和人身权的生命健康权、人身自由权的损害，未将精神损害等列入赔偿范围。另外，《国家赔偿法》中的损害赔偿仅包括对直接损害的赔偿，不包括对间接损害的赔偿。

（一）侵犯人身权的赔偿范围

侵犯人身权的赔偿范围包括对人身自由权和生命健康权的损害两类。税务行政赔偿就税务机关及其工作人员违法行使职权，侵犯税收相对人的人身权，

造成损害的赔偿范围包括下列情形：

1. 税务机关及其工作人员非法拘禁纳税人和其他税务当事人或以其他方式剥夺纳税人和其他当事人的人身自由的；

2. 税务机关及其工作人员以殴打等暴力行为或者唆使他人以殴打等暴力行为造成公民身体伤害或死亡的；

3. 税务机关及其工作人员造成纳税人和其他税务当事人身体伤害或死亡的。

（二）侵犯财产权的赔偿范围

税务机关及其工作人员违法行使职权，侵犯税收相对人财产权，造成损害的，国家应予赔偿的行为有：

1. 违法征收税款及滞纳金；

2. 违法实施罚款、吊销许可证和执照、责令停产停业、没收财物等行政处罚；

3. 违法采取税收保全措施或者税收强制措施；

4. 违反国家规定征收财物、摊派费用；

5. 造成财产损害的其他违法行为。

（三）国家不予赔偿的情形

有下列情形之一的，国家不承担税务行政赔偿责任：

1. 税务行政机关工作人员与行使职权无关的个人行为。国家之所以对征税侵权行为负责，承担其造成损害的赔偿义务，在于这种行为是一种职务行为，是代表国家作出的。对于行政机关工作人员与行使职权无关的个人行为，国家当然不能承担责任。因此，税务机关工作人员非职务行为对他人造成的损害，责任由其个人承担。

2. 因纳税人和其他当事人自己的行为致使损害发生的。其损害不是由税务机关及其工作人员的职务违法行为引起，而是由纳税人和其他当事人自己的行为引起的，税务机关不承担赔偿义务。

3. 法律规定的其他情形。

四、税务行政赔偿方式和计算标准

（一）税务行政赔偿方式

1. 支付赔偿金。又称为"金钱赔偿"，是指将受害人所受各项损害，以一定的标准折抵成金钱，以货币形式进行赔偿的方式。由于金钱赔偿是物质利益最主要的表现形式，也是简便易行的支付手段，因此，它是税务行政赔偿的主要赔偿方式。

2. 返还财产。它指赔偿义务机关将有关财产归还给对其享有所有权的受害方的赔偿形式。返还财产适用的前提是：①违法占有的财产存在。如果原物灭失或毁损的，则应金钱赔偿。②返还财产比支付赔偿金更便捷。如果原物已经被处理，无法寻找或者无法追回，则可能不如金钱赔偿方便快捷。

3. 恢复原状。即负有赔偿义务的机关按照被害人的愿望和要求恢复损害发生之前的原本状态。应当返还的财产损坏的，如果能够恢复原状，应恢复原状。

上述三种方式可以独立适用，也可以并用。

（二）税务行政赔偿的标准

1. 侵犯人身权的税务行政赔偿计算标准。

（1）侵犯公民人身自由的，每日的赔偿金按照国家上年度职工日平均工资计算。国家上年度职工日平均工资数额，应当以职工年平均工资除以全年法定工作日数的方法计算。年平均工资以国家统计局公布的数字为准。

（2）造成身体伤害的，应当支付医疗费，以及赔偿因误工减少的收入。减少的收入每日的赔偿金按照国家上年度职工日平均工资计算，最高额为国家上年度职工年平均工资的 5 倍。

（3）造成部分或者全部丧失劳动能力的，应当支付医疗费，以及残疾赔偿金。残疾赔偿金根据丧失劳动能力的程度确定，部分丧失劳动能力的最高额为国家上年度职工年平均工资的 10 倍，全部丧失劳动能力的为国家上年度职工年平均工资的 20 倍。造成全部丧失劳动能力的，对其扶养的无劳动能力的人，还应当支付生活费。

（4）造成死亡的，应当支付死亡赔偿金、丧葬费，总额为国家上年度职工年平均工资的 20 倍。对死者生前扶养的无劳动能力的人，还应当支付生活费。被抚养的是未成年人的，生活费付至 18 岁为止；其他无劳动能力的人，生活费给付至死亡为止。

2. 侵犯财产权的税务行政赔偿计算标准。

（1）税务机关及其工作人员违反国家税收法律、法规的规定，作出征收税款、加收滞纳金行为的，应当返还已征收的税款和滞纳金，并加算银行同期存款利息。

（2）税务机关及其工作人员违反国家税收法律、法规的规定，对出口退税应予退税而未予退税的，应予退税。

（3）税收机关及其工作人员违法处以罚款、没收财产的，返还财产。

（4）税收机关及其工作人员违法查封、扣押、冻结财产的，解除对财产的查封、扣押、冻结。造成财产损坏的，能够恢复原状的恢复原状，不能恢复原状的，按照损害的程度给付相应的赔偿金。

（5）财产已经拍卖的，给付拍卖所得的价款。

（6）对财产权造成其他损害的，按照直接损失给予赔偿。

五、税务行政赔偿程序

（一）税务行政赔偿的请求程序

税务行政赔偿以赔偿请求的提出为前提，赔偿请求的提出是税务行政赔偿程序的开始。税务行政赔偿请求人提出赔偿请求的方式有两种：①单独式，即单独就赔偿问题向赔偿义务机关提出请求；②附带式，或称一并式，即在申请税务行政复议或提起税务行政诉讼时一并提出赔偿请求。后者的特点是将确认行政违法与要求赔偿两项请求一并提出，要求并案审理。税务行政复议机关或人民法院通常先确认税务具体行政行为是否具有违法性，然后再对税务行政赔偿作出处理。

（二）税务行政赔偿的处理程序

1. 税务行政赔偿先行处理程序。赔偿请求人单独要求税务行政赔偿的，应当先向赔偿义务机关提出，由赔偿义务机关按行政程序先行予以处理。税务行政赔偿请求人对赔偿义务机关处理决定不服或赔偿义务机关逾期不予赔偿的，才可以申请复议或者提起诉讼。对未经先行程序处理而单独提起赔偿请求的，复议机关或者人民法院不予受理。税务行政赔偿义务机关逾期不予赔偿或者赔偿请求人对赔偿数额有异议的，请求人可以自期间届满之日起 3 个月内向人民法院提起税务行政赔偿诉讼。

2. 税务行政赔偿复议程序。申请人在申请行政复议时可以一并提出行政赔偿请求，行政复议机关对符合国家赔偿法的有关规定应当予以赔偿的，在决定撤销、变更税务具体行政行为或者确认税务具体行政行为违法时，应当同时决定对被申请人依法予以赔偿。税务行政复议机关应当在收到复议申请书之日起 2 个月内作出复议决定，申请人对复议机关作出赔偿处理的复议决定不服的，可以在收到决定书之日起 15 日内，向人民法院提起税务行政诉讼。如果税务行政复议机关逾期不复议的，申请人也可向人民法院提起诉讼。

3. 税务行政赔偿诉讼程序。原告单独提起税务行政赔偿诉讼的，必须经过赔偿义务机关的先行处理。对赔偿义务机关逾期不予赔偿或对赔偿数额有异议的，应在 3 个月内向人民法院提起诉讼。一并请求赔偿的时效按照行政诉讼法的规定进行。税务行政赔偿诉讼程序基本上同于税务行政诉讼程序，但有以下主要区别：①税务行政赔偿诉讼可以适用调解；②税务行政赔偿诉讼中，不完全采取"被告负举证责任"的原则，原告应当对被诉税务具体行政行为造成损害的事实提供证据，而被告有权提出不予赔偿或少赔偿的证据。

[**案例 2**] 某税务所于 2011 年 12 月 6 日发现经销服装的个体工商户吴某（定期定额征收业户，每月 1200 元）准备在 12 月底歇业回外地老家，并对同行说："12 月份应缴纳的税款不缴了。" 12 月 16 日，税务所书面要求吴某于 15 日内缴纳 12 月的 1200 元税款。12 月 20 日，税务所工作人员马某和协税人员任某偶然发现吴某已经联系了搬迁用的货车，准备提前停业，将其所剩余货物和有关物品运走，于是立即上前阻拦，当场电话请示税务所长同意后，扣押了吴某准备运走的一批服装，并开付了收据。马某和任某将被扣押的服装存放在借用的仓库中。12 月 31 日，吴某缴纳了 12 月份税款 1200 元，并要求返还扣押的服装。2012 年 1 月 5 日，税务所将扣押的服装返还给吴某，吴某收到服装时发现部分服装霉烂，损失服装价值 800 元。

问：（1）就此损失，吴某可以通过哪些途径主张权利？

（2）如果吴某主张其权利，其损失能否获得赔偿？

分析：（1）吴某可以通过以下途径主张权利：①单独就赔偿问题向赔偿义务机关提出请求。吴某若对赔偿义务机关处理决定不服或赔偿义务机关逾期不予赔偿的，可以申请复议或者提起诉讼。②在申请税务行政复议时一并提出赔偿请求。吴某对复议机关作出赔偿处理的复议决定不服或税务行政复议机关逾期不复议的，可以依法向人民法院提起税务行政诉讼。③在提起税务行政诉讼时一并提出赔偿请求。

（2）如果吴某主张其权利，该服装损失能获得赔偿。首先，税务所在采取税收保全措施时存在以下问题：①程序不合法。采取税收保全措施的程序是责令限期缴纳在先，纳税担保居中，税收保全措施在后。本案中税务所未要求吴某提供纳税担保直接进行扣押，违反了法定程序。②批准主体不合法。采取税收保全措施应经县以上税务局（分局）局长批准，本案中只有税务所所长同意，未经县以上税务局（分局）局长批准，属越权行为。③执行主体不合法。税务机关执行扣押、查封商品、货物或者其他财产时，必须由两名以上税务人员执行。本案中执行扣押时只有税务人员马某一人，协税人员任某不能代替税务人员执法。④扣押财产时不应当开付清单，而必须开付收据。⑤未妥善保管被扣押物，导致被扣押的部分服装霉变。⑥未及时解除税收保全措施。纳税人在税务机关采取税收保全措施后按照税务机关规定的期限缴纳税款的，税务机关应当在收到税款或银行转回的税票后 24 小时内解除税收保全措施。本案中，税务所在收到税款的 5 天后才解除税收保全措施，超过了法定期限。其次，存在损害纳税人合法权益的事实。本案中，吴某收到服装时发现部分霉变，损失价值800 元。最后，税务所的职务违法行为与纳税人的损害事实之间存在因果关系。因此，税务机关应赔偿由此给吴某造成的直接损失。

思考题

1. 简述税务行政复议与税务行政诉讼的共性和区别。
2. 当事人如何提出税务行政复议申请?
3. 简述税务行政复议的受理范围。
4. 简述税务行政诉讼的受案范围。
5. 简述税务行政赔偿的范围和标准。

主要参考书目

1. 刘隆亨主编：《税法学》，中国人民公安大学出版社、人民法院出版社 2003 年版。

2. 刘剑文主编：《财税法学》，高等教育出版社 2004 年版。

3. 刘剑文主编：《财政税收法》，法律出版社 1999 年版。

4. 刘剑文主编：《〈中华人民共和国企业所得税法〉条文精解与适用》，法律出版社 2007 年版。

5. 刘剑文主编：《新企业所得税法十八讲》，中国法制出版社 2007 年版。

6. 刘剑文主编：《财税法教程》，法律出版社 2002 年版。

7. 刘剑文主编：《国际税法》，北京大学出版社 1999 年版。

8. 刘剑文主编：《税法学》，人民出版社 2003 年版。

9. 张守文主编：《税法原理》，北京大学出版社 1999 年版。

10. 张守文主编：《税法原埋》，北京大学出版社 2004 年版。

11. 徐孟洲主编：《税法》，中国人民大学出版社 2006 年版。

12. 徐孟洲主编：《税法学》，中国人民大学出版社 2005 年版。

13. 徐孟洲主编：《税法学案例教程》，知识产权出版社 2003 年版。

14. 朱大旗编著：《税法》，中国人民大学出版社 2004 年版。

15. 王韬编著：《税收理论与实务》，科学出版社 2007 年版。

16. 杨斌主编：《税收学》，科学出版社 2003 年版。

17. 蒋大鸣主编：《新编国家税收——税法实务》，中国社会科学出版社 2005 年版。

18. 杜莉、徐晔主编：《中国税制》，复旦大学出版社 2006 年版。

19. 马海涛主编：《中国税制》，中国人民大学出版社 2007 年版。

20. 曹鸿轩主编：《中国税法教程》，中国政法大学出版社 2003 年版。

21. 陈少英编著：《税法学教程》，北京大学出版社 2005 年版。

22. 贺志东主编：《税法》，清华大学出版社 2005 年版。

23. 史正保主编：《税法原理与实务》，经济科学出版社 2006 年版。

24. 中国注册会计师协会编：《税法》，经济科学出版社 2007 年版。

25. 朱为群编著：《中国税制教程》，上海财经大学出版社 2003 年版。

26. 王曙光、马克和、蔡德发主编：《税法学》，东北财经大学出版社 2006 年版。

27. 赵恒群主编：《税法教程》，清华大学出版社、北京交通大学出版社 2007 年版。

28. 刘少军、庞淑萍编著：《税法案例教程》，知识产权出版社 2005 年版。

29. 杨萍主编：《税法学原理》，中国政法大学出版社 2004 年版。

30. 罗玉珍主编：《税法教程》，法律出版社 1993 年版。

31. 何盛明主编：《中国财政改革 20 年》，中州古籍出版社 1998 年版。

32. 张正钊、韩大元主编：《比较行政法》，中国人民大学出版社 1998 年版。

33. 林准、马原主编：《国家赔偿问题研究》，人民法院出版社 1992 年版。

34. 马俊驹、余延满：《民法原论》，法律出版社 2005 年版。

35. 翟继光主编：《〈中华人民共和国企业所得税法〉释义》，立信会计出版社 2007 年版。

36. 张馨：《公共财政论纲》，经济科学出版社 1999 年版。

37. 许建国：《税收与社会》，中国财政经济出版社 1990 年版。

38. 杨寅、吴偕林：《中国行政诉讼制度研究》，人民法院出版社 2003 年版。

39. 周林彬、王生林主编：《税务行政争讼》，中国检察出版社 1992 年版。

40. ［美］斯蒂格利茨：《经济学》，郭晓惠等译，中国人民大学出版社 1997 年版。

41. ［美］曼昆：《经济学原理》，梁小民译，生活·读书·新知三联书店、北京大学出版社 1999 年版。

42. ［日］北野弘久：《税法学原论》，陈刚、杨建广等译，中国检察出版社 2001 年版。

43. ［日］金子宏：《日本税法》，战宪斌、郑林根等译，法律出版社 2004 年版。

44. ［日］金子宏：《日本税法原理》，刘多田等译，中国财政经济出版社 1989 年版。